MÉMOIRES
DE M. DUPIN.

TOME PREMIER.

PARIS. — TYPOGRAPHIE HENRI PLON,

8, rue Garancière.

MÉMOIRES
DE M. DUPIN.

TOME PREMIER.

SOUVENIRS DU BARREAU.

M. DUPIN, AVOCAT, ANCIEN BATONNIER.

« Tout droit blessé trouvera parmi nous des Défenseurs. »
(*Disc. du Bâtonnier des Avocats*, 1er déc. 1829.)

« Dans le libre exercice de cette Profession, qui ne fait
» point de victimes, et qui les défend. »
(*Disc. à l'Acad. franç.*, 22 février 1855.)

PARIS
HENRI PLON, EDITEUR,
8, RUE GARANCIÈRE.
1855.

INTRODUCTION.

Je veux profiter des loisirs que m'a laissés mon abstention des fonctions publiques et des moments qu'il plaira à Dieu de m'accorder encore,.... non pour écrire ce qu'on appelle des *mémoires historiques* (je n'ai pas cette prétention) ; — mais pour fixer quelques *souvenirs*, et laisser à ma famille et à mes amis, au Barreau, objet de mes premières et de mes plus vives prédilections, à la Magistrature, au sein de laquelle j'ai passé plus de vingt années, à mes concitoyens qui m'ont honoré tant de fois de leurs suffrages, à ma patrie enfin et à la postérité, si je dois aller jusqu'à elle, un certain nombre de faits et de réflexions concernant mes études, mes travaux, mes opinions et les principaux actes auxquels j'ai pris part dans le cours de ma longue et laborieuse carrière.

J'éviterai de m'arrêter à des détails d'enfance, d'éducation première et de mœurs locales, qui manquent presque toujours d'intérêt, excepté quand il s'agit de ces enfants merveilleux qui, dès leur plus jeune âge, ont passé pour des prodiges ! — Mes commencements n'ont pas eu cet éclat.

M. Ortolan, longtemps mon collaborateur, et resté toujours mon ami, a d'ailleurs inséré dans la *Notice biographique* qu'il a tracée sur moi en 1840, tout ce que nos conversations et ses entretiens avec mon père avaient pu lui fournir de faits particuliers : ceux qui sont curieux de ces détails pourront y recourir.

En rendant compte de mes travaux si divers et si multipliés, ce biographe trop bienveillant a laissé sans doute beaucoup à dire à la critique ; et, Dieu merci, la presse des partis, si rarement juste et presque toujours passionnée, a largement usé de son droit à mon égard.

Je suis loin de m'en plaindre ; et, en interjetant quelquefois appel des jugements qui ont pu me blesser par leur exagération ou leur injustice, je ne demande qu'une chose aux juges à venir, c'est de ne prononcer qu'après avoir lu et *parties ouïes*, comme l'exige la vraie justice...

ÉTUDES.

Je n'ai rien à reprendre dans tout ce que dit M. Ortolan sur mes études jusqu'à ma réception comme avocat et comme docteur en droit. J'ajouterai seulement que j'ai été *étudiant toute ma vie.* Je le suis encore, et je n'ai jamais considéré mes Cours comme terminés. Jusqu'au dernier moment, je tâcherai d'apprendre quelque chose de plus....

Ma première et ma seconde éducation ont été domestiques ; ma mère et mon père ont été mes premiers instituteurs.

J'ai fréquenté bien peu de temps les petits colléges de Varzy et de Clamecy, dont l'existence d'ailleurs a peu duré.

Ce n'est qu'après mon arrivée à Paris, à l'âge de seize à dix-sept ans, que j'ai suivi les Cours publics à l'école centrale des Quatre-Nations, puis à l'Académie de législation, à l'École de droit pour mon doctorat, au Collége de France pour la haute littérature, et à la Sorbonne pour le droit canonique.

Sorti des bancs de l'école, j'aimais à y retourner par échappée, et souvent, en passant devant l'École de droit, l'avocat docteur en droit y entrait un instant pour voir comment s'y pratiquait le nouvel enseignement.

Professeur moi-même dans des cours particuliers, j'étudiais et je repassais avec soin ce qui devait faire le sujet de mes leçons. Je ne saurais dire combien de fois j'ai relu les *Institutes* et le *Code civil*, ami des textes bien plus que des commentaires.

Logé près du pays latin, au pied du mont sacré [1], je trouvais un plaisir extrême à entendre les leçons de poésie latine de Lemaire et de Tissot, et celles des autres professeurs célèbres de cette époque.

Pendant plus de deux ans, j'ai suivi avec soin les cours d'histoire ecclésiastique, de dogme et d'éloquence sacrée, professés à la Sorbonne par M. l'abbé Burnier de Fontanelle et par M. l'abbé Guillon.

Ma curiosité m'a conduit même à l'École de médecine et dans les salles de dissection, où je serais allé plus souvent si l'on avait connu à cette époque l'usage du chlore pour absorber l'infection et la mauvaise odeur. Peu de temps avant sa mort, le célèbre Broussais voulut bien prendre la peine de m'exposer (pièces sur table et cervelle en main) le système de la phrénologie, avec cette supériorité d'esprit qui l'a si fort distingué.

[1] Place Saint-André-des-Arts; — puis rue Hautefeuille, en face de M. Delacroix-Frainville; — et rue Pavée-Saint-André, à côté de M. le P. P. Séguier.

Ayant commencé à étudier le droit avant la promulgation des nouveaux codes, je me suis trouvé, si je puis parler ainsi, sur la lisière de l'ancien droit et du droit moderne; — obligé de connaître ce qui restait du vieux droit coutumier, — le droit de la révolution, — ce qu'on a nommé les *questions transitoires*, — et enfin le droit nouveau. J'ai dirigé mes lectures sur toutes les parties de la jurisprudence, du droit public et du droit privé, même sur celles qui étaient le plus hors d'usage; et je trouvais dans la variété des applications, par exemple dans les matières féodales et canoniques, des aperçus nouveaux qui donnaient à mes connaissances plus d'étendue, d'assurance et de fermeté.

Je lisais toujours la plume ou le crayon à la main, et je ménageais peu les marges de mes livres pour y coter tout ce que je voulais extraire, retenir et retrouver au besoin, — reportant souvent d'un livre sur d'autres tout ce qu'une collation assidue pouvait préparer de facilités pour les recherches ultérieures dont je pourrais avoir besoin.

Dans le même but et pendant mes années de cléricature, j'ai relu mes auteurs classiques, Virgile, Horace, Juvénal, Lucrèce, Quintilien, Tacite surtout, et j'en ai fidèlement extrait toutes les maximes de droit et de morale et les traits historiques qui se rapportaient à ma profession. Pendant longtemps, je relisais une fois l'an le *Traité des études* de Rollin, le traité *De officiis* de Cicéron, les *Dialogues sur l'éloquence* de Fénelon, l'*Art poétique* d'Horace toujours; je savais Boileau par cœur.

J'ai suivi cette méthode d'extraits jusqu'à l'époque où la présidence des assemblées législatives m'ayant forcé d'aller résider au Palais-Bourbon, je me suis vu contraint de me séparer de ma bibliothèque et de ne plus étudier que par intervalles et, comme on dit vulgairement, *à bâtons rompus*. Ç'a été pour moi la plus vive des privations.

Pendant les premières années d'exercice de ma profession d'avocat, lorsque j'avais à traiter une question de droit, je ne la travaillais pas isolément, mais je lisais en entier, ou du moins en grande partie, quelque bon traité élémentaire sur la matière à laquelle ma cause se rattachait, afin de mieux en avoir présents tous les principes.

Devenu ancien à mon tour, j'ai admis dans mon cabinet de jeunes avocats dont plusieurs sont devenus des hommes marquants [1]. Quelques-uns d'entre eux étaient sans fortune, et je n'en étais que plus attaché à leurs progrès : rien à mon avis n'étant plus digne d'estime et d'intérêt que ces collaborateurs bénévoles qui cherchent dans l'intimité d'une cohabitation avec leurs anciens les moyens d'apprendre et de se faire connaître sous l'égide du patron qu'ils se sont choisi.

Les étudiants, les jeunes avocats m'ont bien souvent demandé des conseils et interrogé sur la méthode que j'avais suivie pour mes travaux. Je ne leur en ai jamais fait mystère, mais en les avertissant que ce qui convenait à l'un pouvait ne pas convenir également à d'autres, et qu'en s'aidant de l'exemple d'autrui, il n'en fallait prendre que ce qui s'adaptait à son génie propre. Je leur rappelais que le chancelier d'Aguesseau, consulté par son fils sur la manière de faire ses

[1] M. Ortolan en a donné la liste, page 232 de ma biographie, ainsi que celle de mes principaux élèves.

extraits, lui avait répondu : « Faites-les de la manière qui aidera le mieux votre mémoire. »

De même, si je retrace ici quelques-uns des procédés que j'ai employés pour mes lectures, mes extraits, mes notes de plaidoiries, ce n'est pas pour dire aux autres : « Faites de même, car j'ai fait pour le mieux. » — Je leur dirai au contraire : « Prenez-en ce qui vous conviendra. » — C'est à ce titre seulement que je continue d'en parler.

PLAIDOIRIES.

Quoique j'eusse une excellente mémoire, je ne me suis jamais risqué à apprendre un plaidoyer pour le réciter à l'audience.

Hennequin écrivait et récitait avec autant de naturel que s'il eût improvisé; — j'ai entendu M. de Martignac au Palais-Bourbon et au Luxembourg lire ce qu'il avait écrit, et si bien qu'on y trouvait le même charme et presque le même entraînement que dans une improvisation. — Cela m'eût été impossible; on eût vu de suite que je récitais; j'aurais été froid et languissant; une interruption du président ou de l'adversaire m'eût probablement dérouté; mes moyens auraient été limités, circonscrits; les inspirations d'audience ne seraient pas venues me trouver; d'ailleurs, avec une telle habitude, comment répliquer?

J'ai donc pris le parti de plaider simplement sur des *Notes*, — d'abord un peu étendues, puis réduites à leur plus simple expression. — Si j'avais une grande cause, et qu'elle exigeât un exorde, je l'écrivais, et je le lisais ouvertement, — puis je prenais mon extrait, et alors je me trouvais d'autant plus à l'aise que mes notes étaient moins chargées ; le public et les juges s'en apercevaient bien.

Comme mon genre consistait dans la dialectique plus que dans les ornements du style, il me suffisait que mes raisonnements, après avoir été fortement médités, fussent méthodiquement et logiquement classés ; comme ces corps qu'on échelonne pour la bataille, mais avec des interstices qui leur permettent de se mouvoir, d'ouvrir comme de resserrer leurs rangs, et de faire au besoin des changements de front. J'étais sûr par là de donner *au moins* tous les arguments de ma cause, que j'avais prévus et disposés ; — *et de plus*, j'étais toujours en mesure de profiter de ce qui s'offrait à moi par une inspiration soudaine, souvent même par une interruption qui me fournissait l'occasion de la relever avec prestesse. — Cette méthode est certainement celle qui convenait le mieux à mon genre d'esprit, à ma vivacité, et parfois à ma brusquerie.

Au sujet des plaidoyers écrits, je me rappelle une anecdote. Dans un procès de presse où *** devait plaider avec moi, et dans lequel je m'étais seulement réservé la réplique pour lui laisser la grande plaidoirie, ce jeune avocat, plein d'esprit et d'élégance, avait écrit son plaidoyer. Il nous en donna lecture avant l'audience, dans une conférence où assistaient Manuel et Benjamin Constant, qui s'intéressaient à l'affaire ; et comme dans un endroit où il croyait avoir rendu l'accusation parfaitement ridicule, l'avocat disait d'un air satisfait : « Vous riez sans doute, messieurs ? » je posai ma main sur celle qui tenait son cahier, et je lui dis froidement : « Et si l'on ne rit pas ?... » — Il resta court et comprit la nécessité, même en écrivant, de se tenir toujours prêt à parer aux incidents pour n'être pas déconcerté.

Les faits ont révélé que la raillerie était une arme dont je pouvais me servir avec succès; et cependant, comme j'avais suivi avec soin les plaidoiries des autres avocats, et observé que rarement l'avantage restait à l'agresseur, tandis qu'un adversaire plus mesuré gagnait toujours à laisser venir et à attendre l'injure plutôt qu'à la faire; je m'arrangeai en conséquence. Lorsque je plaidais le premier, j'ai toujours évité de provoquer mon antagoniste et de l'amener sur ce terrain; — mais s'il m'attaquait le premier, *gare à la riposte*[1]! car mes plaidoiries ont eu ce caractère que, si j'étais froid en entrant en matière et dans un premier exposé, je retrouvais à la réplique une verve et une chaleur d'action qui m'ont souvent donné la victoire. Il est de fait, en tout cas, que je n'ai jamais apporté un bon mot tout fait à l'audience, et que tout ce qui m'est arrivé de mieux et de plus heureux en ce genre a toujours été l'effet du moment, et partait si naturellement que j'étais parfois étonné de voir le sourire sur les lèvres des juges, et d'entendre l'hilarité de l'auditoire, tandis que j'avais gardé tout mon sérieux, tout mon sang-froid, tellement occupé de ma cause que je semblais plutôt fâché que disposé à rire moi-même.

Au surplus tout cela arrivait rarement et seulement par occasion.

Une méthode que je regarde comme excellente est ce que j'appelais *promener mes notes*. Dans les grandes causes, quand j'avais fait mon *extrait*, j'allais hors

[1] Noli me tangere, clamo!

barrières, par delà le mur d'octroi, et là j'entamais ma cause, parlant seul, tout haut, et tâchant d'habiller ce squelette et de lui donner un corps. Quelquefois il me venait de bonnes choses, d'autres fois, des intentions que je désavouais à l'instant, ou des expressions que ma propre oreille, qui me tenait lieu d'auditoire, jugeait maladroites; elles m'étaient arrivées sans réflexion, et en gardant les unes, j'étais certain d'éviter le retour des autres. — En tout, j'essayais, si je puis parler ainsi, de cantonner mes raisonnements, mes preuves, mes mouvements, c'est-à-dire que je convenais avec moi-même que je pourrais aller à telle limite, mais non au delà; je traçais autour de moi un cercle de Popilius que je m'interdisais de dépasser quand je serais sur le terrain du combat. Je revenais de cette étude, ou si l'on veut de cette répétition, avec une confiance et une sûreté d'action que je n'aurais pas eues sans cela.

Dans mes premières causes, et avant d'avoir acquis cette expérience que donnent seules la pratique et une observation réfléchie sur les mérites et les fautes d'autrui, et sur ses propres mésaventures, j'expliquais mon fait en peu de mots, d'une manière sèche, aride et fort peu travaillée. J'arrivais ensuite au droit; et, fraîchement sorti des écoles, les citations de lois romaines, d'auteurs et d'arrêts ne manquaient pas. Les juges en paraissaient peu touchés. Les vieux avocats, au contraire, épluchaient leur fait, s'étudiaient à le présenter d'une manière favorable, cherchaient à prévenir les juges en faveur de leurs clients, combattaient le droit avec l'équité, et soignaient surtout le *chapitre des considérations :* je m'aperçus de l'effet que cela produisait sur l'esprit des magistrats; ils sont hommes, ils ont aussi, même à leur insu, des passions et de la sensibilité; messieurs d'appel se considéraient surtout comme les appréciateurs souverains du fait, comme des juges d'équité avant d'être les interprètes de la science; et ordinairement ils faisaient tout ce qui dépendait d'eux pour motiver leurs arrêts sur les *circonstances de la cause*, afin d'éviter plus tard la cassation, qui ne pouvait procéder que de la *violation du droit*.

Je modifiai donc ma méthode : je travaillai mieux mon point de fait; je supprimai une grande partie de ce qui tenait à l'érudition, la réservant pour les Consultations et les Mémoires; et je m'attachai à donner à ma discussion une marche plus serrée, plus rapide et plus vive, où les raisons étaient présentées dans leur substance et leur énergie plutôt qu'avec des développements *lourds et ennuyeux*. A des plaidoyers de deux et trois audiences, je répondais souvent en une seule, et je me montrai tant que je pus partisan de la méthode plus nerveuse et plus rapide qui a remplacé la diffusion de l'ancien Palais : méthode dont mon frère Philippe, qui m'a succédé, a donné le meilleur modèle, et qui est aujourd'hui le ton général du barreau.

Cette première partie de mes souvenirs est consacrée aux principaux actes de *ma vie d'avocat*. Elle a duré trente ans; c'est celle qui, au milieu des plus grands travaux, m'a aussi procuré le plus de vraies jouissances; et ce n'est pas sans plaisir qu'en choisissant parmi les causes que j'ai plaidées celles dont je voulais retracer l'analyse j'ai reporté mes souvenirs sur les ovations qui suivaient un acquittement politique, ou la joie plus pure encore d'une famille qui me devait sa fortune ou son repos. — Cette longue période de mon existence n'a été interrompue que dans les cent-jours, après lesquels ma profession a repris un nouvel et plus grand essor.

ÉPISODE DES CENT-JOURS.

1815.

Je ne m'étais nullement destiné à la vie publique; mes études comme mes affections étaient concentrées dans l'exercice de ma profession d'avocat et de jurisconsulte. J'avais commencé en 1800, c'est-à-dire avec le régime impérial, sous lequel toute la politique d'action se renfermait dans le gouvernement, toute l'administration dans les fonctionnaires; les citoyens étaient dispensés de parler, d'écrire et presque de penser sur certains sujets. Le bruit de la guerre ne se faisait entendre que de loin; et comme tout se traduisait en victoires racontées par des bulletins officiels, on se reposait à l'ombre de cette gloire, qui assurait la paix à l'intérieur [1] et ne laissait aux citoyens d'autre souci que de songer à leurs affaires et à leurs professions. Au palais, l'étude du droit public et du droit des gens semblait n'être plus qu'une affaire de théorie ou de pure curiosité.

En 1814, mon cabinet avait pris presque tout son développement; j'étais avantageusement connu des juges et du public par mes plaidoiries et par mes ouvrages; le concours pour l'École de droit en 1810,

[1] Jura quibus pace et principe uterentur. TACIT.

quoiqu'il ne m'eût pas procuré une chaire, avait étendu ma réputation comme docteur en droit; en un mot, j'étais très-bien placé au palais.

Lorsqu'en 1814 l'Empire croula sous l'effort combiné de toutes les puissances coalisées pour venger leurs affronts et leurs défaites, les bons Français en furent affligés; ils déplorèrent amèrement et l'invasion du territoire et son morcellement.

Quant aux Bourbons, revenus à la suite de ces événements, les hommes de mon âge non-seulement ne les avaient pas connus, mais la plupart ignoraient les noms, les titres et les relations de parenté de ces princes.

Je me rappelle qu'en l'an XII, lors de la catastrophe du duc d'Enghien, tout le public en fut ému comme de la mort d'un jeune prince saisi en pays étranger et sacrifié pour des prétextes qui ne justifiaient pas un tel acte. Mais il fallut aller aux informations pour savoir au juste ce qu'était le duc d'Enghien, dont le père se nommait *Bourbon* et l'aïeul s'appelait *Condé*. Le sentiment excité alors fut celui de l'humanité dans le public; et dans le barreau, le sentiment du droit et des formes violées à l'encontre d'un accusé; mais, excepté au faubourg Saint-Germain, personne n'y mêlait de politique.

Lorsque les Bourbons apparurent en 1814, il fallut des brochures, des proclamations pour rappeler au peuple que Louis-Stanislas-Xavier, d'abord comte de Provence, puis comte de Lille, s'intitulant Louis XVIII, émigré en 92, était le frère de Louis XVI, immolé en 1793; que le comte d'Artois, dont l'émigration avait précédé toutes les autres, était le frère du roi Louis XVIII; que ce prince, le plus impopulaire de tous au moment de la révolution, avait deux fils, le duc d'Angoulême et le duc de Berry, dont le premier avait épousé la fille de l'infortunée Marie-Antoinette et de Louis XVI.

La branche d'Orléans n'était pas mieux connue.

Et cependant tous revinrent et prirent place aux Tuileries et au Palais-Royal : — après une sentence de déchéance prononcée contre Napoléon par le Sénat *conservateur ;* — une Déclaration politique datée de Saint-Ouen, qui promettait des *institutions* plus libérales que celles de l'Empire ; — Déclaration suivie bientôt après de la CHARTE, qui institua parmi nous le régime constitutionnel.

Le nouveau gouvernement s'installa sans obstacle ; mais à peine une année s'était écoulée, à peine les alliés étaient retournés chez eux, le congrès de Vienne étant encore assemblé, que Napoléon, sorti de l'île d'Elbe et débarqué sur la côte de France, le 1er mars 1815, excita chez ses partisans un mouvement d'adhésion si rapide et si général, que, sans oser ni vouloir combattre [1], toute la dynastie des Bourbons sortit de France et laissa le champ libre à Napoléon, qui s'installa le 20 mars aux Tuileries, *nullo adversante.*

Il fallut constituer une nouvelle forme de gouvernement. Revenir simplement aux *Constitutions de l'Empire* semblait impossible ; mais, par un *Acte additionnel* à ces Constitutions, Napoléon parut un peu

[1] « Nous pourrions profiter des dispositions fidèles et patriotiques de l'*immense majorité* des habitants de Paris pour en disputer l'entrée aux rebelles ; mais *nous frémissons des malheurs de tout genre* qu'un combat sous ses murs attirerait sur ses habitants. » (Proclamation du Roi en quittant Paris pour aller à Gand, le 19 mars 1815.)

se rapprocher de la Charte qu'il venait de briser, en établissant non plus un Sénat, mais une Chambre des *Pairs*, dont les membres, pour en être plus sûr, seraient nommés par lui, et une Chambre de *Représentants*, qui serait élue par le Peuple.

Les colléges électoraux furent convoqués.

J'étais électeur dans l'arrondissement de Clamecy; je m'y rendis, et ce collége nomma pour représentant son sous-préfet.

Je regardais les élections comme terminées, et avant de retourner à Paris, j'étais allé à ma maison de campagne de Cœurs près Varzy, lorsque dans la nuit je fus réveillé par un messager expédié de Château-Chinon, qui m'apportait la nouvelle que j'avais été élu pour son représentant. En 1809, j'avais plaidé une grande affaire devant le tribunal de cet arrondissement; j'y avais laissé des souvenirs et quelques amis, à la tête desquels était M. Gautherin; et, sur leur proposition, je fus élu sans difficulté, à mon insu et sans que je me fusse porté candidat.

On peut dire aussi qu'alors il n'y avait pas foule parmi les prétendants. La candidature, en de telles circonstances et à la veille d'une guerre générale, n'était pas fort recherchée. Mais, dans le danger auquel la Patrie allait se trouver exposée, je pensai qu'il était de mon devoir d'accepter. « Avocat, je n'ai pas cru » changer de profession ni de ministère, j'ai seulement » considéré que j'aurais une cause de plus à défendre, » *celle de mon pays.* »

Du reste, je l'avouerai, au moment où j'entrai dans la Chambre des Représentants, j'étais sans aucune expérience politique. Agé de trente-deux ans, ayant vécu quinze ans sous un régime qui n'appelait pas les simples citoyens à se mêler activement des affaires publiques, voué tout entier à mes études théoriques et aux travaux de ma profession, vivant chez moi ou avec mes confrères, sans aller que bien peu dans le monde, j'étais complétement étranger aux partis, à leurs regrets ou à leurs espérances, étranger surtout à leurs coteries et à leur tactique, et fort peu en garde contre leurs passions, leurs intrigues et leurs perfidies. — J'étais mû seulement par le sentiment général de l'intérêt public, et je n'avais pour guide que la morale et le droit, croyant bien sincèrement que cela suffisait. (*Stultus ego !*)

Dès l'abord je fus frappé d'une chose, c'est que l'Empereur, par un simple acte de sa volonté, et comme si ce n'avait été qu'une affaire de cérémonial, un manteau de cour ajouté à la toilette des dames, avait assujetti les membres des deux Chambres à lui prêter serment de fidélité.

A moi, naïf, cela parut inconstitutionnel; je réclamai contre, et j'en fis la matière d'une proposition tendant à ce que le serment ne pût être exigé *qu'en vertu d'une loi.*

M. Achille de Vaulabelle, dans son *Histoire de la Restauration*, ouvrage estimable à beaucoup d'égards, mais dans lequel, il faut bien le dire, il se montre parfois homme de parti, a prétendu (tome IV, p. 89, édit. de 1847) que cette difficulté élevée sur le serment « était en vue de favoriser l'avénement de la » branche cadette d'Orléans. » — Rien n'est plus contraire à la vérité. Parce que j'ai connu plus tard le duc d'Orléans, l'historien suppose à tort que j'étais *orléaniste* en 1815. C'est une grande erreur. J'ai vu *pour la première fois* le duc d'Orléans en 1817 pour une affaire purement civile, et seulement comme avocat[1], et jusque-là je ne m'étais nullement préoccupé de lui ni de ses intérêts.

M. de Vaulabelle appuie sa fausse opinion sur un passage des *Mémoires* de Lafayette qu'il cite en note au bas des pages 346 et 347 du tome II, où le général dit : « *Nous* avions élevé une difficulté sur le ser- » ment..... Un député de *notre parti*, M. Dupin, a fait » la proposition de ne pas prêter le serment, ce qui a » produit une discussion, et un serment tel que je » l'avais bien prévu. » — M. de Lafayette fait bien de l'honneur au jeune député de la Nièvre, lorsqu'il en parle comme d'un homme de *son parti*. A cette époque je ne connaissais M. de Lafayette que de nom ; je ne m'étais encore trouvé nulle part avec lui, et quand ensuite je l'ai connu plus particulièrement, quel que fût mon respect pour sa personne, je n'ai point été de ce qu'il appelle *son parti*, dont j'ai toujours ignoré le but précis et la portée.

Je me suis opposé au serment par ma seule et propre impulsion, et uniquement par le sentiment du droit que je croyais blessé. Je n'avais communiqué mon idée qu'à M. Benjamin Delessert, et à mon confrère et collègue, M. Roy, qui m'avait promis de me soutenir et me soutint en effet.

Cette proposition émut beaucoup le nouveau gouvernement. M. Lanjuinais, président de l'Assemblée, qui avait été mon professeur à l'Académie de législation, que depuis j'avais toujours aimé et honoré, et dont la bienveillance, en retour, ne m'avait jamais fait défaut, me dit dans la soirée que Carnot (ministre de l'intérieur)

[1] L'affaire du Théâtre-Français. On trouvera l'analyse de cette cause parmi les affaires civiles.

désirait avoir une conférence avec nous le lendemain matin avant la séance. J'allai, en effet, prendre M. Lanjuinais, et nous nous rendîmes au ministère de l'intérieur. Quoiqu'il fût à peine neuf heures, il faisait une chaleur extrême : Carnot se promenait dans son jardin, c'est là qu'il nous reçut. Il convint avec nous que j'avais raison en *principe*, mais qu'il fallait voir la *situation;* que si, dès l'abord, la dissidence éclatait ainsi entre l'Assemblée et le chef du gouvernement, cela deviendrait une source de faiblesse ; qu'il valait mieux paraître unis ; que d'ailleurs ce serment n'était que pour *la forme ; que le prêterait qui voudrait ;* et que lors de l'appel nominal on ne coterait ni les noms des absents, ni les noms de ceux qui resteraient sur leurs bancs. Ceci entendu et répété parmi les membres de l'Assemblée, la proposition n'offrait plus le même intérêt, elle ne fut pas votée ; mais beaucoup de représentants s'abstinrent en fait de prêter serment : je fus de ce nombre.

Le 8 juin, un représentant ayant proposé de déférer à Napoléon le titre de *sauveur de la patrie !* je l'arrêtai par ce seul mot : *Attendez donc qu'il l'ait sauvée !*

L'Acte additionnel avait été accepté *faute de mieux, crainte de pis* [1] (ce sont les propres termes d'un des votes reçus à Paris). Mais ce n'était au fond qu'un simulacre de Constitution, vicieux en la forme, insuffisant au fond. Aussi dans son Adresse du 11 juin, l'As-

[1] On citait encore un fait plus singulier. L'Acte additionnel avait été envoyé dans toutes les communes par le ministre de l'intérieur ; et le maire d'une commune rurale lui répondit : « Nous avons » reçu la Constitution que vous nous avez adressée, et nous rece- » vrons de même toutes celles qu'il vous plaira de nous adresser » par la suite. »

semblée avait insisté pour que le pacte constitutionnel fût rectifié le plus tôt possible.

Pour que ce vœu ne demeurât point stérile, je proposai le 15 juin à l'Assemblée de nommer une commission pour *reviser la Constitution.* Cette proposition fut adoptée; — la commission fut nommée, j'y fus adjoint de droit comme auteur de la proposition. Cette commission a conduit son œuvre à fin, et son projet distribué, discuté, a servi de base à la Déclaration de la Chambre des Représentants votée la veille de sa séparation [1].

M. de Vaulabelle est encore dans une erreur complète lorsqu'il parle (t. IV, p. 90) « d'efforts tentés par » M. Dupin dans les séances des 20 et 22 juin 1815 » pour faire proclamer le duc d'Orléans. » — Il n'avait été question que de l'*abdication* de Napoléon, pour lequel la place n'était plus tenable; mais, moins que tout autre, je me serais cru autorisé à proposer un roi quelconque, et surtout un prince que je ne connaissais pas. Dans mon opinion le choix ne pouvait appartenir qu'à la Nation. « Autrement, disais-je, le roi que » vous choisiriez serait le *roi de l'Assemblée* et non le » *roi de la Nation;* en le désignant, vous excéderiez » vos pouvoirs, etc. »

On croyait si peu que je voulusse proposer tel ou tel pour roi, que M. Bory de Saint-Vincent, qui feignait de ne pas comprendre, m'interrompit en disant : « Monsieur Dupin, que ne proposez-vous la Républi-

[1] La discussion de cette déclaration eut lieu le 3 juillet. J'occupais la tribune : « Hâtons-nous, dit un membre, les Prussiens et les Anglais arrivent! — Ils seraient là, répondis-je, que je voudrais encore émettre librement mon opinion... » (*Histoire parlementaire,* Introduction aux Codes français expliqués par Rogron, édit. 1843, in-4°, p. XLIII, colonne 2, note au bas de la page.)

que ?» — A quoi je répondis par ce vers de Corneille, bien vérifié depuis :

« Le pire des États est l'État populaire. »

La veille il y avait eu un comité secret dans lequel les ministres entendus avaient reconnu qu'il était impossible de prolonger la lutte ; — qu'une partie des départements était insurgée ; — qu'on manquait de fusils pour armer les gardes nationales, tous les dépôts placés dans les villes de guerre ayant été dépassés par l'ennemi.

Un gouvernement provisoire fut installé ;

Des plénipotentiaires furent nommés ;

Tout le reste se fit ensuite en dehors de l'Assemblée.

La capitulation de Paris fut signée le 3, et l'Assemblée fermée le 7.

Chacun dut retourner à ses affaires ; je rentrai dans mon cabinet.

RÉACTIONS. — PROSCRIPTIONS. — ACCUSATIONS CAPITALES.

1815, 1816 et années suivantes.

Après la seconde chute de Napoléon, les Bourbons rentrèrent pour la seconde fois.

« Devant Louis XVIII s'ouvrait (pour parler le langage de ses amis) le rôle de pacificateur, acclamé par la France, écouté par l'Europe, accourant pour sauver son peuple de la conquête, et le débarrassant en peu de temps du fléau de l'occupation étrangère [1]. »

[1] L'*Assemblée nationale*, numéro du 18 février 1853.

Enfin Louis XVIII, auteur de la Charte de 1814, ramenait avec lui le *régime constitutionnel*; c'est-à-dire le régime de la *liberté légale.*

Voilà le beau côté de la Restauration, à laquelle, sous ce point de vue, j'aime à rendre justice.

Mais derrière le Roi se tenait un parti ardent, haineux, vindicatif, mal contenu [1], qui ne permit pas à son gouvernement de rester à l'intérieur dans les bornes de la modération. Dans une de ses proclamations, ce Prince avait reconnu que son gouvernement *avait fait des fautes;* il allait en faire de plus graves encore.

En effet, la seconde Restauration fut marquée par plusieurs actes violents qui sortaient des bornes régulières du pouvoir constitutionnel, et n'étaient en réalité que de la dictature *réactionnaire.*

Tels étaient :

1° L'ordonnance du 24 juillet 1815 qui exclut vingt-neuf membres de la Chambre des Pairs, sans jugement préalable ;

2° Une autre ordonnance du 24 juillet 1815 [2], dont l'article 1er prescrit d'arrêter et de traduire devant les conseils de guerre plusieurs généraux, au mépris et en violation de la capitulation de Paris ;

3° L'article 2 de cette même ordonnance, lequel décide que quarante personnes y dénommées « sortiront dans trois jours de Paris et se retireront dans l'intérieur

[1] C'est à ce parti et aux misérables qui se traînaient à sa suite, comme à celle de tous les partis extrêmes, qu'il faut imputer dans les provinces des assassinats tels que ceux de Brune et de Ramel; — les exploits de Trestaillon et de ses complices, — les fustigations de femmes et les farandoles dans le Midi, etc., etc. : excès que les royalistes éclairés ont été les premiers à déplorer.

[2] Contre-signée par un ministre qui ne tarda pas à être proscrit à son tour.

de la France aux lieux qui leur seront indiqués, et où ils resteront en surveillance, en attendant que les *Chambres statuent* sur ceux d'entre eux qui devront ou sortir du royaume ou être livrés à la poursuite des tribunaux. »

4° Il n'y a pas jusqu'à la loi dite d'*amnistie* du 12 janvier 1816, qui n'ait été infidèle à son titre par le grand nombre d'exceptions qu'elle renferme. — Plusieurs, il est vrai, ont été introduites malgré le gouvernement, par les amendements des forcenés de la droite; — mais ces dispositions n'en consacrent pas moins des confiscations de biens contraires à la Charte; — des exils sans jugement; — rigueurs accrues encore dans l'exécution par l'extension donnée à la disposition de l'article 5 qui, en exceptant de l'amnistie les personnes *contre lesquelles ont été dirigées des poursuites*, n'entendait certainement pas qu'un ministre pourrait, aussitôt après la loi rendue, abuser du télégraphe au point de s'en servir comme d'un officier de police judiciaire, pour ordonner de commencer immédiatement des poursuites et d'entendre *au moins un témoin* avant l'arrivée du Bulletin des lois, et cela dans le but cruellement vindicatif d'enlever à ceux contre lesquels on employait un tel procédé le bénéfice de l'amnistie [1].

Ajoutez à cela tant d'autres lois dites d'*exception*, et par surcroît, les cours prévôtales !

J'eus à défendre des personnes comprises dans toutes ces catégories :

Les unes, par la plaidoirie contre des accusations

[1] C'est comme si l'on avait transmis par le télégraphe l'ordre d'exécuter bien vite un condamné à mort, sachant que sa grâce venait d'être accordée, quoiqu'elle n'eût pas encore été expédiée.

capitales portées devant la Pairie, — les conseils de guerre, — les Cours d'assises ;

Les autres, par des Consultations et des Mémoires.

Je donnerai successivement des Notices sur quelques-unes des principales affaires où j'ai consacré mon ministère à *la défense des accusés politiques.*

Mais auparavant je veux rendre compte de deux *écrits généraux* qui ont servi comme de *préliminaires* à ces défenses.

Le premier est intitulé *Mémoire contenant des Observations sur l'ordonnance du 24 juillet* 1815.

L'autre a pour titre : *Libre défense des accusés.*

§ Ier.

Mémoire contenant des Observations sur l'ordonnance du 24 juillet 1815.

Je rédigeai ce Mémoire dans l'intérêt de plusieurs généraux compris dans l'article 2 de cette ordonnance, qui réservait leur sort *au jugement des chambres.*

Il fut remis aux ministres au mois d'août 1815. Les journaux en ont publié plusieurs fragments, et il a été réimprimé en 1821, à la suite de mes *Observations sur la justice criminelle,* pages 311 et suivantes.

Isambert le cite dans son *Recueil de lois,* dans la note 4, sur l'article 2 de l'ordonnance du 24 juillet 1815.

Le Mémoire est divisé en deux parties.

L'une, théorique, contient le rappel et l'exposition des principes.

L'autre en contient l'application.

Dans la première partie, après avoir fait ressortir la disposition exorbitante de l'article 2 de l'ordonnance qui appelle en réalité les *Chambres* à juger les vingt-neuf individus qui y sont nominativement désignés, et qui les charge directement de prononcer contre une partie d'entre eux la peine de l'exil : j'affirme que ces dispositions sont arbitraires et INCONSTITUTIONNELLES ; et, pour le démontrer rigoureusement, j'établis les quatre propositions suivantes :

1re proposition : Il est de l'essence des lois d'être *générales* et de ne pouvoir pas être portées nominativement contre les particuliers. (*Nulla lex in privos datur, sed judicium.*)

2e proposition : Il est de l'essence des lois de ne régler que l'*avenir*, sans pouvoir réagir sur le *passé*. (*Non placet Janus in legibus.*)

3e proposition : Le pouvoir *judiciaire* ne doit être confondu ; — ni avec le pouvoir *législatif*, — ni avec le pouvoir *exécutif*.

4e proposition : La Charte constitutionnelle établissant la division des pouvoirs, on ne peut pas les *réunir* ni les *confondre* sans la violer.

Après avoir établi ces propositions, par le texte des lois, l'autorité des publicistes et les exemples historiques de tous les temps, je venais à leur application ; et dans la seconde partie du Mémoire je faisais ressortir les embarras et les différents excès de pouvoir qu'entraînerait immanquablement dans son exécution une mesure qui obligerait les Chambres à entrer dans l'examen détaillé des faits, des conduites et des opinions, si elles entreprenaient de juger des citoyens nominativement, soit par forme *de loi privée*, soit par forme *de jugement*.

Le Mémoire était terminé par les considérations suivantes :

« Telles sont les difficultés que l'on rencontrera inévitablement si l'on veut ériger les législateurs en juges.

» Ces difficultés, on les évite ou plutôt on les résout en laissant les choses aller leur cours ordinaire.

» Pourquoi se défier des lois et des tribunaux?

» Les lois sont plus sages que les hommes; et de tous les hommes ceux sur qui le gouvernement peut le mieux compter, ce sont les juges. — « Leur office, » a dit un de nos magistrats les plus éminents (le » P. P. Séguier), est de maintenir l'autorité en pré- » venant l'arbitraire, et d'assurer la soumission en » ôtant tout prétexte à la révolte. »

» Jamais l'opinion publique n'a rejeté sur le gouvernement les condamnations *même injustes* prononcées par les tribunaux compétents;

» Et elle s'est constamment élevée contre les condamnations *même justes* prononcées par des commissions extraordinaires et des tribunaux d'exception!

» Pourquoi? — Parce qu'on ne peut jamais reprocher au gouvernement d'avoir laissé agir les juges et les lois, c'est-à-dire d'avoir respecté les règles;

» Tandis qu'on lui fait toujours un crime d'avoir interverti l'ordre des juridictions et violé les principes au détriment et pour le malheur des individus. »

Cette réclamation n'empêcha point le parti de la réaction de poursuivre son œuvre : — seulement elle servit à ouvrir les yeux des Chambres sur le pouvoir arbitraire que l'ordonnance du 24 juillet avait voulu leur attribuer. Elles refusèrent d'en accepter la responsabilité; mais au lieu de renvoyer les accusés devant les tribunaux pour y être jugés suivant le droit commun, elles ont, par l'article 2 de la loi (d'amnistie) du 12 janvier 1816, autorisé le *Roi* (c'est-à-dire le pouvoir exécutif) à faire sortir de France (c'est-à-dire exiler) ceux des individus compris en l'article 2 de l'ordonnance du 24 juillet, qu'*il jugerait à propos* de proscrire sans avoir été traduits devant les tribunaux (c'est-à-dire que l'arbitraire fut seulement déplacé et délégué à d'autres).

§ II.

De la libre défense des accusés.

Ces actes excentriques, cette législation exceptionnelle préparaient au Barreau une longue suite d'accusations à combattre.

Mais ce qui caractérise surtout cette époque, c'est que, à la différence des temps ordinaires, où l'on ne voit figurer sur les bancs des accusés que des hommes obscurs, tarés, désavoués par la société, repoussés par elle; — on vit traduire devant les tribunaux les noms les plus illustres, ceux que depuis longtemps la France était accoutumée à applaudir, les guerriers pour leurs victoires, les hommes de lettres pour leurs ouvrages. — Là s'ouvrit pour le Barreau la plus brillante clientèle; l'opinion publique, les journaux, l'auditoire des cours d'assises, des conseils de guerre, prenaient parti pour les accusés; les condamnations étaient déplorées comme des sinistres, les acquittements accueillis avec enthousiasme.

La gloire attachée à ces défenses était réservée au jeune Barreau; car presque tous les anciens avocats étaient légitimistes; ils en étaient encore à regretter l'ancien régime et le Parlement! Ils regardaient comme une sorte de *félonie* de défendre des hommes qui étaient l'objet des accusations politiques ! Aussi, sauf bien peu d'exceptions, toutes les défenses furent confiées aux jeunes avocats, qui, au refus des anciens, s'y donnèrent avec ardeur.

Mais quelle colère contre eux ! A en croire les plus exaltés, on eût dû les rayer du tableau !

L'injustice d'une telle opinion nous révoltait, et le besoin de la réfuter et de la confondre m'inspira le petit écrit que je publiai sous ce titre : *De la libre défense des accusés*. Il parut en octobre 1815 [1].

« Il y a des gens, disais-je dans la préface, qui se sont montrés assez injustes pour avancer que *des avocats ne pouvaient pas défendre certains accusés sans se rendre, pour ainsi dire, leurs* COMPLICES !

» D'autres se sont persuadé que les avocats, infidèles au premier devoir de leur profession, refuseraient effectivement leur ministère à ceux que poursuivait la vindicte publique.

» Cette dernière opinion serait pour les avocats (j'entends ceux de Paris) une injure démentie par le noble caractère qu'ils ont montré dans tous les temps.

» La première est également injuste. Il est aisé de prouver que celui qui défend un accusé (de crime d'État ou autres) ne doit, sous aucun rapport, être confondu avec son client. C'est aller contre les propres intérêts de la justice que d'essayer à décourager des hommes qui assurent son triomphe, précisément par la légitime contradiction qu'ils lui opposent. Enfin, ce serait aller contre les plus chers intérêts de la société ; car cette opinion, qui suppose un homme coupable,

[1] Chez Arthus Bertrand, rue Hautefeuille, n° 15. Imprimerie de d'Hautel, rue de la Harpe, n° 80. Broch. in-8°.

par cela seul que l'autorité l'accuse ; cette opinion, dis-je, déjà si contraire à l'humanité, deviendrait funeste à l'innocence même, si jamais un préjugé si cruel pouvait être partagé par ceux dont le ministère est de prêter aux malheureux accusés le secours de leur éloquence pour dissiper les préventions qui pèsent sur leurs têtes. »

Je reviens sur le même objet dans le cours de l'ouvrage, et répondant à ceux qui déclamaient contre les avocats, et leur reprochaient « de revendiquer pour la » société des hommes qu'elle repousse de son sein, » je leur disais (p. 22) : « Hommes injustes qui tenez ce cruel discours, à vos yeux, un accusé est donc nécessairement coupable ! Il suffit donc d'être poursuivi pour être atteint et convaincu ! Ah ! que vous changeriez promptement de langage si vous étiez quelque jour l'objet d'une accusation ! Avec quelle facilité vous comprendriez alors que la vengeance, la calomnie, et parfois je ne sais quelle fatalité peuvent accumuler sur une tête innocente des présomptions si étroitement liées, qu'il est bien plus facile de leur faire prendre l'apparence de preuves, que de les dissiper sans retour ! Vous vous estimeriez heureux alors de trouver des défenseurs dans notre Ordre ! et vous crieriez à l'injustice si, partageant toutes les préventions populaires dont vous seriez l'objet, aucun de nous n'osait se charger de votre justification ! ».

Cet écrit parut, ainsi que je viens de le dire, en octobre 1815, deux mois avant le jugement du maréchal Ney par la Chambre des Pairs ; c'était comme un préliminaire de cette défense que tant de passions allaient s'efforcer de rendre difficile et en quelque sorte périlleuse !

Dans cette dissertation, je fais à l'avance un rempart aux avocats de l'accusé de cette belle parole d'Ayrault : « Dénier la défense serait un crime ; la donner, mais » non pas libre, c'est tyrannie. » — J'adopte dès lors pour ma devise : *Libre défense des accusés.*

Prévoyant le cas où la défense a quelquefois besoin de descendre aux considérations et aux moyens de toucher les juges, lorsqu'on n'a pas complétement réussi à les convaincre de l'entière innocence de l'accusé, je rappelais ces paroles de la Bruyère : « Je ne » sais, dit ce grand moraliste, s'il est permis de juger » des hommes pour une faute unique ; et si un besoin » extrême, ou une violente passion, ou un premier » mouvement tirent à conséquence? » (Chap. XII).

Et je finissais par ce trait qu'auraient dû saisir les juges du maréchal Ney : « La peinture représente le » grand Condé déchirant de sa main une page de sa » propre histoire ! — Quelle plus noble preuve qu'on » peut faillir une fois sans cesser d'être un héros ! »

Pélisson dans sa défense pour Fouquet, t. II, p. 70, avait également dit au Roi : « Les belles actions doi» vent quelquefois couvrir les mauvaises, et la gloire » emporter le crime. »

Florus n'explique pas autrement l'acquittement d'Horace coupable du meurtre de sa sœur. Toutes les lois étaient contre lui, dit cet historien ; mais la vertu guerrière couvrit le parricide et le forfait de l'accusé se perdit dans les rayons de sa gloire. *Citavere leges, nefas ; sed abstulit virtus parricidam, et facinus intrà gloriam fuit.* Florus, lib. I, cap. III.

MÉMOIRES

DE M. DUPIN.

SOUVENIRS DU BARREAU.

PREMIÈRE PARTIE.

ACCUSATIONS POLITIQUES.

Libre défense des accusés.

PROLOGUE.

En lisant le détail des Accusations qui vont suivre et qui constituent, non pas le récit complet des procès politiques de cette douloureuse époque, mais seulement le contingent de celles dont j'ai été chargé, on sera péniblement affecté de voir tant de généraux illustres, qui avaient mérité l'admiration sur les champs de bataille et versé leur sang pour la patrie, poursuivis à outrance, ainsi que de vils criminels, comme complices du retour de Napoléon, et, à ce titre, rendus responsables d'un événement qu'il n'avait été au pouvoir de personne de prévoir ni d'empêcher !....

Mais par là aussi on apprendra à détester les discordes civiles, à déplorer leurs tristes résultats ! Et sans récriminer contre les accusateurs et les juges, on conviendra du moins que si les poursuites téméraires, les accusations plus ou moins hasardées, les condamnations rigoureuses, le sang versé enfin par suite des réactions politiques, entraînent quelquefois des remords, et presque toujours des regrets!..... il n'en est pas ainsi de la *défense*, qui, aux yeux des contemporains comme aux yeux de la postérité, ne laisse que des souvenirs doux et consolants.

Du reste on ne sera pas surpris de ce que, en rendant compte de chaque affaire, je le fais dans le même esprit dont j'étais animé au jour de la plaidoirie : — mon compte rendu n'est que la *défense continuée ;* c'est, chez moi, l'effet d'un sentiment vivace et persistant, qui, malgré le temps, n'a pu ni varier ni fléchir. C'est l'avocat resté fidèle à ses clients.

LE MARÉCHAL NEY.

1815.

Le maréchal Ney fut la principale victime concédée aux réactions de 1815. On ne s'est acharné sur aucun autant que sur celui-là.

Son nom était le premier inscrit dans l'article 1er de l'ordonnance royale du 24 juillet.

En exécution de cette ordonnance, il fut traduit devant un conseil de guerre spécial dont les membres avaient été désignés par le ministre de la guerre. Ce conseil était composé des maréchaux Jourdan, Masséna, Augereau, Mortier [1], et des lieutenants généraux Gazan, Claparède et Vilatte, — le maréchal de camp Grundler, rapporteur, — l'ordonnateur en chef Joinville, faisant fonctions de procureur du roi.

Cette affaire était la première [2] et devait être la plus grave de toutes. Il n'y en a pas non plus autour de laquelle l'esprit de parti ait fait entendre plus de rugissements. Le *Drapeau blanc*, la *Quotidienne*, tous les journaux ultras poussaient à une répression sanglante. Non-seulement il fallut défendre l'accusé, mais les avocats eurent aussi à se défendre eux-mêmes. C'est pour cela que je veux retracer ici quelques-unes des

[1] Le maréchal Moncey, d'abord désigné pour être l'un de ses juges, s'était récusé.

[2] « En pareil cas, en usent bien sagement (quand ils le peu-
» vent) ceux qui laissent faire l'entrée aux autres...., parce que
» les dernières accusations sont toujours plus douces et plus
» mollement poursuivies. » *Ayrault*, liv. III, n° 31.

phases de ce triste et douloureux procès, et des circonstances qui s'y rattachent.

Singulière rencontre! Le premier avocat auquel la défense du maréchal Ney fut proposée est M. Bellart. Elle lui fut offerte par M. Gamot, ancien préfet de l'Yonne, beau-frère du maréchal, qui raconte ainsi son entrevue dans une de ses lettres : « La première personne » à qui je m'adressai dans le temps pour prendre la dé- » fense du maréchal Ney fut M. Bellart, qui n'avait » alors d'autre titre que celui d'avocat. J'avais eu oc- » casion de le voir dans le département de l'Yonne, et » sa réputation de talent et de probité me porta à croire » que je ne pouvais faire un meilleur choix..... J'étais » loin de me douter alors qu'il deviendrait son accusa- » teur; qu'après lui avoir fait ôter les moyens de se » défendre, il l'attaquerait avec fureur comme s'il eût » eu soif de son sang; et qu'enfin ce serait à lui que » j'aurais à réclamer son cadavre pour lui rendre les » derniers devoirs. — M. Bellart me dit qu'il ne pou- » vait se charger de cette défense, parce que ses opi- » nions politiques n'étaient point d'accord avec le parti » que le maréchal avait pris; que, cependant, il était » possible de l'*excuser* sous le rapport de la *prémédi-* » *tation* et de l'*entraînement* que la *force des choses* » avait dû lui faire éprouver..... »

Au refus de Bellart, M. Gamot s'adressa à Berryer père, l'un des premiers avocats de l'ancien barreau, homme énergique et résolu, *os magna sonaturum!* — Il fut chargé de la plaidoirie.

Avocat beaucoup plus jeune (je n'avais encore que trente-deux ans), je lui fus adjoint pour l'aider dans les recherches et les rédactions que pourrait exiger l'affaire.

La première question qui se présenta fut celle de la *compétence*. Des hommes passionnés ou mal instruits des faits ont amèrement reproché aux avocats du maréchal, comme une maladresse devenue fatale à l'accusé, d'avoir décliné la juridiction du conseil de guerre. Jamais, suivant eux, les frères d'armes du maréchal ne l'auraient condamné! et son acquittement eût été une planche de salut pour les autres accusés. — A merveille, si les choses eussent dû se passer ainsi..... Mais il faut rappeler et constater les faits.

Précisément, parce que la question pouvait être envisagée à ce point de vue, les avocats du maréchal ne voulurent rien prendre sur eux. On se réunit en consultation chez Berryer père : on y appela M. Delacroix-Frainville et M. Pardessus; madame la maréchale Ney et son frère M. Gamot y assistèrent.

On se demanda d'abord, en point de fait, si réellement il n'y avait pas plus d'avantage à accepter la juridiction du conseil de guerre; et si le maréchal n'avait pas plus à espérer d'un tribunal où allaient siéger ses compagnons d'armes, que d'un Corps politique où l'esprit de réaction pouvait trouver accès?... Nous dîmes que là-dessus nous ne pouvions qu'appeler l'attention de M. le maréchal et de sa famille, et attendre leur détermination, pour n'avoir à nous prononcer ensuite *que sur le point de droit.*

A cela, madame la maréchale et M. Gamot nous déclarèrent formellement que le vœu du maréchal était de décliner le conseil de guerre, d'invoquer sa qualité de pair, et de demander le renvoi devant la Cour des Pairs.

Nous discutâmes alors la question de droit. Nous étions tous d'accord que le conseil de guerre était incompétent en raison de la qualité de la personne : mais nous nous divisâmes sur un point. Comme une ordonnance royale [1] avait exclu le maréchal Ney de la Chambre des Pairs, M. Delacroix-Frainville (et M. Pardessus partageait cet avis) ne voulut baser le déclinatoire que sur la qualité de *maréchal de France, grand officier de la couronne.* Quant à moi, j'allai plus loin, et je soutins que l'ordonnance royale qui avait exclu le maréchal Ney de la Chambre des Pairs ne pouvait pas avoir d'effet rétroactif : et comme le fait sur lequel on fondait l'accusation se rattachait à une époque où il était incontestablement *pair de France*, j'en concluais qu'il n'avait pas pu être privé, après coup, des garanties qui pouvaient s'attacher au droit de ne pouvoir être jugé que *par ses pairs.*

Il fut, en conséquence, convenu que l'on rédigerait deux consultations : — l'une, par M. Delacroix-Frainville, dans son sens; — et la mienne, à mon point de vue. — Elles parurent ainsi séparément, et en même temps.

Au surplus, je dois dire ici qu'alors même que le déclinatoire n'aurait pas été proposé, il est à peu près certain que le conseil de guerre ne s'en serait pas moins d'*office* déclaré incompétent : — dans le cas contraire, plusieurs des maréchaux auraient refusé de passer outre sur le fond, et le tribunal aurait eu besoin d'être complété par de nouveaux membres.

Le maréchal de Trévise, pour lequel j'avais déjà consulté en matière civile, s'en était ouvert avec moi. Il m'avait même demandé à l'avance le modèle d'une *récusation* qu'il se proposait de déposer sur le bureau

[1] Du 24 juillet 1815.

du Conseil si le déclinatoire était rejeté. « On veut, me disait-il, abuser de notre position. Nous ne sommes pas un tribunal politique : devant la juridiction militaire, tout est de rigueur; on ne peut pas même invoquer ni admettre des circonstances atténuantes. On veut donc nous mettre strictement en face du fait matériel de défection, comme si le fait s'était passé dans des circonstances ordinaires, en présence de l'ennemi. Eh bien, dans cette position, jamais je ne consentirai à juger mon camarade. »

Le duc de Trévise ne se dissimulait pas le risque qu'il allait courir personnellement. Déjà le doyen des maréchaux, le maréchal Moncey, qui avait aussi refusé de faire partie du conseil de guerre et s'était récusé, avait pour ce seul refus été dépouillé de sa dignité de maréchal, et condamné à subir trois mois d'emprisonnement dans le fort de Ham (par ordonnance du 29 août 1815).

J'étais dans le salon du duc de Trévise (dans son hôtel au faubourg Saint-Honoré). Là était son portrait en grand uniforme de maréchal d'empire avec toutes ses décorations; et en regard le portrait de son père, vénérable vieillard, en cheveux longs, vêtu d'une redingote grise, en costume de cultivateur. « Vous voyez, me dit-il avec émotion, voilà le portrait de mon père et le mien. Mais j'encourrai toute sorte de disgrâce, on me destituera, n'importe; je quitterai tout, je revêtirai le costume, et je reprendrai les occupations et les travaux de ce brave homme, plutôt que de condamner le maréchal Ney!..... Je sais labourer [1]..... »

[1] En effet le maréchal se livrait tous les ans à cet exercice dans son parc du Plessis-Lalande.

Le lendemain, j'apportai à M. le maréchal de Trévise le modèle de récusation. Il le copia et le signa pour être prêt à s'en servir, s'il le fallait, le jour de l'audience. Cette Note était ainsi conçue :

« Plein de respect et de soumission pour les ordres du Roi, et n'ayant d'ailleurs aucun motif d'excuse à alléguer pour refuser la commission qui m'était donnée, j'ai accepté cette commission et j'ai siégé parmi les membres du conseil de guerre nommé pour juger M. le maréchal Ney. Après avoir entendu le développement des moyens proposés par le défenseur de M. le maréchal Ney pour prouver que le conseil de guerre était *incompétent*, je me suis trouvé convaincu qu'en effet ces moyens étaient fondés. J'ai en conséquence opiné en mon âme et conscience pour que le conseil se déclarât incompétent. Le conseil en a décidé autrement : mais mon opinion n'a pas changé; et ma conscience, restée la même, me disant que je ne puis pas demeurer juge de M. le maréchal Ney sans contrevenir à la Charte constitutionnelle, je déclare que je m'abstiens de prendre part à tout ce qui pourra suivre la présente déclaration, dont je demande acte et que je dépose sur le bureau. — Paris, ce... novembre 1815. »

Le 10 novembre 1815, Me Berryer seul présenta et plaida le déclinatoire. Le conseil de guerre l'accueillit avec empressement, à la majorité de cinq voix contre deux, en résumant dans ses motifs les *deux* moyens présentés dans les *deux* consultations, et tirés — soit de la qualité de *pair*, — soit de celle de *maréchal de France*.

Dès le lendemain, 11 novembre, une ordonnance royale déférait le jugement du procès à la Chambre des Pairs ; et le même jour les ministres en corps se sont rendus dans le sein de cette Chambre, accompagnés de M. Bellart, procureur général, pour y apporter l'ordonnance, dont le premier ministre (duc de Richelieu) exposa les motifs dans un discours brusque et bref dans lequel étincelait cette phrase souvent citée depuis : « *C'est au nom de l'Europe* que nous » venons vous *conjurer* et vous *requérir* à la fois de » juger le maréchal Ney. » — Expressions étranges, qui firent dire à un homme d'État fécond en saillies spirituelles : « Avez-vous lu l'*ukase* de M. de Riche- » lieu ?... »

La Chambre des Pairs accepta la juridiction et s'ajourna au surlendemain 13.

Le procès a été recueilli par M. MICHAUD, écrivain royaliste, 1 vol. in-8°, — et par DELANOE, aussi en 1 vol. in-8°. — L'histoire la plus complète et la plus impartiale est celle qu'a publiée ÉVARISTE DUMOULIN, l'un des rédacteurs du *Constitutionnel*, en 2 vol. in-8°.

On peut voir dans les relations de ce procès combien les Avocats eurent de peine à obtenir les délais, même les plus courts, pour préparer la défense écrite ou orale. On voulait, suivant la vieille expression du lieutenant criminel Ayrault, qui écrivait sous Charles IX, juger l'affaire *à la chaude*. C'est dans une de ces luttes d'avant-postes qu'ayant à répondre aux impatiences du procureur général, et fort excité moi-même par tant d'impétuosité dans l'attaque, je lui adressai avec un accent douloureux cette apostrophe : « Accusateur ! vous voulez placer sa tête sous la foudre, et nous, nous voulons montrer comment l'orage » s'est formé [1] ! »

[1] C'est le moment où je prononce cette phrase qu'Horace Vernet a saisi dans le portrait qu'on voit dans mon cabinet, et

Un délai de quelques jours fut accordé aux défenseurs. M. Berryer en profita pour préparer sa plaidoirie; car c'est à lui, comme plus expérimenté, qu'était confiée la grande exposition de l'affaire.

De mon côté, pendant le cours de ce procès, j'ai rédigé, d'accord avec Berryer, plusieurs Mémoires. Le premier, intitulé : *Question préjudicielle dans l'affaire du maréchal Ney.* J'y soutenais que la Cour des Pairs ne pouvait pas, sans violer l'article 4 de la Charte, juger le maréchal avant qu'*une loi* eût réglé la procédure à suivre.

Le second Mémoire, sous la date du 2 décembre, est le plus important. Il avait pour titre : Effets de la *Convention militaire* du 3 juillet 1815 et du *Traité du 20 novembre* 1815, relativement à l'accusation du maréchal Ney.

Le troisième enfin, sur la *manière d'opiner* dans cette affaire, afin de montrer, par des exemples de tous les temps, qu'en matière criminelle il fallait plus que la majorité simple pour condamner [1].

Ces trois Mémoires [2] portent les signatures : DUPIN,

qui a fait partie de l'exposition de 1822. (Voyez *Salon d'Horace Vernet* par MM. Jouy et Jay, p. 59).

[1] Dans les *autres* affaires qu'elle a jugées *depuis*, la Cour des Pairs a décidé qu'il faudrait les *cinq huitièmes* des voix pour condamner. Cette disposition a sauvé Maziau en 1822.

[2] Ces Mémoires, adressés à la Cour et distribués à MM. les Pairs individuellement avant la plaidoirie, furent aussi quelques instants avant l'audience lancés dans le public qui encombrait les tribunes et les couloirs. Et je me représente encore un petit homme si courbé dans sa taille, que sa croix de Saint-Louis pendue à un long ruban flottait en manière de fil à plomb à quatre pouces au moins en avant de sa poitrine; il tendait la main pour avoir des Mémoires, et il en saisit une poignée qu'on lui donna, croyant que c'était pour passer à ses voisins : mais il les froissa

BERRYER père; — mon nom le premier, comme rédacteur, et le nom de Berryer père en second.

Berryer avait arrêté le plan de sa plaidoirie. Ses notes étaient fort étendues. Dans une affaire aussi grave, il ne voulait rien négliger; il avait surtout à cœur d'expliquer dans le plus grand détail tous les faits qui avaient précédé ou accompagné la mission donnée au maréchal; il voulait dégager la personne de l'accusé de plusieurs imputations odieuses, dont la plupart étaient de pures calomnies, afin d'arriver sans préjugé à la discussion du point de droit, qui consistait en deux moyens principaux :

Le premier, tiré de l'article 12 de la Convention de Paris, qui contenait une amnistie formelle en faveur des personnes, *quelles qu'eussent été leurs opinions, leurs fonctions et leur conduite;*

Le second, tiré du Traité du 20 novembre 1815, lequel, en confirmant celui du 30 mai 1814, stipulait « qu'aucun individu né dans les pays cédés ou restitués ne pourrait être inquiété ni troublé dans sa personne *à cause de sa conduite ou de ses opinions politiques.* »

C'était la double thèse déjà posée et discutée dans le second Mémoire, imprimé et distribué à l'avance comme *base future de la défense.*

Les moyens de défense ainsi fixés et disposés, je n'avais plus qu'à écouter les plaidoiries; seulement il

dans ses mains et les déchira avec colère, anéantissant par là, autant qu'il était en lui, une partie de la défense de l'accusé. C'est ainsi qu'était composée la majeure partie de l'auditoire. — Les passages qui conduisaient à la prison du maréchal étaient confiés à des sentinelles prises parmi les *gardes du corps* revêtus de grandes *lévites bleues :* on se défiait de toute autre troupe.

avait été convenu que je répliquerais au procureur général s'il y avait lieu. — Dans cette vue, et pour m'y préparer, j'avais, dans une juste défiance de moi-même, jeté par écrit le plan de cette réplique pour le soumettre au maréchal, qui en avait surtout approuvé la marche vive et rapide... Mais M. Berryer, comme on va le voir, ayant été interrompu dans le développement de sa grande plaidoirie, la réplique projetée n'eut pas lieu, et je n'eus pas à faire usage de mes notes. Elles ont été imprimées depuis dans l'histoire du procès d'Évariste Dumoulin, tome II, page 310, sous le titre de *Considérations sommaires sur l'affaire de M. le maréchal Ney*[1].

La plaidoirie de Berryer, très-chaleureuse et très-éloquente, fut aussi très-longue. Elle avait déjà duré trois heures, lorsqu'il demanda un peu de repos, annonçant qu'à la reprise de l'audience il examinerait les dispositions des divers traités, et d'abord celle de l'article 3 de la Convention de Paris, pour en tirer une fin de non-recevoir contre l'accusation.

Cette annonce jeta un grand émoi au milieu de MM. les pairs. Nous nous étions retirés dans une pièce à part. Pendant ce temps, et par conséquent hors la présence de l'accusé et de ses conseils, quelques pairs se demandèrent si l'on permettrait à la défense d'invoquer la capitulation de Paris. Les opinions émises à ce sujet par MM. les pairs ont été recueillies par Évariste Dumoulin, tome II, page 302. Nous allons les reproduire ici.

M. le comte Garnier (pair de France, ancien séna-

[1] Dans cet imprimé, il y a une lacune de quelques lignes, marquée par des points. La censure n'a pas permis l'insertion de ce passage, qu'on trouvera dans le recueil des pièces.

teur, mais aussi ancien procureur au Châtelet), croyant voir là une question de *procédure*, s'exprima ainsi : « Le moyen que l'accusé pourrait tirer de cette convention est sans aucun fondement; il ne peut être entendu, parce que c'est un moyen tout à fait *préjudiciel.* Les défenseurs ne sont plus *recevables* à rien présenter de semblable depuis l'arrêt qui leur a ordonné de produire tous les moyens préjudiciels.

» *M. le comte Lanjuinais.* Je demande la parole.

» *M. de Sèze.* Il y a un arrêt, vous ne pouvez pas parler contre un arrêt.

» *M. le comte Lanjuinais.* Oui, c'est cela même, je veux parler contre cet arrêt.

» La convention faite sous Paris a été stipulée précisément pour les délits politiques, et il s'agit en ce moment du sort d'un militaire illustre! Cette convention fournit une exception, non pas seulement *préjudicielle*, mais *péremptoire*, puisqu'elle détruit l'accusation. Les exceptions péremptoires peuvent s'opposer *à toutes les périodes de la procédure*, jusqu'à ce qu'il y ait condamnation. Cela est reconnu, écrit dans tous les livres, reçu dans tous les temps, admis dans tous les pays.

» Quant à l'arrêt, il n'est dans sa nature qu'interlocutoire, que préparatoire; jamais les juges ne sont liés par de tels actes : c'est encore là un des premiers principes de procédure.

» *M. le président.* Lorsqu'on *opinera*, ce moyen pourra être discuté : cependant il convient d'interdire la lecture de la convention.

» *M. le comte Molé.* Cette convention est purement militaire [1] : si on pouvait en faire l'application au pré-

[1] Raison de plus pour l'appliquer aux chefs de l'armée. Voyez les

venu, l'ordonnance du Roi du 24 juillet n'aurait pas été rendue.

» Le président a mis la question *aux voix*, et la Chambre a décidé qu'on ne permettrait pas la lecture de l'article [1]. »

L'obligeant marquis de Sémonville, ancien parlementaire [2], vint dans le bureau où nous étions retirés nous instruire de cette décision. Elle jeta à son tour un grand trouble dans nos esprits; elle tendait à priver d'avance le maréchal d'un moyen de défense que nous avions toujours considéré comme décisif, et, à vrai dire, le seul qui pût être invoqué avec assurance. Nous ne pouvions accepter un tel arrêt; et afin de n'être pas pris au dépourvu, il fut convenu que, pendant que Berryer achèverait de revoir ses notes, je rédigerais sur-le-champ une *protestation* que j'irais communiquer à M. le maréchal, pour qu'il fût prévenu de ce qui allait se passer, et afin qu'il pût lui-même, quand il verrait sa défense entravée, s'interposer, constater la violence qui nous serait faite, nous retirer lui-même la parole, et protester!

Je me hâtai de rédiger cette pièce, et je la portai à M. le maréchal, qui l'approuva. Je l'engageai à la recopier de sa main pour qu'il pût la lire sans broncher; car mon agitation en la traçant était telle, que mon écriture était à peine lisible.

dépositions de Guilleminot et du comte de Bondy dans les *Annexes*.

[1] C'est cet arrêt dont M. d'Aligre a dénoncé la nullité en disant : « Les voix furent *prises*, mais ne furent pas *comptées*. » — Dans les cours criminelles on doit prendre et compter les voix *individuellement*.

[2] « Ah! mon cher Berryer, dit le vieux conseiller en abordant » le vieil avocat, vous vous rappelez notre ancien temps du Parle» ment!... C'était le bon temps.... »

Je redescendis ensuite vers Berryer pour lui dire que le maréchal partageait entièrement notre avis et suivrait la marche indiquée. Ainsi, nous allions rentrer à l'audience : Berryer reprendrait la discussion telle qu'il l'avait annoncée ; il invoquerait : 1° la convention du 3 juillet ; 2° le traité du 20 novembre ; — s'il était interrompu sur le premier chef, je ferais un nouvel effort, — après quoi le maréchal lirait sa protestation.

Tout se passa ainsi. Le maréchal tenait son petit carré de papier dans son chapeau, et après avoir dit d'inspiration : « Oui, je suis Français et je mourrai Français, » il lut sa protestation avec dignité et fermeté ; il me remit ensuite son autographe en me disant : « C'est à vous que je le confie [1], » — et l'audience fut levée.

Quelques instants après, et quand nous fûmes un peu remis de l'agitation de cette grande scène, Berryer père et moi avec son fils, jeune avocat qui, sans être associé à la défense, était en robe et ne nous avait pas quittés un instant, nous montâmes dans la chambre du maréchal. Nous le trouvâmes tel qu'il avait été constamment dans tout le cours du procès, plein d'une mâle fermeté. Après avoir échangé quelques mots, où de notre part l'émotion était plus vive que de la sienne, il nous embrassa tous trois, et nous nous retirâmes : sa famille allait nous remplacer près de lui.

Dans les *Souvenirs* [2] publiés par Berryer père à la fin

[1] J'ai conservé précieusement cet autographe. Je l'ai montré plusieurs fois au fils aîné du maréchal. Je le portais sur moi lors de l'inauguration de sa statue en décembre 1853. C'était mon premier mandat.

[2] 2 vol. in-8, imprimés en 1839.

de sa carrière (en 1839, il avait alors quatre-vingt-trois ans), il a été mal servi par sa mémoire lorsqu'il a dit à la page 375 du tome Ier : « A peine le maréchal » souffrit-il que j'en vinsse pour sa défense au fameux » article 12 du Traité de Paris. Nouveau Régulus, l'am- » nistie lui semblait incompatible avec l'honneur !... »

Cette phrase sonore manque absolument d'exactitude. L'amnistie stipulée au nom de l'armée n'était pas *une grâce* ni *une faveur;* c'était une convention *d'égal à égal,* un pacte sacré signé *les armes à la main,* d'où résultait un *droit absolu.* Aussi le maréchal et ses conseils n'avaient jamais cessé d'invoquer ce moyen. L'avocat octogénaire avait-il donc oublié que le maréchal Ney avait adressé, directement et en son nom propre, aux ambassadeurs des quatre grandes puissances, une *Note* pour réclamer le bénéfice de cet article 12? Cette pièce est rapportée en entier dans le compte rendu d'Évariste Dumoulin, tome Ier, pages 240 à 244. Après avoir rappelé les faits qui avaient amené la capitulation, et cité le texte de l'article 12, le maréchal conclut en ces termes : « Maintenant, » Excellence, peut-il être douteux que je ne sois fondé, » comme l'un de ceux *pour qui on a stipulé, à reven-* » *diquer le bénéfice* de l'article 12, et la religieuse » exécution des garanties qui y sont exprimées?.... — » *Signé* NEY. »

Deux autres *Notes* furent remises successivement par Me Berryer et par madame la maréchale Ney à lord Wellington, pour le mettre en demeure de faire respecter cette convention, à laquelle, comme général en chef des troupes alliées, il avait dû la reddition de Paris. (Voyez le même volume, pages 244 et 246.)

Enfin une Lettre signée collectivement par Berryer

et par moi, et rédigée dans le même sens, fut adressée par nous à lord Stuart, ambassadeur d'Angleterre à Paris, dont la réponse se trouvera dans les *Annexes*.

Ces démarches diplomatiques n'ayant obtenu aucun succès, il fallut réserver ces moyens pour la plaidoirie, et c'est tout à la fois pour servir de base à la discussion de Berryer, et pour éclairer l'opinion sur cette grande question de droit public, que je rédigeai (ainsi que je l'ai déjà dit) le Mémoire intitulé : « Effets de la » *Convention militaire* du 3 juillet et du *Traité du* 20 » *novembre*, relativement à l'accusation du maréchal » Ney. » — Ce Mémoire porte la signature des deux avocats : — DUPIN. — BERRYER *père*.

Je dis que cet écrit devait faire la base de la plaidoirie. En effet, l'invocation des traités était le seul moyen de droit qu'il y eût à faire valoir, et c'est précisément parce qu'en terminant son exposé des faits, Berryer avait annoncé qu'à la reprise de l'audience *il invoquerait ces traités*, que pendant la suspension de l'audience, la Cour, consultée par le Chancelier, décida qu'on ne permettrait pas à la défense de s'en prévaloir.

C'est aussi cette décision anticipée qui nous fit songer à préparer la *protestation* du maréchal pour le moment où, sa défense étant interrompue, il jugerait à propos d'intervenir.

Fidèle à ce plan de défense, on vit à la reprise de l'audience Berryer père résumer les faits de sa première plaidoirie. Ensuite, dit l'historien du procès, tome II, page 304, « M. Berryer père a *commencé* à traiter la » question sous le point de vue des rapports qu'elle » peut avoir : — avec la Convention de Paris du 3 juil- » let, — avec les Traités conclus à Vienne les 13 et

» 25 mars, — et enfin avec *le Traité du 20 novembre*. — .... Il a invoqué *divers articles de ces traités*, » et il allait essayer d'en faire l'application à la cause, » lorsque le Procureur du Roi s'est levé !.... »

C'est donc Berryer père qui, le premier et avec toute raison, a introduit les Traités dans la discussion. — A ce moment, il a été interrompu, non pas encore par le maréchal, mais par M. Bellart et par le Chancelier.

Ce dernier dit en propres termes : « J'interdis aux » défenseurs de raisonner d'un Traité *auquel le Roi n'a » eu aucune participation.* »

Le Chancelier avait tort; car si le Roi n'avait pas signé la Convention de Paris, il l'avait évidemment ratifiée. Entré dans Paris par la brèche, le Roi ne pouvait pas désavouer ceux qui l'avaient faite [1].

Mais la même objection ne pouvait pas être faite au *Traité du* 20 *novembre*, également mis en avant par Berryer. Un nouvel et dernier effort devenait donc nécessaire, et j'ai continué suivant le plan de Me Berryer, en invoquant ce Traité du 20 novembre, non pas pour dire que le maréchal était *devenu Prussien*, ce qui eût été à la fois odieux et ridicule, mais pour citer les termes de ce Traité, qui « interdisait toute poursuite » contre les individus nés dans les pays cédés, sous » prétexte ou à cause de leur conduite ou opinions po- » litiques. »

[1] Les généraux poursuivis par la seconde Restauration étaient parfaitement en droit de dire aux Bourbons entrés par une brèche qu'ils n'avaient pas faite, et qui était seulement l'ouvrage de leurs alliés : *Non percuties, neque enim cepisti eos gladio et arcu tuo, ut percutias.* IV Reg., VI, 22.

En tout cas, observez les capitulations, puisque vous en avez profité.

C'est alors que, tout étant épuisé, le maréchal, après s'être noblement écrié : *Oui, je suis Français, et je mourrai Français*, a, non pas improvisé, mais lu la protestation préparée d'avance, où se trouvaient ces paroles textuelles : « Je suis accusé contre la foi » *des traités*, et l'on ne veut pas que je *les* invoque !.. » — Ce n'était donc pas *malgré lui* qu'on avait invoqué *ces traités !*

Voilà l'histoire au vrai et pièces en main de cette invocation des traités qu'une malveillance sans égale reprochait à la défense d'avoir employée, comme si c'était un méfait ou une maladresse. Singulière pruderie d'hommes indifférents ou hostiles, qui, en faisant si bon marché de la défense, ne réfléchissent pas qu'il n'était pas au pouvoir des avocats, sans manquer à leur devoir, de faire de l'héroïsme aux dépens de leur client et d'abstraire de la cause *les seuls moyens de droit qui pouvaient et qui auraient dû amener son acquittement !*

Mal instruits de ces faits, les auteurs, d'ailleurs fort bien intentionnés, de la *Biographie des contemporains*, imprimée à Bruxelles en 1818, avaient d'abord exprimé le *regret* qu'on eût invoqué le Traité du 20 novembre. — Mais, à l'article *Ney*, tome XII, page 289, ils se sont empressés de *rectifier* eux-mêmes ce qu'ils avaient dit à ce sujet dans leur précédent article en racontant les faits avec des circonstances jusqu'alors inconnues et dont le hasard seul avait amené la révélation : « Nous ignorions alors, » disent-ils, ce que nous avons appris depuis; c'est » que M. Dupin n'avait invoqué le Traité du 20 no- » vembre que d'accord avec le maréchal et pour ame- » ner la protestation dont celui-ci avait reçu le mo-

» dèle des mains de cet éloquent défenseur. — Cette
» circonstance, ajoutent-ils, en rappelle une autre qui
» n'est pas sans intérêt et qui venait d'être rendue
» publique. L'original de la protestation, écrit de la
» main de M. Dupin, était resté dans les mains du
» maréchal. Après sa condamnation, M. Dupin, qui,
» en le quittant, avait oublié de lui redemander cette
» pièce, pria M. Berryer fils de se charger de ce soin.
» En descendant de la chambre du maréchal, M. Ber-
» ryer dit à M. Dupin, au milieu des gardes dont les
» salles et l'escalier étaient remplis : « *Il l'a jetée au*
» *feu.* » Ces derniers mots, *au feu,* furent seuls en-
» tendus. Un rapport fut fait aussitôt au ministre de
» la police (M. Decazes), et dès le soir même celui-ci
» manda MM. Dupin et Berryer pour leur demander
» s'il n'était pas question de mettre *le feu* au palais du
» Luxembourg pour sauver le maréchal ! »

Nous ne pûmes rassurer le ministre qu'en lui racontant le fait; et il le fallait bien, car nous appréhendions que cette crainte d'un projet de délivrance du prisonnier ne fît hâter son exécution, qui ne devait être, hélas! que trop précipitée.

Tous ces faits ont encore reçu une éclatante confirmation lorsque, dans la séance de la Chambre des Députés du 28 février 1837, un incident inattendu m'amena naturellement à les raconter en détail devant l'Assemblée. Berryer fils, député, assistait à la séance, et les journaux ont constaté que pendant mon exposé cet excellent et noble ami n'a pas cessé de donner des marques formelles d'adhésion à toutes les circonstances de mon récit.

Et lorsqu'en finissant je me suis écrié : « Si par ce moyen (tiré de l'invocation des Traités) nous eussions pu sauver le maréchal, j'en bénirais le ciel!... » l'Assemblée entière a applaudi.

Malgré tout, et tant qu'a duré la Restauration, les journaux du parti *ultra* n'ont jamais parlé qu'avec colère du maréchal Ney, de son procès et de sa défense. Berryer père, mort le premier, a trouvé d'ailleurs dans les opinions légitimistes de son fils une protection contre les exagérés de ce parti. Mais leur rage n'en est restée que plus vive contre moi, j'en ai eu la *survivance*, surtout quand ils ont vu que dans mes écrits ou à la tribune, en toute occasion enfin, je ne manquais jamais de m'élever contre l'illégalité de cette condamnation et l'odieux de son exécution.

En effet, j'ai toujours conservé avec amertume au fond de mon cœur, avec le souvenir de cette condamnation à mort prononcée au mépris des traités, sous l'influence de l'étranger, et sans que la défense ait été libre, le besoin de la flétrir en toute rencontre et le désir d'en obtenir tôt ou tard une éclatante réparation.

En 1818, je donnai une nouvelle édition de l'opuscule sur la *Libre défense des accusés*. Je fis graver ce titre sur mon cachet, et j'en ai fait *ma devise* dans l'exercice de ma profession.

Dans les *Lettres sur la profession d'avocat* [1], ayant inséré dans le premier volume l'*Histoire abrégée de l'ordre des avocats*, par Boucher d'Argis, au chapitre 12, *Des avocats plaidants*, et sur ces mots : *les avocats ont le droit de parler couverts*, je mis la note suivante pour servir d'instruction aux jeunes avocats :

« Le décret du 14 décembre 1810 en a une disposi-

[1] Publiées sous la Restauration. Édition de 1818, tome Ier, page 87.

» tion expresse. — (Ils plaideront *debout et couverts*, » porte l'article 35.) — Malgré cela, dans l'affaire du » maréchal Ney, plaidée devant la Chambre des Pairs, » M. le Chancelier ne permit pas aux avocats de se » couvrir. En cela il eut tort; car le *couvrez-vous* que » les anciens premiers présidents adressaient aux » avocats, ne voulait pas dire, *mettez-vous à votre aise*, » mais *parlez librement.* Ce n'aurait donc pas été man- » quer de respect aux pairs que de se couvrir devant » eux, comme cela se pratiquait autrefois devant le » parlement, qui était aussi Cour des Pairs. (Voyez à ce » sujet un passage curieux d'Omer Talon, appuyé sur » l'autorité de l'Hôpital, dans les *Maximes du droit* » *public français,* tome II, page 41.) C'est ce que M. le » chancelier Dambray ne voulut pas comprendre dans » l'affaire Ney; il avait oublié son parlement; et de » fait, dans l'affaire Ney, à quoi bon dire *parlez libre-* » *ment,* puisque la *défense n'a été ni libre ni entière*, » et qu'on a empêché de plaider un moyen capital et » décisif, celui résultant de la capitulation de Paris » (voyez le vote de M. Lanjuinais) : et cela, en vertu » d'un arrêt préjudiciel rendu pendant la suspension » de la séance, sans que l'incident eût été plaidé, et » lors duquel *les voix furent prises, mais ne furent* » *pas comptées.* (Je tiens le fait de M. d'Aligre, après » la mort de M. Dambray.) Ajoutons que depuis, dans » l'affaire dite de la conspiration du mois d'août 1821, » la Cour des Pairs, sans doute éclairée par nos plain- » tes, a permis aux avocats de plaider *couverts* [1]. »

[1] On doit même dire en général que, dans les procès qui ont été portés devant la Chambre des Pairs *depuis* l'affaire du maréchal Ney, et en raison même de la douloureuse impression que les incidents et l'issue de cette accusation avaient laissée dans les

Aussitôt après la révolution de juillet 1830, devenu membre du conseil des ministres, un de mes premiers soins fut de réclamer et d'obtenir du roi pour madame la maréchale Ney une pension viagère de 25,000 francs, qui a rendu superflue toute allocation subséquente.

Le 12 novembre 1831, on rapporta devant la Chambre des Députés une pétition des habitants de la Moselle, demandant *que les cendres du maréchal Ney fussent transférées au Panthéon, et qu'il lui fût élevé un monument aux frais de l'Etat.* Sur le seul énoncé de cette pétition, dit le *Constitutionnel* du 13, auquel j'emprunte le récit de cette séance, *un mouvement universel d'un vif intérêt* se produisit dans l'Assemblée.

Après le rapport de M. Charpentier et les discours prononcés par le général Lamarque, et le maréchal Clausel, je montai à la tribune.

Je pourrais transcrire ici mon discours en entier, pour montrer aux hommes de parti qui se sont récriés contre les paroles que j'ai prononcées le 7 décembre 1853, lors de l'inauguration de la statue élevée au maréchal Ney, que dans les deux occasions, à vingt-deux ans de distance, j'ai parlé le *même langage* et reproduit les *mêmes griefs* que j'avais fait valoir dès l'origine contre ce déplorable arrêt. — Mais je ne veux point allonger ce récit; je me contente de renvoyer le

esprits, la Cour des Pairs s'est montrée protectrice du droit des accusés, respectueuse pour la défense et modérée dans l'application des peines. — Surtout depuis 1830, les débats dans les affaires déférées à la Chambre des Pairs ont été dirigés par le chancelier Pasquier avec une dignité, une impartialité et un sentiment parlementaire qui lui ont mérité de justes éloges.

lecteur aux *annexes*. On peut aussi recourir aux journaux du temps, on y verra l'impression produite par cette discussion.

Le renvoi au conseil des ministres fut ordonné sans opposition.

A peine ce discours avait été prononcé, que les fils du maréchal Ney accoururent chez moi, me remercièrent, et me prièrent en leur nom et au nom de leur mère de rédiger la *Requête en révision.*

Je dressai cette Requête, qui commence par la même phrase que celle que j'avais placée en tête de la requête de madame la maréchale Brune : « Puisque » toute justice émane du Roi, c'est au Roi que nous » demandons justice. » — Cette requête porte la date du 23 novembre 1831, avec les signatures de madame la maréchale Ney, du duc d'Elchingen et des deux autres fils du maréchal.

Je rédigeai en outre deux *Mémoires* à l'appui de cette requête. Le texte de ces trois pièces se trouve dans l'*Appendice* du tome III de mes *Réquisitoires*, pages 367 à 380.

La Requête et ses développements reposent sur ces trois moyens, déjà signalés dans le discours du 12 novembre :

1° La présence à Paris de l'étranger, au nom duquel l'accusation avait été poursuivie ;

2° La violation des traités (du 3 juillet et du 20 novembre) ;

3° Le défaut de liberté de la défense.

Sur le premier moyen, je relevais cette objection qui m'avait été faite : « Mais anéantir cette œuvre d'iniquité et de réaction, *c'est faire le procès à l'étranger !* » — Et je répondais : « Eh bien ! oui, à l'étranger! sa présence *souillait* notre territoire. C'est en son nom que l'accusation a été portée et que l'on a requis condamnation; c'est sous son influence que l'arrêt a été rendu [1]. Il voulait une de nos gloires militaires en holocauste! On lui a sacrifié Ney! Et la victime était bien choisie : car il n'y a pas une des puissances comprises dans l'alliance [2] qui n'eût à lui reprocher d'avoir défait ses troupes et battu ses généraux : — Wellington surtout, dont Ney avait contenu toute l'armée avec quatre régiments dans sa retraite de Portugal; Wellington, bien éloigné d'imiter la magnanimité de Gonzague envers Lautrec! lui, Anglais, qui, même en France, eût pu faire excuser sa victoire, s'il eût été vainqueur équitable et généreux, et qui, au lieu d'attacher sa gloire à protéger un de ses rivaux d'armes, et à faire respecter une convention à laquelle il devait son entrée dans Paris!..... a mieux aimé la laisser violer quant aux personnes, pour se réserver ensuite le prétexte de la violer lui-même quant aux monuments [3].

« C'est sur ce point capital que doit porter la *révision!*..... c'est en cela que la cause est *nationale*, qu'elle se distingue essentiellement de toutes les autres, et qu'il importe de ne la point déserter! Il ne s'agit pas de controverser le fond, de se jeter dans un

[1] Berryer père partageait avec moi cette conviction. Dans ses Mémoires, tome Ier, p. 381, il émet l'opinion « que tous les ac-
» teurs apparents de ce drame ont eu *la main forcée*, et qu'il n'y
» avait à s'en prendre *qu'à l'étranger*, qui avait voulu *flétrir la*
» *gloire de nos armes*. »

[2] C'est-à-dire *alliées entre elles* contre nous.

[3] Napoléon Ier dans son testament émet avec énergie la même opinion.

détail de faits et d'enquêtes, et de consulter encore le témoignage de M. de Bourmont!... Il suffit de se dire : Une convention stipulée par cent mille Français les armes à la main, et qui n'ont consenti à remettre l'épée dans le fourreau que sous la condition qu'il n'y aurait dans leur patrie ni réactions sanglantes contre les personnes, ni spoliation des propriétés publiques et privées, a été indignement violée! Il a été défendu à un accusé de l'invoquer! Un tel arrêt ne saurait subsister. »

Et au sujet de cette capitulation dont la violation formait le second moyen de révision, je rappelais une circonstance qui me semblait de nature à influer puissamment sur la réponse que les ministres du Roi feraient à notre requête. En effet, le duc d'Orléans (depuis Louis-Philippe), lorsqu'il était retenu en Angleterre par les ombrages de Louis XVIII, à l'époque précisément où l'on accusait le maréchal Ney, avait adressé au Prince Régent une lettre pressante où il invoquait en faveur du maréchal la *Convention de Paris*, et soutenait avec autant de logique que de courage et de sentiment, *qu'on ne pouvait accuser le maréchal sans violer outrageusement cette capitulation.*

..... Et cependant je voyais les hésitations des ministres de ce même prince devenu roi. L'influence alors puissante d'un assez grand nombre d'anciens pairs qui avaient pris part à la condamnation ; l'insistance assurément fort généreuse d'un jeune pair qui pourtant s'y était noblement opposé, mais dont l'intervention n'en était que plus puissante lorsqu'il défendait en preux ses anciens collègues ; en un mot, ce cortége de considérations qui viennent assiéger les esprits dans les questions qui ont leur côté politique :

tout cela faisait pressentir une solution favorable, et je disais en finissant (p. 380) :

« Les gouvernements s'embarrassent quelquefois en beau chemin ! On admire comment d'une question facile dans son origine ils font avec le temps une affaire compliquée ! Ils refusent, ils hésitent, ils diffèrent, jusqu'à ce qu'ils aient la main forcée, et ils n'ont ainsi le mérite de rien. Combien de fois ne voit-on pas les ministres imiter ces énormes oiseaux qui quand ils sont parvenus à cacher leur tête croient avoir soustrait aux yeux du chasseur leur corps tout entier ! La question du procès du maréchal Ney est-elle donc une question qu'on puisse étouffer ? Non, non : elle existe, il faut qu'elle soit résolue sous une forme ou sous une autre ; ELLE RENAÎTRA JUSQU'A DUE SATISFACTION.... »

Malgré toutes ces raisons, et quoique vivement appuyée par le jeune duc d'Orléans, la révision ne fut pas ordonnée.

Le gouvernement disait que l'annulation matérielle de l'arrêt de condamnation était superflue ; que ce mode de procéder n'était pas *en usage* dans notre législation. Il y avait plus d'inconvénients à créer dans l'espèce un précédent incommode que d'utilité à attaquer une condamnation depuis longtemps *infirmée par l'opinion !* Combien n'y avait-il pas dans le passé de jugements iniques qu'il faudrait donc aussi reviser et annuler ?.... — Mais tout en refusant d'accueillir les principes sur lesquels on fondait la demande en révision, le ministère n'en déclarait pas moins hautement par l'organe du garde des sceaux, « que la Convention » de Paris protégeait le maréchal Ney ;.... que la Res- » tauration, enchaînée par un traité, avait *violé le*

» *respect dû à la foi jurée*.... Le maréchal ne pouvait » pas même être poursuivi! » Ce sont les termes formels du rapport fait par M. Barthe, garde des sceaux, en réponse à la requête de la famille.

Le gouvernement cherchait des palliatifs, des équivalents!....

Le 19 novembre 1831, six jours après mon discours du 12 et le renvoi aux ministres de la pétition des habitants de la Moselle, une ordonnance avait nommé *pair de France* le prince de la Moskowa, fils aîné du maréchal.

Mais le prince de la Moskowa, en même temps qu'il acceptait du service militaire, sans hésitation, crut devoir différer son entrée au Luxembourg.

Dix ans s'étaient écoulés, lorsqu'en février 1841, avant d'accepter définitivement la pairie, il voulut avoir mon opinion et celles de MM. Exelmans et Odilon Barrot. La lettre qu'il nous écrivit et nos réponses furent insérées au *Moniteur*, et le prince se décida à siéger [1].

Cet événement ranima la colère des partis. Un journal de Limoges, intitulé *l'Ordre*, en prit occasion de revenir sur le procès; il entreprit d'excuser les pairs en ressassant les allégations des journaux ultra de 1815. Suivant lui, on ne pouvait alléguer l'influence étrangère. Il reprochait aux défenseurs du maréchal d'avoir, *par des motifs inexplicables*, dit-il, *eu la funeste pensée de décliner la juridiction militaire*, enfin il leur reprochait d'avoir invoqué *tardivement* la capitu-

[1] Ces faits et ces lettres ont aussi été rappelés en réponse à M. Victor Hugo dans la séance de l'Assemblée législative du 18 juillet 1851. Voyez le *Moniteur* du 19, et le volume *de la Présidence*, p. 300.

lation de Paris ; en sorte que la Cour des Pairs n'avait aucun reproche à se faire : tout le tort venait des défenseurs !

La réponse ne se fit pas attendre. Elle fut insérée dans le *Constitutionnel* du 1er mai 1841, et elle parut si péremptoire à l'agresseur, qu'en la reproduisant à son tour dans son journal, il fit amende honorable en déclarant que l'article qui avait suscité cette réponse « ne tendait nullement à porter contre les généreux » défenseurs d'une grande victime une accusation de » déloyauté ou d'inhabileté ; » — ajoutant que « personne plus que l'auteur de l'article ne rendait justice » au talent et au dévouement qu'ils déployèrent dans » ce funeste procès. »

De longues années devaient encore s'écouler avant que la famille et les amis du maréchal Ney, et je devrais dire la France, obtinssent satisfaction.

A diverses reprises, dans l'intervalle, des protestations généreuses se firent entendre ; elles retentirent dans l'enceinte même de la pairie : on se rappelle l'exclamation terrible du brave Exelmans, et le mécontentement si vivement manifesté par le duc d'Orléans, prince royal, dans une circonstance où l'on avait imprudemment essayé de rendre la pairie de 1830 *solidaire* avec celle de 1815 !....

Mais enfin le 7 décembre 1853, jour anniversaire de l'exécution de l'arrêt du 6 décembre 1815, après trente-huit ans d'intervalle et d'incessantes réclamations, la statue du maréchal Ney, décrétée le 18 mars 1848 par le gouvernement provisoire, et exécutée avec des fonds votés sous ma présidence par l'Assemblée législative, fut solennellement inaugurée sous le règne de Napoléon III.

Tous les grands corps de l'État, les diverses autorités, les maréchaux de France, un nombreux état-major, des détachements de toutes armes assistaient à cette imposante solennité.

Les fils du maréchal, en leur nom et au nom de leur mère, vinrent me prier d'*y assister avec eux*, d'être encore dans cette circonstance *leur organe* et le *défenseur de la mémoire de leur père*, comme je l'avais été de sa personne; de relever en leur présence et en leur nom la *protestation* du maréchal, et de flétrir encore une fois l'arrêt dont le monument élevé à leur père devait être la réparation.

J'accédai à leur désir, « et comme j'avois esté à la » peine, c'estoit bien raison que je fusse à l'honneur. »

Le 7 décembre, à une heure, je me rendis avec eux sur l'esplanade du Luxembourg, et je pris place à côté d'eux sur l'estrade. Après l'absoute donnée par l'archevêque de Paris et le discours prononcé par le ministre de la guerre, je fus appelé à prendre la parole à mon tour.

Je reproduisis alors les trois griefs que j'avais toujours allégués contre l'arrêt, je réitérai la protestation du maréchal, et l'immense auditoire qui se pressait et nous enveloppait de toutes parts, en accueillant mes paroles par les acclamations les plus vives, donna pleine satisfaction aux mânes de l'illustre victime et à ses nobles fils.

Voici le texte de mon discours :

MESSIEURS,

En 1815, lorsque Paris était occupé par les armées étrangères, quand leurs bivouacs encore fumants avaient souillé les Tuileries et le Luxembourg, M. Berryer père et moi nous fûmes chargés de la défense du maréchal Ney. Nous accomplissions alors un grand devoir, le devoir le plus sacré de la profession d'avocat. Nos efforts furent infructueux : l'illustre accusé succomba...

Aujourd'hui, après un bien long intervalle, sillonné par plusieurs révolutions, je viens, avec les fils du maréchal, assister au grand acte de réparation accordé à la mémoire de leur père. C'est un honneur auquel je les remercie de m'avoir associé.

Trente-huit ans se sont écoulés depuis la date funèbre dont ce jour est l'anniversaire; et je m'estime heureux de me trouver en ce moment sans autre titre que celui que j'avais alors, afin de pouvoir dire encore avec la liberté, le cœur et l'accent de l'avocat : — Non, cette condamnation ne fut point juste; car elle a été poursuivie en présence et sous la pression de l'étranger. « C'est » *au nom de l'Europe*, » disait à la Chambre des Pairs le premier ministre de la Restauration en lui déférant l'accusation du maréchal, « c'est au nom de l'Europe que je viens vous *con-* » *jurer* et vous *requérir* à la fois de juger le maréchal Ney. »

Non, cette condamnation ne fut point légale, car elle a été prononcée au mépris et en violation d'un article formel de la convention signée les armes à la main sous les murs de Paris. L'un des plénipotentiaires de cette convention, entendu comme témoin devant la Chambre des Pairs, et interrogé par le chancelier sur la part qu'il avait prise à cette négociation, le général Guilleminot répondit en ces termes : « J'étais chargé comme chef d'état-major » de l'armée de stipuler l'amnistie en faveur des personnes, » *quelles qu'eussent été leurs opinions, leurs fonctions et leur* » *conduite*. Ce point a été accordé sans aucune contestation. » J'avais *ordre de rompre toute conférence* si l'on m'eût fait » éprouver un refus; l'armée était prête à attaquer : *C'est cet* » *article qui lui a fait déposer les armes.* »

Enfin, cette condamnation n'a pas été régulière, car la défense, sans laquelle il n'y a pas de loyal jugement, la défense de l'accusé n'a pas été libre.

Aussi, au moment où ses défenseurs furent interrompus à la suite d'une résolution préméditée en la Chambre du conseil, et lors de laquelle les voix furent prises *mais ne furent pas comptées*, le maréchal, prémuni contre cette interruption, protesta énergiquement contre l'iniquité d'un tel procédé : « Jusqu'ici, dit-il, » ma défense a paru libre, mais je m'aperçois qu'on l'entrave à

» l'instant. Je remercie mes défenseurs de ce qu'ils ont fait et de
» ce qu'ils sont prêts à faire encore; mais j'aime mieux n'être pas
» défendu du tout que de n'avoir qu'un simulacre de défense.
» Eh quoi! je suis accusé *contre la foi des traités,* et l'on ne
» veut pas que je les invoque!... J'en appelle à l'Europe et à la
» postérité!.... »

Cette protestation, que le maréchal me remit à l'instant, fut vivement accueillie par l'opinion publique; elle a été relevée par sa famille dans une requête solennelle; elle l'a été par moi à la tribune nationale, quand fut rapportée à la Chambre des Députés une pétition des habitants de la Moselle demandant qu'il fût élevé au maréchal Ney un monument public aux frais de l'Etat. Cette protestation, les fils du maréchal la renouvellent à la face du ciel! ils la déposent au pied de sa statue!....

Vous avez entendu, Messieurs, le chef de l'armée, le ministre de la guerre, parlant au nom du gouvernement et en présence des représentants de tout l'état militaire de la France, vous retracer en termes éloquents les hauts faits d'armes, les grands actes de guerre de celui que Napoléon (sans injustice pour personne) avait surnommé *le Brave des braves!* Et chacun de vous, en l'écoutant, s'est dit douloureusement au fond du cœur: Voilà cependant le guerrier que la réaction a sacrifié! Voilà le bras puissant dont elle a privé la France! — Hélas! que ne s'est-on souvenu de ces belles paroles de Bossuet en faveur de Condé, que j'ajoute à celles que vient de citer M. le ministre de la guerre: « Tout est surmonté par la gloire de son grand nom et » de ses actions immortelles! »

Deuil de la patrie, regrets de la famille, douleur si longtemps impuissante, vous attendiez une satisfaction!.... — Déjà cependant, après 1830, la grande image du maréchal avait pris place au musée de Versailles, parmi les représentants de toutes nos gloires nationales. Mais une si grande immolation exigeait une plus éclatante et plus complète réparation. — Oublions les personnes, Messieurs, ne voyons que les faits: il ne s'agit pas de ces récriminations individuelles souvent odieuses et presque toujours inutiles, mais il s'agit de la vérité sur les choses; et cette vérité il faut bien la dire pour restituer aux événements historiques leur immuable caractère, et ne fût-ce aussi que pour apprendre à nos contemporains légers et oublieux à détester les funestes résultats des discordes civiles, à toutes les époques et sous tous les régimes.

Le maréchal est tombé victime d'une réaction politique; victime de la haine implacable qu'une faction antinationale portait aux illustres chefs de cette grande armée, dont les glorieux débris venaient d'être licenciés, en présence de l'ennemi, sur les bords de la Loire. Le maréchal Ney, duc d'Elchingen, prince de la Moskowa, tant de fois victorieux sur tous nos champs de bataille, fut l'holocauste offert en expiation des gloires militaires de l'Empire : c'était le drapeau tricolore immolé au drapeau blanc!.... Il était réservé au neveu de l'Empereur de réparer cet outrage, de mettre un monument d'honneur à la place d'un monument funèbre, et d'ériger la statue du héros sur le lieu même qui a vu succomber la victime!

Honneur, Messieurs, honneur aux hommes qu'on évoque ainsi du tombeau et qui se relèvent devant la postérité, au milieu des cérémonies consolantes de la religion, aux acclamations de leurs concitoyens, et, comme le maréchal Ney, dans l'attitude du commandement [1] !

Aussitôt après ce discours, accueilli et souvent interrompu par de vifs applaudissements, les fils du maréchal m'entourent et me serrent cordialement la main en m'adressant leurs remercîments et leurs félicitations.

Une heure après, ils étaient chez moi tous les trois [2], venus pour m'embrasser et me remercier encore.

[1] Un poëte a essayé de peindre cette situation en un vers latin :

Surgit et imperat hic, altus ubi cecidit.

[2] Aussitôt après cette satisfaction accordée aux mânes de son illustre père, le duc d'Elchingen demanda du service et un commandement dans l'armée expéditionnaire d'Orient. Il avait débarqué à Gallipoli, chéri de ses officiers et de ses soldats, qui tous plaçaient en lui les plus hautes espérances, lorsqu'il fut atteint de l'épidémie à laquelle il a succombé. Ce fut un deuil pour toute l'armée. M. Cuvillier-Fleury a consacré au duc d'Elchingen un bel article nécrologique dans le *Journal des Débats* du 13 août 1854.

Je devais m'attendre aux colères rédivives de 1815. Elles éclatèrent en effet aussi chaudes que le premier jour dans les journaux de ce vieux parti[1]. Ils ne comprenaient pas que je parlais en 1853 le même langage qu'en 1815 et en 1831 ; que c'était encore, que c'était toujours *la défense d'un accusé,* et qu'ils auraient dû la respecter.

C'est la réflexion fort juste de la *Gazette des Tribunaux*[2]. « On vient, dit ce journal, de réimprimer le » discours prononcé lors de l'inauguration de la statue » du maréchal Ney par M. Dupin, avec la devise si » connue du célèbre avocat : *Libre défense des accu-* » *sés.* En effet, M. Dupin était venu à cette cérémonie » avec les fils du maréchal, restés *ses clients.* C'est *à* » *leur demande* qu'il a pris la parole pour renouveler » *en leur nom* la protestation de leur père, et M. Du- » pin a déclaré qu'il s'estimait heureux d'être leur or- » gane et de pouvoir *défendre* la mémoire du maréchal » avec la liberté, le cœur et l'action *de l'avocat.* C'é- » tait donc encore *la défense de l'accusé ;* mais cette » fois *la défense libre,* la défense *non interrompue,* si » ce n'est par les applaudissements de l'auditoire. »

[1] Voyez la *Gazette de France* du 9 décembre, — une lettre de M. de Riancey dans l'*Union,* numéro du même jour, — et les épîtres de M. de Montalembert au journal *le Siècle* en mars 1854.

[2] Dans son numéro du 10 décembre.

LE MARÉCHAL MONCEY.

Le maréchal Moncey avait été désigné par le ministre de la guerre pour faire partie du conseil de guerre extraordinaire chargé de juger le maréchal Ney. Comme doyen des maréchaux, il devait présider ce conseil. Mais il ne crut pas devoir accepter cette mission, et s'en excusa.

Le 29 août 1815, ordonnance du Roi qui, prenant ce refus pour un acte de *résistance et d'indiscipline*, déclare que le maréchal Moncey est *destitué*, et subira une peine de trois mois d'*emprisonnement*.

Mon père avait eu des rapports très-intimes avec M. le maréchal Moncey, comme secrétaire général de l'inspection générale de la gendarmerie dont le maréchal était le chef. A ce titre de secrétaire général, il avait préparé et rédigé la plupart des règlements et des projets d'ordonnance relatifs à l'organisation et au service de cette arme. Il y avait apporté la science de jurisconsulte et son expérience d'administrateur et de membre de nos assemblées législatives. Le maréchal avait conçu pour lui la plus haute estime, il le traitait en véritable ami, et quand mon père voulut retourner dans sa ville natale pour y exercer les fonctions judiciaires qu'il avait demandées pour retraite, le maréchal en éprouva un vif regret dont sa correspondance a conservé les traces.

Resté à Paris pour l'exercice de ma profession, le maréchal n'avait pas cessé de me recevoir et de me traiter avec bienveillance. Il m'avait quelquefois consulté pour ses affaires.

Quand la nouvelle de sa destitution se répandit, j'accourus aussitôt chez lui. Il se disposait à obéir et à se rendre au fort de Ham pour y tenir prison, mais en même temps il approuva que je rédigeasse pour lui un court Mémoire en forme de Consultation. Dans ce Mémoire, j'établissais :

1° Que le maréchal ayant, par ses rapports comme inspecteur général de la gendarmerie, donné le premier éveil sur les faits qui s'étaient passés le 15 mars à Lons-le-Saulnier, il avait, pour ainsi dire, pris part à *l'instruction*, et que par conséquent il ne pouvait pas rester *juge du procès*.

2° Que le titre de maréchal de France constitue, non un grade ou un emploi dont on puisse être privé par voie de destitution, mais une *dignité* indélébile. (Sénatus-consulte org. du 28 floréal an XII, articles 49 et 51).

3° Enfin, que si toute justice émane du Roi, en ce sens que toute juridiction procède de son autorité et que la justice se rend en son nom, il est également de principe en France que le Roi ne peut *juger en personne*.

« En conséquence (disais-je en finissant), le conseil » estime que Sa Majesté mieux informée rapportera » l'ordonnance dont il s'agit. » — Paris, ce 31 août 1815. — *Signé* : DUPIN, avocat[1].

Cette destitution est restée sans effet ; le maréchal Moncey a conservé son titre, et il est rentré à la Chambre des Pairs le 5 mars 1819.

[1] Le texte entier de cette Consultation est imprimé dans l'appendice, au tome IX de mes Réquisitoires, p. 210.

J'ai encore eu deux occasions de défendre ce bon maréchal lorsqu'il était gouverneur des Invalides :

L'une, pour son traitement extraordinaire qu'on lui contestait, et qui fut maintenu après que j'eus exposé à la Chambre le noble et généreux emploi qu'il en faisait au milieu de ses invalides ;

L'autre, dans ses démêlés avec le ministre de la guerre au sujet des malversations découvertes et dénoncées par le maréchal comme se pratiquant dans l'hôtel au préjudice de ces vieux serviteurs de l'État, qu'il appelait avec raison *ses camarades,* car il les traitait comme tels.

Le maréchal m'en témoigna une vive reconnaissance, ses lettres en contiennent l'expression ; il y associe la personne et le souvenir de mon père. J'étais alors Président de la Chambre; il voulut absolument venir me remercier en personne, et je me rappelle encore avec orgueil la touchante et vive sensation qui se manifesta dans les salons de la Présidence, lorsque l'huissier annonça : *Le maréchal Moncey !* et qu'on vit s'avancer en grande tenue militaire la noble et vénérable figure du vieux guerrier, ce corps toujours droit, mais fatigué de blessures et d'infirmités, s'appuyant sur le bras de son premier aide de camp. La foule s'ouvrit devant lui, je me pressai à sa rencontre, et ce fut avec une vive émotion que je lui témoignai mon attachement et mon respect.

En 1842, j'assistais au service funèbre du maréchal Moncey, enterré aux Invalides près du tombeau de l'Empereur, comme s'il eût encore été de garde auprès de lui, et je prononçai son éloge en présence de ses frères d'armes réunis autour de son catafalque. (Ce discours est imprimé dans l'*Appendice* du tome VI de mes *Réquisitoires,* page 506).

LES ASSASSINS DU MARÉCHAL BRUNE.

Année 1815.

Ejusmodi tempus erat, ut homines vulgò impunè occiderentur.
(Cic. *Pro Roscio*, nº 29.)

Le maréchal Brune avait été assassiné à Avignon le 2 août 1815.

Au lieu de poursuivre les coupables, on avait essayé d'accréditer le bruit qu'il s'était *suicidé.* On avait même pris la précaution de faire attester ce prétendu suicide par un acte en forme de *procès-verbal* signé de plusieurs fonctionnaires publics. — Certains journaux, venant à l'appui, avaient parlé en ce sens de la mort de l'infortuné maréchal.

Sa veuve, au désespoir, avait porté plainte *en calomnie* contre un des journalistes qui avait le plus indignement diffamé la personne de son époux (Martainville, rédacteur du *Drapeau blanc*). — On lui répondit, par arrêt, que le maréchal étant *mort,* tout ce qu'on avait pu dire sur son compte était de l'*histoire* [1].

Pendant près de quatre ans, il fut impossible à madame la maréchale, malgré son zèle infatigable, d'obtenir aucunes preuves, de rallier aucun témoignage positif.

Contre l'assassinat nul témoin ne s'inscrit !

disait douloureusement le poëte Dupaty.

[1] Voyez la relation de cette affaire dans le *Moniteur* du 19 août 1819. Voyez aussi la même question reproduite et traitée dans mes *Observations sur la législation criminelle*, chapitre XI, § Ier, p. 277 et suivantes.

Enfin, en 1819, les circonstances paraissant moins contraires, et l'un des ministres du Roi (M. de Serre, garde des sceaux) ayant fait entendre d'éloquentes paroles à la tribune, madame la maréchale crut le moment favorable pour présenter au Roi une requête dans laquelle elle suppliait Sa Majesté de donner des ordres pour que la mort de son époux fût légalement vengée.

Je fus le rédacteur de cette *Requête*, dans laquelle je m'attachai à faire parler la maréchale avec une dignité et une vigueur qui produisirent la plus vive impression sur les esprits [1]. De toutes parts on se montrait indigné!..... Déjà les maréchaux, sollicités en visites de deuil par la veuve de leur ancien camarade, se disposaient à joindre leurs instances aux siennes par une démarche officielle. Mais il n'en fut pas besoin : la requête ayant été lue, dans le conseil des ministres, en présence du Roi, Sa Majesté ordonna sur-le-champ que des poursuites seraient commencées.

Aussitôt que madame la maréchale fut informée de cette résolution, elle me chargea de rédiger sa *Plainte*, et je l'accompagnai dans la remise qu'elle en fit elle-même au garde des sceaux, avec l'indication des noms des témoins, et en déclarant qu'elle se portait partie civile.

Le jugement de l'affaire fut attribué à la cour de Riom.

Je partis de Paris avec madame la maréchale, accompagnés de M. Degan, l'un des fidèles aides de camp de Brune, et nous arrivâmes à Riom au mois de février 1821, par un froid rigoureux. Dans cette noble

[1] Cette requête a inspiré plusieurs beaux vers à mon ami Dupaty dans son poëme des *Délateurs*.

cité, madame la maréchale fut accueillie par les magistrats et par toutes les classes de citoyens avec toutes les marques de respect et d'intérêt que commandaient ses malheurs, son courage et sa pieuse obstination à venger les mânes de son époux.

Le jour de l'audience fut fixé au 25 février.

Madame la maréchale crut de son devoir d'y assister en personne. Elle s'y rendit en habits de deuil; et à l'entrée du palais de justice, les soldats qui formaient la haie, à cause de l'affluence, lui portèrent spontanément les armes, comme si c'eût été le maréchal lui-même. Cette démonstration produisit un effet prodigieux.

L'accusé était contumace. Après le rapport du juge et la lecture de l'information, j'exposai l'affaire au nom de la partie civile.

L'accusation fut soutenue par M. Pagès, procureur général. La vindicte publique trouva en lui un digne organe.

La cour prononça ensuite son arrêt. L'accusé fut condamné à la peine de mort [1]; et sans avoir égard au procès-verbal de *suicide,* l'arrêt ordonna la *rectification* de tous actes de l'état civil où la mort du maréchal aurait été ainsi qualifiée.

Ainsi fut vengée la mémoire du maréchal Brune.

Je trouvai dans le barreau de Riom la plus franche confraternité. Les deux chefs de ce barreau, MM. Bayle et Allemand, m'entourèrent de leur affection, et siégèrent à côté de moi, comme conseils.

Les avocats de Clermont, plus nombreux que ceux

[1] Le condamné ne put être saisi : la même faction qui avait armé son bras sut lui procurer une retraite. Trois ans après, les journaux ont annoncé qu'il était *mort de maladie* à Avignon. (Voyez le *Constitutionnel* du 19 septembre 1822.)

de Riom, voulurent aussi nous marquer leur sympathie. Les deux barreaux réunis, au nombre de cinquante avocats, ayant leurs bâtonniers en tête, offrirent à leur confrère du barreau de Paris une fête brillante, que j'allai recevoir à Clermont. Les journaux en ont rendu compte. Des toasts brillants y furent portés; on y lut des vers où le dévouement de l'avocat était honorablement retracé :

. . . .
A côté de cyprès funèbres,
Il cueillit d'immortels lauriers
En vengeant ceux non moins célèbres
De grands et malheureux guerriers.
. . . .

Ainsi rien ne manqua au triomphe de la cause et de son défenseur.

Mais il restait encore à madame la maréchale un grand devoir qu'elle avait à cœur de remplir.

Dans la péroraison de mon plaidoyer, après avoir invoqué la justice divine, j'avais mis ces paroles dans la bouche de la maréchale, pour peindre les sentiments dont elle était animée en venant à Riom :

«..... Mais non : justice me sera faite même en ce monde; l'esprit de parti ne peut pas triompher éternellement de ma juste douleur. L'impunité ne saurait être constamment la sauvegarde du crime. Les gouvernements sont établis pour le punir, et non pour le couvrir de leur égide; les magistrats sont institués pour le poursuivre, et non pour le protéger. La justice des hommes ne peut me rendre le bonheur; mais elle me rendra la paix, qui suit toujours l'accomplissement, quelque pénible qu'il soit, d'un grand devoir. Eh bien, j'irai, j'irai partout demander cette justice aux juges qu'on m'aura donnés. Ils verront ma douleur, mes larmes, mon désespoir : quels qu'ils soient, ils en seront touchés; ils ne résisteront pas à l'évidence des preuves. Un arrêt solennel condamnera les assassins du maréchal, un arrêt solennel affranchira la gloire de mon époux de l'odieuse et lâche imputation de suicide : *cet arrêt, je le déposerai dans sa tombe, au jour des funérailles, à côté de ses restes chéris.* »

Je ne disais rien que de vrai; car cette digne épouse, à qui le sentiment du devoir inspirait le plus grand courage, prit, après la mort du maréchal, d'énergiques résolutions. Elle envoya d'abord sur les lieux un des plus fidèles serviteurs de son mari pour prendre des renseignements, rassembler des témoignages et recueillir les restes du maréchal, en les disputant aux vautours de la réaction.

Au bas d'un portrait du maréchal, on lisait ces trois vers :

On l'insulte, on l'outrage encore après sa mort ;
Son corps percé de coups, privé de sépulture,
Des oiseaux dévorants fut l'indigne pâture.

En effet, le maréchal n'avait pas été inhumé. Son corps avait été privé de sépulture, arraché des mains de ceux qui le conduisaient au champ du repos, et précipité dans le Rhône. On avait inscrit sur le pont d'Avignon cette inscription déshonorante pour la ville dont elle atteste le crime en style lapidaire :

C'EST ICI
LE CIMETIÈRE
DU MARÉCHAL BRUNE.
2 AOUT M. DCCC. XV.

D'infernales réjouissances avaient eu lieu comme en un jour de fête.

D'infâmes rimeurs avaient célébré les actes d'infâmes assassins. Tel était ce quatrain diabolique :

Un ange subtil
Glissa dans le fusil
L'excellente prune
Qui tua le maréchal Brune.

M. Scordel (c'est le nom de l'envoyé) revint trouver madame la maréchale, rapportant le résultat de ses informations et les restes mutilés du corps de Brune.

Une fois en possession de ces restes chéris, la maréchale les fit placer dans un cercueil qu'elle déposa dans la galerie de son château de Saint-Just ; elle avait juré *de ne le confier à la terre que lorsqu'elle pourrait placer sous la même tombe l'arrêt qui aurait condamné les assassins de son époux.*

J'avais contemplé ce lugubre spectacle dans la visite que je lui rendis à Saint-Just ; mon imagination en avait été douloureusement frappée, et c'est à cette scène que je faisais allusion dans la péroraison de mon plaidoyer.

Tout s'accomplit comme la maréchale l'avait voulu, mais seulement après sa mort arrivée le 1er janvier 1829[1].

Les mânes du maréchal Brune reçurent encore une plus éclatante satisfaction dont malheureusement l'illustre veuve ne put être témoin ; elle était morte trop tôt.

En 1840, sous le règne de Louis-Philippe, les habitants de la ville de Brives, ville natale du maréchal, résolurent de lui élever une statue. Je fus nommé Pré-

[1] Voyez cette relation complémentaire dans le *Recueil des pièces.*

sident de la Commission chargée d'en surveiller l'exécution, confiée à M. de Lanno, habile sculpteur. Les 2 et 3 octobre 1841, cette statue fut inaugurée à Brives au milieu d'un concours immense de peuple, d'anciens militaires et de députations accourues de toutes les parties de la France. Un service funèbre fut célébré en grande pompe, et la statue inaugurée ensuite sur la place publique, au milieu des fanfares et des détonations de l'artillerie auxquelles se mêlaient les acclamations des citoyens. Des discours furent prononcés; je dus aussi prendre la parole, et ce ne fut pas sans émotion. J'en éprouvai davantage encore le soir, lorsque, dans le banquet, un toast fut porté en mon honneur par le sous-préfet de Brives *au nom de sa ville*, et par M. Maillard, *au nom de la famille du maréchal.*

En exprimant ma reconnaissance, ma pensée se reporta naturellement sur mon illustre et infortunée cliente, et je dis : « ....Cette cause est sans doute une de celles que je m'honore le plus d'avoir défendues, mais l'honneur de cette défense ne m'appartient pas tout entier : l'illustre veuve du maréchal y a eu aussi la plus grande part. » Et alors je rappelai les faits que je viens de raconter.

L'émotion qu'ils excitèrent fut des plus vives. Je ne puis, à cet égard, que renvoyer au procès-verbal officiel de ces deux journées, rédigé par la municipalité de Brives et consigné sur ses registres. J'en ai reproduit un extrait littéral à la fin du tome VI de mes *Réquisitoires*, pages 508 et suivantes.

C'est un de mes plus doux et de mes plus honorables souvenirs.

LES MARÉCHAUX DE FRANCE.

DÉFENSE DE LEURS TITRES [1].

1827.

Depuis la Restauration, les maréchaux avaient continué de porter les titres d'honneur et de victoire dont l'empereur Napoléon les avait décorés, bien que ces titres rappelassent le nom de contrées qui, après 1814 et 1815, avaient cessé de faire partie du territoire français, tels que les titres de ducs de Reggio, de Tarente, de Conégliano, de Dalmatie, etc., etc.

Ils jouissaient de ces titres à la cour de France et dans les cours étrangères; ils les prenaient dans les actes publics et diplomatiques comme dans les relations privées.

En 1827, pour la première fois, dans une des réceptions à l'hôtel de l'ambassadeur d'Autriche, l'huissier de service, qui en avait reçu l'ordre précis de l'ambassadeur, M. le comte d'Appony, annonça l'un de nos maréchaux sous son nom de famille, au lieu de l'annoncer, suivant l'usage pratiqué jusque-là, avec son titre d'illustration. — Le maréchal, justement blessé de cette étrange innovation, refusa d'entrer dans le salon, se couvrit, et se retira.

Grande rumeur à Paris! Chacun ressentit ce fait comme une véritable injure adressée à la France. Je ne pus résister au besoin d'exprimer les sentiments que cette offense avait excités en moi; j'adressai la

[1] Je place ici cet épisode pour compléter ce que j'ai fait pour la défense des maréchaux.

lettre suivante au *Constitutionnel,* qui l'inséra dans son numéro du 30 janvier 1827.

A M. le Rédacteur du Constitutionnel.

« Monsieur le Rédacteur,

» Permettez à celui qui fut le défenseur de plusieurs gloires françaises de vous soumettre quelques réflexions sur l'acte qui, dans Paris même, dans le salon de l'ambassadeur d'Autriche, M. d'Appony, a fait refuser à d'illustres Français les titres d'honneur que leur avait valus la victoire.

» Qu'on ne s'y méprenne point ; la nation ne s'est jamais passionnée pour les titres purement nobiliaires qui ont été déférés à ses généraux et à ses hommes d'État les plus marquants ; mais elle a pu voir avec orgueil reposer sur la tête des chefs de ses armées des noms qui rappelaient des actions glorieuses pour le nom français. L'armée entière a pu se glorifier de ces titres conquis par le courage et le dévouement de tous.

» La Charte a confirmé cet état de choses par son article 71 : « La noblesse ancienne (y est-il dit), *re-* » *prend* ses titres, la nouvelle *conserve* les siens. »

» Ainsi, par les termes mêmes de cet article, la possession des nouveaux titres ne souffre point d'altération ; *elle reste telle qu'elle était.*

» Donc, par la force de la loi fondamentale et en vertu de cette loi, chacun des maréchaux et tous ceux qui se trouvent dans le même cas peuvent continuer à porter les titres dont cette loi leur *conserve* la possession.

» Ce n'est pas seulement un point de notre droit public intérieur, il est devenu européen.

» En effet : 1° du temps même de Napoléon, chacun de ceux qu'il avait dotés des noms de la victoire ont été présentés à tous les souverains du continent européen, et acceptés par eux avec ces titres et qualités. C'est en ces titres et qualités qu'ils ont été reçus en ambassade, qu'ils ont figuré dans les traités de puissance à puissance, qu'ils ont été décorés par les souverains de leurs ordres militaires, et l'Autriche, bien spécialement, les a fêtés et honorés en tous leurs grades, dignités et qualifications, notamment à l'occasion du mariage de l'archiduchesse Marie-Louise avec le vainqueur d'Austerlitz, d'Ulm et de Wagram.

» 2° En 1814, même après les succès de la coalition, tous les souverains présents en personne à Paris ont reçu les maréchaux avec ces mêmes titres.

» 3° Le traité du 20 novembre n'a stipulé aucune dérogation; loin de là, il a été accompagné d'une exhortation de tous les souverains à l'exacte observation de la Charte française comme moyen de paix pour la France et pour l'Europe; la reconnaissance du nouvel ordre de choses consacré par la Charte française est devenue de *droit public européen.*

» 4° Depuis encore, dans tous les rapports diplomatiques avec tous les Souverains, les Français, revêtus de titres empruntés à des contrées devenues étrangères à la vieille France, ont continué de les prendre et de les recevoir. Le duc de Raguse a représenté le Roi de France au couronnement de l'Empereur Nicolas, et quelques années auparavant, c'est entouré de ces noms fameux qu'un auguste fils de France, si digne de marcher à leur tête, a ouvert cette campagne si glorieusement couronnée par l'ordonnance d'Andujar !

» Comment se fait-il donc que l'Autriche aujourd'hui

se croie seule autorisée à déranger un ordre de choses aussi solennellement, aussi universellement reconnu et consacré?

» Et d'abord dans Paris même, quel droit s'arroge son ambassadeur de refuser à des Français des titres que leur donne le Roi de France? L'Autriche a-t-elle le droit d'abroger à Paris l'article 71 de la Charte? Honneur au brave qui, ne s'entendant pas appeler par son nom de victoire, s'est couvert en signe de liberté conservée, et s'est retiré fièrement d'un lieu où l'on méconnaissait sa dignité!

» D'un autre côté, si nous considérons le droit des gens, dans une résolution qui tient de si près au trône de France, et qu'on peut regarder comme une insulte envers la plupart des grands officiers de la Couronne, dont plusieurs ont assisté avec leurs titres au sacre de Charles X, était-ce par l'organe d'un huissier de salon qu'on devait, à la face des gens, sans autre préliminaire et sans aucune explication diplomatique, leur notifier la décision autrichienne, et convier par lettres où on leur donnait leurs vrais titres ceux à qui on se réservait de les refuser à la porte quand ils se présenteraient pour entrer?

» Et quel prétexte peut alléguer l'Autriche? — Que nous ne possédons plus les pays dont nos grandes notabilités portent les noms? Mais si nous ne possédons plus le territoire, nous possédons la gloire, elle est à nous, elle ne meurt pas, elle nous est acquise irrévocablement.

» Ensuite, si l'on ne peut posséder des titres qu'autant que l'on possède le territoire conquis, que l'Empereur d'Autriche dépose donc le titre de *Roi des Romains,* car il n'est pas *Roi* de Rome, et le titre de *duc de Lorraine*, province qu'il a perdue sans retour, et que les ligoristes ne lui rendront point [1].

» Allons plus loin : cherchons donc aussi dans toute l'histoire ceux qu'il faudra dépouiller de leurs titres héréditaires, sous prétexte qu'on ne possède plus les pays où de grandes actions se sont passées. Pourquoi des Damas en France, quand Damas appartient aux Turcs ? Pourquoi des Luxembourg, quand Luxembourg n'est plus français ? Quelle est la monarchie d'Europe où il n'existe des familles menacées par ce genre nouveau d'arbitraire et de jalousie rétrospective ? Ne fût-ce que le Roi de Sardaigne qui s'intitule encore paisiblement *Roi de Chypre et de Jérusalem,* et tous les évêques *in partibus*, dont les siéges sont aux mains des infidèles.

» Les Princes du sang de France ont réclamé dans le temps contre les prétentions des Princes légitimés ; les Ducs et Pairs, dans une occasion solennelle, ont réclamé une préséance qu'ils croyaient leur être due ; plusieurs fois aussi les Maréchaux en corps ont revendiqué la conservation de leurs prérogatives.

» Pourquoi les Maréchaux d'aujourd'hui ne réclameraient-ils pas aussi ? Ils le doivent comme Français, ils le doivent comme guerriers, ils le doivent comme Pairs de France, car cette innovation menace de changer les titres de leurs pairies ; ils le doivent comme pères de famille, car leur nom est aussi l'héritage de leurs femmes et de leurs enfants.

» Si les parties intéressées se taisent et acquiescent à l'injure, l'opinion publique restera indifférente, et beaucoup de gens diront peut-être : Tant mieux... —

[1] Ces religieux cherchaient alors à s'établir en Alsace.

Mais s'ils se défendent comme ils le doivent, leur querelle deviendra celle de tous les Français ; nous défendrons leurs titres précisément parce que l'étranger prétend les leur disputer : c'est ainsi que le pont d'Iéna est à jamais le *pont d'Iéna*, précisément parce que les Prussiens ont voulu le faire sauter, et n'ont pas pu y réussir. (*Signé* Dupin, avocat.) »

Cette lettre produisit une assez vive sensation : les maréchaux s'en émurent; ils sentirent qu'ils ne pouvaient rester sans agir. M. le duc de Trévise vint d'abord m'en parler; je lui dis que je croyais qu'il était du droit et du devoir des maréchaux de réclamer.

Le 14 février, je reçus de lui un petit billet par lequel il me mandait qu'il était retenu chez lui par une indisposition; mais que si je pouvais me rendre le lendemain vers midi chez M. le maréchal duc de Dalmatie, ce dernier serait charmé de me voir, « et me » ferait part de ce dont ils étaient convenus dans la » matinée relativement à leurs titres. »

Le lendemain 15, je me rendis en effet chez M. le duc de Dalmatie; il me dit que lui et les autres maréchaux étaient résolus à réclamer auprès de Sa Majesté, qu'il y aurait incessamment une nouvelle réunion à laquelle je serais appelé, et que d'ici là il me priait de préparer un projet de requête tel que je la concevais, pour être soumis à la conférence.

Cette conférence eut lieu quelques jours après chez le maréchal duc de Dalmatie; j'y trouvai réunis les autres maréchaux, ducs de Reggio, de Trévise et de Tarente. Je lus mon projet de requête; on en discuta assez longuement tous les termes, afin de n'en employer aucun qui pût éveiller en Cour la moindre susceptibilité. Avec ces amendements, le projet fut adopté provisoirement, et l'on s'ajourna au surlendemain.

Ce jour-là, 26 février, on rapporta que le Roi était dans les meilleures dispositions ; qu'il s'en était hautement expliqué devant toute sa Cour, de sorte qu'il y avait en quelque sorte plutôt à remercier Sa Majesté de ce qu'elle avait déjà dit que de la presser de faire plus. — De là la nouvelle rédaction du paragraphe dernier de la requête, qui fut définitivement arrêtée dans les termes suivants :

Requête au Roi Charles X.

« SIRE,

» Autant Votre Majesté peut compter sur l'inébranlable dévouement de ses fidèles sujets, autant ceux-ci doivent réciproquement mettre leur confiance dans l'auguste protection de leur Roi.

» Des titres conquis par nos armes et décernés par la victoire, nobles attributs d'une gloire acquise à la France, et que les Bourbons se sont rendue propre en l'adoptant, ont été récemment contestés au sein même de la capitale, sur le plus frivole prétexte et contre l'évidence du droit le plus certain.

» Oui, Sire, s'il était besoin de défendre ces titres ; si, de fait, ils étaient remis en question, nous les défendrions envers et contre tous comme notre propriété la plus chère, comme un droit irrévocablement acquis et dont la possession est inviolable.

» Nous opposerions à l'Autriche ses propres traités et les reconnaissances les plus solennelles de sa part, non-seulement avant, mais depuis la Restauration, et jusque dans ces derniers temps : elle seule a mal tenu ses promesses à notre égard et mal exécuté ses engagements envers nous. Ce sera pour nous le sujet d'une autre réclamation.

» Nous redirions à Votre Majesté que nos titres ont été reconnus par l'illustre auteur de la Charte et confirmés par les articles 69 et 71 de ce pacte fondamental, devenu la loi de l'État.

» Nous ajouterions qu'une possession publique, constante, nationale, manifestée au sacre même de Votre Majesté, n'a pas cessé d'attester notre droit avec toute l'énergie qui peut s'attacher à des faits aussi éclatants.

» Nous rappelant le serment prononcé dans cette auguste cérémonie, nous nous placerions sous l'égide de Votre Majesté, invoquant avec fermeté sa puissance royale pour la protection de nos droits, pleins de la confiance que n'ayant pas elle-même le pouvoir de les compromettre, elle ne voudrait certainement pas les laisser violer.

» Mais, Sire, Votre Majesté, dans son extrême sollicitude, a prévenu nos vœux : d'elle-même elle s'est constituée notre défenseur, ses discours ont démenti les prétentions de l'étranger; les titres qu'il nous déniait, Votre Majesté s'est plu à nous les confirmer hautement, en présence de toute sa Cour; nous n'avons plus rien à lui demander à cet égard, mais seulement de profondes actions de grâces à lui rendre; protestant de notre reconnaissance et de notre amour envers elle, comme de notre ferme résolution de maintenir, avec son approbation, l'intégrité de nos droits ainsi qu'il appartiendra en toute occasion.

» Nous avons l'honneur d'être, avec un profond respect,

» Sire,

» De Votre Majesté les loyaux et fidèles sujets. »

Le 21 février, cette requête reçut les signatures suivantes :

« Le maréchal duc de DALMATIE,
» Le maréchal duc de TRÉVISE,
» Le maréchal duc de REGGIO,
» Le maréchal duc de TARENTE,
» Le maréchal duc de BELLUNE. »

Dans cette dernière conférence du 21, à laquelle je n'assistai pas, mais dont le maréchal duc de Dalmatie m'a raconté les détails, le maréchal duc de Tarente, alors capitaine des gardes, et considéré comme étant le mieux en Cour, fut chargé par ses camarades de présenter la requête au Roi.

Mais, comme elle ne provoquait ni ordonnance à rendre ni une mesure quelconque à prendre, elle resta comme une protestation en faveur du droit des Maréchaux, qui, en effet, continuèrent et n'ont pas cessé depuis de conserver leurs titres, et de les porter en toute occasion.

C'est par souvenir de cette affaire et de mes autres défenses que le maréchal Macdonald, duc de Tarente, m'écrivant le 27 avril 1834, m'appelait l'*avocat des Maréchaux.*

LES TROIS ANGLAIS

WILSON, BRUCE ET HUTCHINSON

Accusés d'avoir procuré l'évasion de LAVALETTE, compris dans l'ordonnance du 24 juillet 1815, et condamné à mort comme ayant trahi le Gouvernement du Roi.

23 avril 1816.

Parmi les nombreux procès politiques intentés sous la Restauration, il n'en est pas qui aient excité la curiosité publique plus vivement que l'affaire des *trois Anglais* Wilson, Bruce et Hutchinson. « C'est à l'oc-
» casion de cette affaire, dit l'éditeur du procès [1],
» qu'on a commencé à donner des cartes d'entrée,
» signées du Président de la Cour d'assises et du pro-
» cureur général.

» On a dû à cette mesure la réunion brillante des
» personnages distingués de toutes les nations qui oc-
» cupaient la première enceinte de la salle d'audience.
» Plusieurs Anglais de marque sont venus exprès de
» Londres pour assister aux débats; on y remarquait
» des Princes, des Ambassadeurs (même celui de la
» Porte Ottomane), des Généraux, des Pairs, des
» Députés, des femmes élégantes ; — la foule occupait
» le reste de la salle ; un public innombrable assiégeait
» toutes les avenues du palais. »

Le même auteur continue en ces termes : « Quelle est cette cause, en effet? Tout y est extraordinaire, la

[1] Imprimé à Paris chez Guillaume, 5 volumes in-8. Il y a eu deux éditions.

qualité et les relations des accusés, le genre du délit, les moyens de défense.

» Ce sont trois étrangers, trois Anglais, dont l'un est général, décoré des croix de plusieurs ordres qui annoncent de nombreux services ; tous les trois appartiennent à de grandes familles et jouissent dans leur pays d'une haute considération ; ils correspondent familièrement avec ce qu'il y a de plus distingué dans toute l'Europe, ils ont l'estime et même l'amitié de plusieurs souverains dont ils produisent les lettres honorables.

» L'action dont on les accuse, quoiqu'elle rentre dans un genre de délit prévu par nos lois, est un acte de générosité. Ils ont facilité, sans autre motif, disent-ils, que celui de l'humanité, à leurs frais, et en s'exposant à des dangers de plus d'une espèce, l'évasion d'un homme condamné à périr sur un échafaud.

» Cet homme est-il donc un parent, un ami, une connaissance, ou un compatriote au moins ? — Non ; c'est un Français qu'ils n'avaient jamais vu,..... mais c'est un homme, il est malheureux !... Il est sauvé ! Aussi se glorifient-ils du délit qu'on leur impute.

» Jusque-là tout homme impartial ne pourra s'empêcher d'applaudir au motif qui semble avoir dirigé la conduite des trois Anglais. Mais écoutons l'accusation : « — On a saisi leur correspondance ; on y a trouvé la
» révélation de leurs plus secrètes pensées, et l'on croit
» y voir que l'évasion de Lavalette et sa fuite hors de
» France ne sont, pour ainsi dire, que l'accessoire
» d'un projet beaucoup plus coupable. Ils se déclarent
» les chevaliers du genre humain ; ils rêvent l'indé-
» pendance universelle ; ils sont, dit-on, à la tête d'un
» *complot dirigé en général contre le système politique*

» *de l'Europe,* et ayant pour but spécial *de détruire* » *ou changer le gouvernement français.* »

Tel fut en effet, dans l'origine, le caractère assigné à l'accusation ; ce système avait même été adopté par l'ordonnance de la Chambre du conseil.

Wilson, Bruce, Hutchinson, voulant rester unis dans leur défense comme ils l'avaient été dans l'action pour laquelle ils étaient poursuivis, me choisirent d'un commun accord pour leur seul et unique défenseur.

Mon premier soin fut de m'enquérir de toutes les circonstances du fait. Je me fis donner par mes clients les détails les plus circonstanciés sur la part qu'ils avaient prise à l'évasion de Lavalette, et je rédigeai, pour mieux fixer tous ces faits, la relation de sa fuite.

Je m'attachai à donner à cette pièce le double caractère d'une simplicité et d'une sévère exactitude. Elle a été imprimée dans le temps et a paru avec la traduction en langue italienne qu'en fit ma femme, qui, dans une affaire dont le souvenir est si honorable pour les Dames, voulut s'associer à mes travaux [1].

L'accusation était assez menaçante pour mériter d'être conjurée dans son principe. Aussi, dès que l'ordonnance de la Chambre du conseil fut connue, je m'empressai de rédiger un *Mémoire* destiné à la Chambre d'accusation, pour réfuter l'imputation gigantesque de ce *complot* prétendu *subversif de tous les gouvernements européens !*

[1] L'illustre madame de Staël, à qui j'en avais adressé un exemplaire, me répondit le 17 décembre 1816, « qu'elle avait été fort » intéressée par la lecture de ce petit écrit. » — Depuis, la reine Marie-Amélie l'a lu dans la version italienne, et en a également marqué sa satisfaction. — Voyez ci-après, page 88 et suivantes, le texte de cette relation avec la traduction italienne en regard.

Ce Mémoire fut aussitôt traduit en anglais et recherché avec avidité. Dans les deux premiers jours, il s'en vendit à Londres plus de dix mille exemplaires.

A Paris, il produisit l'effet que je m'en étais promis, il dissipa ce fantôme de conspiration européenne, et fit réduire l'accusation à ce qu'elle était réellement, *au chef d'avoir procuré l'évasion d'un prisonnier.*

Ramené à ces termes, le procès, sans entraîner le même risque pour les accusés, n'en offrit pas moins d'appât à la curiosité publique.

L'intérêt s'accrut encore par les scènes de l'audience.

On entendit, comme une chose nouvelle, invoquer en France les principes de la jurisprudence criminelle anglaise dans ce qu'elle a de protecteur pour les accusés.

On eut une idée nette de l'*habeas corpus*, lorsqu'on entendit Wilson et ses deux amis réclamer contre l'odieuse pratique de la *mise au secret*, qu'ils qualifièrent de *torture morale* substituée à la torture physique.

On apprit qu'un accusé n'était pas obligé de *s'incriminer* lui-même dans ses interrogatoires, et qu'il pouvait licitement se refuser à en accuser d'autres, lorsqu'on les entendit répondre à toutes les questions qui auraient pu compromettre des tiers : *Notre mémoire n'est pas organisée pour trahir la confiance et l'amitié.*

Dans leur débat à l'audience, soit avec le Président de la Cour, soit avec l'avocat général, ils prouvèrent que, sans cesser d'être respectueux, l'homme accusé peut se défendre avec noblesse et fierté, et que si toute la force du pouvoir est du côté de l'accusation, toute la protection des lois doit environner la défense.

Aussi la leur fut libre; j'avais à cœur qu'il en fût ainsi, et j'en fus peut-être redevable à ce mouvement oratoire dans lequel je m'écriai : « Mais je connais ma » nation; elle est grande, elle est généreuse, elle a le » sentiment des convenances, elle sait bien qu'il est » de son honneur que des étrangers accusés parmi » nous y soient défendus aussi librement qu'ils le se- » raient dans leur propre pays par des avocats de leur » nation. » — Après cela toute interruption devenait impossible.

Et en effet, les développements de cette cause furent écoutés avec une attention qui ne fut troublée que par des applaudissements, indiscrets sans doute, puisque la loi les réprouve [1], mais qui, par cela même, attestaient la puissance d'intérêt exercée par cette cause sur un auditoire qui s'y laissait entraîner.

Aussi cette plaidoirie est une de celles qui m'ont fait le plus d'honneur et m'ont laissé de plus agréables souvenirs. Les auteurs de la *Galerie des contemporains*, imprimée à Bruxelles, tome IV, page 276, lui ont donné un caractère historique par le jugement qu'ils en ont porté :

« En plaidant cette cause qui rappelait, au milieu des scènes sanglantes de cette époque, ce que la tendresse conjugale avait de plus sublime et l'humanité de plus héroïque, M. Dupin (disent ces biographes) porta dans toutes les âmes l'attendrissement et l'admiration pour ses nobles clients, et obtint ainsi le

[1] Le président, M. Romain de Sèze, homme de cœur et d'emphase, se contenta de dire : « Huissiers, faites faire silence. — » On applaudit au théâtre; devant la justice on écoute et on se » tait. » (Hist. du procès.)

triomphe le plus doux auquel l'éloquence puisse aspirer. »

Mes trois clients voulurent me laisser un témoignage écrit de leur reconnaissance en m'adressant la lettre suivante à l'issue de l'audience :

« Prison de la Force, ce vendredi soir.

» Très-cher Dupin, — nous n'avons point d'expres-
» sions pour vous témoigner notre reconnaissance pour
» le noble courage et la belle éloquence que vous avez
» déployés dans notre cause.

» Vous avez acquis des droits à l'estime de notre
» nation.

» Agréez les sentiments de notre amitié.

» *Signé* Mic. BRUCE. —Capitaine J. Hély HUTCHINSON.
» — Robert WILSON, major général. »

Lors du voyage que je fis à Londres en 1834, le souvenir de ce procès contribua beaucoup, j'en suis sûr, à m'attirer le bon accueil et les témoignages de sympathie dont je fus l'objet au Barreau quand je visitai les Cours de justice, et dans les différentes réunions où je rencontrai les hommes politiques les plus marquants de cette époque.

In che modo Lavalette *è uscito di Francia dopo la sua fuga da prigione.*

Lavalette era stato condannato a morte.

Sua moglie non aveva potuto ottenere la sua grazia :

Egli stava per essere giustiziato.

Non prendendo consiglio che da se stessa, forte nei suoi doveri, esaltata dal suo amore, incoraggiata dal rischio stesso, ella salva il suo sposo!

Sene sparge subito la nuova; ma le perquisizioni sono vane : confidato alle cure dell' amicizia la più discreta, *Lavalette* ha evitato la spada di cui la sua testa era minacciata.

I giornali danno le particolarità della sua fuga; lo fanno viaggiare ora in Baviera, ora in Belgica; citano l'abito che portava, i luoghi per dove è passato, le persone che ha visitate, gli aneddoti del suo viaggio.

Ognuno si conferma nel pensiero che *Lavalette* non solamente è fuggito dalla prigione, ma in oltre che è passato in paese straniero. Si cessa, per così dire, di pensare a lui; e, con un vivo sentimento d'interesse, tutte le anime sensibili riportano la lor sollecitudine a quell' eroica Donna che sta in carcere, in vece del suo sposo.

I custodi ed i servidori di *Lavalette* si trovano parimente arrestati.

« La Signora *di Lavalette* è *prevenuta* d'aver fatto fuggire suo » marito :

» I custodi ed i servidori *prevenuti* d'aver favorito la fuga, e » d'avervi cooperato. »

Sono interrogati :

Varii testimonii sono uditi; la figlia stessa di *Lavalette*, appena in età di quattordici anni, è interpellata!

Per dirla in breve, si forma il lor processo, sul fatto della *fuga;* e sarebbero stati giudicati per questo fatto, quand' anche *Lavalette* non avesse abbandonato Parigi, e quand' anche fosse stato poscia ripreso.

Ma altri era convinto che non era più possibile di raggiugnerlo; e in questa persuasione, si facevano diggià i preparativi della sua esecuzione per effigie.

Insensibile al proprio suo pericolo, la Signora *di Lavalette*, prigioniera e di più *al segreto*, sempre dubbiosa sul destino del suo sposo, tremava ch' egli non fosse scoperto, e non doveva trovare la quiete che nella certezza che era uscito da Francia.

Essa ignorava che il zelo il più disinteressato, entrava con ardore nel desiderio d'assicurare il suo trionfo e di colmare le sue brame.

Gli amici di *Lavalette* avevano posto la lor speranza in un

Comment M. LAVALETTE *est sorti de France après son évasion de prison.*

Lavalette avait été condamné à mort;
Sa femme n'avait pu obtenir sa grâce,
Il allait être exécuté.

Ne prenant conseil que d'elle-même, forte de ses devoirs, exaltée par son amour, enhardie par le danger même, elle sauve son époux.

Le bruit s'en répand aussitôt, mais les recherches sont vaines : confié aux soins de l'amitié la plus discrète, Lavalette a échappé au glaive dont sa tête était menacée.

Les journaux donnent les détails de son évasion. Ils le font voyager tantôt en Bavière, tantôt en Belgique; ils citent le costume qu'il portait, les endroits où il a passé, les personnes qu'il a visitées, les anecdotes de sa route.

Chacun s'affermit dans l'idée que Lavalette ne s'est pas seulement évadé de prison, mais encore qu'il a passé en pays étranger. On cesse, pour ainsi dire, de penser à lui, et c'est avec un vif sentiment d'intérêt que toutes les âmes sensibles reportent leur sollicitude vers cette femme héroïque qui occupe en prison la place de son époux.

Les gardiens et les domestiques de Lavalette se trouvent également arrêtés :

« Madame Lavalette est *prévenue* d'avoir fait évader son mari.

» Les gardiens et les domestiques prévenus d'avoir favorisé l'é-
» vasion et d'y avoir coopéré. »

On les interroge;

On entend les témoins; la fille même de Lavalette, à peine âgée de quatorze ans, est entendue.

Bref, on instruit leur procès sur le fait de l'*évasion*, et ils auraient été jugés pour ce fait, quand même M. de Lavalette n'eût pas quitté Paris, et alors même qu'il eût été ensuite repris.

Mais on était convaincu qu'il n'était plus possible de l'atteindre, et, dans cette persuasion, on faisait déjà les préparatifs de son exécution par effigie.

Insensible à son propre danger, madame de Lavalette, prisonnière et même au secret, toujours incertaine sur le sort de son époux, tremblait qu'il ne fût découvert, et ne devait trouver le repos que dans la certitude qu'il était sorti de France.

Elle ignorait que le zèle le plus généreux et le plus désintéressé entrait avec ardeur dans le désir d'assurer son triomphe et de combler ses vœux.

Les amis de Lavalette avaient placé leur espoir dans un jeune

giovine gentiluomo Inglese, che la sua nobiltà, la sua fortuna, la sua indipendenza, ed il suo carattere cavalleresco, lor presentavano come solo capace di secondare il disegno che avevano concepito di allontanare *Lavalette.*

Ai trent'uno dicembre, fra sette ed otto ore della mattina, *Bruce* ricevè un viglietto anonimo che portava in sostanza : « Signore, ho tanta fiducia nella vostra lealtà, che voglio farvi par-
» tecipe d'un segreto che non posso dire che a voi solo. Il Signor
» *di Lavalette* è ancora in Parigi : Rimetto la sua vita nelle vostre
» mani : voi solo potete salvarlo. »

Bruce era ancora a letto. Questa lettera lo pose nella più grande sorpresa : dopo avervi pensato per qualche tempo, disse al portatore del viglietto : « Non posso rispondere per ora; ma se la
» persona che mi scrive vorrà trovarsi a tale luogo... a tal ora...
» le farò parte delle mie riflessioni. »

Queste riflessioni assediavano in folla l'anima di *Bruce.*

Non credete frattanto ch'egli si sia detto : *Profittiamo di quest' occasione per nuocere al Governo francese. Bruce* ha assai viaggiato; conosce i doveri che il dritto politico ed il dritto naturale impongono agli stranieri; e certamente avrebbe rigettato senz' esitare, ogni proposizione che avesse rassomigliato ad una conspirazione contro lo Stato che esercitava verso di lui l'ospitalità.

Ma ei si rappresentava quel che la posizione di *Lavalette* aveva d'orribile. Ammirava il nobile sacrifizio della sua generosa sposa : *Lavalette* rimetteva la sua vita nelle sue mani; ed infatti, un rifiuto lo rendeva alla morte : sua moglie ella stessa non poteva sopravvivergli..... *Bruce* non aveva la forza di negare; la pietà, l'umanità avevano troppo imperio sul suo cuore; la sua immaginazione gli mostrò il disonore e la viltà accanto d'un rifiuto; che dissi io! vide una specie di gloria nel salvare un infelice, ed assicurare alla Signora *Lavalette* il frutto della sua bell' azione.

Ma, nel medesimo tempo, non si dissimulò tutto quel che l'esecuzione d'un tal progetto aveva di pericoloso : se *Lavalette* fosse ripreso, si poteva imputar ciò alla cattiva combinazione del suo disegno; ed al pericolo dell' intrapresa in se stessa, si sarebbe unito il dolore d'un cattivo successo.

Agitato da questi sentimenti diversi, *Bruce* portossi nel medesimo giorno, verso il mezzo dì, al luogo ch' egli stesso aveva indicato. L'intermedio vi si trovò. *Bruce* gli disse : « Farò il
» possibile per salvare *Lavalette*, ma non bisogna comprome-
» tere chicchessia : non voglio conoscere il nome della persona
» che m'ha scritto; non voglio anzi che mi diciate dove è nascosto
» *Lavalette :* lasciatemi prima meditare sui mezzi di salvarlo. »

Bruce confessa che avrebbe voluto salvarlo da se solo : ma bentosto ne riconobbe l'impossibilità.

Era ancora in questa perplessità quando ai due gennajo il generale *Wilson* venne a vederlo. Egli ebbe subito l'idea di commu-

gentilhomme anglais que sa noblesse, sa fortune, son indépendance et son caractère chevaleresque leur présentaient comme seul capable de seconder le dessein qu'ils avaient formé d'éloigner Lavalette.

Le 31 décembre, entre sept et huit heures du matin, Bruce reçut un billet anonyme qui portait en substance : « Monsieur, j'ai » tant de confiance en votre loyauté, que je veux vous faire part » d'un secret que je ne puis dire qu'à vous. M. de Lavalette est » encore à Paris ; je mets sa vie entre vos mains ; vous seul pou- » vez le sauver. »

Bruce était encore au lit. Cette lettre le jeta dans le plus grand étonnement. Après y avoir rêvé quelque temps, il dit au porteur du billet : « Je ne puis répondre pour le moment, mais si la per- » sonne qui m'écrit veut se trouver à tel endroit... à telle heure... » je lui ferai part de mes réflexions. »

Ces réflexions assiégeaient en foule l'âme de Bruce.

Ne croyez pas cependant qu'il se soit dit : *Saisissons cette occasion de nuire au gouvernement français*. Bruce a beaucoup voyagé ; il connaît les devoirs que le droit politique et le droit naturel imposent aux étrangers, et certes il aurait rejeté, sans hésiter, toute proposition qui eût ressemblé à une conspiration contre l'État qui exerçait envers lui l'hospitalité.

Mais il se représentait ce que la position de Lavalette avait d'affreux ; il admirait le noble dévouement de sa généreuse épouse. Lavalette remettait sa vie entre ses mains, et en effet un refus le rendait à la mort : sa femme elle-même ne pouvait lui survivre.... Bruce n'avait pas la force de refuser : la pitié, l'humanité avaient trop d'empire sur son cœur ; son imagination lui montra le déshonneur et la lâcheté à côté d'un refus ; que dis-je ? il vit une sorte de gloire à sauver ce malheureux, et à assurer à madame Lavalette ce qu'il appelait *le fruit de sa belle action*.

Mais en même temps il ne se dissimula point tout ce que l'exécution d'un tel projet avait de dangereux : si Lavalette était repris, on pouvait l'imputer à la mauvaise combinaison de son plan, et au risque de l'entreprise en elle-même se serait jointe la douleur d'un mauvais succès.

Agité par ces sentiments divers, Bruce se rendit le même jour, vers midi, à l'endroit que lui-même avait indiqué. L'intermédiaire s'y trouva. Bruce lui dit : « Je ferai mon possible pour sauver » Lavalette, mais il ne faut compromettre qui que ce soit ; je ne » veux pas connaître le nom de la personne qui m'a écrit ; je ne » veux pas même que vous me disiez où est caché Lavalette ; lais- » sez-moi d'abord aviser aux moyens de le sauver. »

Bruce avoue qu'il aurait voulu pouvoir seul le sauver, mais il en reconnut bientôt l'impossibilité.

Il était encore dans cette perplexité, lorsque le 2 janvier le général Wilson vint le voir ; il eut aussitôt l'idée de lui communiquer

nicargli il suo progetto : ma riflesse che si trattava del segreto altrui, e si contentò di dirgli : « Vorrei communicarvi qualche » cosa ; ma mi abbisogna prima il consenso della persona che » men' ha parlato. »

Wilson gli domandò se quest' era una buona od una cattiva nuova? « Spiacevole, rispose *Bruce*; ma cene riparleremo do- » mani. »

Nella serata *Bruce* rivide l'intermedio, ed ottenne facilmente la permissione di confidarsi a *Wilson*.

Questi essendo ritornato in casa di *Bruce* all' indomani mattino, tre gennajo, *Bruce* gli raccontò ciò che sapeva di *Lavalette* : « Egli si rimette, disse, fra le nostre mani : come fare per sal- » varlo? »

Questa confidenza eccitò la sorpresa di *Wilson* : « Ah! mio » Dio! sclamò egli : voi aveste molta ragione, dicendo jeri che » questa nuova era dispiacevole! Io lo credeva fuori da Francia, » ed egli è ancora in Parigi..... »

Quì *Wilson* provò le stesse inquietudini di Bruce : non ch' egli avesse cattiva opinione dell' azione in se stessa ; non vi vedeva che la salvezza d'un uomo; ma temeva di non riuscire, e che non s'imputasse la mancanza del successo ad imprudenza o malafatta.

Frattanto non esitò a rispondere alla proposizione che gli faceva il suo giovine amico, « che vi penserebbe maturamente, e che quindi ne parlerebbero. »

Da qualche tempo in quà, *Bruce* e *Wilson* si erano accorti che erano pella politica Francese un oggetto d'inquietudine e d'invigilanza; e quest' osservazione che gli obbligava a più circonspezione, fece loro sentire la necessità d'interessare un terzo alla lor intrapresa.

Wilson propose ad un suo compatriotto (che noi nomineranno anche *Ellister* poichè il traduttore non ha potuto indovinare il suo vero nome) d'accompagnare *Lavalette* fino alla frontiera; *Ellister* vi si sarebbe impiegato volentieri ; ma era militare, e non potè ottenere un congedo dal suo reggimento.

Il giovedì, quattro gennajo, *Wilson* parlò di questa difficoltà con *Bruce*, e gli disse : « Vedo bene che farà d'uopo che compisca » io stesso la commissione; ciò sarà più difficile; ma ne prenderò » l'assunto. »

Convengono dunque che *Bruce* chiederà all' intermedio la misura della taglia di *Lavalette*, e che *Wilson* s'ingegnerà per avere i passaporti.

Bruce avendosi procurato la misura di *Lavalette*, la rimise a *Wilson*. — *Wilson* andò in casa del capitano *Hutchinson*, l'instrusse dell' affare, e gli chiese la sua cooperazione. Le sue parole avevano tutto il peso che le dava la sua qualità di generale : gli parlava in oltre in nome dell' amicizia che, da lungo tempo, l'univa coi suoi zii..... *Wilson* non dubita che *Hutchinson* non

son projet, mais il réfléchit qu'il s'agissait du secret d'autrui, et il se contenta de lui dire : « Je voudrais bien vous communiquer » quelque chose, mais auparavant il me faut l'assentiment de la » personne qui m'en a parlé. »

Wilson lui demanda si c'était une bonne ou une mauvaise nouvelle. « Désagréable, répondit Bruce, mais nous en reparlerons » demain. »

Dans la soirée, Bruce revit l'intermédiaire et en obtint aisément la permission de s'ouvrir à Wilson.

Celui-ci étant revenu chez Bruce le lendemain matin, 3 janvier, Bruce lui raconta ce qu'il savait de Lavalette : « Il se remet, » dit-il, entre nos mains : comment faire pour le sauver ? »

Cette confidence excita la surprise de Wilson : « Ah ! mon » Dieu, s'écria-t-il, vous aviez bien raison de me dire hier que » c'était une nouvelle désagréable ! Je le croyais bien hors de » France, et il est encore à Paris !.... »

Ici Wilson éprouva les mêmes inquiétudes que Bruce, non qu'il eût mauvaise opinion de l'action en elle-même ; il n'y voyait que le salut d'un homme, mais il craignait d'échouer et que l'on n'imputât le défaut de succès à imprudence ou maladresse.

Cependant il n'hésita point à répondre à l'ouverture que venait de lui faire son jeune ami, « qu'il y songerait mûrement, et qu'en» suite ils en reparleraient. »

Depuis quelque temps, Bruce et Wilson s'étaient aperçus qu'ils étaient pour la police française un objet d'inquiétude et de surveillance, et cette observation, qui les engageait à plus de circonspection, leur fit sentir la nécessité d'intéresser un tiers à leur entreprise.

Wilson proposa à l'un de ses compatriotes (que nous nommerons Ellister, puisque l'interprète n'a pas deviné son véritable nom) d'accompagner Lavalette jusqu'à la frontière ; cet Anglais s'y fût employé volontiers, mais il était militaire, et ne put obtenir un congé de son régiment.

Le jeudi 4, Wilson parla de cette difficulté à Bruce et lui dit : « Je vois bien qu'il faudra que j'accomplisse moi-même la com» mission ; cela sera plus difficile, mais je m'en chargerai. »

Ils conviennent donc que Bruce demandera à l'intermédiaire la mesure de la taille de Lavalette, et que Wilson se procurera les passe-ports.

Bruce s'étant procuré la mesure de Lavalette, la remit à Wilson. Wilson alors se transporta chez le capitaine Hutchinson, le mit au fait, et lui demanda sa coopération. Ses paroles avaient tout le poids que lui donnait sa qualité de général. Il lui parlait d'ailleurs au nom de l'amitié qui depuis longtemps l'unissait à ses oncles.... Wilson ne doute pas que Hutchinson n'eût adhéré à la

avesse aderito alla proposizione pel solo effetto della sua buona indole; ma rileva egli stesso tutte queste circostanze per mostrare che se il fatto è divenuto punibile, il danno ne dovrebbe ricadere sopra lui piuttosto che sopra *Hutchinson.*

Che che ne sia, *Hutchinson* consente ad ajutare *Wilson* e *Bruce* nel loro progetto. S'incarica della misura di *Lavalette*, e per non compromettere verun sartore francese, la rimette ad un sartore tedesco al quale ordina un uniforme di *quartier-mastro del reggimento delle guardie.*

Questo buono Tedesco, vedendo la misura, disse tosto : *Questa misura non essere stata presa d'un sartore.* A quest' osservazione, *Hutchinson* non potè contenersi di sorridere; ma facendo quindi a poco riflessione alle consequenze che potrebbero da ciò risultare, pigliò cura di traviare i sospetti dell' artista, dicendogli : « Fatti che saranno i vestiti, voi gl' imballerete, perchè il quar-» tier-mastro, non avendo potuto aspettarli, è già partito, ed io » gli spedirò la cassa. »

D'un altra parte *Wilson* s'era procurato due passaporti. Senza entrare a questo soggetto in verun particolarità, ci contentiamo di dire che questi passaporti non sono stati sorpresi alle autorità francesi; che sono stati accordati d'una cancelleria straniera; e che se lo sono stati sotto altri nomi che quelli di *Wilson*, ciò non poteva sembrare sorprendente, poichè nulla è più frequente dalla parte degl' Inglesi che il viaggiare sotto nomi supposti.

Non si ristabiliranno quì questi nomi che sembrano non aver potuto essere deciferati dal traduttore : la sola cosa interessante da rilevarsi, si è che le lettere iniziali di quei due nomi erano precisamente un' L e un W affinchè se, per evento, i bauli fossero visitati, il marchio della biancheria non contradicesse l'enunciazione dei passaporti.

Il venerdì, il sabbato e la domenica (cinque, sei e sette gennajo) furono impiegati a fare i preparativi della partenza.

Hutchinson ed *Ellister* andavano a riconoscere il paese, ora sopra una via, ora supra un' altra; ed il risultato delle lor ricognizioni fu che bisognava preferire la barriera di *Clichy.*

Ma come passare questa barriera senza essere osservato?

Non potevano pensare a partire in posta. Perchè, in esecuzione d'un ordine stabilito dopo la fuga di *Lavalette*, un gendarme assisteva alla partenza d'ogni viaggiatore, verificava i passaporti, spiava i segnali, seguiva anche la vettura fino ad una certa distanza.

Uscire a cavallo pareva la cosa la più semplice; ma, altra difficoltà : gl' Inglesi hanno un' andatura particolare che *Lavalette* non avrebbe mai imitata.

Partiranno dunque in vettura : non già in una berlina ermeticamente chiusa, nemmeno in un biroccio coperto, ma in un *bogguey*, sorta di vettura che, avendo meno l'aspetto misterioso, dovrà perciò eccitare meno sospetto.

proposition par le seul effet de son bon naturel, mais il relève lui-même toutes ces circonstances pour montrer que si le fait est devenu punissable, le tort en devrait retomber sur lui plutôt que sur Hutchinson.

Quoi qu'il en soit, Hutchinson consent à aider Wilson et Bruce dans leur projet. Il se charge de la mesure de Lavalette, et pour ne compromettre aucun tailleur français, il la remet à un tailleur allemand auquel il commande un uniforme de *quartier-maître du régiment des gardes*.

Ce bon Allemand, voyant la mesure, dit de suite : *Cette mesure n'a pas été prise par un tailleur.* A cette remarque, Hutchinson ne put s'empêcher de sourire ; mais faisant bientôt après réflexion aux suites qu'elle pourrait avoir, il prit soin de détourner les soupçons de l'ouvrier en lui disant : « Quand les habits seront » faits, vous les emballerez, parce que le quartier-maître n'ayant » pas pu les attendre, est déjà parti, et je lui expédierai la caisse. »

D'un autre côté, Wilson s'était procuré des passe-ports : sans entrer à ce sujet dans aucun détail, on se borne à dire que ces passe-ports n'ont point été surpris aux autorités françaises ; qu'ils ont été délivrés par une chancellerie étrangère, et que s'ils l'ont été sous des noms autres que celui de Wilson, cela ne pouvait pas paraître étonnant, puisque rien n'est plus fréquent de la part des Anglais que de voyager sous des noms supposés.

La seule chose intéressante à relever au sujet de ces noms qui étaient ceux du général Walys et du colonel Laussac, c'est que les initiales de ces deux noms étaient précisément un L et un W, afin que si, par événement, les malles étaient visitées, la marque du linge ne contredît pas l'énonciation des passe-ports.

Le vendredi, le samedi et le dimanche (5, 6 et 7 janvier) furent employés à faire les préparatifs du départ.

Hutchinson et Ellister allaient à la découverte, tantôt sur une route, tantôt sur une autre, et le résultat de leur reconnaissance fut qu'il fallait préférer la barrière de Clichy.

Mais comment passer cette barrière sans être remarqué ?

On ne pouvait songer à partir en poste ; car, d'après un ordre établi depuis l'évasion de Lavalette, un gendarme assistait au départ de chaque voyageur, vérifiait les passe-ports, épiait les signalements, suivait même la voiture jusqu'à une certaine distance.

Sortir à cheval paraissait le plus simple, mais un autre inconvénient : les Anglais ont une allure particulière que Lavalette n'eût jamais attrapée.

On partira donc en voiture, non pas dans un carrosse hermétiquement fermé, non pas même dans un cabriolet couvert, mais dans un boguey, genre de voiture qui, ayant le moins l'air du mystère, devra aussi exciter le moins de soupçon.

Lavalette vi si porrà con *Wilson*.

Hutchinsòn ed un servidore seguiranno a cavallo, affinchè, in caso d'allarmi, *Lavalette* e *Wilson* possano gettarsi giù dal *bogguey*, pigliare i lor cavalli di scorta, e fuggire a tutta briglia.

Nel medesimo tempo *Ellister*, munito del passaporto consegnato sotto il nome del colonnello L... salirà nella berlina di *Wilson*, ed uscirà da una barriera differente, per andare a raggiugnerli a *Compiègne*.

Là, cambieranno di vetture. *Ellister* e *Hutchinson* ricondurranno il *bogguey* a Parigi, e gli altri due proseguiranno il lor viaggio nella berlina. *Compiègne* era stata scelta per farvi il cambio delle vetture : 1° perchè quella città stava ad una distanza assai grande da Parigi, perchè questo cambio non fosse osservato; 2° perchè *Bruce*, avendo inteso che la brigata di suo cugino *Brichaut* era a Compiègne, e che il suo ajutante di campo abbandonerebbe Parigi ai sette gennajo per portarsi in quella città, coi cavalli ed i bagagli del Generale, il quale era allora in Inghilterra : *Bruce*, diciamo, aveva pregato quest' ajutante di campo di ricevere *Wilson* al suo passaggio, quel che quest' uffiziale aveva promesso con molta garbatezza, e senza chieder altro.

Sabbato la sera, *Bruce* disse all' intermedio che ogni cosa era preparata, affinchè la partenza avesse luogo dopo domani mattino.

Convengono insieme di regolare i lor orologii sul quadrante delle Tuilerie, la domenica a tre ore in punto;

E che la stessa sera, a nove ore e mezzo precise, *Lavalette* si porterà in casa di *Hutchinson*, strada del *Helder*, n° 3.

Si prese pel luogo della partenza l'alloggio di *Hutchinson*, perchè l'abitazione di *Wilson* e quella di *Bruce* erano invigilate da presso dagli agenti della politica : ed anche perchè la strada del *Helder* era più vicina alla barriera di *Clichy;* e che, in oltre, *Hutchinson* soleva alzarsi di buon mattino, ora per andare alla caccia, ora per andare alla parata.

È da osservare che *Wilson* e *Bruce* ignoravano ancora compiutamente dove era nascosto *Lavalette*.

La domenica, *Bruce* va alle Tuilerie per confrontar l'ora.

A nove ore e mezzo precise, un biroccio nel quale era *Lavalette* con un suo amico, giunge nella strada *Helder*, n° 3.

Si bussa, e *Bruce* che usciva al medesimo minuto, si presenta a lui, e gli batte leggiermente la spalla, dicendo : « Goddem [1] ! » perchè venite tanto tardi? è molto tempo che v' aspettiamo; ab» biamo già bevuto la nostra prima tazza di ponce. »

E nel medesimo tempo, lo prende sotto il braccio e lo conduce nell' appartamento di *Hutchinson*.

[1] Si sa bene che quest' espressione non è del buon uso in Inghilterra; ma *Bruce* dovette proferirla, per ingannar meglio le persone che erano nel casotto

Lavalette s'y placera avec Wilson.

Hutchinson et un domestique suivront à cheval, afin, en cas d'alerte, que Lavalette et Wilson puissent se jeter à bas du boguey, prendre leurs chevaux d'escorte et fuir à toute bride.

Dans le même temps Ellister, muni du passe-port délivré sous le nom du colonel Laussac, montera dans la berline de Wilson, et sortira par une autre barrière pour aller les rejoindre à Compiègne.

Là on changera de voiture. Ellister et Hutchinson ramèneront le boguey à Paris, et les deux autres poursuivront leur voyage dans la berline. On avait choisi Compiègne pour y faire l'échange des voitures, 1° parce que cette ville se trouvait à une assez grande distance de Paris pour que cet échange ne fût pas remarqué; 2° parce que Bruce ayant appris que la brigade de son cousin le général *Brichauld*[1] était à Compiègne, et que son aide de camp quitterait Paris le 7 janvier pour se rendre en cette ville avec les chevaux et les bagages du général, qui était alors en Angleterre, Bruce, disons-nous, avait prié cet aide de camp de recevoir Wilson à son passage, ce que cet officier avait promis avec beaucoup d'obligeance et sans en demander davantage.

Le samedi soir, Bruce dit à l'intermédiaire que tout était préparé pour que le départ eût lieu le surlendemain matin.

Ils conviennent ensemble de régler leurs montres sur l'horloge des Tuileries le dimanche à trois heures sonnantes;

Et que le même soir, à neuf heures et demie précises, Lavalette se rendra chez Hutchinson, rue du Helder, n° 3.

On prit pour point de départ le logement de Hutchinson, parce que le domicile de Wilson et celui de Bruce étaient surveillés de près par les rôdeurs de la police, et aussi parce que la rue du Helder était plus proche de la barrière de Clichy, et que d'ailleurs Hutchinson avait l'habitude de se lever matin, tantôt pour aller à la chasse, tantôt pour aller à la parade.

Vous remarquerez que Wilson, Bruce et Hutchinson ignoraient complétement où était caché Lavalette.

Le dimanche, Bruce va aux Tuileries pour y prendre l'heure.

A neuf heures et demie juste, un cabriolet, dans lequel était Lavalette avec un de ses amis, arrive rue du Helder, n° 3.

On frappe, et Bruce qui sortait à la même minute, se présente à lui et lui donne un léger coup sur l'épaule en disant : « *God-*
» *dem*[2]! pourquoi venez-vous si tard? il y a longtemps que nous
» vous attendons; nous avons déjà bu notre premier bol de
» punch. »

Et en même temps, il le prend par-dessous le bras et le conduit dans l'appartement de Hutchinson.

[1] Nom mal lu par l'interprète.

[2] On sait bien que cette expression n'est pas du bon usage en Angleterre; mais

Lavalette aveva un pastrano turchino, con alamari, un panta lone dello stesso colore, stivali di sopra cogli sproni, una parrucca corta ed un cappello rotondo.

Non vi erano da *Hutchinson* che *Bruce*, *Wilson* ed *Ellister*, coi servidori di *Hutchinson*.

Lavalette, come si può credere, era agitatissimo ed assai commosso di riconoscenza per questi stranieri che s'interessavano tanto liberalmente al suo destino.

Due minuti erano appena passati che si bussa; un uomo entra nella prima stanza e domanda il colonnello L..... (questo era il nome sotto il quale *Lavalette* doveva viaggiare).

Il servidore di *Hutchinson* ne avvisa il suo padrone.

Costui esce: l'incognito ripete ch' egli domanda il colonnello L.....

Pregate il colonnello di venire, dice *Hutchinson* al suo servidore.

Quest' ultimo che, senza essere a parte del segreto, aveva sentito dare ad *Ellister* [1] il nome di L..... va a dirgli ch' è domandato.

Ellister si presenta e dice all' uomo che lo domandava : *Non vi conosco.*

Quest' uomo parve sorpreso perchè credeva che *Lavalette* si presenterebbe al nome di L.....

Frattanto *Hutchinson* che non sapeva cosa pensare di questa visita, serrava un poco l'incognito dalla parte della finestra, quando scorse sotto il suo pastrano socchiuso una pistola a due colpi di cui s'impadronì bruscamente.

In vece di lagnarsi di questa violenza, l'incognito si contentò di dire : « Vedo bene che siete un nostro amico; siete un uomo generoso. » E si ritirò.

Quest' episodio non era fatto per rassicurare. *Hutchinson* corse nella stanza in cui era *Lavalette*; ed erano già tutti a communicarsi i lor allarmi, allorchè *Lavalette*, riconoscendo la pistola che *Hutchinson* teniva nella sua mano, per essere una delle sue, li rassicurò dicendo loro ch'egli l'aveva lasciata nel biroccio del suo amico, il quale, accorgendosi della sua dimenticanza, era stato sollecito a riportargliela.

(Questa pistola è rimasta nelle mani di *Hutchinson*, ed ha dato luogo ad alcune quistioni nei suoi interrogatorii.)

Resi tranquilli sulle consequenze di quest' incidente, *Lavalette* si mette gli abiti che gli erano stati preparati.

Ciò fatto, *Ellister* si ritira.

Wilson fa l'istesso : e va alla conversazione fino a mezza notte, affin di non dare verun sospetto a quelli che sarebbero stati tentati di spiarlo da presso.

del portiere; ed io ho dovuto rapportarla per conservare al racconto tutta la sua esattezza.

[1] Era stato convenuto che *Ellister* prenderebbe il nome del colonnello L....., e che lo conserverebbe sino a *Compiègne*, ove cederebbe quello stesso nome a *Lavalette*, col passaporto in conferma.

Lavalette avait une lévite bleue à brandebourgs, un pantalon de même couleur, bottes par-dessus avec éperons, une perruque courte et un chapeau rond.

Il n'y avait chez Hutchinson que Bruce, Wilson et Ellister, avec les domestiques de Hutchinson.

Lavalette, comme on peut le croire, était très-agité et fort ému de reconnaissance pour ces étrangers qui s'intéressaient si libéralement à son sort.

..... Deux minutes s'étaient à peine écoulées qu'on sonne ; un homme entre dans la première pièce et demande le colonel Laussac. (C'était le nom sous lequel Lavalette devait voyager.)

Le domestique de Hutchinson avertit son maître.

Celui-ci sort : l'inconnu répète qu'il demande le colonel Laussac.

Priez le colonel de venir, dit Hutchinson à son domestique.

Ce dernier qui, sans être dans le secret, avait entendu donner à Ellister le nom de Laussac[1], va lui dire qu'on le demande.

Ellister se présente et dit à l'homme qui le demandait : *Je ne vous connais pas.*

Cet homme parut surpris, parce qu'il croyait que Lavalette se présenterait au nom de Laussac. Cependant Hutchinson, qui ne savait que penser de cette visite, pressait un peu l'inconnu du côté de la fenêtre, lorsqu'il aperçut sous sa redingote entr'ouverte un pistolet à deux coups dont il se saisit brusquement.

Au lieu de se plaindre de cette violence, l'inconnu se contenta de dire : « Je vois bien que vous êtes de nos amis ; vous êtes un » homme généreux ; » et il se retira.

Cet épisode n'était rien moins que rassurant. Hutchinson se hâta de rentrer dans la pièce où était Lavalette, et ils allaient tous se communiquer leurs alarmes, lorsque Lavalette, reconnaissant le pistolet que Hutchinson tenait à la main pour être un des siens, les rassura en leur disant qu'il l'avait laissé dans le cabriolet de son ami, qui, s'apercevant de son oubli, s'était empressé de le lui rapporter.

(Ce pistolet est resté dans les mains de Hutchinson, et a donné lieu à quelques questions dans ses interrogatoires.)

Tranquillisé sur les suites de cet incident, Lavalette revêt les habits qu'on lui avait préparés.

Cela fait, Ellister se retire.

Wilson se retire aussi et va en société jusqu'à minuit, afin de ne donner aucun soupçon à ceux qui auraient été tentés de l'espionner. Quant à Bruce, il est resté chez Hutchinson jusqu'à mi-

Bruce dut la proférer, pour mieux tromper les personnes qui étaient dans la loge du portier ; et j'ai dû la rapporter pour conserver au récit toute son exactitude.

[1] Il avait été convenu qu'Ellister prendrait le nom de colonel Laussac, et qu'il le garderait jusqu'à Compiègne, où il céderait ce même nom à Lavalette, avec le passe-port à l'appui.

In quanto a *Bruce*, è stato da *Hutchinson* sino a mezza notte. A quell' ora, egli ha abbracciato affettuosamente *Lavalette*, e l'ha lasciato, augurandogli un felice viaggio.

Il bisogno di riposo facendosi imperiosamente sentire, *Lavalette* si è gettato sopra un letto senza spogliarsi.

Lo stesso fece *Hutchinson*.

Appena erano distesi, che sentono bussare alla porta con violenza...

Lavalette si alza con subitaneo terrore, ed esclama : *Siamo perduti!*

Ma non tardano ad essere rassicurati. *Hutchinson* verifica che questo rumore era cagionato da un uffiziale ubbriaco che si era ingannato di porta.

Termina finalmente questa terribile notte : è già per battere l'ora della partenza.

A sette ore della mattina, l'otto gennajo, il servidore di *Wilson* va a cercare il *bogguey* di *Bruce*, e ritorna a trovare il suo padrone, strada della Pace, n° 21.

Wilson si mette nel *bogguey;* il suo servidore lo segue.

Vanno così alla strada del *Helder*, n° 3. *Wilson* monta all' appartamento di *Hutchinson* e dice a *Lavalatte : Andiamo, ogni cosa è pronta.*

Lavalette si accommoda nel *bogguey* alla sinistra di *Wilson*.

Hutchinson è a cavallo, e parte con loro.

Il servidore di *Wilson* va dopo.

Hutchinson si teniva accanto alle ruote, andando ora ad un lato, ora ad un altro, e lor parlando inglese.

Lavalette ne sapeva appena alcune voci, e fingeva frattanto di capirlo. Per altro, come parlava passabilmente il tedesco, erasi convenuto che al bisogno, egli si dichiarerebbe, *uffiziale tedesco attaccato allo stato-maggiore inglese.*

Wilson aveva il suo uniforme di generale inglese, con un cappotto turchino ed un cappello rotondo.

Lavalette portava parimente il suo uniforme di quartier-mastro, sotto un pastrano bigio, ed aveva un *schakos* inglese coperto d'una tela incerata. Teniva sopra i suoi ginocchi il capello d'uniforme di *Wilson,* il di cui pennacchio bianco serviva maravigliosamente a fissare l'attenzione della gente che passava.

Traversarono la barriera ad un passo moderato; i gendarmi li riguardarono fissamente; ma il movimento della presentazione dell' armi facilitò à *Lavalette* il mezzo di coprire il suo profilo, nel rendere il saluto.

Fu in questo modo che, il lunedì, otto gennajo, ad ott' ore della mattina, in pieno giorno, *Lavalette*, raso di fresco, col viso scoperto, e non avendo anche passaporto seco, uscì da Parigi, senz' inspirare il più lieve sospetto, senza provare il minore ostacolo.

nuit. A cette heure, il a embrassé affectueusement Lavalette, et l'a quitté en lui souhaitant un heureux voyage.

Le besoin de repos se faisant impérieusement sentir, Lavalette s'est jeté sur le lit de Hutchinson sans se déshabiller.

Hutchinson en a fait autant.

A peine étaient-ils étendus, qu'ils entendent frapper à la porte avec violence.... Lavalette se lève en sursaut et s'écrie : *Nous sommes perdus!*

Mais ils ne tardent pas à être rassurés. Hutchinson vérifie que ce bruit était occasionné par un officier ivre qui s'était trompé de porte.

Enfin cette terrible nuit s'achève; l'heure du départ va sonner.

A sept heures du matin, le domestique de Wilson va chercher le boguey de Bruce et revient trouver son maître, rue de la Paix, n° 21.

Wilson monte dans le boguey; son domestique à cheval le suit. Ils vont ainsi rue du Helder, n° 3. Wilson monte à l'appartement de Hutchinson, et dit à Lavalette : *Allons, tout est prêt.*

Lavalette se place dans le boguey, à la gauche de Wilson.

Hutchinson monte à cheval et part avec eux.

Le domestique de Wilson marche après.

Hutchinson se tenait à la hauteur des roues, allant tantôt d'un côté, tantôt de l'autre, et leur parlant anglais.

Lavalette en savait à peine quelques mots, et feignait cependant de l'entendre. Du reste, comme il parlait assez bien l'allemand, il était convenu qu'au besoin il se déclarerait *officier allemand attaché à l'état-major anglais.*

Wilson avait son uniforme de général anglais, avec une capote bleue et un chapeau rond.

Lavalette avait également son uniforme de quartier-maître sous une redingote grise, et portait un schako anglais recouvert d'une toile cirée. Il tenait sur ses genoux le chapeau d'uniforme de Wilson, dont le plumet blanc servait merveilleusement à fixer l'attention des passants.

Ils passèrent la barrière à un pas modéré; les gendarmes les regardèrent fixement, mais le mouvement de la présentation des armes facilita à Lavalette le moyen de couvrir son profil en rendant le salut.

C'est ainsi que le lundi 8 janvier, à 8 heures du matin, en plein jour, Lavalette fraîchement rasé, le visage découvert et n'ayant pas même de passe-port sur lui, sortit de Paris sans inspirer le plus léger soupçon, sans éprouver le moindre obstacle.

Sul punto di giungere alla Cappella, *Hutchinson*, distaccossi innanzi, per andare alla scoperta.

Trovò quattro gendarmi a cavallo dirimpetto all' osteria ove si era già disposto il cambio dei cavalli.

Uno di questi gendarmi s'avvicinò e gli domandò se vi fosse un movimento di truppe sulla via : « No, gli rispose *Hutchinson* ;
» questo non sarà per oggi. Ma vene sarà fra pochi giorni. Il ge-
» nerale arriverà a momenti per scegliere i cantonamenti della sua
» divisione. »

Intanto, il *bogguey* giunge ; *Hutchinson* fa cenno a *Wilson* che lo conduceva d'entrare subito nel cortile.

In un batter d'occhio, cambiano di cavalli e partono di nuovo.

Appena erano sul cammino, quando s'accorsero ancora di lontano, d'una vettura scortata d'altri gendarmi.

Ma *Hutchinson* vi si accostò, e lor fece tante quistioni, che erano interamente attenti a rispondergli, quando il *bogguey* passò leggiermente accanto a loro.

Come si avvicinavano a *Compiègne*, *Hutchinson* ed il servidore di *Wilson* raddoppiarono il passo per andare a riconoscere l'allogio. All' entrata della città, trovarono un sergente incaricato di condurli al quartiere ove stava l'ajutante di campo in casa di cui dovevano metter piede.

Incantato di quest' incontro, *Hutchinson* aspettò allora il *bogguey*, di cui la mossa era stata impedita un instante, perchè *Wilson*, essendosi accorto che i capelli canuti di *Lavalette* passavano per di sotto la sua parrucca, s'era fermato per tagliarglieli.

Quindi tutti insieme entrarono a *Compiègne* a due ore dopo il mezzo giorno, con pioggia strabocchevole, e traversarono tutta la città per andare all' abitazione che era lor preparata.

Il signor F..... (l'ajutante di campo) li receve con una massima cortezia, ed offerisce loro una collazione che accettarono, aspettando in tanto *Ellister*.

Quest' ultimo era venuto la domenica a sera ad allogiare nella strada e casa dell' *Helder*, sotto il nome del colonnello L.....

Wilson aveva fatto condurre e mettere la sua vettura nella rimessa di questa casa.

Ellister era stato egli stesso col suo passaporto di colonnello L... a domandare alla prefettura di politica dei cavalli di posta. Mentre che si spediva l'ordine sotto i suoi occhi, aveva veduto sul tavolino un gran numero di foglii stampati portando il segnale di *Lavalette*. Si distribuivano a chiunque veniva, e non aveva potuto scusarsi d'accettarne un esemplare.

Gli si era stato rimesso un ordine per *tre cavalli ad una berlina dovendo contenere lui ed il suo servidore*. Conduceva seco quel servidore nella berlina stessa, affinchè, cedendo il posto a *Lavalette* ed a *Wilson*, il numero dei viaggiatori non paresse aumentato.

Sur le point d'arriver à la Chapelle, Hutchinson se détacha en avant et fut à la découverte.

Il trouva quatre gendarmes à cheval vis-à-vis de l'auberge où l'on avait disposé le premier relais.

Un de ces gendarmes s'approcha de lui, et lui demanda s'il y avait un mouvement de troupes sur la route. « Non, lui répondit » Hutchinson, ce ne sera pas pour aujourd'hui, mais il y en aura » sous peu de jours ; le général ne tarde que le moment d'arriver » pour choisir les cantonnements de sa division. »

Sur ces entrefaites, le boguey arrive ; Hutchinson fait signe à Wilson qui le conduisait d'entrer de suite dans la cour.

En un clin d'œil, ils changent de chevaux et repartent.

Ils débouchaient sur la route, quand ils aperçurent encore au loin une voiture escortée par de nouveaux gendarmes.

Mais Hutchinson les accosta et leur fit tant de questions, qu'ils étaient entièrement occupés à lui répondre quand le boguey passa légèrement à côté d'eux.

Comme ils approchaient de Compiègne, Hutchinson et le domestique de Wilson doublèrent le pas pour aller reconnaître le logement. A l'entrée de la ville, ils trouvèrent un sergent chargé de les conduire au quartier où était logé l'aide de camp chez lequel ils devaient mettre pied à terre.

Charmé de cette rencontre, Hutchinson attendit alors le boguey dont la marche avait été retardée un instant, parce que Wilson s'étant aperçu que les cheveux gris de Lavalette passaient pardessous sa perruque, s'était arrêté pour les lui couper.

Ils firent ensuite tous ensemble leur entrée à Compiègne, pluie battante, et traversèrent toute la ville pour se rendre au logement qui leur était préparé.

M. Franel (l'aide de camp) les reçut avec une extrême courtoisie, et leur offrit une collation qu'ils acceptèrent en attendant Ellister.

Ce dernier était venu le dimanche soir loger, rue et hôtel du Helder, sous le nom du colonel Laussac.

Wilson avait fait conduire et remiser sa voiture dans cet hôtel.

Ellister avait été lui-même, avec son passe-port du colonel Laussac, demander à la préfecture de police des chevaux de poste. Pendant qu'on expédiait l'ordre sous ses yeux, il avait vu sur le bureau un grand nombre de feuilles imprimées portant le signalement de Lavalette. On les distribuait à tout venant, et il n'avait pu se dispenser d'en accepter un exemplaire.

On lui avait remis un ordre pour *trois chevaux, sur une berline devant contenir lui et son domestique.* Il emmenait ce domestique avec lui dans la berline même, afin que cédant la place à Lavalette et à Wilson, le nombre des voyageurs ne parût pas augmenté.

Fatte così queste disposizioni, *Ellister* che, come si è veduto, aveva passato una parte della serata della domenica in casa di *Hutchinson*, era pronto a partire l'indomani mattino, lunedì, alle dieci ore.

Un gendarme era presente, che gli aveva domandato il suo passaporto per esaminarlo, e non glielo aveva reso che dopo aver esattamente collazionato la sua figura con tutte l'enunciazioni del segnale.

Dopo questa verificazione, *Ellister* era montato nella berlina, indicando al postiglione la via di *Compiègne* pella barriera di San Dionisio.

Intanto il gendarme non l'aveva perduto di vista; egli aveva seguito la vettura sino al *Bourget;* ivi, era stato rimpiazzato da un uomo di politica, in cappotto, armato d'una scimitarra, e col capo coperto d'un cappello chiamato *claque;* ma quest' agente non aveva tardato ad abbandonarlo.

A *Louvres*, *Ellister* era sceso da vettura. Un gendarme gli aveva domandato il suo passaporto; e dopo averlo riguardato, aveva detto ai suoi camerati: « Per Bacco, costui non è un uffiziale inglese. » Certissimo del contrario, *Ellister* aveva ripreso il discorso con ardire, e gli aveva risposto d'un tuono fermo: «V'ingannate. » E la cosa passò così.

Ellister giunse senz' altro accidente a *Compiègne*, a cinque ore precise, e si fece condurre al quartiere dove sapeva che *Lavalette* e *Wilson* l'aspettavano.

Furono ordinati subito nuovi cavalli.

L'ajutante di campo voleva ritenerli a pranzo; ma *Wilson* accelerò la partenza.

Ellister sotto nome del colonnello L..... aveva fatto domandare tre cavalli [1] ed un corriere innanzi.

Era già notte; e l'oscurità doveva proteggere i viaggiatori; ma *Wilson*, convinto che per dare meno sospetto, bisognava tanto che era possibile, andare allo scoperto, fece accendere le tre lanterne della sua vettura.

Tutto è pronto alla partenza; il corriere parte innanzi per commandare i cavalli freschi.

Il servidore di *Wilson* si mette sul seggio della berlina.

Lavalette vi entra munito del passaporto del colonnello L..... che *Ellister* gli aveva rimesso.

Wilson vi si posta accanto suo: egli aveva un pajo di pistole.

Lavalette ne aveva una solamente; l'altra era restata in casa d'*Hutchinson*.

Non avevano sciabla nè l'uno nè l'altro; e benchè decisi a difen-

[1] Quattro cavalli avrebbero mostrato troppa impazienza, ed un troppo gran bisogno di celerità. Con tre cavalli solamente, si evitava il secondo postiglione che sarebbe stato necessario di prendere. Era un Argo di meno.

Ces dispositions ainsi faites, Ellister, qui, comme on l'a vu, avait passé une partie de la soirée du dimanche chez Hutchinson, était prêt à partir le lendemain matin lundi à dix heures.

Un gendarme qui était présent lui avait demandé son passe-port pour le viser, et ne le lui avait rendu qu'après avoir exactement collationné sa figure avec toutes les énonciations du signalement.

Après cette vérification, Ellister était monté dans la berline, en indiquant au postillon *la route de Compiègne par la barrière Saint-Denis.*

Cependant le gendarme n'avait point lâché prise; il avait suivi la voiture jusqu'au Bourget; au Bourget, il avait été remplacé par un homme de police en capote, armé d'un sabre et coiffé d'un claque, mais cet agent n'avait pas tardé à l'abandonner.

A Louvres, Ellister était descendu de voiture; un gendarme lui avait demandé son passe-port, et après l'avoir regardé, avait dit à ses camarades : « Quand le diable y serait, ce n'est pas là un officier anglais. » Bien certain du contraire, Ellister avait relevé le propos avec assurance et lui avait répondu d'un ton ferme : « Vous vous trompez. » L'observation n'avait pas été plus loin.

Ellister arriva, sans autre accident, à Compiègne à cinq heures précises, et se fit conduire au quartier où il savait que Lavalette et Wilson l'attendaient.

Aussitôt le relais fut commandé.

L'aide de camp voulait les retenir à dîner, mais Wilson pressa le départ.

Ellister, sous le nom du colonel Laussac, fait demander trois chevaux[1] et un courrier en avant.

Il était nuit, et son obscurité devait protéger les voyageurs; mais, convaincu que pour donner moins de soupçon il fallait autant que possible aller à découvert, Wilson fit allumer les trois lanternes de sa voiture.

Tout est prêt : un courrier français part en avant pour commander les relais.

Le domestique de Wilson monte sur le siége de la berline.

Lavalette y entre muni du passe-port du colonel Laussac, qu'Ellister lui avait remis.

Wilson s'y place à ses côtés : il avait une paire de pistolets.

Lavalette n'en avait qu'un ; l'autre était resté chez Hutchinson.

Ils n'avaient de sabre ni l'un ni l'autre; et quoique décidés à se

[1] Quatre chevaux auraient montré trop d'impatience et un trop grand besoin de célérité; avec trois chevaux seulement on évitait le second postillon qu'il aurait fallu prendre. C'était un Argus de moins.

dersi in caso d'attacco, la verità è frattanto che facevano molto più conto, al bisogno, sulla lor prontezza di spirito, che sopra una resistenza a forza aperta.

Hutchinson ed *Ellister* lor augurano un felice viaggio, ed il postiglione fa via, facendo scoppiare la sua sferza.

Il servidore di *Wilson* non parlava francese; era *Wilson* egli stesso che pagava ad ogni posta. Ad ogni interpellazione, aveva gran cura di rispondere : *generale inglese;* ed il suo linguaggio, la forma della sua vettura, la fisionomia del suo servidore, tutto confermava l'idea che i viaggiatori erano effettivamente Inglesi.

Erano già quattr'ore dopo mezza notte; ed essi si trovavano a due sole leghe da *Cambrai.* Ma il maestro di posta li prevenne che non potrebbero traversare quella piazza di notte, perchè le porte erano chiuse, e che il preposto agli antiposti non vorebbe darsi la fatica d'andare ad avertire il custode.

Si concepisce qui quell' inquietudine recava un simile ritardo; erano forse inseguiti; ed in questo caso, non era impossibile di esser raggiunti.

Pure, fu d'uopo di risolversi ad aspettare.

Per passare il tempo e traviare i sospetti, *Wilson* scese dalla vettura, mentre che il suo compagno fingeva di dormire. Andò nella stalla, parlò coi postiglioni e guadagnò così l'ora della partenza.

A sei ore, si rimettono in cammino, e si presentano alle porte di *Cambrai* mezz' ora prima dell' alba.

Il postiglione fa sentire la sua sferza per avvertire : nissuno risponde. La séntinella inglese chiama frattanto il preposto; ma questi non vuole incommodarsi. Bisogna ancor aspettare. Finalmente il giorno spunta; il portachiavi viene e si scusa, rigettando la colpa sulla pigrizia del preposto. La berlina passa : quattro o cinque vetture, ritardate per la stessa cagione, passano nel medesimo tempo. Giunti all' albergo, l'oste che vede un generale inglese, gl' indirizza le sue doglianze sull' indolenza del preposto, il quale fa che i viaggiatori coricano fuor della città, in vece di scendere in casa sua. *Wilson* gli risponde che non ha tempo presentemente d'andarne a parlar col comandante della piazza, ma che lo farà al suo ritorno.

Cambiati i cavalli, la berlina riparte.

A nove ore e mezzo, giunge a *Valenciennes.* Alla porta della città, un agente francese si presenta, e pronunzia la formola usata : *Questi signori hanno i loro passaporti senza dubbio?* A questa quistione, *Wilson* mette la testa alla portiera e risponde : *Io sono generale inglese.* Si dà credito al suo uniforme e sopra tutto al suo accento : la vettura entra nella città.

Giunti alla posta, un garzoncino domanda nuovamente i passaporti. *Wilson*, che, come si pensa bene, s'incaricava d'ogni

défendre en cas d'attaque, la vérité est cependant qu'ils comptaient beaucoup plus, au besoin, sur leur présence d'esprit que sur une résistance à force ouverte.

Hutchinson et Ellister leur souhaitent un bon voyage, et le postillon fait *route,* en faisant claquer son fouet.

Le domestique de Wilson ne parlait pas français : c'était Wilson lui-même qui payait à chaque poste. A toute interpellation, il avait grand soin de répondre : *Général anglais!* et son langage, la forme de sa voiture, la physionomie de son domestique, tout confirmait dans l'idée que les voyageurs étaient effectivement *Anglais.*

Il était déjà quatre heures du matin; ils n'étaient plus qu'à deux lieues de Cambrai, mais le maître de poste les prévint qu'ils ne pourraient pas traverser cette place de nuit, parce que les portes étaient fermées, et que le préposé aux avant-postes ne voudrait pas se donner la peine d'aller avertir le gardien.

On conçoit tout ce qu'un tel retard avait d'inquiétant; peut-être était-on à leur poursuite, et dans ce cas il n'était pas impossible de les atteindre.

Il fallut bien pourtant se résoudre à attendre.

Pour passer le temps et éloigner les soupçons, Wilson descendit de voiture pendant que son compagnon de voyage feignait de dormir. Il alla dans l'écurie, parla aux postillons, et gagna ainsi l'heure du départ.

A six heures, ils se remettent en route et se présentent aux portes de Cambrai une demi-heure avant le point du jour.

Le postillon fait entendre son fouet pour avertir : personne ne répond. La sentinelle anglaise appelle cependant le préposé, mais celui-ci ne veut pas se déranger; il faut encore demeurer. Enfin, le jour paraît; le porte-clefs vient et s'excuse en rejetant la faute sur la paresse du préposé. La berline passe : quatre ou cinq voitures, retardées par la même cause, passent en même temps. Arrivés à l'auberge, l'hôte, qui voit un général anglais, lui adresse ses plaintes de ce que le préposé, par son indolence, est cause que les voyageurs couchent hors de la ville au lieu de descendre chez lui. Wilson lui répond qu'il n'a pas présentement le loisir d'aller en parler au commandant de place, mais qu'il le fera à son retour.

Le relais étant mis, la berline repart à neuf heures et demie; elle arrive à Valenciennes. A la porte de la ville, un agent français se présente, et prononce la formule d'usage : *Ces messieurs ont leurs passe-ports sans doute?* — A cette question, Wilson met la tête à la portière et répond : *Je suis général anglais.* On en croit son costume et surtout son accent; la voiture entre dans la ville.

Arrivés à la poste, un petit garçon demande de nouveau les passe-ports. Wilson qui, comme on le pense bien, se chargeait

conversazione, risponde ancora : *Io sono un generale inglese.* Ma il piccol' uomo insiste, dicendo che è necessario di darglieli affinchè egli vada a farli esaminare dal colonnello di gendarmeria. Gli si danno dunque i passaporti esortandolo a sbrigarsi. Egli si affretta in effetto, e ritorna prontamente coi passaporti ed il vista.

Ma ciò non basta : egli prega il generale di porre il suo nome e quello del suo compagno di viaggio sopra un pezzo di carta, dicendo che questo serve pell' albergo. *Wilson* scrive allora i due nomi L..... e W..... sopra una cattiva carta, che gli è stata presentata poi nei suoi interrogatorii.

A dieci ore, la vettura si rimette in cammino. Uscendo da *Valenciennes*, nuova visita dei passaporti : sono riguardati per lungo tempo, e sene prende il ristretto. *Wilson* perde la pazienza, e sollecita il partire, non senza dire molte volte *Goddem!* Finalmente, è permesso di passar avanti.

Wilson domanda allora dov' è la frontiera : il postiglione risponde : *Ad una lega e mezzo da qui.*

Questa distanza era per essere bentosto sormontata; ancora pochi momenti, ed ogni timore era dissipato. Ma sulla linea stessa della frontiera, trovano un' ultimo posto di gendarmeria, che domanda di nuovo i passaporti : per questa volta, felicemente, *Wilson* si sbriga col dire, come al solito : *generale inglese.*

Sul punto di arrivare, il terrore di *Wilson* era divenuto eccessivo : egli tremava per *Lavalette*, ed ogni minuto di ritardo lo faceva morire d'impazienza.

Aveva sperato giungere prima del giorno, temendo l'annuncio dei telegrafi, ed erano già due ore che avrebbero potuto aggire se il tempo non fosse stato coperto di nebbia.

Ma finalmente eccola passata questa linea formidabile!

La prima parola di *Wilson* a *Lavalette* fu : *Eccovi salvato.*

Lavalette, che aveva conservato una tranquillità perfetta, l'abbraccia affettuosamente, versando delle lagrime di tenerezza, e dice con gran' effusione di cuore : « Io rendo specialmente grazie
» a Dio d'aver permesso che i generosi sforzi della mia povera
» moglie siano coronati dal successo. Sarebbe morta di dolore, se
» non avessimo riuscito. — Sono infelicissimo, aggiunse egli, di
» vedere tante genti compromesse per me. So che i carcerieri
» sono stati arrestati; ma dichiaro in presenza di Dio, ed a voi,
» mio generoso amico, che quest' uomini non sono stati subor-
» nati e non erano a parte del segreto. L'affare avrebbe mancato
» se lor si fosse lasciato il menomo sospetto. Non ho obbligazione
» che a mia moglie. »

Per tutto il cammino, era stata rarissima la conversazione fra *Lavalette* e *Wilson.* Tutte le facoltà della lor anima erano assor-

de toutes les conversations, répond encore : *Je suis général anglais*. Mais le petit bonhomme insiste, en disant qu'il est nécessaire de les lui donner, pour qu'il aille les faire viser par le colonel de gendarmerie. On lui donne donc les passe-ports en lui recommandant de se dépêcher. Il se presse en effet, et revient promptement avec les passe-ports visés.

Ce n'est pas tout : il prie le général de mettre son nom et celui de son compagnon de voyage sur un bout de papier, disant que c'est pour l'auberge. Wilson écrit alors les deux noms Walys et Laussac sur un chétif morceau de papier qu'on lui a depuis représenté dans ses interrogatoires.

A dix heures, la voiture se remet en marche. En sortant de Valenciennes, nouvelle visite des passe-ports ; on les garde longtemps, et on en prend le relevé. Wilson s'impatiente et presse le départ, non sans dire plusieurs fois le mot par lequel les Anglais ont coutume de signaler leur impatience. Enfin il leur est permis de passer outre.

Wilson demande alors où est la frontière. Le postillon répond : *A une lieue et demie d'ici.*

Cette distance allait être bientôt franchie ; encore quelques instants, et toutes les craintes étaient dissipées. Mais sur la ligne même de la frontière, ils trouvent un dernier poste de gendarmerie qui demande de nouveau les passe-ports. Heureusement que pour cette fois Wilson en est quitte pour dire, comme à son ordinaire : *Général anglais!*

Sur le point d'arriver, la terreur de Wilson était devenue extrême ; il tremblait pour Lavalette, et chaque minute de retard le faisait mourir d'impatience.

Il avait espéré de passer la frontière avant le jour de peur des télégraphes, et il y avait déjà deux heures qu'ils auraient pu marcher, si le temps n'avait été couvert de brouillards.

Mais enfin la voilà passée, cette ligne redoutable !

Le premier mot de Wilson à Lavalette fut : *Vous voilà sauvé!*

Lavalette, qui avait conservé toute sa tranquillité, l'embrasse affectueusement, et versant des larmes d'attendrissement, il dit avec une grande effusion de cœur : « Je rends spécialement grâ- » ces à Dieu de ce qu'il a permis que les généreux efforts de ma » femme soient couronnés de succès. Elle serait morte de douleur » si nous n'avions pas réussi. Je suis bien malheureux, ajouta- » t-il, de voir tant de braves gens compromis pour moi. Je sais » que mes gardiens ont été arrêtés ; mais je déclare devant Dieu, » et à vous, mon généreux ami, que ces hommes n'ont pas été » corrompus et n'étaient pas dans le secret. L'affaire eût manqué » si on leur eût laissé le moindre soupçon ; je n'ai d'obligation » qu'à ma femme. »

Dans toute la route, la conversation entre Lavalette et Wilson avait été fort peu suivie ; toutes les facultés de leur âme étaient

bite dalle apprensioni, e dai diversi incidenti del viaggio. Se, di quando in quando, *Wilson* interrompeva il silenzio per distrarre *Lavalette* dalle sue meditazioni, gli parlava di cose che potessero distrarlo dalla sua situazione.

È così che s'intrattenero della spedizione d'Egitto dove *Lavalette* aveva incominciato a servire Buonaparte, ed ove *Wilson* aveva principiato a segnalarsi contra di lui.

Ma quando ebbero passato la frontiera, non temettero più di discorrere sull' affare stesso di *Lavalette.*

Costui raccontò a *Wilson* in che modo sua moglie era venuta a capo di salvarlo : come il suo travestimento ebbe luogo in un batter d'occhio, in un momento in cui il carceriere era uscito dalla sua camera : la paura ch' egli aveva d'urtar colle penne del suo cappello nel passare gli sportelli : il pericolo che aveva corso d'essere ripreso per colpa dei seggettieri che s'erano allontanati : come, avendo trovato sulla piaggia del fiume il biroccio d'un suo amico, costui era disceso e gli aveva indirizzato la parola, dicendo : « Signora, vi offero il mio biroccio; andrete più presto. » Come, dopo esservi montato, questo amico gli aveva detto : « Levatevi presto il vostro vestimento da donna; addossate questo pastrano; mettete questa parrucca, etc. » Come finalmente, dopo aver corso più di due ore per far perdere la sua traccia agli agenti della politica, era andato a rannichiarsi nella casa che gli aveva servito di ricovero fino alla vigilia della sua partenza.

Finito ch' ebbe questo racconto, non temette di domandare egli stesso a *Wilson* se era vero che dovevano realmente farlo morire, etc., etc.

Nè si stancò di replicare protestazioni di riconoscenza verso i suoi generosi amici. Qual altro nome avrebbe egli potuto dar loro?

Questi ragionamenti li condussero fino a *Mons;* ivi non furon più richiesti i passaporti; e restarono insieme per ben quattro o cinque ore.

Prima di separarsi, *Wilson,* le di cui affettuose cure erano inesauribili, prevedendo il caso in cui *Lavalette* avrebbe potuto essere arrestato quindi nel suo viaggio, gli diede per Sua Maestà il Re di Prussia, di cui aveva l'onore d'essere personalmente conosciuto, una lettera nella quale interessava quel monarca in favore di *Lavalette.* Questa lettera portava sull' invoglio la contrassegnatura di *Wilson;* di modo che se *Lavalette* fosse stato arrestato, avrebbe domandato di essere condotto al Re per rimettergli il suo dispaccio. *Wilson* gli diede un' altra lettera nel medesimo senso, pel ministro inglese alla residenza di...

Lavalette abbracciò un' altra volta *Wilson* e si separò da lui giurandogli un' eterna riconoscenza.

Wilson è ritornato per *Maubeuge* e *Laon,* ed è rientrato in Parigi, per la barriera di San Martino, mercoledì sera (dieci gennajo) dopo sessant' ore d'assenza.

absorbées par leurs appréhensions et par les divers incidents du voyage. Si parfois Wilson rompait le silence pour arracher Lavalette à sa rêverie, il lui parlait de choses qui pussent le distraire de sa situation.

C'est ainsi qu'ils s'entretinrent de l'expédition d'Égypte, où Lavalette avait commencé de servir Bonaparte, et où Wilson avait commencé de se signaler contre lui.

Mais quand ils eurent passé la frontière, ils ne craignirent plus de discourir sur l'affaire même de Lavalette.

Celui-ci raconta à Wilson comment sa femme était venue à bout de le sauver; comment son travestissement eut lieu en un clin d'œil, dans un moment où le geôlier venait de sortir de sa chambre pour faire une commission; la peur qu'il avait d'accrocher les plumes de son chapeau en passant les guichets; le risque qu'il avait couru d'être repris par la faute des porteurs qui s'étaient absentés; comment, ayant trouvé sur le quai le cabriolet d'un de ses amis, cet ami était descendu et lui avait adressé la parole en disant: « Madame, je vous offre mon cabriolet, vous irez plus vite; » comment, après y être monté, cet ami lui avait dit: « Otez vite votre douillette et votre chapeau de femme; mettez cette redingote, prenez cette perruque, etc., etc.; » comment enfin, après avoir couru dans Paris plus de deux heures pour faire perdre sa trace aux limiers de la police, il avait été se blottir dans la maison qui lui avait servi d'asile jusqu'à la veille de son départ.

Après ce récit, il ne craignit pas d'apprendre lui-même de Wilson s'il était vrai qu'on dût réellement le faire mourir, etc., etc.

Et il s'épuisa de nouveau en protestations de reconnaissance pour ses généreux amis. Quel autre nom aurait-il pu leur donner?

Ces entretiens les conduisirent jusqu'à Mons.

On ne leur demanda pas de passe-port; ils y restèrent ensemble quatre à cinq heures.

Avant de se séparer, Wilson, dont la sollicitude était inépuisable, prévoyant le cas où Lavalette serait arrêté dans sa route, lui donna pour S. M. le Roi de Prusse, dont il avait l'honneur d'être personnellement connu, une lettre dans laquelle il intéressait ce monarque en faveur de Lavalette. Cette lettre portait sur l'enveloppe le contre-seing du général Wilson, de sorte que si Lavalette eût été arrêté, il eût demandé à être conduit au Roi pour lui remettre sa dépêche. Wilson lui remit une autre lettre dans le même sens pour le ministre anglais à la résidence de.....

Lavalette embrassa encore Wilson, et se sépara de lui en lui jurant une reconnaissance éternelle.

Wilson est revenu par Maubeuge et Laon, et est rentré à Paris par la barrière Saint-Martin, le *mercredi soir* 10 *janvier*, après soixante heures d'absence.

MARINET ET LORD WELLINGTON.

14 mai 1819.

Dans la nuit du 10 au 11 février 1818, au moment où lord Wellington rentrait en son hôtel rue des Champs-Élysées, un coup de pistolet fut tiré, dit-on, sur sa voiture.

Les recherches les plus minutieuses ne purent faire découvrir aucune trace de la balle que le pistolet aurait dû contenir. Aussi vit-on l'un des journaux qui rendirent compte de cette affaire intituler constamment ses articles de la manière suivante : « Coup de pisto-
» let tiré, à balle *ou sans balle*, sur *ou auprès* la voi-
» ture du duc de Wellington. »

Une instruction judiciaire fut immédiatement commencée. Enfin les soupçons se portèrent sur un ancien soldat nommé *Cantillon*.

Quelques indiscrétions d'un sieur *Marinet*, ex-auditeur au Conseil d'État de l'Empire, qui s'était vanté auprès de lord *Kinnaird* d'avoir entendu parler d'un projet d'assassiner lord Wellington, éveillèrent aussi les soupçons sur lui ; et malgré sa qualité de *révélateur*, il fut arrêté et mis en jugement avec *Cantillon*.

L'un et l'autre comparurent devant la cour d'assises le 10 mai 1819.

Comme le gouvernement français attachait une grande importance à prouver à l'Europe qu'on n'avait négligé aucun moyen de punir l'attentat dont on croyait que le noble duc avait été l'objet, on donna beaucoup de solennité aux débats, et on fit entendre un grand nombre de témoins dont quelques-uns étaient venus exprès de la Belgique.

Plusieurs ambassadeurs et généraux étrangers suivaient assidûment les débats. L'affaire dura cinq audiences.

Bref, Marinet et Cantillon furent acquittés, et le ministère usa envers Marinet d'une courtoisie telle, que deux passe-ports lui furent offerts, audience tenante, par M. l'avocat général, selon qu'il voudrait retourner en Belgique, ou aller de suite rejoindre sa famille.

Le ton de la plaidoirie avait été, en général, épigrammatique, et le *Constitutionnel* du 12 mai, en rapportant cette phrase de ma réplique : « Je n'attaque » point la loyauté du noble duc, et je n'examine point » *comment il observe les capitulations,* » a parfaitement deviné ma pensée et rendu celle du public en disant que, « à la manière ironique dont M. Dupin prononça » cette phrase, on crut remarquer que le défenseur » du maréchal Ney avait gardé rancune à lord Wel- » lington. » — Rien de plus vrai.

Aujourd'hui nous sommes alliés avec l'Angleterre dans un but également avoué par la justice et par la politique. Puisse cette alliance, scellée sur les champs de bataille de l'Alma et d'Inkermann par la perte du sang le plus généreux mêlé à celui des Barbares refoulés et vaincus, demeurer toujours ferme, et devenir permanente dans l'intérêt de la civilisation et de la liberté ! — Mais en 1815 et 1816, ces sentiments n'avaient pas cours dans les cœurs français : Paris occupé militairement, dépouillé de ses trophées, humilié par la présence d'un vainqueur nommé *maréchal de France* pour avoir envahi la France à la tête des armées étrangères ; Paris n'était nullement admirateur de lord Wellington, et l'on ne doit pas être surpris que l'opinion publique ait pris parti pour les prévenus dans un procès où le sérieux de l'accusation fut remplacé par le ridicule des incidents et le néant du résultat.

En Angleterre, les journaux de l'opposition traduisirent de leur côté les anecdotes du procès, et en amusèrent quelque temps le public des Trois-Royaumes. La caricature même s'en empara.

Ce qu'il y a d'assez remarquable, c'est que Napoléon, qui avait eu connaissance de cette affaire par les journaux, a légué, par son testament, une somme de 10,000 francs à Cantillon en termes qui prouvent, au surplus, jusqu'à quel point il avait été aigri par les mauvais traitements de la geôle anglaise de Sainte-Hélène, et par les complots dont il disait lui-même avoir été l'objet.

LE DUC DE ROVIGO.

Arrêt du 27 décembre 1819.

Le procès du lieutenant général Savary, duc de Rovigo, a été recueilli et imprimé en 1820, avec cette épigraphe qui mérite d'être méditée : « En pareil cas » en usent bien sagement ceux qui laissent *faire l'en-* » *trée* aux autres, et se présentent en seconde ligne » pour se justifier, parce que les dernières accusations » sont toujours plus douces et plus mollement pour- » suivies. — » (Ayrault, *De l'ordre, formalité et pratique judiciaire*, livre III, n° 31.)

Le duc de Rovigo, inscrit sur la liste du 24 juillet 1815, avait été traduit devant un conseil de guerre comme *accusé du crime de trahison, et d'avoir pris part au complot qui, en* 1815, *avait ramené Napoléon en France.*

Mais l'accusé avait prudemment fait défaut, il était *contumax* : et bien lui en avait pris, car un jugement du 24 décembre 1816 l'avait condamné *à mort* à l'unanimité.

Labédoyère, Ney, les frères Faucher, ceux enfin qui, pour me servir de l'expression d'Ayrault, avaient *fait l'entrée aux autres,* tous avaient succombé. Mais en 1819 la réaction avait un peu cédé, et il y avait quelque espoir que le duc de Rovigo se présentant *en seconde ligne pour se justifier*, l'accusation cette fois serait *plus douce et plus mollement poursuivie.*

Il se hasarda donc à revenir en France pour y réclamer jugement. Il fut constitué prisonnier à l'Abbaye. Sa famille m'ayant proposé de le défendre, je me rendis aussitôt à sa prison, où je trouvai le comte Jules de Polignac et le général Sébastiani, qui dans tout le cours du procès n'ont pas cessé l'un et l'autre de lui marquer un grand intérêt.

L'affaire fut portée devant le conseil de guerre le 27 décembre 1819.

Après la lecture des pièces et l'audition des témoins, le duc de Rovigo prononça un petit discours dans lequel il exprimait sa confiance dans l'équité de ses juges, et qu'il terminait par ces mots : « Je sollicite » de votre bonté, messieurs, d'entendre l'honorable » orateur qui a bien voulu me prêter l'appui de son » ministère dans une position où l'homme le plus ras- » suré par sa conscience ne doit point s'en rapporter » à lui-même [1]. Je l'ai chargé spécialement de vous

[1] Le duc traduisait, sans s'en douter, Tacite, qui, parlant du

» rendre compte de la conduite que j'ai tenue pendant
» mon exil. »

M. le chef de bataillon Chambeau ayant soutenu l'accusation, je lui répondis. Mon plaidoyer imprimé avec le *procès* a aussi été reproduit dans les *Annales du Barreau français*, tome X, page 3.

Les juges se retirèrent ensuite pour délibérer, et le résultat de leur jugement fut que le duc, qui trois ans auparavant avait été *condamné à mort à l'unanimité*, fut cette fois *acquitté à l'unanimité*.

Il fut mis sur-le-champ en liberté, et suivant la remarque de l'éditeur du procès, imprimé chez Baudoüin : « Les mêmes soldats qui avaient été commandés
» pour répondre de sa personne avant son jugement,
» (et peut-être pour le fusiller après, s'il avait été con-
» damné), lui ont aussitôt après son acquittement
» rendu les honneurs militaires dus au rang éminent
» qu'il occupait dans l'armée. »

Le duc de Rovigo était inscrit le dernier sur la liste dont le maréchal Ney formait la tête; ce rapprochement m'inspira un vœu que j'exprimai ainsi dans ma péroraison : « Quant à moi, messieurs, puisque la Pro-
» vidence a permis que je défendisse le premier et le
» dernier des noms inscrits sur une liste fatale, puisse
» la voix unanime qui acquittera celui-ci consoler les
» mânes de l'autre! Puissé-je voir aujourd'hui *le terme*
» *de tant de funestes procès*, et désormais n'avoir plus
» occasion de prêter le secours de ma toge à ces braves
» qui pendant si longtemps prêtèrent à la patrie l'hé-
» roïque appui de leur vaillante épée! »

trouble que doit naturellement éprouver un accusé réduit à se défendre lui-même, s'exprime ainsi : *proprio in metu qui exercitam quoque debilitat eloquentiam.*

LE LIEUTENANT GÉNÉRAL GILLY.

Février 1820.

Après le duc de Rovigo devait être jugé le lieutenant général comte Gilly. Condamné à mort par contumace par jugement du conseil de guerre de la 1re division militaire, siégeant à Paris, le 25 juin 1816 [1], il attendit jusqu'en 1820 pour purger sa contumace et venir se constituer prisonnier à l'Abbaye.

Déjà M. Viotti, capitaine rapporteur, avait procédé à son interrogatoire, et l'on allait convoquer le conseil de guerre, lorsque madame la comtesse Gilly obtint de M. de Latour-Maubourg, ministre de la guerre, une audience où il lui serait permis de se faire accompagner par M. Dupin, conseil du général Gilly. — J'accompagnai en effet madame Gilly chez le ministre, et là, j'essayai de démontrer à Son Excellence qu'aucune charge n'existant véritablement contre l'accusé, il serait impolitique de le juger, puisque ce serait préparer une défaite certaine à l'autorité si elle persistait à poursuivre un homme qu'elle ne pourrait pas faire condamner.

[1] Le rapporteur de ce premier conseil de guerre faisait valoir la raison suivante : « S'il ne s'était pas cru coupable, le général » Gilly ne se serait pas soustrait par la fuite à l'action de la loi. » — Le brave rapporteur ignorait ce mot du président de Harlay : « Si l'on m'accusait d'avoir volé les tours de Notre-» Dame, je commencerais par me sauver. » — Dans les accusations politiques, le tout est de gagner du temps. — Condamné à mort en 1816, dans le feu de la réaction, Gilly ne fut pas même jugé en 1820, quand les temps étaient devenus meilleurs.

Le ministre répondit gravement qu'il n'entreprendrait pas de discuter l'accusation ; mais que l'affaire étant renvoyée au conseil de guerre, le cours de la justice ne pouvait pas être interrompu. Grande maxime!

Je répliquai, et tout en convenant que cela était vrai en thèse générale lorsqu'il s'agissait de délits ordinaires, je dis que cela n'était pas vrai au même degré quand il s'agissait de délits *politiques;* qu'en effet le gouvernement ne poursuivant ces derniers délits que dans l'intérêt de sa politique, il était toujours le maître d'arrêter les poursuites s'il estimait que sa politique avait plus à perdre qu'à gagner dans telle ou telle accusation. Or, lui dis-je, si vous voulez bien m'entendre dans ce qui me reste à vous dire, vous verrez vous-même s'il est de l'intérêt du gouvernement de laisser plaider en public des faits tels que ceux-ci....

Et alors, reprenant l'affaire du Pont-Saint-Esprit, je lui montrai le duc d'Angoulême, à la tête de troupes régulières, ayant pris de si mauvaises dispositions qu'il s'était laissé battre par le général Gilly suivi seulement de quelques paysans. Je lui racontai comment S. A. R., ainsi vaincue et prisonnière de guerre du général Gilly, avait subi une *capitulation* dont les termes attestaient sa défaite et son humiliation,... en même temps que la protection que le général Gilly avait accordée à sa personne pour assurer sa retraite hors de France. — Et je le priai de vouloir bien considérer si ces faits ne feraient pas plus de tort au duc d'Angoulême qu'au général Gilly. Et comme il révoquait en doute l'existence de la *capitulation*, je lui dis que l'*original* était dans mon dossier et que j'en donnerais lecture à l'audience. — Il se tut, et j'ajoutai encore que le général

Gilly s'était montré plein d'égards envers son auguste prisonnier, et qu'il avait assuré sa retraite en le dirigeant vers le général Grouchy, qui avait ensuite (de l'aveu du gouvernement) favorisé son embarquement.

Or le général Grouchy, qui était aussi sur la liste du 24 juillet 1815, et contre lequel on avait commencé des poursuites, bientôt après abandonnées, avait été rétabli dans tous ses droits et honneurs par ordonnance royale du 24 novembre 1819. — N'y avait-il pas mêmes motifs pour en user ainsi envers le général Gilly, son subordonné ?

Ce fut alors comme dans les *Plaideurs : Redites votre affaire.* M. le ministre de la guerre me dit : Rédigez ce que vous venez de me dire en forme de Mémoire, et je le soumettrai au conseil des ministres.

Je me hâtai de rédiger ce mémoire, qui fut remis le 9 février par madame Gilly à M. le ministre de la guerre. — Et deux jours après, à la date du 11 février 1820, une ordonnance du Roi, arrêtée en conseil des ministres et sollicitée par M. le Dauphin lui-même, mettait fin aux poursuites et réintégrait le général Gilly dans ses grades et honneurs.

Mais l'ordonnance n'était pas encore expédiée ; Gilly était toujours en prison, et un désir futile en soi, naturel cependant, le désir qu'avait le général Gilly d'être rendu à la liberté le samedi 12 pour faire les *jours gras* avec sa famille, fit qu'il m'engagea à faire des démarches actives pour obtenir son élargissement immédiat. Je me hâtai d'aller à la chancellerie pour en parler à M. le garde des sceaux, ministre de la justice.

Ce ministre était M. Siméon. J'avais l'honneur de le connaître. Il me reçut immédiatement. Je lui exposai le sujet de ma visite et mon motif d'urgence. Il s'agit d'une grâce, lui dis-je, vous en êtes le ministre, et vous ne voudrez pas en différer l'effet.

L'ordonnance, quoique arrêtée en conseil, n'était pas encore rédigée ; mais M. Siméon était bon et complaisant. J'avais présente la date de l'ordonnance qui avait libéré le général Grouchy, sous les ordres duquel était placé le général Gilly : il s'agissait d'une mesure toute semblable. Nous ouvrîmes le *Bulletin des lois*, et M. Siméon eut la bonté de rédiger de sa main une ordonnance toute semblable pour le général Gilly. Il me promit de la faire signer et expédier.

Effectivement, M. Siméon avait envoyé cette ordonnance à M. Decazes pour la faire signer au Roi; mais le lendemain 12 le général Gilly était encore en prison.

J'allai chez M. Decazes le 13 au matin : il était au bain. Je lui fis passer une note ; il me répondit par un billet que l'ordonnance avait été envoyée au ministre de la guerre, qui avait autorisé la mise en liberté, et que l'ordonnance serait le lendemain au *Moniteur*.

L'aide de camp du général Gilly courut au ministère de la guerre, et enfin le 13, vers quatre heures du soir, le général Gilly fut mis en liberté.

Hélas! il était temps : car le soir même, à onze heures, au sortir de l'Opéra, eut lieu l'horrible assassinat de l'infortuné duc de Berry !....

La fureur des partis allait se ranimer, probablement l'ordonnance du général Gilly n'eût pas reçu sa dernière forme, peut-être même eût-il été sacrifié !...

Le fait suivant, qui devait trouver place dans la défense du général Gilly, m'a paru digne d'être légué au souvenir de l'histoire ; j'ai écrit cette narration pour ainsi dire sous sa dictée :

« Le général Gilly est né dans le département du Gard ; il est catholique, et toutefois lorsque la réaction de 1815 éclata, l'humanité des protestants lui était tellement connue qu'il n'hésita pas à demander asile à l'un d'eux. Il fut reçu dans la chaumière d'un paysan de Topezargue, dans le canton d'Anduze. Cet homme s'appelle Perrier, son nom mérite de passer à la postérité. Il est manœuvre, et n'a d'autre moyen d'existence que son travail journalier. Le général Gilly est accueilli dans cette famille ; on ne lui demande pas son nom : il suffit de ses malheurs et du péril auquel il est exposé. On convient qu'il se déguisera, qu'il passera dans le voisinage pour un cousin de Perrier.

» Le général était depuis plusieurs mois dans cette retraite, non sans éprouver de temps à autre de vives alarmes, à raison des patrouilles armées qui parcouraient les campagnes et qui se permettaient, chez les protestants surtout, de rigoureuses visites domiciliaires. Souvent, au milieu des nuits, il était forcé de se lever précipitamment et de chercher un refuge dans les champs, à demi vêtu, caché dans les blés ou abrité derrière un buisson.

» Cet état continuel d'angoisses lui arrachait parfois des plaintes sur son sort. Un jour Perrier, revenant de la petite ville d'Anduze, entreprit de consoler son hôte et de lui rendre du courage : « Plaignez-vous, lui dit-il, vous êtes bien heureux en comparaison de ces pauvres gens dont j'ai ce matin entendu crier la tête comme si c'était une denrée du marché : M. Brière, un de nos ministres, à 2,400 francs ; M. Bresse, ancien maire, à 2,400 francs ; le général Gilly, à 10,000 francs. » — « Comment, reprit vivement celui-ci ! » — « Eh ! sans doute, » repartit le paysan.

» Qu'on juge de la position du général ! Cependant il essaie de déguiser son émotion ; et pour donner le change au pauvre Perrier, dont il avait l'injustice de soupçonner la fidélité, il a l'air de réfléchir un instant, puis il lui dit : « Je suis las de la vie que je mène ; je veux en finir. Toi-même, tu es pauvre et tu dois désirer de gagner de l'argent. Je connais le général Gilly, je sais où il est caché ; allons le dénoncer : pour récompense, je demanderai ma liberté, et tu auras pour toi les 10,000 francs. »

» A ces mots, Perrier reste comme anéanti, sans pouvoir proférer une parole ; mais tout à coup son fils aîné, jeune homme de vingt-sept ans, qui avait servi dans le 47e régiment de ligne, et qui jusque-là avait écouté tranquillement la conversation, assis au coin du feu, se lève précipitamment, et dit au général d'une voix menaçante, dans un langage dont nous sommes forcé d'affaiblir l'énergie : « Monsieur, jusqu'à présent nous avions cru que vous étiez un honnête homme ; mais puisque vous êtes un de ces misérables dénonciateurs qui veulent la mort de leur prochain, vous voyez bien cette porte : retirez-vous, ou je vous jette à l'instant par la fenêtre. » Le général Gilly se défend de sortir ; il insiste, il veut expliquer ses intentions. Mais le soldat, au lieu d'entrer en explications, porte sur le général un bras vigoureux et se dispose à exécuter ses menaces. Alors le général, voyant le danger qui le presse, s'écrie : « Eh bien, c'est moi qui suis le général Gilly ! »

» On essaierait en vain de peindre les transports que ces mots firent éclater dans toute la famille Perrier. Le soldat saute au cou du général pour l'embrasser; le père, la mère, les plus jeunes enfants l'entourent, baisent ses mains et ses vêtements. Tous lui protestent, lui jurent qu'il est en sûreté, qu'il n'a qu'à rester avec eux, qu'il sera bien caché, qu'on les tuerait plutôt que d'avoir leur secret.

» Le général est encore resté quelque temps chez ces braves gens; et ce qui mérite d'être remarqué à leur louange, c'est que malgré leur pauvreté, lorsque le général est sorti de chez eux, il lui a été impossible de leur faire accepter aucune indemnité pour les soins qu'ils avaient pris de lui et la dépense qu'il leur avait causée. Ce n'est que longtemps après qu'il est parvenu à les décider à profiter de ses bienfaits. »

Leur plus précieuse récompense eût sans doute été d'apprendre qu'ils n'avaient point obligé un ingrat; que le général conservait pour eux une vive reconnaissance, et qu'il n'avait pas cru devoir la leur témoigner d'une manière plus éclatante qu'en chargeant son avocat de porter leur noble conduite à la connaissance de ses juges et de la France entière.

LE GÉNÉRAL PORET DE MORVAN.

Février 1816.

Le général Poret de Morvan fut arrêté le 18 janvier 1816, et conduit à la prison militaire de l'Abbaye comme prévenu « d'avoir soulevé l'ex-garde contre le roi. »

Mais six jours auparavant était intervenue la loi d'amnistie du 12 janvier.

D'après l'article 5, « l'amnistie n'était pas appli-
» cable aux personnes contre lesquelles des pour-
» suites avaient été dirigées *avant* la promulgation de
» cette loi. »

Le général Poret de Morvan était-il dans ce cas? Oui, si des poursuites avaient été dirigées contre lui à temps utile. Là était toute la question, sur laquelle je fus consulté avec MM. Billecocq, Tripier, Delacroix-Frainville. Je rédigeai la consultation (14 février 1816).

Nous reconnûmes en fait qu'aucun acte auquel pût s'appliquer le mot juridique de *poursuites*, n'avait été dirigé à temps utile contre le général Poret de Morvan; que par conséquent, en droit, c'était à tort qu'on l'avait arrêté le 18, et qu'ainsi il devait être mis en liberté.

Armée de cette consultation, la sœur du général, madame Esnou de Saint-Céran, multiplia les démarches les plus pénibles, soit auprès du ministre de la guerre, soit auprès du général Despinois, gouverneur de la première division militaire, et elle fit les plus généreux efforts pour fléchir l'autorité militaire, qui voulait à toute force faire juger le général.

Mais elle ne put réussir ; le ministre de la guerre lui fit cette réponse foudroyante : « Madame, votre frère sera conduit à Strasbourg et y aura le sort de Ney et de Labédoyère. » Et le 8 février, l'ordre fut en effet donné de conduire le général sous escorte de gendarmerie à Strasbourg, pour y être jugé par un conseil de guerre.

Après le rôle de la sœur va commencer celui de l'épouse fidèle et dévouée. Laissons parler les auteurs de la *Biographie nouvelle des contemporains*, à l'article Poret de Morvan :

« . . . . Il partit en effet le 18 mars, sous la conduite d'un brigadier de gendarmerie, qui avait ordre de requérir au besoin la gendarmerie et même la garde nationale des endroits où il passerait. Madame Poret de Morvan rejoignit son mari au delà de Troyes et tâcha de lui persuader de s'évader, en lui indiquant Joinville et Neufchâteau comme lieux propres à favoriser son évasion. Le général refuse d'abord ; son épouse insiste, presse ; enfin il cède. On n'était plus qu'à quatre journées de Strasbourg. Madame de Morvan ne s'occupa plus que des moyens d'exécuter son projet ; et malgré les difficultés sans nombre qu'elle avait à surmonter, malgré la surveillance active du brigadier, qui à chaque gîte faisait dresser son lit dans la chambre même occupée par le général et son épouse, elle parvint à intéresser en sa faveur assez de personnes pour en assurer la réussite. L'évasion du baron Poret de Morvan eut lieu en effet à Sainte-Marie-aux-Mines. Madame Poret de Morvan avait recueilli avec soin tous les indices nécessaires sur l'auberge où ils étaient logés, et son mari avait pu d'un coup d'œil reconnaître lui-même les localités. Profitant du moment où le gardien sort, à l'issue du dîner, pour appeler le factionnaire qu'il doit placer à la porte de sa chambre, madame Poret de Morvan rouvre doucement cette porte et fait sortir son mari. Le général, à la faveur de l'obscurité, traverse un corridor, plusieurs cours, entre dans un jardin bordé d'une palissade, qu'il franchit, et trouve un guide qui l'attendait pour diriger sa fuite à travers les montagnes. Dès que le brigadier s'aperçut de l'absence du général, il entra en fureur et tira même son sabre pour en frapper la femme courageuse qui avait trompé sa surveillance. Madame de Morvan brave sa colère, heureuse d'avoir sauvé son mari. Elle déclare aux agents de l'autorité qu'elle était seule auteur de l'évasion du prisonnier, et que le brigadier y était tout à fait étranger. Après une surveillance de quarante-huit heures par un gendarme, elle fut mise en liberté; et le brigadier, arrêté, subit trois mois de prison, pendant lesquels madame Poret de Morvan lui fit passer des secours. Son mari avait traversé le Rhin à la nage; à une lieue au-dessus du Rhin, il fut arrêté dans le duché de Bade et réclamé par le gouvernement français; mais ayant été introduit près du grand-duc, ce prince le reçut bien et le fit conduire sur les confins de la Bavière, à Gros-Vertheim, d'où il se rendit à Munich, non sans avoir éprouvé les plus grandes difficultés. Le prince Eugène lui témoigna un vif intérêt, et obtint du roi de Bavière que le général demeurerait à Eichstadt en changeant de nom. »

LE GÉNÉRAL TRAVOT.

Janvier 1816.

Le général Travot avait pris part aux guerres de la Vendée, soit sous les ordres du général Hoche, soit sous ceux du général Lamarque. Chargé par le général Hoche de poursuivre le fameux Charette, il l'atteignit à la Chabottière, en Poitou, et le fit prisonnier le 22 mars 1796. Mais s'il avait dû combattre et vaincre, le général Travot s'était constamment montré humain, généreux et pacificateur. Il en avait reçu plusieurs fois le témoignage, et notamment celui de Charette.

Après la première Restauration, en 1814, le général Travot s'était retiré dans son département. Pendant les cent-jours, en 1815, il eut un commandement dans la Vendée, y fit une proclamation pour engager les habitants à ne pas prendre les armes, et livra quelques combats aux troupes que commandait le marquis de la Rochejaquelein ; mais on lui a rendu ce témoignage, « qu'il s'acquitta de sa mission difficile plus encore en pacificateur qu'en guerrier [1]. »

Après la seconde Restauration, son nom ne fut point porté sur les listes publiées par l'ordonnance du 24 juillet 1815, et celui de son général en chef, Lamarque, n'était inscrit que sur la seconde liste des trente-huit destinés à l'exil plus qu'au jugement. Il croyait qu'on ne pouvait réserver à celui qui recevait des ordres un sort pire qu'au chef supérieur qui les avait

[1] Biographie de Jay et Jouy, article Travot.

donnés. D'ailleurs, aux termes mêmes de l'ordonnance du 24 juillet, les listes étaient définitivement closes.

La *loi d'amnistie* qui venait d'être votée le 12 janvier 1816, semblait mettre le dernier sceau à la sincérité de cette déclaration; mais par un raffinement inouï de perfidie réactionnaire, *la veille de la promulgation* de cette loi, et afin de lui en ravir le bénéfice, le télégraphe transmit de la part du ministre de la guerre, au conseil militaire siégeant à Rennes, l'ordre de commencer immédiatement des poursuites contre le général Travot, et, à cet effet, de faire entendre, s'il se pouvait, un témoin à l'instant même. C'était le moyen de rendre inapplicables au général les dispositions de cette même loi, dont l'article 5 accordait une amnistie à tous les individus *contre lesquels il n'y aurait point de poursuites commencées au jour de sa promulgation.*

Le général Travot fut aussitôt constitué prisonnier, et on se mit en devoir de commencer l'instruction. Cependant un premier témoin ne put être ni si vite trouvé ni si vite entendu que l'aurait désiré le ministre, et les poursuites ne purent être commencées dans la journée où la dépêche télégraphique était arrivée. Mais on y suppléa en considérant *l'ordre télégraphique lui-même comme un commencement légal de poursuites,* qui devaient continuer d'avoir leur cours.

Madame la baronne Travot accourut à Paris. Il faut la mettre au rang de ces épouses courageuses dont nos discordes civiles et les malheurs publics ont exalté le courage et le vertueux dévouement. Elle vint me consulter. Je m'adjoignis M. Billecocq, qui avait déjà délibéré et signé la consultation Poret de Morvan dans une question analogue. Nous fûmes fermement d'avis que le général Travot était couvert par la loi d'amnistie ; que c'était un abus de pouvoir du ministre de la guerre d'avoir cherché à enlever au général le bénéfice de cette loi par l'emploi du télégraphe, en vue de devancer la date de la promulgation. Cette consultation s'appuyait encore avec confiance sur une circulaire du ministre de la justice, explicative de la loi d'amnistie, qui déclarait que « la détention même ne constituait » pas le commencement de poursuites tel que l'enten- » dait l'article 5 de cette loi. »

Mais le conseil de guerre passa outre et voulut procéder au jugement. La *Biographie des contemporains* par MM. Arnault, Jay et Jouy, rend ainsi compte de la suite de ce déplorable procès : — « Le général Travot récusa le général vendéen qui présidait le conseil de guerre, « *comme ayant combattu contre lui et comme* » *étant son ennemi personnel.* » Le conseil se déclara compétent, et le président prononça lui-même négativement sur la récusation portée contre lui comme juge. — Un délai de quelques jours fut sollicité par les défenseurs de l'accusé; le conseil passa encore outre, prononça son arrêt, et le général fut condamné à mort.

» Parmi les délits imputés au général, il y en avait un surtout de remarquable et jusqu'alors inconnu dans les fastes de la jurisprudence criminelle : « *La* » *modération,* est-il dit dans le réquisitoire, *la modé-* » *ration ne fut pas une des armes les moins redou-* » *tables entre ses mains; la clémence elle-même fut* » *un de ses moyens de succès.* » Le général Travot se pourvut en révision contre l'arrêt qui le condamnait à mourir de la mort des traîtres. Les moyens de cassation parurent nombreux à ses défenseurs; cependant comme une partie de ces moyens n'avait point prévalu dans la première plaidoirie, ce fut un devoir pour les avocats de les rassembler de nouveau, de les développer tous, de les corroborer d'arguments puisés dans les lois, dans la Charte, dans les meilleurs criminalistes, enfin de faire un dernier effort pour démontrer l'évidence et pour obtenir la révision du jugement. Ils remplirent ce devoir avec une supériorité de talent et avec un dévouement qui honore le barreau de Rennes. Des mémoires en faveur du condamné furent signés par treize avocats de ce barreau, qui s'était déjà offert presque en entier pour défendre le général Travot. Leur Précis arrachait des larmes d'attendrissement aux lecteurs. On leur répondit que des juges militaires, étrangers aux débats de la chicane, ne se laissaient point éblouir; qu'on avait accordé aux défenseurs une latitude *immense, indéfinie, illimitée;* et qu'on voulait bien considérer comme *excusable peut-être l'abus qu'ils avaient fait du droit de défense.* Cependant la *consultation,* les *observations* et le *Précis* furent dénoncés par le général président du premier conseil au garde des sceaux et au ministre de la police. On ne jugea point à propos de sévir contre les avocats, malgré cette dénonciation. Il eût été nouveau en effet de simplifier ainsi les procès criminels, en envoyant les avocats rejoindre les clients qu'ils n'auraient pas sauvés. L'arrêt fut confirmé par le conseil de révision. Mais S. M. Louis XVIII accorda des lettres de grâce, dans lesquelles il est dit: « Nous avons reconnu que certaines considérations provoquent notre indulgence; » et la peine de mort fut commuée en vingt années de prison! Le général Travot, qui avait tant de fois bravé la mort avec intrépidité sur les champs de bataille, fut accablé de l'idée d'une captivité de vingt ans; il était alors presque sexagénaire, sa raison s'aliéna entièrement, et on le conduisit en cet état au château de Ham, ne voulant pas le laisser en Bretagne. Madame la baronne Travot, qui n'avait pas quitté son illustre et malheureux époux dans les cachots, l'accompagna au château de Ham, et vint ensuite à Paris pour y solliciter la liberté de son mari. L'histoire contemporaine doit un juste tribut d'éloges au dévouement de cette courageuse épouse. Il est cruel d'ajouter qu'elle ne fut point récompensée. S. A. R. le duc d'Angoulême, qui s'est honoré par tant de bonnes et glorieuses actions, plaida la cause du malheur; grâce à la généreuse intervention de ce prince, les fers du général Travot furent brisés après une captivité de deux ans, et il fut rendu aux soins de sa famille; mais le coup était porté : sa raison ne revint pas, et il languit encore dans une maison de santé, où il acheva sa glorieuse et déplorable vie. »

Le pénible souvenir de cette triste accusation pesait encore sur moi lorsque, en 1822, je publiai mes *Observations sur plusieurs points importants de notre législation criminelle.* Parmi ces observations, qui n'étaient autres, pour la plupart, que le résultat de mes remarques et de mon expérience dans les différentes accusations politiques contre lesquelles j'avais eu à défendre mes clients, j'ai inséré un chapitre spécial, auquel j'ai donné pour titre :

Télégraphes officiers de police judiciaire.

« Devait-on s'attendre, disais-je, à voir les télégraphes figurer dans les affaires criminelles?

» On s'en est servi comme des muets du sérail pour porter des ordres de mort [1]. C'était la réponse à des recours en grâce. Il importait donc bien aux ministres d'aller vite en besogne! Elle était donc mise en oubli, cette belle maxime, que le retard apporté à la mort d'un homme n'est jamais trop long :

Nulla unquam de morte hominis cunctatio longa est.

» Mais on s'est servi des télégraphes pour des actes encore plus odieux. On a vu ces géants silencieux transformés en *officiers de police judiciaire,* et dans quelle occasion!

» Une loi venait d'accorder une *amnistie :* une seule restriction y était apportée pour les cas où des poursuites auraient déjà été commencées... A peine la loi est rendue qu'un ministre qui devait en être l'exécuteur travaille à en diminuer les salutaires effets. Un brave gémit en prison à cent lieues de la capitale; la loi vient de briser ses fers; mais cette loi n'arrivera sur les lieux que dans quelques jours; on veut la devancer : le télégraphe marche et va porter rapidement l'ordre homicide de commencer de suite l'instruction et d'entendre au moins un témoin!... On sait le reste. »

Cette affaire m'a laissé un souvenir plus consolant. La veuve du général Travot m'a donné un exemplaire de la lithographie de son époux, avec cette inscription au bas : *A M. Dupin, avocat, la famille du général Travot reconnaissante.* — Cette gravure est dans mon cabinet de Raffigny, en regard de celle du général Daumesnil, qui m'a aussi été donnée par sa famille avec une mention toute semblable.

[1] Dans le département du Rhône. Voyez *Lyon en* 1817.

LE GÉNÉRAL ALLIX.

1818.

Le général Allix est le seul de mes clients politiques dont j'ai eu à me plaindre. Il s'est montré à mon égard injuste et maussade au suprême degré : cela ne m'a pas empêché de le défendre autant que je l'ai pu. Je savais qu'il était mauvaise tête et d'un caractère bizarre ; de plus, il était aigri par le malheur.

Normand d'origine, il était venu se marier dans la Nièvre à l'héritière du château de Bazarne, arrondissement de Clamecy, et s'y était fixé. Cette circonstance m'avait mis en rapport avec lui.

Compris dans l'article 2 de l'ordonnance du 24 juillet, il est un de ceux pour lesquels je rédigeai, en forme de *Mémoire* adressé aux ministres, des *Observations* tendantes à établir l'illégalité d'une mesure qui condamnait à l'exil des citoyens sans défense et sans jugement (voyez p. 29).

Forcé de s'éloigner de France ; obligé, comme tous les exilés de cette époque, de se réfugier d'un lieu dans un autre, au gré des ombrages et des caprices de chaque gouvernement, il écrivait lettres sur lettres, et s'irritait de ne pas recevoir de réponse ; mais où lui adresser ces réponses ? Dans les lettres que j'avais reçues de lui, il n'y en avait pas deux qui fussent datées du même lieu, et la dernière portait en tête ces mots douloureux : *Sans asile en Allemagne.*

J'avais fait maintes démarches pour obtenir son rappel ; on me disait toujours d'attendre ; je tenais un

Mémoire tout prêt, mais le ministre auquel je le communiquai me recommanda surtout de ne faire aucun éclat. Cependant l'impatience du général Allix ne s'accommodait pas de ces délais; il ne trouva rien de plus naturel que de me dénoncer par une lettre qu'il fit insérer dans la *Bibliothèque historique* (2e volume, 3e cahier), prétendant que *j'avais déserté sa cause!* — Je lui répondis par une lettre insérée dans *la Minerve*, nº 12, qu'il était mal informé, et que je n'avais temporisé que dans *son intérêt.* — Il insista [1], et alors je livrai à l'impression son Mémoire, à la date du 18 mai 1818.

Les journaux, qui avaient vu avec peine l'injuste polémique engagée contre moi par M. Allix au moment même où je ne cessais d'agir pour lui, rendirent compte de l'écrit que je venais de publier pour sa défense; et le *Journal du commerce* du 29 mai 1818, comme s'il eût eu à cœur de me venger d'un mauvais procédé, en parlait en ces termes :

« Ce Mémoire de M. Dupin, où l'on remarque une logique serrée, une mesure parfaite et les sentiments d'une âme élevée, n'ajoutera rien à la réputation déjà si bien fondée de ce célèbre avocat; mais ce sera du moins une nouvelle preuve de son empressement à offrir à l'infortune l'appui de son talent et à remplir avec dignité tous les devoirs de sa profession. »

Le général Allix a été rappelé par ordonnance royale

[1] En vrai Normand, il prétendait surtout que l'ordonnance du 24 juillet ne s'appliquait pas à sa personne, parce que son nom était *Allix* avec deux ll et non pas *Alix* avec une seule. Or, disait-il, *Alix* n'est pas plus *Allix*, que *poison* n'est *poisson*. — Il invoquait même comme exemple un procès dans lequel on avait ainsi jugé. Heureusement il y avait, au fond, de meilleurs motifs à faire valoir, et ils ont fini par l'emporter.

du 12 décembre 1818. Mais, rentré dans la Nièvre, son esprit querelleur et tracassier lui a suscité plusieurs affaires désagréables, suivies de décisions judiciaires, qui nuisirent à sa considération, et firent disparaître l'intérêt qu'on avait porté au malheur de l'exilé.

CARNOT.

Septembre 1815.

Carnot était du nombre des généraux qui, aux termes de l'article 2 de l'ordonnance du 24 juillet 1815, « avaient dû sortir dans trois jours de la ville de Paris et se retirer dans l'intérieur de la France aux lieux qui leur seraient indiqués, pour y rester *en surveillance* en attendant que les chambres statuassent sur ceux d'entre eux qui devraient ou sortir du royaume ou être *livrés à la poursuite des tribunaux.* »

Carnot avait été le collègue et l'ami de mon père. Mon frère Charles et moi nous avions entretenu des rapports d'amitié avec lui. Il avait montré à Charles une bienveillance particulière dans la direction de ses études mathématiques et encouragé ses premiers pas dans la carrière. Charles, plein de reconnaissance et de dévouement pour celui qu'il avait toujours révéré comme l'un de ses maîtres, avait préparé pour sa défense un Mémoire qu'il avait déjà livré à l'impression, au risque de ce qui pouvait en résulter pour lui-même, lorsque Carnot, touché de cette marque de dévouement, mais redoutant les conséquences qu'elle pourrait avoir pour son jeune ami, s'opposa formellement à cette publication. Elle aurait eu encore un autre danger. Charles était ancien élève de l'*École polytechnique*, école dont l'esprit s'était montré très-hostile à la seconde Restauration; et la défense de Carnot par un élève de cette école l'eût fait accuser d'avoir fanatisé cette jeunesse si brave et si patriote dans le sens de ses opinions.

Avocat, mon dévouement ne pouvait pas prêter aux mêmes objections. Je m'offris sans balancer pour défendre Carnot dans le cas où il serait accusé devant les tribunaux. Il agréa mes offres dans une lettre datée du 27 septembre 1815, de sa maison de campagne de Cernay (Côte-d'Or), où il s'était retiré.

En attendant, il avait fait paraître pour son apologie un Mémoire énergique où il retraçait avec fierté sa conduite et ses opinions. Il me l'avait communiqué, et j'y avais donné mon entière approbation.

On y avait surtout remarqué cette phrase :

« Ils (les Bourbons) devraient savoir que si c'est par » la grâce de Dieu que les rois règnent, c'est aussi par » sa grâce qu'ils cessent de régner. »

La sensation produite par ce Mémoire fut immense; mais elle avait aussi accru l'irritation contre lui : et quelque belle que pût être sa cause à défendre, je pensai mieux le servir en lui conseillant, puisqu'il était encore libre, de ne pas s'exposer à être jugé par ses ennemis. Je lui transmis ce que m'avait dit Cambacérès peu de temps auparavant : « Pendant la Révolution, » j'ai souvent été utile à des gens menacés, mais en » leur conseillant de se mettre à l'écart, et de ne pas » se fier à une *allégation d'innocence*, que, dans les » réactions politiques, les hommes violents *ne recon-* » *naissent jamais en leurs adversaires.* »

Carnot partagea cet avis : et pendant qu'il en était temps encore, il prit des passe-ports près d'une des puissances alliées, et se retira en Prusse, où il fut reçu avec distinction et traité honorablement.

Voici la lettre de Carnot :

« Cerny, 27 septembre 1815.

» Monsieur, — Le suffrage que vous accordez à ma nouvelle défense m'est d'autant plus agréable, qu'étant celui d'un esprit juste et éclairé, il me rassure infiniment sur la crainte que j'avais de l'effet qu'elle pourrait produire. Cependant je sentais qu'elle était indispensable pour établir la *vérité des faits*, sur lesquels on a cherché à égarer l'opinion publique. Je vous remercie beaucoup de l'offre que vous voulez bien me faire de vos bons offices pour me défendre en cas de besoin : je profiterai de votre bonne volonté et de vos talents, si j'en suis réduit à produire un Mémoire en règle devant les tribunaux ; bien persuadé que personne n'est plus en état que vous de faire ressortir mes moyens, et que nul autre n'y mettrait le même zèle.

» Agréez, Monsieur, l'assurance de mon sincère attachement.

» CARNOT. »

LES DEUX FRÈRES MONTAIN.

Février 1817.

Le docteur Montain aîné, médecin de l'Hôtel-Dieu de Lyon, avait été arrêté le 20 janvier 1816, et sept mois après condamné à cinq ans de détention et 2,000 francs d'amende « pour crime de *non-révélation* d'un » complot non accepté ni suivi de commencement » d'exécution, mais dont il était accusé d'avoir *en-* » *tendu parler chez un de ses malades!* »

Mis au secret dans les premiers moments de son arrestation, et plongé successivement dans divers cachots, il avait contracté dans les prisons de Lyon, qui sont fort malsaines, des maladies graves qui l'eussent prochainement conduit au trépas s'il y fût demeuré plus longtemps.

Ce danger ne pouvait échapper à la tendre sollicitude de M. Montain jeune, qui d'ailleurs, en sa qualité d'homme de l'art (il était aussi médecin), avait toutes les connaissances nécessaires pour apprécier les causes du mal, sa gravité et les suites funestes qu'il faisait pressentir.

Le pourvoi en cassation avait été rejeté ; le recours en commutation de peine n'avait pas été plus heureux; le prisonnier allait être transféré au château d'If, à Marseille. Mais ce nouveau séjour, loin de préparer quelque amélioration dans son sort, lui présageait au contraire une mort d'autant plus certaine que l'insalubrité du climat devait encore l'accélérer.

Dans cet état, Montain jeune obtint comme une faveur (c'en était une en effet) que son frère pourrait se faire transférer à ses frais à la prison de Sainte-Pélagie à Paris.

Montain jeune était uni à son frère par les liens de la plus étroite amitié ; les sentiments de la nature se trouvaient encore fortifiés par ceux de la reconnaissance ; il lui devait l'état honorable dont il était en possession ; ce frère avait été pour lui un second père.

Que de motifs pour désirer de lui rendre la liberté!

Montain jeune forma ce généreux dessein.

Il obtint la permission d'accompagner son frère dans le voyage de Lyon à Paris, et partit avec lui le 10 janvier 1817.

La surveillance des gendarmes était extrême : à chaque changement de brigade, ils prenaient exactement le signalement du prisonnier ; mais toute la vigilance de ces Argus ne put empêcher que sur la grande route, en plein midi, Montain jeune ne prît le costume fourré de son frère et ne réalisât l'heureux projet de donner le change à son escorte.

Avant de prendre la place de son frère, Montain jeune avait, autant que possible, affecté une tournure qui répondît au signalement de sa personne.

Je ne veux pas entrer ici dans les détails de ce déguisement ; il suffit de dire, pour la justification de ceux qui en furent dupes, que le changement était tel qu'ils ne purent le soupçonner ni s'en apercevoir.

On avait déjà couru plusieurs postes depuis que Montain jeune avait pris la place de son frère ; depuis longtemps les gendarmes se transmettaient les deux voyageurs dans l'opinion que M. Montain jeune était réellement le prisonnier sur lequel il fallait exclusivement veiller.

Arrivé à .....[1] vers le milieu du jour, le prétendu prisonnier demanda à descendre et à se reposer. Les gendarmes le suivirent à l'auberge, *et le gardèrent à vue dans sa chambre.*

Pendant ce temps, Montain aîné, qui était resté près de la chaise de poste sous prétexte de la faire remiser, s'évada, prit la route de Paris, et bientôt après celle des pays étrangers.

Cependant les gendarmes, qui croyaient toujours tenir leur homme, demandaient à Montain jeune où était allé son frère; il répondit qu'il était sans doute allé rendre une visite en ville.

Un orage affreux qui survint empêcha de repartir le soir même : les gendarmes, qui n'étaient chargés que du prisonnier qu'ils gardaient constamment à vue, ne s'occupèrent plus de l'absent; et le lendemain ils repartirent avec Montain jeune, croyant que son frère avait *pris les devants* pour préparer un logis.

Les changements de brigade ne tardèrent pas à mettre fin aux questions sur ce point. Montain jeune multiplia les haltes, les couchées, pour donner à son frère le temps de s'éloigner. Sur le point d'arriver à Paris, il lui eût été facile de s'évader lui-même; mais il aurait compromis les deux gendarmes préposés à sa garde, et cette pensée l'empêcha de se sauver, comme elle l'a empêché de déclarer en quel lieu s'était opéré soit le changement de costume, soit la disparition de son frère.

Montain jeune arriva à Paris le 19 janvier, et fut écroué à Sainte-Pélagie sous le nom et avec le signalement de M. Montain aîné. Il y est resté sans se faire

[1] Montain n'a jamais voulu nommer cet endroit, dans la crainte de compromettre la brigade du lieu.

connaître jusqu'à l'instant où il a acquis la certitude que son frère était arrivé en lieu de sûreté (en Belgique).

Le 27 ou le 28, Montain jeune a déclaré les faits à M. le préfet de police, et demandé à être mis en liberté.

Interrogé par un commissaire de police sur les motifs qui avaient pu le porter à faire évader son frère, il a répondu :

La voix de la nature ;

Celle de la reconnaissance ;

La perspective affreuse de sa mort s'il rentrait en prison ;

La douleur de ma mère et de mes sœurs ;

Mon propre désespoir.

Et sur d'autres questions qui lui furent adressées, il ajouta : Je n'ai employé ni séduction ni corruption ; je n'ai point de complices ; je ne puis vous dire le lieu où s'est opérée la substitution de personnes et la séparation, parce que je ne veux pas compromettre des hommes innocents.

Cependant il restait toujours en prison. Aussitôt après son interrogatoire, il m'avait fait appeler pour l'aider de mes conseils. Je fus d'avis qu'il devait immédiatement s'adresser à l'autorité supérieure, pour obtenir ou sa mise en liberté ou sa mise en jugement.

Sa mise en jugement ! Quel crime avait-il commis ? Comment le qualifier ? — Il avait sauvé son frère ; il en était fier : son accusation eût été son triomphe !

Le Mémoire que je rédigeai en ce sens fut imprimé et promptement distribué ; la presse périodique en rendit compte ; il n'y avait dans le public qu'une voix pour *le frère qui avait sauvé son frère !*

Le 22 février, Montain jeune fut mis en liberté *par ordre du Roi.*

LE GÉNÉRAL CAULAINCOURT, DUC DE VICENCE,

AIDE DE CAMP DE L'EMPEREUR NAPOLÉON, ET SON PLÉNIPOTENTIAIRE AU CONGRÈS DE CHATILLON.

Les calomnies, les attaques et finalement les poursuites dont M. le duc de Vicence a été l'objet sous la Restauration, se rattachent à l'affaire du duc d'Enghien; il est donc nécessaire de rappeler historiquement quelques-unes des circonstances de ce drame douloureux.

Assurément la mort du duc d'Enghien est un des événements qui ont le plus affligé la nation française. Un jeune prince à la fleur de l'âge, arrêté par surprise sur un sol étranger où il dormait en paix sous la protection du droit des gens; entraîné violemment vers la France, traduit devant des commissaires qui en aucun cas ne pouvaient être ses juges; tenu au secret, privé du secours de son défenseur; interrogé et condamné à huis clos, mis à mort de nuit dans les fossés d'un château fort servant de prison d'État, et cela en vertu d'une sentence *signée en blanc*,.... et qui n'a été régularisée qu'*après coup;* toutes ces circonstances accumulées, l'intérêt qui s'attachait à la haute illustration de la personne, feront à jamais de cette catastrophe un des actes les plus regrettables d'une époque d'ailleurs si féconde en événements glorieux.

La plupart des incidents de cette procédure seraient restés ensevelis dans l'oubli comme un mystère, si un événement imprévu n'en avait amené plus tard la révélation. — Le dossier contenant les *pièces originales* du procès du duc d'Enghien ne fut pas d'abord déposé, comme il aurait dû l'être, aux archives du ministère de la guerre. Il était resté entre les mains du président de la commission militaire (le général Hullin). Ce dernier ayant été exilé en 1815, en vertu de l'article 2 de l'ordonnance du 24 juillet, déposa ce dossier avec d'autres papiers en main tierce.... C'est là que j'en eus communication et que je pus en prendre copie. J'en fis ensuite l'examen critique, que j'intitulai *Discussion des actes de la Commission militaire instituée en l'an XII pour juger le duc d'Enghien.*

Cet écrit était resté dans mon portefeuille jusqu'en 1823. Mais, à cette époque, l'attention publique ayant été ramenée sur cet événement par quelques publications peu exactes, je me décidai, par le conseil de mes amis, à le publier et à révéler sur ce point la *vérité historique.* La curiosité universelle fut vivement excitée par l'apparition de ces pièces; le libraire Baudoüin, à qui j'avais donné mon manuscrit, en fit faire successivement jusqu'à quatorze tirages! Et depuis il leur a donné place, avec la discussion qui le précède, dans sa collection des *Mémoires sur la Révolution.* — En tête se trouve un *Avant-propos* qui explique ces faits.

La discussion est divisée en sept paragraphes et porte sur les points suivants :

§ 1er. Illégalité de l'arrestation du duc d'Enghien.
§ 2. Incompétence de la Commission militaire.
§ 3. Irrégularité dans l'instruction.
§ 4. Vices du jugement.
§ 5. Exécution nocturne.
§ 6. Suite (recommandations du prince).
§ 7. Réflexions générales.

Ces Réflexions ont souvent été citées depuis par lés écrivains et les journalistes. — Elles se trouvent aussi dans l'*Appendice* du tome IX de mes *Réquisitoires*, page 199. On peut y recourir. Elles sont acquises à l'histoire générale aussi bien qu'à celle du Barreau.

A l'appui de cette discussion se trouvait le texte même des *Actes du procès*, dont je donnerai seulement ici l'*Inventaire* :

N° 1. Journal du duc d'Enghien écrit par lui-même.

2. Arrêté qui renvoie le duc devant une *commission militaire*.

3. Ordre contenant nomination des membres de la Commission.

4. Interrogatoire du duc d'Enghien.

5. Minute originale du jugement de condamnation.

6 et 7. Lettres du conseiller d'État Réal pour demander le jugement en communication.

8. Lettre de Murat contenant la même demande.

9. Lettre de Réal qui accuse réception des *cheveux*, de l'*anneau* et d'une *lettre du duc d'Enghien* pour la princesse de Rohan.

10. Nouvelle rédaction du jugement.

11. Le ministre de la guerre accuse réception de la copie de ce nouveau jugement.

Nota. Une pièce non moins importante est le *procès-verbal d'exhumation* : il a été publié dans le *Moniteur*.

LE GÉNÉRAL CAULAINCOURT.

Aussitôt que le procès du duc d'Enghien eut paru, tous ceux qui avaient pris part à l'événement, ou qui s'y trouvaient impliqués par la polémique des partis, mirent la plume à la main et publièrent des apologies.

Ainsi parurent : une *brochure* du duc de Rovigo ; — une *lettre* de M. le prince de Talleyrand au Roi ; — des *lettres* de M. le duc de Dalberg.

Celui-ci ayant, par une erreur qu'*il a reconnue depuis*, nommé M. de Caulaincourt, duc de Vicence, comme celui qu'il supposait avoir été chargé d'*arrêter* le duc d'Enghien, M. le duc de Vicence s'empressa de démentir cette assertion, et il me chargea de la rédaction de son mémoire justificatif. — Je m'y employai avec beaucoup de zèle et de soin ; car j'avais une haute estime pour le duc de Vicence, et je voyais avec un véritable chagrin un si noble caractère oppressé sous le poids d'une inculpation qui lui navrait le cœur. Cette défense parut bientôt après, et fut imprimée sous le titre d'*Examen impartial des calomnies répandues sur M. de Caulaincourt, duc de Vicence, à l'occasion de la catastrophe du duc d'Enghien,* — avec cette épigraphe tirée de Tite-Live : *Infamiâ intactum, calumniâ quâ possunt, urgent.*

Ce mémoire, accompagné d'une carte topographique comprenant le trajet de Strasbourg à Ettenheim et les pays avoisinants sur les deux rives du Rhin ; — appuyé de toutes les correspondances *officielles ;* — et dont toutes les assertions avaient été contrôlées et vérifiées entre le duc et moi avec le soin le plus scrupuleux, ne fut contredit en aucun point par personne ; il dissipa tous les doutes, et la justification du duc de Vicence fut complète.

Il eût épargné bien des peines à son âme généreuse si, au lieu de gémir en secret pendant plusieurs années de la malveillance avec laquelle on avait impliqué son nom dans cette affaire, il avait de suite pris le parti de s'en expliquer hautement et de confondre la calomnie au moment même où elle avait commencé à s'insinuer dans les esprits.

LE GÉNÉRAL HULLIN.

Restaient les juges mêmes qui avaient condamné le duc d'Enghien! Le général Hullin, qui avait présidé la commission militaire, était revenu d'exil : il habitait Paris. Devenu aveugle, il se fit conduire chez moi; il me raconta les faits avec une franchise toute militaire et des circonstances telles, que j'en fus fortement impressionné. — « Que ne racontez-vous cela au public? lui dis-je. Je ne doute pas que les faits que vous venez de m'exposer feraient sur lui la même impression que sur moi. » — « Eh! me dit le général, est-ce que je puis rien écrire? Que ne me rendez-vous le service d'écrire vous-même ce que je viens de vous raconter? Ma femme est une Nivernaise; par elle je suis, pour ainsi dire, votre compatriote : voyez ma situation. » — Vivement ému, je lui dis : « Eh bien! oui, général, mais à une condition : vous convoquerez près de vous ceux des membres de la commission militaire qui ont jugé sous votre présidence; vous les présiderez encore une fois; je recueillerai de leur bouche comme de la vôtre vos déclarations sur les moindres faits; et quand je serai bien fixé sur toutes ces circonstances, j'entreprendrai de les raconter. »

Le général Hullin adhéra avec empressement. Les généraux Barrois et Dautancourt furent appelés; ils se trouvèrent chez le général au jour indiqué, placés à droite et à gauche de son fauteuil, où il siégeait avec sa grave et imposante figure : sa femme était présente. J'arrivai [1]; il était huit heures du soir. Cette scène fut dramatique. Hullin reprit son récit. A chaque fait important, je demandais : — « Est-ce vrai, général Barrois? » — Ce fait est-il exact, général Dautancourt? — Rap- » pelez bien vos souvenirs. » — Et j'écrivais pour ainsi dire sous leur dictée. — Il y eut un moment de véritable anxiété : le général Hullin racontait comment, à l'instant où il écrivait au premier Consul pour essayer de le toucher en faveur du duc d'Enghien, l'*homme* qui s'était tenu constamment près de lui pendant les interrogatoires lui retira la plume des mains en lui disant : « Cela ne vous regarde plus, général, c'est mon af- » faire..... » Le malheureux général éprouva une sorte de frémissement en se retournant à demi sur son fauteuil : « Rassurez-vous, général, lui dis-je, *cet homme* n'est plus derrière vous; vous êtes avec nous. » Enfin cette scène s'acheva.

Le lendemain, il ne me fallut que quelques heures pour tracer rapidement cet exposé. Pour m'assurer encore mieux de son exactitude, je le relus dans la soirée en présence des mêmes personnes; et l'écrit parut ensuite chez Baudoüin, avec ce titre : *Explications offertes aux hommes impartiaux, par M. le comte Hullin, au sujet de la Commission militaire instituée en l'an XII pour juger le duc d'Enghien.* Elles eurent un succès inespéré; on peut même dire qu'elles furent accueillies avec faveur; car aux Tui-

[1] J'étais accompagné d'Alexandre Baudoüin, éditeur du Procès du duc d'Enghien et du Mémoire de Caulaincourt.

leries même, on entendit plus d'une fois répéter : *Ce pauvre Hullin est bien malheureux!*

Le général voulut me témoigner sa reconnaissance : je consentis seulement à accepter la gravure du tableau de Gérard représentant la *Bataille d'Austerlitz*, que je plaçai dans mon premier cabinet.

Nota. Les *Explications pour le comte Hullin* se trouvent dans l'*Appendice* au tome IX des *Réquisitoires*, page 203; et dans les *Mémoires sur la Révolution*, à la suite du *Procès* du duc d'Enghien.

LE DUC DE VICENCE.

CONGRÈS DE CHATILLON.

Janvier et février 1820.

Le 21 janvier 1820, le *Constitutionnel* publia la lettre suivante, qui lui avait été adressée par le duc de Vicence :

« Au rédacteur du *Constitutionnel*.

» Monsieur, — dans un ouvrage de M. Koch, intitulé *Campagne de* 1814, se trouvent rapportés plusieurs fragments de lettres écrites par moi à l'Empereur et à M. le prince de Neufchâtel pendant la durée du congrès de Châtillon.

» Je crois devoir déclarer que je suis absolument étranger à la communication de mes correspondances et à leur publication. Les hautes sources auxquelles l'auteur annonce avoir puisé donnent à son ouvrage une importance historique qui ne me permet point, en ce qui me concerne, de consacrer par mon silence les erreurs qu'il renferme; la plupart des détails relatifs aux événements et aux négociations qui ont eu lieu depuis le 31 mars jusqu'au 12 avril sont inexacts.

» Quant au congrès de Châtillon, si les événements ont justifié le désir que j'avais de voir la paix rendue à ma patrie, il serait injuste de laisser ignorer à la France, à l'histoire, les motifs d'intérêt national et d'honneur qui empêchèrent l'Empereur de souscrire aux conditions que les étrangers voulaient nous imposer.

» Je remplis donc le premier des devoirs, celui d'être équitable et vrai, en faisant connaître ces motifs par l'extrait suivant des ordres de l'Empereur :

« Paris, 19 janvier 1814.

«...... La chose sur laquelle l'Empereur insiste le
» plus, c'est la nécessité que la France conserve ses
» limites naturelles. C'est là une condition *sine quâ non.*
» Toutes les puissances, l'Angleterre même, ont re-
» connu ces limites à Francfort.

» La France réduite à ses limites anciennes n'au-
» rait pas aujourd'hui les deux tiers de la puissance re-
» lative qu'elle avait il y a vingt ans. Ce qu'elle a ac-
» quis du côté des Alpes et du Rhin ne compense point
» ce que la Russie, l'Autriche et la Prusse ont acquis
» par le seul démembrement de la Pologne. Tous ces
» États se sont agrandis. Vouloir ramener la France à
» son état ancien, ce serait la faire déchoir et l'avilir.

» La France sans les départements du Rhin, sans
» la Belgique, sans Ostende, sans Anvers, ne serait
» rien.

» Le système de ramener la France à ses anciennes
» frontières est inséparable du rétablissement des Bour-
» bons, parce qu'eux seuls pourraient offrir une ga-
» rantie du maintien de ce système : l'Angleterre le
» sent bien. Avec tout autre, la paix sur une telle base
» serait impossible et ne pourrait durer.

» Ni l'Empereur, ni la République, si des boulever-
» sements la faisaient renaître, ne souscriraient jamais
» à une telle condition. Pour ce qui est de Sa Majesté, sa
» résolution est bien prise; elle est immuable. Elle ne
» laissera pas la France *moins grande qu'elle ne l'a re-*
» *çue*. Si donc les alliés voulaient changer les bases
» proposées et acceptées (*les limites naturelles*), elle ne
» voit que trois partis : ou combattre et vaincre; ou
» combattre et mourir glorieusement; ou enfin, si la
» nation ne la soutenait pas, abdiquer. Elle ne tient
» pas aux grandeurs; elle n'en achètera jamais la con-
» servation par l'avilissement. »

» J'attends, Monsieur, de votre impartialité, que vous voudrez bien donner place à cette lettre dans votre journal, et je saisis cette occasion de vous offrir l'assurance de ma considération distinguée.

» CAULAINCOURT, *duc de Vicence.* »

A l'apparition de cette lettre, une clameur subite s'éleva dans les journaux royalistes. Ils y virent une insulte et une offense à la maison de Bourbon! La *Gazette de France*, la *Quotidienne*, le *Drapeau blanc*, auxquels se joignirent le *Journal des Débats* et le *Moniteur*, dressèrent à l'envi des actes d'accusation contre cette publication; la forme leur paraissait aussi coupable que le fond. En effet, dans cette lettre, n'avait-on pas *osé* donner à l'usurpateur le titre d'*Empereur*, comme s'il l'était encore! Et pour rendre l'injure plus poignante, la publication avait eu lieu le 21 janvier!

Le *Constitutionnel* et la *Renommée*, menacés de poursuites, donnèrent en réponse quelques explications. Je les reproduis ici, parce qu'elles renferment un germe de la défense.

Constitutionnel du 26 janvier.

« Le *Constitutionnel* est menacé d'un nouveau procès. Un commissaire de police est venu saisir le numéro où se trouve insérée la lettre de M. de Caulaincourt, duc de Vicence. Nous ne prétendons pas juger les motifs qu'il a eus de faire cette publication. Quant à l'éditeur du *Constitutionnel*, il n'a vu aucun inconvénient à insérer une pièce *signée* et *purement historique*; il n'y a surtout pas remarqué ce qu'y ont découvert les écrivains chargés d'office de torturer le sens des notes et de chercher partout des allusions ou des provocations indirectes. Ils ont *envenimé* méchamment le passage où il est dit que le chef du dernier gouvernement, qui avait reçu la France avec les départements du Rhin, ne pouvait la garder telle qu'elle était en 1789, mais que les Bourbons pouvaient traiter sur cette base. Il a paru évident à l'éditeur que cette assertion n'avait rien d'offensant pour la maison régnante; qu'elle signifiait seulement que les Bourbons retrouvaient la France telle qu'ils l'avaient laissée, et qu'ainsi le traité de paix proposé à Châtillon ne pouvait blesser la dignité des héritiers du trône de Louis XVI.

» L'éditeur le répète, il n'a vu dans le passage de la lettre de M. de Caulaincourt qu'un fait auquel la malveillance seule a voulu donner un sens perfide et une interprétation forcée. »

La *Renommée* du 27 contenait un article plus développé, dont j'extrais seulement le passage suivant :

« Quant aux outrages que cette lettre renferme contre les Bourbons, personne ne s'en était aperçu ; et si, grâce aux subtilités du système interprétatif, sa lecture éveille quelques sentiments défavorables à la dynastie régnante, c'est évidemment à l'officieux empressement des journaux monarchiques qu'elle en sera redevable. Pour nous, nous ne voyons pas ce qu'il y a de honteux pour le Roi à avoir reçu la France telle qu'elle était sous Louis XVI. S'il l'eût reçue avec la barrière du Rhin, et que de gaieté de cœur il l'eût fait rentrer dans ses anciennes limites, le cas serait différent ; mais il est rentré dans la France envahie, et la force lui a imposé des conditions que tout autre eût subies comme lui. La position de Napoléon n'était pas la même : il avait reçu la France agrandie par les conquêtes de la République, il devait tomber ou la conserver dans son intégrité. »

M. le duc de Vicence, informé que ces journaux avaient été saisis et leurs rédacteurs appelés devant le juge d'instruction, vint aussitôt me consulter.

Après qu'il m'eut donné toutes ses explications sur le fond de l'affaire et sur les *motifs d'honneur* qui seuls l'avaient déterminé à écrire sa lettre, nous convînmes qu'il écrirait à M. le juge d'instruction pour déclarer qu'il était l'auteur de cette lettre, et qu'il était prêt à en répondre seul devant la justice.

Par suite de cette revendication, le duc de Vicence

fut effectivement appelé devant M. Leblond, juge d'instruction, non par assignation, mais par une lettre fort courtoise dont, par cette raison, je reproduis ici les termes :

« Paris, le 1er février 1820.

» Monsieur le duc, Je désire qu'il vous soit pos-
» sible de prendre la peine de passer demain au Palais
» de justice en ma chambre d'instruction. J'ai quel-
» ques observations à vous soumettre qui doivent com-
» pléter la procédure dont je suis chargé. J'aurai
» l'honneur de vous recevoir de onze à trois heures
» après midi.

» Veuillez bien agréer l'expression de la considé-
» ration avec laquelle j'ai l'honneur d'être, Monsieur
» le duc, votre très-humble et très-obéissant serviteur.
» — Leblond. »

Aussitôt après avoir reçu cette lettre, M. le duc de Vicence m'écrivit le billet suivant :

« Veuillez me dire, Monsieur, à quelle heure je
» puis vous trouver demain matin, *pour venir avec*
» *moi au Palais*, chez M. Leblond, qui m'a écrit une
» lettre fort polie pour *m'engager* à passer chez lui de
» onze heures à trois heures.

» Recevez, Monsieur, l'assurance de tous les senti-
» ments de confiance que vous m'avez inspirés. —
» C., duc de Vicence.

» Paris, ce 1er février, mardi, 9 heures du soir.

» *P. S.* J'ai à causer avec vous avant d'aller au
» Palais. »

Le lendemain, le duc étant venu à l'heure que je lui avais indiquée, nous arrêtâmes le thème de la déclaration qu'il aurait à faire devant le juge d'instruction. Les termes en étaient fort simples, comme on le verra bientôt. Je dis ensuite au duc de Vicence que j'étais prêt à l'accompagner au Palais, mais que je n'étais pas sûr qu'il me fût permis d'*assister* à son interrogatoire; que cette forme était insolite [1], et que cela dépendrait uniquement de la condescendance qu'y mettrait M. le juge d'instruction.

Arrivés au Palais, nous fûmes introduits devant ce magistrat. M. le duc de Vicence lui dit que j'étais son conseil. M. le juge d'instruction me connaissait parfaitement; il s'inclina poliment, et la conversation s'établit. M. le duc donna ses explications : — Si la lettre avait paru le 21 *janvier*, ce n'était point de son fait; elle avait été écrite et envoyée deux jours auparavant. La qualification d'*Empereur*, employée pour des circonstances qui se reportaient à une époque où Napoléon l'était effectivement, n'avait rien que d'historique et de naturel; et quant au fond, il demanda à M. le juge d'instruction la permission de lui lire le projet de déclaration suivante :

« Dans les premiers jours de janvier, à mon retour de la campagne où je vivais retiré, ayant été huit mois absent de Paris, j'ai eu connaissance pour la première fois que dans l'ouvrage de M. Koch, publié quelques mois auparavant, et que son titre ne présentait que

[1] Elle n'était pas autorisée par le Code d'instruction de 1808, mais elle l'avait été antérieurement par le décret de l'Assemblée nationale des 8 et 9 octobre 1789 sur la réformation de la jurisprudence criminelle. L'article 18 portait ce qui suit : « Le conseil » de l'accusé aura le *droit* d'être présent à tous les actes de l'in- » struction, sans pouvoir y parler au nom de l'accusé, ni lui sug- » gérer ce qu'il doit dire ou répondre. »

comme une relation de la campagne de 1814, se trouvait un chapitre où l'auteur rendait compte du Congrès de Châtillon.

» J'en pris alors lecture. Quel fut mon étonnement de voir que l'auteur, qui annonçait nominativement les *sources* où il avait puisé, transcrivait textuellement une partie de *ma correspondance diplomatique*, et publiait même une lettre *confidentielle* que j'avais écrite au prince de Neufchâtel!

» Le récit de l'auteur n'avait rien que de très-honorable pour moi; mais plus il me traitait favorablement, plus il me présentait comme ayant été l'apôtre de la paix, et plus je me trouvais blessé qu'on pût croire *que j'avais fourni des matériaux pour écrire l'histoire aux dépens de celui que j'avais servi et du ministère dont j'avais fait partie.*

» Me reportant donc à l'époque du Congrès de Châtillon, à cette époque où Napoléon, aux yeux de l'Europe, était *Empereur*, où j'avais l'honneur d'être son Ministre auprès des puissances étrangères, j'ai cru remplir *un devoir de conscience et d'honneur* en publiant l'extrait joint à ma lettre du 20 janvier.

» Je l'ai publié sans l'accompagner d'aucun commentaire, d'aucun développement. Loin de moi la pensée d'avoir pu offenser ou blesser en aucune manière la personne du Roi, ni méconnaître son autorité. Je n'ai point eu et je n'aurai jamais cette coupable pensée. *Le sentiment de délicatesse qui m'a porté à défendre dans son malheur la mémoire de celui dont j'avais été tant de fois le mandataire*, ne permet pas de penser que j'aie voulu manquer au respect et à la fidélité que je dois au Roi.

» Mes intentions ont été pures et j'ose dire honorables ; si ma vie civile et politique n'a pu me mettre à l'abri de la nécessité de paraître devant vous, monsieur le juge d'instruction, j'ai la confiance de croire qu'en jugeant de mes motifs par cet exposé des sentiments qui m'ont guidé, la justice ne verra dans ma conduite que l'action d'un honnête homme. »

Le duc ayant dit qu'il n'avait rien à ajouter à cette déclaration et qu'il priait M. le juge d'instruction de lui en donner acte, M. Leblond appela son greffier, et, après avoir ouvert un protocole d'interrogatoire, il fit insérer textuellement la déclaration comme étant la réponse de M. le duc de Vicence à ses questions.

Ensuite nous nous retirâmes, non sans quelques doléances de l'honnête magistrat sur les vicissitudes des choses humaines qui faisait paraître devant lui le duc de Vicence dans une position si différente, hélas! de celle qu'il avait occupée !..... Je le remerciai personnellement de ce qu'il voulut bien ajouter pour moi.

Malgré tout ce que de si bienveillants préliminaires pouvaient promettre d'heureux à l'issue de ce procès; malgré le rapport favorable de M. Leblond, mais conformément aux conclusions de M. Jacquinot-Pampelune, la Chambre du conseil déclara qu'il y avait *lieu à suivre* contre le duc de Vicence et contre les rédacteurs du *Constitutionnel* et de la *Renommée*, qui avaient publié sa lettre et l'extrait de ses ordres au Congrès de Châtillon. (On sait du reste que, d'après l'article 133 du Code d'instruction criminelle, il n'était pas besoin de la majorité pour obtenir une telle déclaration, et qu'il suffisait, comme il suffit encore, qu'*un seul juge* fût de cet avis, lors même que les autres seraient tous d'avis contraire !)

Mais sur l'appel, la chambre d'accusation de la

Cour royale, présidée par M. de Merville, et malgré les conclusions du procureur général Bellart, a prononcé en sens inverse par un arrêt ainsi conçu (à la date du 11 février) :

« La Cour, vu la lettre (celle du duc de Vicence)...;

» Considérant que si ladite lettre contient, en parlant de *Bonaparte,* la qualification d'*Empereur,* cette qualification inconvenante [1], se référant à l'époque du Congrès de Châtillon, ne constitue pas une attaque formelle contre l'autorité constitutionnelle du Roi; — Considérant que la publication de la Note diplomatique faisant partie de ladite lettre a pu blesser les convenances, mais que cette Note ne contient point envers la personne du Roi une offense que l'auteur de la lettre ou les éditeurs du *Constitutionnel* ou de la *Renommée* se soient rendue propre; — Annule l'ordonnance rendue par la chambre du conseil du tribunal de première instance du département de la Seine le 5 de ce mois, par laquelle les faits ont été mal qualifiés; — Déclare qu'il n'y a lieu à suivre contre le duc de Vicence...; fait main levée de la saisie des journaux... »

Observations.

Voilà la chose jugée quant au prétendu délit.

Mais la *vérité historique,* où est-elle? — Elle est toute dans la correspondance diplomatique et dans le texte même des actes du Congrès de Châtillon. Koch a réellement travaillé sur ces pièces. Elles ne lui ont pas été livrées par le duc de Vicence, et ce diplomate a dû

[1] Dans le même temps, des murmures et des cris : *A l'ordre!* s'étaient aussi élevés dans la Chambre des Députés contre la qualification de *roi Joseph,* donnée à Joseph Bonaparte.

avec raison s'indigner qu'on eût osé lui imputer qu'une telle communication eût pu venir de lui : — mais enfin l'historien les a eues en main et sous les yeux ; assez d'autres avaient pu les lui donner.

La dépêche du 19 janvier est vraie ; elle honore l'Empereur ; elle n'est même pas la seule : car il y en a encore une autre du 19 février (un mois après), où Napoléon s'élève de la manière la plus vive contre la proposition de faire rentrer la France dans ses limites de 1792. — « Je rends grâces au ciel d'avoir cette » Note, y dit-il, car il n'y aura pas un Français dont » elle ne fasse bouillir le sang d'indignation. C'est pour » cela que je veux faire moi-même mon *ultimatum*. Je » préférerais cent fois la perte de Paris au déshonneur » et à l'anéantissement de la France. »

Cependant, entre ces deux dépêches, il y avait eu une dépêche chiffrée du duc de Bassano au duc de Vicence, contenant « les pouvoirs les plus étendus... » — Puis une lettre, il est vrai, *confidentielle*, du duc de Vicence au prince de Metternich, dans laquelle on avait fléchi,... en vue d'un *armistice immédiat;* et le *Protocole* du Congrès avait été repris sur l'annonce de cette base communiquée par M. de Metternich aux autres plénipotentiaires.

Mais aussi il y avait eu une grande victoire (la dernière, hélas !) remportée par l'Empereur ! La confiance et la fierté qui lui étaient naturelles avaient reparu avec éclat dans sa dépêche datée de Nangis le 17 février, où il dit en termes triomphants :

« Monsieur le duc de Vicence, Je vous ai donné *carte blanche* pour sauver Paris et éviter une bataille qui était la dernière espérance de la nation. La bataille a eu lieu, la Providence a béni nos armes. J'ai fait trente à quarante mille prisonniers. J'ai pris deux cents pièces de canon, un grand nombre de généraux; et détruit plusieurs armées sans presque coup férir. J'ai entamé hier l'armée du prince Schwartzenberg, que j'espère détruire avant qu'elle ait repassé mes frontières.

» Votre attitude doit être la même, vous devez tout faire pour la paix; *mais* mon intention est que vous ne signiez rien sans mon ordre, parce que *seul je connais ma position.* En général, je ne désire qu'une paix solide et honorable; et elle ne peut être telle que sur les bases proposées à Francfort. Si les alliés eussent accepté vos propositions le 9, il n'y aurait pas eu de bataille; je n'aurais pas couru les chances de la fortune dans un moment où le moindre insuccès perdait la France; enfin je n'aurais pas connu le secret de leur faiblesse. Il est juste qu'en retour j'aie *les avantages des chances qui ont tourné pour moi.* Je veux la paix, *mais* ce n'en serait pas une que celle qui imposerait à la France des conditions plus humiliantes que les bases de Francfort. Ma position est certainement plus avantageuse qu'à l'époque où les alliés étaient à Francfort. Ils pouvaient me braver, je n'avais obtenu aucun avantage sur eux, et ils étaient loin de mon territoire. *Aujourd'hui, c'est bien différent.* J'ai eu d'immenses avantages sur eux; et des avantages tels qu'une carrière militaire de vingt années et de quelque illustration n'en présente pas de pareils. — Je suis prêt à cesser les hostilités et à laisser les ennemis tranquilles chez eux, s'ils signent les préliminaires basés sur les propositions de Francfort. — La mauvaise foi de l'ennemi et la violation des engagements les plus sacrés mettent seules des délais entre nous ; car nous sommes si près, que si l'ennemi vous laisse correspondre avec moi directement, en vingt-quatre heures on peut avoir réponse aux dépêches. D'ailleurs je vais me rapprocher davantage. Sur ce, je prie Dieu, etc.

» *P. S.* Comment arrive-t-il qu'aujourd'hui 18 je n'aie des dépêches de vous que du 14? Nous ne sommes cependant éloignés de vous que de vingt-cinq lieues ! »

Depuis cette dépêche, tous les éléments historiques n'offrent plus que les caractères suivants :

1° La persistance obstinée des alliés à ne pas démordre de leurs propositions, dont ils font un ultimatum, refusant absolument toute discussion.

2° Les efforts persévérants du duc de Vicence auprès du Congrès pour éviter une rupture ;... — auprès de M. de Metternich en particulier, pour essayer d'intéresser l'Autriche ;... — auprès de Napoléon, pour l'amener à des concessions, « sans lesquelles, disait-il, nulle paix n'est à espérer... »

3° Le refus constant de Napoléon...

4° La rupture des négociations le 19 mars...

Au surplus, tous ces faits sont à jour depuis longtemps, non-seulement par l'ouvrage de Koch, mais par beaucoup d'autres. — Quant au droit que peuvent avoir les ambassadeurs en certains cas de publier leurs dépêches, lorsque les événements sont accomplis, on peut citer au moins pour exemple la *Suite du Droit des gens moderne de l'Europe* par Jean-Louis Klüber [1], dans la Bibliographie, où se trouve une sec-

[1] Stuttgard. 1819, in-8, page 549.

tion intitulée : « Des pièces et mémoires relatifs à » des négociations, *publiés par les ambassadeurs eux-» mêmes*, par ordre alphabétique des noms. »

Le duc de Vicence a aussi écrit des Mémoires, et ceux-là probablement ne laisseraient planer aucun doute sur la question ; car s'il était fidèle et dévoué, il n'était pas moins sincère, première qualité d'un historien.

Mais quand ces Mémoires verront-ils le jour? — On n'a pas pensé qu'ils pussent paraître sous la Restauration;... mais rien n'empêchait de les publier après 1830, sous le règne tolérant et désintéressé de Louis-Philippe : *rara temporum felicitate, ubi sentire quæ velis, et quæ sentias dicere licebat.* — On ne voit pas du moins ce qui pourrait maintenant s'opposer à leur publication.

LE GÉNÉRAL DAUMESNIL.

Le général Daumesnil, gouverneur de Vincennes, résista avec fermeté aux menaces comme aux séductions des alliés : *Il ne voulut ni se rendre ni se vendre*, ai-je dit de lui ; et cette courte phrase est devenue la devise qu'on a inscrite depuis au bas de sa lithographie.

Daumesnil n'a point été poursuivi, et je n'ai pas eu à le défendre, mais deux circonstances dans lesquelles j'ai pris la parole pour lui l'ont en quelque façon placé dans ma clientèle.

Mis à la retraite en septembre 1815, et tenu en disgrâce pendant tout le temps qu'a duré la seconde Restauration, le général Daumesnil fut rappelé en 1830 par le Roi Louis-Philippe au commandement de Vincennes : le peuple de Paris vit avec joie cette justice rendue au brave qu'il avait surnommé *la Jambe de bois !*

J'avais à cette époque une maison de campagne à Nogent-sur-Marne, tout proche de Vincennes ; la route passait devant l'entrée de cette forteresse. Souvent, après m'être fait conduire en voiture jusqu'à la barrière, j'aimais à achever le reste de la route à pied en prenant le sentier du bois, un livre à la main.

Le 21 août 1832, j'allais ainsi à Nogent, lorsque, m'arrêtant devant la grande tour de l'horloge, je vis un concours de peuple inaccoutumé. J'en demandai la cause ; on me dit que c'était le convoi du général Daumesnil, et qu'on se disposait à conduire son corps au cimetière. Je m'approchai, et me faisant connaître, on me laissa entrer. Je pénétrai dans les cours et me rendis à la chapelle du château où s'achevait l'office des morts. Au moment de sortir, je fus entouré par les généraux et pressé par eux de tenir un des cordons du catafalque avec le général Excelmans et deux autres officiers généraux. On fit plus, on me convia de prendre la parole sur la tombe du général, et on y mit de telles instances que je ne pus m'y refuser. Heureusement que le trajet depuis la chapelle du château jusqu'au cimetière communal de Vincennes était assez long pour me laisser un peu le temps de me recueillir et d'arranger avec moi ce que j'aurais à dire. Nous arrivâmes près de la fosse : les officiers et soldats de l'artillerie et du génie se formèrent en cercle ; la population se pressait en arrière, et ce n'est pas sans une vive émotion que je prononçai cette courte allocution :

« Messieurs, le général Daumesnil sera regretté non-seulement par toute l'armée, mais par la France entière. Dans le civil comme dans le militaire, citoyens et soldats, tous lui rendront le même hommage, celui qui est dû au courage et à la vertu.

» Avant 1814, le général Daumesnil semblait avoir assez fait pour sa gloire, mais il lui était réservé de l'augmenter encore par sa noble conduite dans le commandement de la place de Vincennes.

» Menacé en 1814 par des forces immenses, comparées surtout à sa faible garnison, bien loin de céder aux sommations des étrangers, il les avertit de ne point se risquer à la portée du canon de la forteresse, et cet ordre (car ce ne fut point une capitulation) fut respecté.

» En 1815, les mêmes ennemis qui désespéraient de le vaincre voulurent essayer de la corruption ; des offres considérables lui furent faites pour l'engager à livrer le matériel confié à sa garde ; il repoussa ces offres avec un profond mépris.

» Daumesnil est mort pauvre de biens, mais riche de gloire ! Ce sera le premier patrimoine de ses jeunes enfants : ils seront soutenus d'ailleurs par les bienfaits du Roi, qui compte surtout parmi les consolations du pouvoir, la faculté de récompenser les belles actions.

» Le corps de Daumesnil va reposer ici. J'aurais voulu, messieurs, que son cœur demeurât en dépôt dans l'enceinte du château de Vincennes. Il eût à jamais fait partie de la garnison. Un monument aurait rappelé sa conduite héroïque en 1814 et 1815. Les soldats auraient su qu'ils avaient à le défendre en même temps que leurs remparts. Mais si ce vœu n'est point accompli, l'image de ce guerrier n'en sera pas moins présente à leur souvenir ! Si dans d'autres temps Vincennes était destiné à revoir encore l'ennemi se présenter à ses portes, le nom de Daumesnil, répété par nos soldats, ranimera leurs forces épuisées, il leur tiendra lieu de renfort, et à d'autres insolentes sommations, si elles étaient renouvelées, on répondrait comme il le ferait lui-même : *Ici l'on meurt, mais on ne se rend pas !* »

En rapportant ces paroles, le *Journal des Débats* du 22 août ajoute : « Malgré la sainteté du lieu, ce dis-
» cours a excité de nombreux *bravos* parmi les soldats
» de la garnison qui faisaient cercle autour de la fosse. »
— J'en fus moi-même singulièrement surpris, car, en le prononçant, j'avais bien vu couler quelques larmes,

mais je ne m'attendais pas à des *applaudissements* en un tel lieu.

La même chose toutefois s'est renouvelée aux obsèques de Casimir Périer.

A la sortie du cimetière, et au moment de reprendre ma route de Nogent, les généraux qui m'entouraient m'exposèrent la détresse de la famille du général Daumesnil. Il laissait une veuve et deux enfants qui allaient se trouver à peu près sans moyens d'existence ; ils me prièrent d'user de mon influence comme président de la Chambre des Députés pour obtenir une pension et d'en parler au Roi pour un secours provisoire. Je le leur promis, et nous nous séparâmes.

Le secours du Roi ne se fit pas attendre : quant à la pension, j'en parlai d'abord au ministre de la guerre (maréchal Soult), qui promit d'en saisir le conseil des ministres. Mais comme il tardait à se décider et que plusieurs mois s'étaient déjà écoulés depuis l'ouverture de la session, je déposai une proposition tendante à ce qu'on accordât à madame veuve Daumesnil une pension de 6,000 francs, reversible par moitié sur la tête de ses enfants.

Le 2 mars 1833, au moment où j'allais prendre la parole pour motiver ma proposition, le gouvernement se décida enfin à présenter lui-même un projet de loi contenant la proposition d'une pension de 6,000 francs pour la veuve Daumesnil en même temps que deux autres pensions pour les veuves des généraux Decaën et Duhesme.

Je montai alors à la tribune, et je dis : « Messieurs, » j'ai attendu trois mois avant de faire ma proposition. » J'avais même désiré que le gouvernement prît l'*initiative*. J'ai différé à la développer, parce que M. le

» maréchal, président du conseil, était absent et en-
» suite malade. Aujourd'hui, je me félicite qu'il ait
» fait lui-même une proposition à laquelle je déclare
» *réunir la mienne.* »

Ensuite, la Chambre l'ayant permis, je développai ma proposition [1].

Le projet de loi dut suivre les formes du règlement; on nomma une commission dont le comte Jaubert fut le rapporteur, et la question ne revint devant les Chambres que le 1er juin 1833.

Le 2 mars précédent, en même temps que le ministre de la guerre présentait les *pensions militaires,* son collègue, M. Guizot, ministre de l'instruction publique, avait proposé de son côté quelques pensions *littéraires:* — on fit venir le tout à la séance du 1er juin.

Ce jour-là, les *pensions littéraires* furent votées.

Mais il n'en fut pas de même des pensions *militaires.*

Celle du général Decaën (si digne cependant d'être accordée) fut refusée.

Quant à celle qui concernait la famille Daumesnil, il se passa un de ces *phénomènes de contradiction* qui ne se présentent que dans les cas où des passions sournoises, qui n'osent se produire au grand jour, ourdissent leur trame de manière à concilier les apparences de popularité auxquelles on n'ose pas ouvertement renoncer, avec l'esprit de rancune et de coterie qui veut avant tout se satisfaire.

Après deux discours prononcés en faveur du projet, l'un par le maréchal Soult, ministre de la guerre, l'autre par moi, on alla aux voix. Lors de l'épreuve par assis et levé, la pension fut *votée;* mais au scrutin secret elle fut *rejetée!*

[1] Voyez le discours dans les Annexes.

Une partie de l'assemblée se montra stupéfaite : la presse périodique, en rendant compte de ce résultat, s'en indigna. Le journal *le Temps*, dans son numéro du 2 juin, signala hautement la coterie politique aux manœuvres de laquelle il fallait imputer ce désappointement.

La commune de Vincennes s'en émut profondément, et dès le lendemain 3, son conseil municipal, réuni en séance extraordinaire, déclara à l'unanimité ouvrir une *souscription* en faveur des enfants du général Daumesnil, et voter, à titre de participation à cette souscription, une somme de 500 francs à prendre sur les fonds communaux disponibles.

On trouvera dans les Annexes le texte de cette délibération, aussi honorable pour la famille Daumesnil que pour la commune de Vincennes.

Le ministère eut la malheureuse pensée de voir, dans cet appel à la générosité publique, un *antagonisme* auquel il crut devoir résister. Les souscriptions militaires seules auraient suffi pour atteindre le but ; mais tous les chefs de Corps reçurent l'ordre de *défendre* aux officiers et soldats de souscrire.

Malgré cela, la souscription eut son cours : la délibération du conseil municipal de Vincennes, ma lettre et le portrait lithographié de Daumesnil avec ces mots signés de mon nom : *Il ne voulut ni se rendre, ni se vendre*, circulèrent rapidement, et une somme nette de 60,000 francs promptement réalisée assura à sa famille un revenu de 3,000 francs, moindre, il est vrai, que la pension d'abord demandée, mais avec le capital qui devenait son patrimoine.

En 1851, j'ai trouvé l'occasion de rendre encore un service à la veuve du général Daumesnil. La place de surintendante de la maison d'éducation des filles de la Légion d'honneur étant devenue vacante allait être donnée..., lorsque je reçus la demande de madame Daumesnil. Je me hâtai de la recommander au Prince Président. (C'était la seule sollicitation que je lui eusse jamais adressée). Le général Excelmans, grand chancelier de la Légion, joignit ses instances aux miennes, et la veuve du brave gouverneur de Vincennes fut nommée surintendante. Elle remplit cette place avec une rare distinction.

DEUXIÈME PARTIE.

PROCÈS POLITIQUES DE LA PRESSE.

Libre défense des accusés.

PROLOGUE.

Sous la Restauration, les *Procès de la Presse* ont duré plus longtemps que les *Accusations politiques*. On se lasse plus vite de verser le sang qu'on ne s'accommode de la contradiction. Il faudrait une grande vertu aux ministres et aux gouvernements pour subir, sans se plaindre, le retour incessant de critiques dirigées contre leurs actes; il faudrait surtout assez de bonne foi dans un gouvernement constitutionnel pour comprendre que c'est une lice perpétuellement ouverte à la liberté d'un jaloux examen; — qu'on n'exerce le pouvoir et qu'on n'est homme public sous de tels gouvernements, qu'à la charge de rencontrer sans cesse devant soi, tantôt les emportements de la tribune, tantôt les censures de la presse et les jugements de l'opinion; qu'enfin il s'agit bien plus de réfuter que de punir les orateurs et les écrivains.

Je ne parle pas des libellistes, de ceux qui s'acharnent sur les personnes, et qui ne s'arrêtent pas même devant les clôtures de la vie privée! Ceux-là vont de pair avec les délateurs; je les range parmi le commun des criminels, et je n'ai rien à stipuler pour eux.

Mais les écrivains réellement dignes de ce nom, qui se donnent pour mission de défendre les lois, les instilutions et les libertés de leur pays; des écrivains tels que Jay, Jouy, Étienne, Arnault; des publicistes tels que l'abbé de Pradt et Fiévée; des poëtes comme Béranger et Dupaty; des journalistes comme les rédacteurs de *la Minerve*, du *Constitutionnel* et des *Débats*, devaient-ils jamais paraître sur le banc des accusés?

En poursuivant de tels hommes, un gouvernement leur fait moins de mal qu'il ne s'en fait à lui-même; même en cas de condamnation, il perd par l'éclat de la défense plus qu'il ne gagne par l'appareil de l'accusation! En effet, dans tous ces procès, l'opinion publique a été constamment du côté des accusés; et sauf deux condamnations bien légères, on verra que tous les jugements ont été des verdicts ou des ordonnances d'acquittement!

On se défiait des jurés, on a renvoyé les accusations de la presse aux tribunaux! et ce sont les cours royales qui, après les débats les plus solennels, ont rejeté les procès de *tendance*, protégé les droits de la Presse, et cherché à éclairer le gouvernement par leurs décisions!

«La cour rend des *arrêts* et non pas des *services*,» a dit avec noblesse un des magistrats les plus éminents sous la Restauration[1]!

Aussi, lorsqu'après 1830 des passions aveugles et ardentes, comme il s'en montre après toutes les révolutions, demandaient à grands cris le remaniement des tribunaux, afin de donner à de prétendus *libé-*

[1] « C'est une parole parlementaire. Parmi les Molé et les de » Harlay, qui ne voudrait l'avoir prononcée?... Mais qui voudrait l'avoir entendue? » — (M. Dumon, depuis ministre de Louis-Philippe, Préface du tome X des *Annales du barreau français*.)

raux les places de ceux qu'on appelait des magistrats *royalistes;* indépendamment de toutes les raisons fondamentales que je fis valoir à la tribune pour le maintien du grand et salutaire principe de l'*inamovibilité,* consacré par la nouvelle Charte, je me portai hardiment comme témoin à décharge de ces magistrats, en rappelant avec quelle fermeté ils avaient résisté aux exigences du pouvoir et à la violence des partis.

« Pour moi, disais-je à la séance de la Chambre des Députés du 26 novembre 1830, j'ai exercé pendant trente ans la profession d'avocat; j'ai plaidé devant des juges qui souvent étaient d'*une opinion diamétralement opposée à la mienne;* j'ai gémi quelquefois de perdre des procès politiques; mais souvent aussi je me suis applaudi d'un succès dont pourtant il faut bien faire honneur aux juges..... Que d'autres, s'ils ont des témoignages opposés à rendre, viennent le dire!... »

Et j'ajoutais : « Messieurs, ayons plus d'estime pour les hommes, et disons franchement que dans tous les partis il y a de très-honnêtes gens, comme dans tous les partis il y en a qui ne méritent pas ce nom. Dans tous les partis vous trouverez des hommes à qui vous donneriez plus volontiers le soin de statuer sur vos intérêts, qu'à des hommes même de votre parti... Vous dont je combats la proposition, je vous le demande, ne connaissez-vous pas dans les opinions les plus opposées aux vôtres, des hommes à qui vous confieriez un dépôt que peut-être vous hésiteriez à confier à tel homme qui partage votre opinion? (*Mouvement général d'adhésion.*)

» D'ailleurs, pourquoi voudrait-on que tout l'ordre judiciaire ne comptât que des hommes du même parti?

Selon moi, au contraire, il est heureux qu'il y ait dans la magistrature des hommes de toutes les opinions. Est-ce que l'opinion qui triomphe a seule toutes les propriétés, toutes les industries? Ceux qu'on a appelés les vaincus ne sont-ils donc pas aussi propriétaires, industriels, créanciers, à aussi bon titre que ceux qu'on a nommés les vainqueurs? Tous n'ont-ils pas un *droit égal à être bien jugés?* C'est donc une chose heureuse qu'il se trouve des tribunaux composés de manière que tous les intérêts y soient protégés et défendus!...

» On a dit que les juges ainsi conservés par le principe de l'inamovibilité étaient des *juges de Charles X!* — Mais on peut dire aussi de beaucoup d'entre eux, que c'étaient des *juges de l'Empire;* il en est même dont la nomination remonte jusqu'au commencement de la Révolution. Dans la Cour de cassation, à laquelle j'ai l'honneur d'appartenir, il y a des juges qui datent de l'institution, qui font partie de la Cour depuis 1790; et l'on ne peut pas dire d'eux qu'à aucune époque, malgré les changements de gouvernements, ils aient failli comme juges dans leur indépendance, dans leur honneur, dans leur probité. » (*Très-vif mouvement d'adhésion. — Aux voix! aux voix!*) — Et la proposition de revenir contre le principe constitutionnel de l'inamovibilité, a été rejetée à la presque unanimité. (Cinq ou six membres seulement se sont levés contre.)

J'ai rendu la même justice à quelques membres les plus distingués du parquet de cette époque (MM. de Marchangy, de Vatimesnil, de Broë); — c'étaient de dignes adversaires!

PROCÈS POLITIQUES DE LA PRESSE.

MM. CONTE ET DUNOYER,

AUTEURS DU *CENSEUR EUROPÉEN*.

Juillet 1817.

Les auteurs du *Censeur européen* avaient fait preuve de courage. *Économistes* plus encore qu'*écrivains politiques*, ils avaient entrepris de démontrer les abus du gouvernement militaire, qui détourne les intelligences au profit de la force et au détriment des carrières et des idées civiles : du reste, ils ne signalaient les abus de l'administration qu'autant que ces abus contrariaient leurs *doctrines* et leur offraient le moyen de les exposer.

Retranchés dans cette sphère, ils étaient peu lus du vulgaire ; leur manière froide et didactique offrait bien moins d'attrait aux lecteurs en général peu instruits que les journaux écrits avec légèreté et avec passion.

Néanmoins l'autorité porta sur eux son attention, et en 1817 ils furent traduits en police correctionnelle pour un assez grand nombre d'articles dont on inférait qu'ils avaient « tenté d'affaiblir par des injures » et par des calomnies le respect dû à la personne ou » à l'autorité du Roi. »

MM. Conte et Dunoyer devaient être défendus par Me Mérilhou. — Ils désiraient que la plaidoirie fût appuyée par une consultation. Mérilhou rédigea le mémoire à consulter, où les faits et les articles sont rapportés et discutés. Je fus chargé de rédiger la consultation, qui devait porter principalement sur les principes, et où j'établis la fameuse distinction « entre » les attaques qui seraient dirigées contre *la personne* » ou l'autorité constitutionnelle du Roi, et les critiques » dirigées seulement contre *ses ministres* ou les *actes* » de son gouvernement. »

Cette consultation fut délibérée dans mon cabinet sous la date du 26 juillet 1817, et signée par vingt-deux avocats, parmi lesquels figuraient Blaque, Clavier, Parquin, Hennequin, Mauguin, Jay, Berryer fils, Manuel, Loiseau et Odilon Barrot.

M. FIÉVÉE.

Juin 1818.

M. Fiévée, écrivain spirituel, ancien préfet de l'Empire, reprit la plume sous la Restauration et publia ses opinions dans un recueil périodique intitulé *Correspondance politique et administrative, par Joseph Fiévée.*

M. Fiévée exprimait des opinions royalistes, mais il n'était pas homme à se donner sans réserve. A côté de ses sentiments monarchiques il avait ses goûts particuliers, ses opinions personnelles, et une mesure d'indépendance dont il se croyait en droit d'user. Il se plaignait tout haut de ce qu'il appelait la *bêtise de son parti.* — Homme d'expérience et d'affaires, il prenait la liberté de donner des conseils; à côté de ce qui pouvait plaire au pouvoir qu'il voulait défendre, il n'épargnait pas la critique à ce qu'il croyait devoir blâmer.

A la fin on trouva que dans son *recueil* le mauvais passait le bon, ou, si l'on veut, que le bon ne pouvait pas avoir le privilége de faire passer ce qu'on trouvait mauvais. Le n° 11 fut saisi.

Cette poursuite se présentait avec des caractères particuliers; il y avait ce qu'on aurait pu dire, et ce qu'on ne voulait pas trop montrer. Au lieu de citer textuellement les passages poursuivis et ceux qui avaient motivé la condamnation, on s'était contenté de dire « que le n° 11 de la Correspondance administrative » *considéré dans son ensemble*, et *notamment* aux » pages 15, 35, 58, 60 et 69, présentait les caractères d'*un écrit séditieux*, et que par cet écrit » J. Fiévée avait tenté d'*affaiblir par des injures et* » *des calomnies* le respect dû au Roi et à son autorité. »

Tels étaient les considérants du jugement de police correctionnelle qui avait déclaré Fiévée coupable et l'avait condamné à trois mois d'emprisonnement et à 50 francs d'amende, minimum de la peine fixée par la loi du 9 novembre 1815.

En concluant à cette peine, le ministère public avait adressé aux juges cette singulière doléance : « Nous regrettons même que cette loi ne vous accorde » pas le pouvoir *discrétionnaire* qui vous eût permis, » selon les circonstances, de *réduire* cette peine à une » *modique amende*, ou même à la *simple suppression*. » Avec cette loyale modification vous ne seriez pas » aujourd'hui dans l'ALTERNATIVE : ou de *condamner* à » trois mois d'emprisonnement et à 50 francs d'a-

» mende un homme que la nature de son caractère et » *de ses opinions* semblait devoir préserver d'une pa- » reille condamnation, ou d'*absoudre* son écrit. »

Sur l'appel qu'il interjeta de ce jugement, M. Fiévée désira réunir les suffrages des avocats de diverses nuances d'opinion. Me Hennequin, avocat royaliste, était son avocat plaidant; je devais rédiger la consultation, et parmi les autres avocats convoqués pour délibérer chez le pieux la Calprade devaient se trouver Berryer fils, Pardessus, Delacroix-Frainville, Parquin et sept ou huit autres consultants.

J'ai dit que l'accusation ne s'était pas exprimée à découvert. En effet, ce qui avait déplu dans le no 11, c'était une phrase qu'on avait considérée comme étant à l'adresse de Louis XVIII, et dont on prétend que ce monarque avait été *piqué*.

M. Fiévée, importuné de certaines démonstrations bruyantes et de ces acclamations que la flatterie ne manque jamais de présenter aux rois comme une preuve de l'*amour de leurs peuples;* M. Fiévée, qui ne concevait pas comment on pouvait faire entrer les *sentiments dans la politique,* posait en thèse générale: « que l'homme n'aime pas celui qui lui commande. » Cela est si naturel, disait-il, qu'il ne faut pas s'en » offenser. » — Et continuant de développer son idée, il disait encore : « Quand même l'amour des peuples » serait sincère, le sort des rois en serait-il plus as- » suré, s'il n'avait pour garantie que des affections? » M. Fiévée ne le pense pas, et de toute sa thèse longuement développée, il concluait : « qu'il ne peut y » avoir d'autre garantie de la stabilité d'un peuple que » dans son organisation intérieure. »

Voilà qui est bien en théorie. Mais M. Fiévée avait

encore dit autre chose ; laissons-le parler. Suivant lui, « il s'est formé entre les peuples et ceux qui les gou- » vernent une hypocrisie de sentiments qui serait dan- » gereuse si elle n'était pas de convention. Malheur à » ceux qui la prennent au sérieux ! Les souverains, en » général faciles aux séductions, se sont inquiétés » beaucoup trop de plaire dans le sens de la démo- » cratie ; et comme il n'est jamais difficile de leur » donner l'apparence d'une satisfaction à cet égard, » ils se croient aimés quand on leur dit qu'ils le sont, » et quelquefois même *ils le répètent avec une bonho-* » *mie qui fait pitié.* »

Voilà ce qui (disait-on tout bas) avait blessé Louis XVIII. — Et Fiévée de nous dire tout haut : « Honni soit qui mal y pense ! De telles interpréta- » tions sont divinatoires... Il n'y a de coupables en » pareil cas que les officieux interprètes, qui, pour » faire valoir la pénétration de leur esprit, ont eu la » malheureuse imagination de faire d'une réflexion » générale un portrait offensant, et la témérité de » l'appliquer au Roi ! »

Quoi qu'il en soit, examen fait de la brochure de M. Fiévée, dans son *ensemble* et *notamment* aux pages indiquées, et particulièrement dans les passages que je viens de citer, tous les consultants, rassurés d'ailleurs par les *excellentes opinions* de M. Fiévée, furent d'avis que l'ouvrage ne contenait rien de séditieux, d'injurieux ni de calomnieux, et que le jugement devait être infirmé.

Il le fut en effet sur l'appel par arrêt du ... juin 1818, sur la spirituelle plaidoirie de Mᵉ Hennequin, qui développa avec beaucoup de finesse les raisonnements de la consultation, et ne manqua pas de faire valoir, que la diversité des opinions n'avait pas empêché les nombreux signataires de *s'accorder* sur la parfaite innocence de l'écrivain.

Et c'est à ce sujet que le malicieux auteur m'écrivait : « Ce qui m'a paru le plus extraordinaire dans » notre affaire d'hier (12 juin), c'est que sept ou huit » hommes pussent *s'entendre* aussi bien et aussi » promptement sur une affaire délicate où toute ex- » pression a sa valeur... »

Oui, sans doute, il eût été difficile de s'accorder si les opinions personnelles et si diverses des consultants avaient été en jeu. Mais, comme jurisconsultes et sous le rapport des principes, le *droit* était notre pierre de touche et notre point de ralliement, c'est là-dessus que nous étions d'accord.

Ce qu'il y eut de plaisant, ce fut d'entendre le bon M. de la Calprade nous dire après la délibération : « Surtout, pas de politique; autrement je ne signe » pas. » — Plein de ce scrupule, il m'écrivait encore le 13 juin : « Je ne suis pas publiciste; je ne me suis » jamais mêlé de questions politiques, et je ne m'en » occuperai jamais. »

Il était cependant bien impossible que la discussion ne fût pas quelque peu politique; il est même évident qu'elle ne pouvait pas être autre chose en discutant les passages tout politiques de la brochure de M. Fiévée; mais nous discutions ses opinions sans exprimer les nôtres; aussi le brave Doyen, après l'avoir lue, la signa sans la moindre difficulté, bien convaincu qu'il n'y avait rien là de politique.

Quelques autres voulurent se montrer plus chatouilleux; ils auraient désiré, les uns, ajouter quelques sentiments royalistes qui n'étaient pas du ressort de la consultation; d'autres, retrancher quelques expressions qui leur semblaient trop hardies. Je m'y refusai absolument, et j'y étais autorisé par M. Fiévée lui-même, qui m'avait écrit après avoir lu mon travail : « Si, pour avoir plus de signatures, il faut faire » des changements, ayons moins de signatures et ne » changeons rien. Je parle de changements qui affai- » bliraient, car s'il était question de mots, je m'en » rapporterais à votre goût. Pour le fond il n'y a au- » cune concession à faire. C'est mon avis; si c'est le » vôtre, autorisez-vous de moi. »

LE PROFESSEUR BAVOUX.

ÉCOLE DE DROIT DE PARIS.

2 août 1819.

Dans le courant de 1819, plusieurs facultés de droit furent le théâtre de troubles dont la cause fut attribuée à la dissidence des opinions politiques.

Une ordonnance royale du 24 mars 1819, depuis longtemps sollicitée, avait accordé quelques développements à l'enseignement du droit : de nouvelles chaires venaient d'être instituées à Paris pour le *droit naturel*, le *droit des gens*, le *droit public ;* en un mot, l'enseignement du droit promettait de devenir ce qu'il doit être dans un gouvernement constitutionnel.

Cette ordonnance fut-elle la cause des troubles qui ne tardèrent pas d'éclater à l'École de droit de Paris?

N'en fut-elle que l'occasion ou seulement le prétexte? « En effet, disait-on, qui pourrait douter, en voyant toute l'utilité que certains hommes, certains journaux, certaines coteries ont voulu tirer de cette affaire, soit en incriminant en masse toute cette jeunesse qui fait la force, l'espérance et l'orgueil de la patrie, soit en accusant le *système* d'instruction publique en soi, que le cours de M. Bavoux n'ait été troublé à dessein pour arrêter, dans leur élan constitutionnel, et les professeurs et les étudiants, et pour paralyser dans son exécution cette ordonnance du Roi auteur de la Charte, qui promettait un enseignement plus complet, plus libéral, plus généreux? »

Quoi qu'il en soit, M. Bavoux, d'abord atteint par des mesures académiques, vit son cours *suspendu*, et se trouva lui-même en butte à des *poursuites judiciaires*.

Il fut renvoyé devant la Cour d'assises comme « ac-» cusé d'avoir, par des discours proférés les 22, 24, » 26 et 29 juin, dans des lieux et réunions publics, » provoqué à la désobéissance aux lois. »

Or, ces discours, c'étaient ses leçons; — ces réunions, c'était le cours même professé dans l'auditoire de l'École de droit.

Bavoux choisit pour ses avocats Persil et moi; nous étions ses amis, et en 1810 nous avions concouru ensemble pour les chaires alors vacantes à l'École de droit, et auxquelles les professeurs Cotelle et Boulage furent nommés.

Avant la plaidoirie, je jugeai nécessaire de publier, sous le titre d'*Observations préliminaires*, une suite d'autorités et d'exemples les plus forts que je pus trouver, pour prouver que, dans tous les temps, sous l'ancien régime comme depuis la Révolution, les commentateurs et les écrivains avaient usé avec une grande liberté du droit de critiquer les lois, les coutumes, les ordonnances, et d'en accuser, tantôt le fond, tantôt la forme, tantôt le texte, tantôt les motifs ; d'où j'inférais, à l'avance et sous la protection de ce précédent, que M. Bavoux, en critiquant certaines dispositions de nos lois, était loin d'avoir excédé les bornes dans lesquelles ce droit de critique avait pu s'exercer dans tous les temps.

Une autre difficulté allait se présenter. Qu'avait réellement dit M. Bavoux ? — Il était venu à son Cours un cahier à la main ; mais que contenait ce cahier ? Avait-il tout lu? Y avait-il ajouté quelques phrases improvisées ?

On avait apposé les scellés sur la porte de son cabinet; et plus tard, en les levant, on avait saisi des cahiers sur lesquels le procureur général Bellart dressa son acte d'accusation. — Mais, quel malheur ! sur plusieurs pages, là où la nature du sujet avait dû entraîner plus naturellement le professeur, d'énormes ratures n'avaient pas permis à l'accusation de pénétrer toute la pensée du rédacteur !....

Celui-ci avait-il fait ses ratures avant ou après ses leçons? Avait-il, comme on l'a prétendu depuis, trouvé le moyen de s'introduire dans son cabinet par une seconde porte *non scellée,* parce qu'elle n'avait pas été aperçue, étant masquée par une armoire mobile qu'il avait été facile de déplacer? Quel bon tour, en ce cas, joué ainsi à l'accusation !....

Rappelons ici deux ou trois passages du réquisitoire. — Après avoir analysé ce qui précède, le procureur général s'interroge et se dit à lui-même : « Le sieur Ba-

» voux se laissait-il aller en cet endroit à un relâche-
» ment de morale sur des actions répréhensibles? —
» *On n'en sait plus rien, la rature a tout détruit.* »

On n'en sait plus rien, et cependant on accuse ! s'écriait la défense.

« ..... Au recto du folio 5, continue l'acte d'accu-
» sation, le professeur devenait-il en cet endroit trop
» hardi ? — *Une rature empêche de le savoir.* »

Elle devait donc aussi empêcher d'accuser.

L'accusation continue : « Au bas du recto et au haut
» du verso du feuillet n° 6, *il y a une grosse et longue*
» *et illisible rature.* Que contenait cette dernière page ?
» *Sûrement* des choses dont l'audace de l'auteur lui-
» même s'est effrayée.... ; mais ce n'est plus qu'une
» *conjecture,* la rature interpose son voile officieux et
» *impénétrable.* »

Eh bien ! s'il est impénétrable, comment former même une *conjecture?* Et si ce n'est en tout cas qu'une simple conjecture, pourquoi affirmer que *sûrement,* etc.

Ainsi raisonnait la défense en discutant le réquisitoire *écrit.*

Mais dans le *débat oral,* il fallait bien en venir *au fait :* et dès le commencement des débats, m'attachant à cette idée première, que le délit ne *pouvait être que dans ce qu'avait* DIT *le professeur à ses élèves du haut de sa chaire,* et non dans ce qu'il avait pu *écrire chez lui* sur un manuscrit resté dans son portefeuille, j'exigeai que chacun des témoins fût interrogé précisément sur le point de savoir : « s'il avait *entendu*
» M. Bavoux professer le mépris ou la désobéissance
» aux lois? » — Après plusieurs réponses toutes négatives, M. le président, lassé de demander à tous la même chose, et cependant toujours prié de leur adres-

ser *la question,* finit par me dire avec une sorte de dépit : *Eh! que ne la faites-vous vous-même ?*

Je la fis donc, et avec une constance qui, amenant toujours les mêmes réponses, détruisait radicalement l'accusation.

En effet toute la cause était là. M. Bavoux avait enseigné publiquement, en chaire, à l'École de droit, en présence d'une foule d'auditeurs; on devait donc le juger uniquement sur ses discours publics. — *Ego palam locutus sum; ego semper docui in synagogâ et in templo quo omnes conveniunt, et in occulto locutus sum nihil.*

A toutes les interpellations qui lui étaient adressées, il aurait pu répondre : Pourquoi m'interrogez-vous? Que n'adressez-vous vos questions à ceux qui ont entendu ce que je leur ai dit? Ceux-là seuls savent ce que je leur ai enseigné. *Quid me interrogas? Interroga eos qui audierunt quid locutus sum ipsis. Ecce hi sciunt, quæ dixerim ego.*

M. Bavoux fut acquitté à l'unanimité et ramené chez lui aux acclamations des élèves et d'une foule de citoyens.

Peu de temps après, plusieurs élèves en droit (notamment M. de la Plesse, depuis député de son département), ayant été traduits en police correctionnelle comme prévenus d'avoir pris part aux *troubles de l'École,* et d'avoir *résisté* aux autorités civiles et militaires, je fus également chargé de leur défense collective, et sur ma plaidoirie, ils furent acquittés. — C'est à cette défense et au patronage que j'avais exercé envers les Étudiants dans cette circonstance que j'ai fait allusion dans la dédicace que je leur adressai, *juris studiosis* [1], du petit volume contenant les *Aphorismes de Bacon.*

AFFAIRE DE LYON.

CANUEL. — SENNEVILLE. — LE COLONEL FABVIER.

Décembre 1819.

Je ne puis présenter une idée plus exacte des circonstances qui ont donné naissance à cette affaire, qu'en transcrivant ici l'exposition qui se trouve placée en tête du recueil des pièces du *Procès* [2].

« Jamais procès, dit l'éditeur, ne fut plus digne de fixer l'attention publique que celui dont nous offrons l'histoire.

» Ce n'est pas une de ces querelles privées dont l'intérêt est renfermé entre les parties : c'est un procès qui intéresse la seconde ville du royaume, le département du Rhône, la France entière et le gouvernement lui-même. C'est un procès qui doit jeter la lumière sur une époque mémorable, et dont l'histoire s'emparera pour le consigner dans ses annales.

[1] *Hæc igitur accipite, juris Studiosi! Baconii scilicet opus cum veneratione; et quæ tanto viro indignus adjeci, non sine indulgentiâ. Sic enim volo illa, non ut a doctore, sed ab ejusdem quam vos frequentamini scholæ alumno, accipiatis. Quod si non jam à condiscipulo vobis offeratur, quia nido primus evasi ætatis beneficio; semper tamen ab amico judicetis, qui Vos, quantum in se fuit, et privatis prælectionibus, et scriptis, et domi consilio adjuvit,* ET IN ACCUSATIONIBUS ETIAM VOBIS ADVOCATUS NON DEFUIT.

[2] Paris, Lhuilier, 1829, in-8.

» Chacun sait que les troubles qui ont agité le département du Rhône, en 1817, ont été la source de ce procès.

» Longtemps on fut en doute de savoir si ces troubles étaient *réels* ou *factices*; s'ils étaient l'ouvrage des ennemis du trône ou des ennemis de la liberté; s'ils étaient concentrés dans les villages où ils ont éclaté, ou si, comme on l'a prétendu, ils avaient des ramifications dans toute la France et même dans l'Europe.

» D'abord, on savait vaguement qu'il y avait eu des mouvements dans le département du Rhône, et que le sang français avait coulé sur l'échafaud; on connaissait l'exécution d'Oudin et une partie des désordres qui l'avaient accompagnée; on n'ignorait pas enfin que M. le maréchal duc de Raguse avait été envoyé comme Lieutenant du Roi pour rétablir le calme et ramener la paix dans cette province.

» Mais peu de personnes connaissaient la mesure du mal. La plupart en jugeaient par l'énergie du remède, et l'imagination effrayée allait au delà du vrai.

» Cependant la mission du duc de Raguse était l'objet des censures les plus amères et des attaques les plus violentes de la part de certains hommes de parti. Un journal clandestin (le *Moniteur Royal*) était rempli de diatribes contre le Lieutenant du Roi, et l'on se demandait qui pouvait exciter cette colère.

» Du haut de la tribune nationale, un coin du voile fut soulevé. Quoique avec l'accent du doute, un honorable député (M. Camille Jordan) avait traité la révolte de Lyon *d'absurde et ignoble complot qui n'aurait pu qu'avorter au moment où il aurait éclaté...; où l'action de la police et l'espionnage n'auraient été que trop visibles...; dont le parti de l'exagération s'était évidemment emparé, et dont il aurait accompagné la punition d'excessives rigueurs.*

» Il est vrai que sa voix avait été comprimée, qu'on avait hautement démenti ce qu'il n'avait fait qu'indiquer. Mais cela n'avait point suffi pour rassurer l'opinion. N'avait-on pas aussi démenti M. Voyer d'Argenson sur les massacres de Nîmes ?

» Dans ces circonstances, le colonel Fabvier, qui avait accompagné le duc de Raguse dans sa mission en qualité de chef d'état-major, crut devoir repousser les attaques dirigées contre son chef, et mettre le public dans la confidence de ce qu'il savait sur les événements de Lyon. Il publia son premier écrit intitulé, *Lyon en* 1817.

» Suivant cet écrit, les troubles auraient été *provoqués;* ils auraient eu pour directeurs secrets des *agents mêmes de l'autorité.* La cruauté des supplices aurait égalé le machiavélisme qui les avait préparés.

» Aussitôt le maire de Lyon, le grand prévôt, l'ancien préfet, le lieutenant général Canuel et d'autres personnes attaquées directement ou indirectement dans cet écrit, publient leurs réfutations, expliquent les faits à leur manière, et appuient leurs explications sur des pièces qu'ils présentent comme justificatives.

» Suivant eux, la conspiration fut réelle ; elle avait des ramifications immenses dans la France et même hors la France. Loin de l'encourager, les autorités civiles et militaires l'ont comprimée, et en la comprimant, ils ont *sauvé le trône et l'État;* ils ont bien mérité du prince et de la patrie !

» Le colonel Fabvier répliqua par un écrit intitulé *Lyon en* 1817, *seconde partie.* Il assure que loin d'avoir exagéré les faits, il n'a pas même dit la vérité tout entière dans sa première relation.

» M. de Senneville se joint à lui et publie son livre ayant pour titre : *Compte rendu des événements qui se sont passés à Lyon depuis l'ordonnance royale du* 5 *septembre* 1816 *jusqu'à la fin d'octobre* 1817. Il confirme tout ce qu'a dit le colonel ; il l'appuie sur de nombreuses pièces. Il ne se contente pas de présenter les faits ; il remonte à la source et indique leur cause. On voulait prouver, suivant lui, que le régime constitutionnel ne convenait pas à la France ; qu'il ne pouvait être qu'un germe de discordes et de révolutions, et qu'il fallait en adopter un autre ; on voulait surtout renverser le ministre (M. de Cazes) qui paraissait soutenir et défendre ce régime contre les attaques d'un parti.

» Quoique ces écrits eussent jeté un grand jour sur les événements de Lyon, ils ne suffisaient point pour lever tous les doutes.

» On attendait que le gouvernement se prononçât dans cette lutte, qu'il fît connaître les vrais coupables et poursuivît leur punition : son silence augmentait les incertitudes.

» Enfin, quand on vit le général Canuel demander des juges qui ne lui furent point accordés, ce fut un nouveau sujet d'étonnement, et pour ceux qui le soutenaient innocent, et pour ceux qui l'auraient cru coupable.

» Tels étaient l'état des choses et la fluctuation des esprits, lorsque le général baron Canuel se détermina à intenter sa plainte en calomnie contre MM. Fabvier et Senneville.

» Ce procès devait enfin mettre un terme à toutes les incertitudes et dévoiler la vérité tout entière ; non que le jugement dût porter sur le *fond,* puisque les juges n'avaient à examiner que la question de savoir si les parties avaient une *preuve légale* des faits avancés par elles, c'est-à-dire un jugement ou des actes authentiques propres à prouver les intrigues mystérieuses qu'ils disaient avoir existé; mais on savait que dans les débats se dérouleraient ces preuves morales qui suffisent à l'opinion pour asseoir ses jugements, et à l'histoire pour écrire ses annales. »

Me Couture avait exposé les moyens du baron Canuel à l'audience du 28 novembre 1819.

Je plaidai pour M. de Senneville aux audiences des 5 et 12 décembre 1819.

Le colonel Fabvier fut défendu par son frère, avocat de Nancy, et par Me Mauguin, dont l'exorde fut remarqué.

Le tribunal, par son jugement du 19 janvier 1819, a condamné les sieurs Senneville et Canuel chacun en 50 francs d'amende, dépens compensés.

Une condamnation *si minime,* après de si graves imputations de part et d'autre, semble prouver que la JUSTICE avait conçu assez peu d'estime pour les *deux polices* rivales, et l'on croirait qu'elle avait voulu leur faire entendre cette sentence de la fable :

> Car toi, loup, tu te plains quoiqu'on ne t'ait rien pris ;
> Et toi, renard, as pris ce que l'on te demande.

Mais le parti ultrà fut pris la main dans le sang. L'action des *agents provocateurs* fut clairement démontrée par les rapports mêmes de la police dont la défense eut communication, et dont le texte fut cité à l'audience. 122 condamnés ! l'exagération des supplices, celui de ce malheureux enfant de seize ans qui, sous la hache du bourreau, s'écriait : *Oh! ma mère!* les promesses d'amnistie données et violées ! les exactions, les pillages tels, que le colonel Fabvier avait pu dire : « Si

» l'on m'y force, je consens à faire, *village par village*,
» le tableau des actes arbitraires et des concussions
» supportées dans le département. »

En tout, horrible affaire.

Le tribunal écouta tout, laissa tout dire. Il comprenait qu'une entière publicité était la seule réparation pour le mal passé, le seul préservatif contre le renouvellement de tels malheurs.

Senneville avait tout prouvé, mais seulement par des pièces administratives. Il n'avait pas la *preuve légale* exigée par l'article 375 du Code pénal, c'est-à-dire un jugement. Les juges satisfirent à la lettre de la loi en condamnant Senneville à 50 francs d'amende pour tout ce qu'il avait imputé au général Canuel, auquel il ne fut alloué aucuns dommages-intérêts, et qui fut même condamné, de son côté, à 50 francs d'amende envers Senneville à titre de réciprocité.

M. DE PRADT

ANCIEN ARCHEVÊQUE DE MALINES.

28 août 1820.

M. de Pradt, ancien archevêque de Malines, et l'un des écrivains politiques les plus féconds et les plus distingués, remarquable surtout par la hardiesse de ses vues et d'importantes prévisions souvent justifiées par la conformité des résultats, se vit traduit à la Cour d'assises, où il comparut le 28 août 1820, comme accusé :

1° D'avoir provoqué à la désobéissance aux lois ;

2° d'avoir commis le délit d'attaque formelle contre l'autorité constitutionnelle du Roi et des Chambres; 3° provoqué et excité à la guerre civile, en portant les citoyens à s'armer les uns contre les autres, ladite provocation (néanmoins) non suivie d'effet.

On lit dans l'*Introduction* d'un volume in-8°, publié chez Béchet, et intitulé *Procès complet de M. de Pradt*, que « des ordres directs du ministère avaient mis en action les magistrats; que des mesures sévères avaient dû être proposées contre l'auteur; que l'effet en avait été prévenu par les représentations des chefs du clergé... »

Quoi qu'il en soit, M. de Pradt ne fut pas constitué prisonnier, il parut librement devant la Cour, en costume ecclésiastique, portant en sautoir le grand cordon de la Légion d'honneur et sur sa poitrine la croix archiépiscopale.

On a remarqué, sinon comme un fait exprès, au moins comme une rencontre fâcheuse, que la cause de M. de Pradt, sérieuse par elle-même et grave surtout par le caractère dont l'accusé était revêtu, eût été précédée immédiatement par une affaire d'un genre bien différent, celle d'une fille publique appelée *la Coquette*, prévenue d'avoir proféré des *cris séditieux* dans *un corps de garde*.

M. l'archevêque de Malines dut se résigner, et se rappeler évangéliquement que le divin Sauveur du monde avait souffert bien d'autres humiliations au jour de son jugement.

La censure existait alors. Et comme c'était une expérience faite à cette époque, que les journaux, ouverts seulement à l'attaque, libres seulement pour l'accusation, étaient fermés à la défense, on eut soin de faire sténographier exactement les réquisitions de M. l'avocat général Vatimesnil, ainsi que mon plaidoyer; le tout parut peu de temps après sous le titre de *Procès complet de M. de Pradt* (déjà cité plus haut).

La déclaration du jury fut négative sur tous les points.

A sa sortie de l'audience, M. de Pradt reçut une véritable ovation. La foule entoura sa voiture et faisait entendre les cris de : Vive l'abbé de Pradt ! vive l'archevêque ! — Se montrant à la portière d'un air radieux, le prélat saluait le peuple, et en vérité, s'il n'eût craint de paraître ridicule, je crois qu'il leur eût donné *sa bénédiction,* comme jadis le cardinal de Retz au sortir des assemblées de chambre du Parlement.

Andrieux, dans son Cours de littérature, a cité avec éloge la péroraison de mon plaidoyer, et cela m'encourage à la reproduire ici comme exprimant mon opinion persévérante : Que les gouvernements représentatifs et une sage liberté, réglée et protégée par des lois équitables, sont dans la destinée des peuples civilisés quand ils sauront se garder des partis extrêmes qui, en outrant les principes, compromettent la cause même qu'ils croient défendre, dans l'État comme dans l'Église.

« *L'écrit est jugé,* a dit M. l'avocat général en terminant son réquisitoire. Non, Messieurs, il n'était pas encore jugé, il n'était qu'accusé, mais il est jugé à présent, parce que vous avez entendu la défense et que tout vous est connu.

» Vous pouvez maintenant demander à vos consciences si M. de Pradt est un ennemi des lois, un ennemi de la Charte, un ennemi de la dynastie, un ennemi du gouvernement.

» Inébranlable défenseur des principes, fidèle observateur de toutes les convenances, la religion, la loi, la royauté, le ministère lui-même, n'ont aucun reproche à lui faire.

» Il a dit sa pensée, il l'a dite à découvert, il l'a dite tout entière : la vérité attachée à ses paroles triomphe de l'accusation.

» Cet habile publiciste s'est placé au sein d'une belle et vaste idée ; elle anime et féconde tous ses écrits. Il s'est dit :

« Un grand destin s'achève; un grand destin com-
» mence[1].

» Le monde intelligent a déclaré qu'il laissait à la
» stupide Égypte d'adorer les animaux. Il est las d'o-
» béir aux caprices et au bon plaisir du pouvoir absolu,
» et il n'y aura désormais de paix pour les peuples, ni
» de sûreté pour les trônes, que dans l'admission et
» l'affermissement des principes constitutionnels. »

» Fût-elle exagérée, cette idée, par elle-même, a de la grandeur, et ne fût-elle qu'une *utopie*, son élévation seule inspirerait encore la méditation et le respect.

» L'histoire du monde embrasse déjà bien des siècles, et cependant il est facile à l'observateur de la réduire à de grandes masses qui servent à distinguer les révolutions de l'esprit humain, comme les zônes servent à marquer la division du globe.

» Dès la plus haute antiquité, nous voyons les peuples soumis au gouvernement absolu ; prêtre ou roi,

[1] Des leçons du passé le présent se féconde;
Un monde rajeuni sort des flancs du vieux monde.
. . . .
La liberté du peuple est un décret des cieux.
(MOISE, poëme de Lemonier.)

c'est toujours un despote qui commande ; la verge de Moïse et le sceptre de Pharaon pèsent également sur les Juifs et sur les Égyptiens.

» Les Grecs offrent le type de gouvernements plus parfaits ; avec la liberté, fleurissent chez eux les lettres et les arts ; leur politesse devient le modèle des âges suivants.

» L'empire des Romains embrasse l'Univers connu :

» Rome est partout ; bientôt elle n'est plus que là où se trouve un empereur [1].

» Alors les *Barbares* s'avancent ; ils démembrent l'empire ; ils répandent la dévastation et la mort.

» A la faveur de cette force brutale qui abat et détruit tout, la féodalité tend ses sombres voiles ; l'ignorance la plus profonde règne ; la nuit la plus obscure plane sur le genre humain : *Nox incubat atra.*

» Enfin, l'aurore de la liberté commence à luire aux yeux des peuples asservis.

» Les républiques d'Italie,

» Les villes libres d'Allemagne,

» Les affranchissements de Louis le Gros, améliorent le sort de l'humanité féodalisée.

» De ce moment l'esprit humain prend l'essor ; il s'élève vers un ordre de choses plus conforme à sa dignité et à son bonheur.

» Les croisades introduisent la chevalerie dans les mœurs, et successivement les progrès de la navigation, la découverte du Nouveau-Monde et surtout celle de l'imprimerie préparent et assurent la restauration de l'espèce humaine.

» Citez-moi, depuis ce temps, un seul pas rétrograde ; une bonne idée, une découverte utile qui se soient

[1] Roma est ubi imperator est.

perdues; une science, un art qui n'aient été perfectionnés!

» L'impulsion une fois donnée ne s'est pas ralentie; le mouvement s'est continué jusqu'à nous, et la Révolution de 1789 ne fut pas l'ouvrage d'un jour; elle était poussée par le poids, l'irrésistible poids des siècles précédents.

» Ainsi, l'Europe a été tour à tour :

» *Grecque, romaine, barbare, féodale;*

» L'Europe entière sera *constitutionnelle!*

» C'est aux ministres de la religion qu'il appartient de proclamer ces hautes vérités, d'en avertir les rois, de les prédire aux nations.

» C'est à eux qu'il convient de signaler les vices des lois, les excès des gouvernements, les misères des peuples.

» Si l'on voit dans le Code théodosien une loi qui suspend pendant trente jours l'exécution des sentences que le prince aurait rendues dans la fureur de sa vengeance, on le doit aux courageuses remontrances de l'archevêque de Milan, qui soumit à la pénitence publique l'empereur qui s'était souillé du sang de ses sujets en ordonnant le massacre de Thessalonique.

» Au IXe siècle, l'archevêque de Lyon sollicite l'abolition du combat judiciaire.

» Le clergé d'Espagne et celui d'Italie favorisent et secondent l'élan des peuples vers une liberté légale et constitutionnelle : un archevêque préside les cortès!

» Le clergé de France, si jaloux des libertés de son Église, ne doit pas l'être moins des libertés de l'État. Sa religion lui en fait un devoir et son propre intérêt l'y convie; car, pour reprendre ici en terminant les belles paroles que mon illustre client a fait entendre devant vous : « Les remparts des temples ne sont jamais plus solides que lorsqu'ils s'appuient sur ceux de l'édifice social. »

MADIER DE MONTJAU.

1820.

Magistrat à Nîmes, il avait donné l'éveil sur les menées du parti *ultra*. On voulut l'amener à des *révélations* plus précises qui auraient eu le caractère de dénonciations individuelles : il s'y refusa.

Par suite, il fut traduit disciplinairement devant la Cour de cassation, *présidée cette fois par M. le garde des sceaux.*

Il me choisit pour conseil.

La Cour n'ayant pas voulu qu'il se fît défendre par un avocat, il plaida lui-même : je rédigeai la seconde partie de son plaidoyer contenant la discussion du point de droit.

Je l'assistai à l'audience, siégeant à côté de lui, ainsi que son vieux père, magistrat à la Cour de Lyon, royaliste éprouvé, homme de grande stature, qui sous la première Constituante avait plusieurs fois protégé l'abbé Maury contre les insultes de la populace, et mérité qu'on l'appelât *le garde du corps de l'abbé Maury.*

Après le procès, je reçus de Madier-Montjau deux gravures qu'il plaça dans mon cabinet : — *La mort de Socrate,* — et *Hippocrate refusant les présents d'Artaxercès.*

Le procès a été imprimé in-8°.

Depuis, M. Madier est devenu mon collègue à la Cour de cassation.

L'ERMITE EN PROVINCE.

M. JOUY, DE L'ACADÉMIE FRANÇAISE.

31 juillet 1820.

M. Jouy, membre de l'Académie française, l'un de nos littérateurs les plus distingués et comme poëte et comme prosateur, auteur de plusieurs tragédies goûtées du public et du charmant ouvrage intitulé *l'Ermite de la Chaussée-d'Antin*, fut traduit le 31 juillet 1820 devant la Cour d'assises, alors investie, à l'exclusion du tribunal de police correctionnelle, du droit de juger les délits de la presse.

Il était accusé de diffamation pour avoir, dans un de ses ouvrages intitulé *l'Ermite en Province*, contesté la justesse de cette inscription : *Fidélité de* 1793, qu'il avait remarquée sur la façade de la Maison commune de Toulon. Le bon Ermite avait à ce sujet fait la réflexion suivante :

« Comme la ville de Toulon, le port et tout ce qu'ils
» renfermaient furent livrés en même temps aux An-
» glais et aux Espagnols, on ne sait si c'est à l'Espagne
» ou à l'Angleterre que ces messieurs furent fidèles :
» *ce ne fut pas du moins à la France ;* aussi cette in-
» scription ne réjouit-elle que les étrangers. »

L'accusation fut soutenue vivement par M. l'avocat général de Vatimesnil.

M. Jouy fut défendu par moi et acquitté par la Cour sur la déclaration du jury.

La censure existait à cette époque dans toute sa fleur ; et comme, en permettant à tous les journaux de reproduire l'accusation, elle n'avait laissé à aucun la liberté de faire connaître la défense de M. Jouy, celui-ci fit imprimer le récit de son procès et le plaidoyer sténographié de son avocat, sous ce titre : *La Municipalité de Toulon et l'Ermite en Province,* Procès ; avec cette épigraphe qui reproduisait la pensée fondamentale de la défense : « Non, jamais, dans aucun » temps, dans aucune circonstance, sous aucun pré- » texte, l'action de livrer une ville française à l'ennemi, » n'a pu être considérée comme un acte de fidélité. »

L'auditoire avait vivement saisi cette phrase de mon plaidoyer : « La patrie est un dieu jaloux qui ne veut » pas qu'on sacrifie sur son autel à des dieux étran- » gers. »

Il avait également applaudi la péroraison commençant par ces mots : « Qui ne connaît l'orgueil d'une » place de guerre pour ses remparts, sa défiance in- » quiète contre l'étranger, et l'antipathie naturelle » qu'une ville maritime du premier ordre devait nour- » rir dans son sein contre l'implacable ennemi de la » marine française ? »

Ce procès est précédé d'une préface où M. Jouy se plaint avec amertume de l'injuste et cruelle oppression de la censure. Il va même jusqu'à signaler les censeurs par leurs propres noms, « afin, dit-il, que l'on sache » que *ces choses se sont passées l'an de grâce* 1820, » *sous l'empire d'une loi suspensive de la liberté de la* » *presse, les sieurs* (*tels et tels*) *étant censeurs !!* »

Nota. — Dans le *Constitutionnel* du 3 juillet 1821 (article *Londres,* 29 juin), on lit ce qui suit :

« La pension accordée aux émigrés de la Corse et de Toulon n'a pas passé sans quelques difficultés. Le colonel Davies a prétendu que les émigrés français ne devaient plus rien réclamer de l'Angleterre, puisque Louis XVIII était rétabli sur le trône.

» M. Arbuthnot lui a répondu que, quant aux émigrés de Toulon, ils devaient, en vertu de la capitulation faite avec l'amiral Hood, continuer de recevoir leur pension pour *les services qu'ils avaient rendus à l'Angleterre.*

» Le chancelier de l'Échiquier a ajouté que les émigrés toulonnais étaient pour la plupart des officiers de marine, qui étaient entrés au service de l'Angleterre lors de la capitulation de Toulon.

» M. Bennet a prétendu que des hommes *qui avaient servi contre leur patrie* ne devaient pas recevoir de récompense de l'Angleterre; qu'ils avaient servi l'Angleterre, ou par attachement pour la famille des Bourbons ou par des motifs dont il ne parlerait pas par délicatesse pour ces individus : que dans le premier cas, la France devait les récompenser; que dans le second cas, ils ne devaient rien recevoir du gouvernement anglais.

» Malgré cette opposition, les sommes demandées ont été accordées. »

Le *Constitutionnel* du 13 janvier 1822 annonce que, parmi les pétitions insérées dans le dernier feuilleton de la Chambre, on remarque celle du sieur Abeille, qui réclame le payement de cent cinquante hectolitres de vin fournis en 1793 à l'armée anglaise qui occupait Toulon.

PROCÈS DU MIROIR.

(MM. JOUY, ARNAULT, DUPATY, GOSSE, ETC.)

18 mai 1821.

Au milieu d'un grand nombre de poursuites pour *délits de la presse*, le procès du *Miroir* a une physionomie particulière.

Ses rédacteurs n'étaient pas accusés d'avoir commis un délit, soit d'offenses, soit d'attaques, etc., etc. ; ils étaient seulement prévenus de *contraventions aux lois de la censure.*

Le *Miroir* ayant pris pour titre *Journal des spectacles, des mœurs et des arts*, les rédacteurs avaient pensé qu'ils étaient exempts de la censure à laquelle les lois d'exception n'assujettissaient que les écrits périodiques *consacrés en tout ou en partie à la politique;* mais le ministère soutenait que les rédacteurs du *Miroir* n'en tombaient pas moins sous le coup de ces lois, parce que si leur journal n'était pas entièrement ni ouvertement consacré à la politique, ils se servaient habituellement d'*allusions*, d'apologues et de tournures sous lesquels ils parvenaient à communiquer à leurs lecteurs des nouvelles ou des idées *politiques.*

Le ministère public, pour mieux caractériser leur genre de malice, leur reprochait le fréquent emploi qu'ils faisaient du *sarcasme politique !*

Ainsi toute la cause consistait en interprétations, à l'aide desquelles l'accusation s'efforçait de transformer en *articles politiques* des rédactions que les prévenus soutenaient n'avoir point ce caractère.

La cause fut des plus gaies, et les prévenus furent acquittés *cum plausu* en première instance et sur l'appel.

Comme j'avais, selon mon usage dans les procès de presse, refusé les honoraires de mes clients, qui d'ailleurs étaient mes amis, ils imaginèrent de m'offrir un petit *Miroir*, monté en forme de psyché, sur la glace duquel l'académicien Emmanuel Dupaty, l'un d'eux, avait tracé deux vers qui exprimaient leur reconnaissance. (Voyez la *Biographie* d'Ortolan, p. 48.) — Gosse publia aussi une pièce de vers à cette occasion.

LA SOUSCRIPTION NATIONALE.

1er juillet 1821.

Le 26 mars 1820 fut portée une loi qui, dans certains cas, permettait de détenir les citoyens sans jugement : c'était une de ces lois qu'on a nommées *lois d'exception*.

Plusieurs citoyens frappés des malheurs individuels que cette loi leur paraissait devoir entraîner, proposèrent d'ouvrir une *Souscription nationale en faveur des citoyens qui seraient victimes de la mesure d'exception sur la liberté individuelle.*

Tel était le titre du *prospectus* qu'ils firent imprimer. Il portait les signatures de MM. Laffitte, Lafayette, d'Argenson, Kératry, Manuel, Casimir Périer, Benjamin Constant, le général Pajol, Gévaudan, Étienne, Odilon Barrot, Mérilhou, Joly (de Saint-Quentin), Dupont (de l'Eure) et Chauvelin.

Divers journaux répétèrent l'annonce de ce prospectus, chacun y joignit ses réflexions.

Le ministère, qui redoutait pour sa loi l'effet de la souscription, en fit poursuivre les auteurs. Tous, à l'exception des pairs et des députés contre lesquels le procureur général se contenta de faire des *réserves*, furent renvoyés à la Cour d'assises, ainsi que les journalistes qui leur avaient servi d'écho.

Chacun d'eux choisit un défenseur.

Aux audiences des 29 et 30 juin, on entendit successivement MMes Jay, Rhumilly, Coffinières et Devaux pour divers journalistes, Me Mocquart, dont le plaidoyer pour Gossuin était remarquablement écrit, Me Tripier pour Gévaudan, Me Darrieux pour son collègue Odilon Barrot, et Me Legouix pour le lieutenant général Pajol.

La discussion paraissant épuisée, les autres défenseurs, au nombre desquels je me trouvais comme chargé de la défense d'Étienne et de mon confrère Me Mérilhou, renoncèrent à plaider.

M. l'avocat général de Broë ayant repris la parole et cherché dans une seconde attaque plus vive et plus redoutable que la première exposition, à remettre l'accusation des chocs qu'elle venait d'éprouver, tous les défenseurs, d'un commun accord, me chargèrent de *répliquer dans l'intérêt général de la cause.*

La tâche était d'autant plus délicate que, venant après un si grand nombre d'avocats distingués, il semblait difficile de dire quelque chose de neuf. Mais j'avais profondément médité mon sujet, mes recherches m'avaient fait découvrir des autorités précieuses qui devaient avoir tout l'attrait de la nouveauté. Armé de ces matériaux, que j'avais groupés autour des objections du ministère public, je parus entrer dans une lice toute nouvelle. Tous les signataires de la souscription, et par conséquent Étienne et Mérilhou, furent acquittés par arrêt du 1er juillet.

Les plaidoyers prononcés dans cette mémorable affaire ont été recueillis in-8°, sous le titre de *Procès de la Souscription nationale.*

On y rend compte en ces termes de l'impression qu'avait produite ma réplique : « Le plaidoyer de M. Dupin a excité dans tout l'auditoire une sorte d'enthousiasme, que le respect pour l'enceinte de la justice a seul empêché d'éclater autrement que par des murmures d'approbation souvent répétés. Chacun des nombreux avocats qui assistaient à l'audience faisait lire sur sa figure qu'il jurait avec l'orateur de secourir les malheureux, d'éclairer l'autorité et de déconcerter la délation. On a même remarqué qu'au moment où l'éloquent avocat parlait de l'humanité qui porte quelquefois les juges à demander la grâce des malheureux que la sévérité des lois les force à condamner, des larmes sont tombées des yeux de M. Moreau, de ce magistrat qui a si dignement présidé la Cour d'assises pendant toute la session, et qui dans cette même session avait donné à ses collègues l'exemple touchant que l'avocat venait de rappeler. »

LE POETE BÉRANGER.

SES CHANSONS.

8 décembre 1821.

En tête de la seconde édition de ce procès, on lit les réflexions suivantes :

« Nous devons rendre grâce aux lois de la *censure.* Lorsqu'elles n'existaient pas, on s'en rapportait aux journaux du soin de rendre compte des débats judiciaires et de saisir au hasard quelques morceaux détachés des plaidoiries.

» Ces analyses, faites du moins avec une entière liberté, contentaient le public ; il y voyait la défense à côté de l'attaque, et comme il avait, sinon une idée complète, au moins une idée juste et impartiale du procès, il n'en demandait pas davantage.

» Mais du moment que la censure, usant d'une prédilection excessive pour les *réquisitoires*, eut pris soin d'effacer dans tous les journaux ce qui avait trait à la *défense* des parties, le public, qui ne lisait plus, même par extraits, les plaidoyers des avocats, se montra curieux de les lire en entier ; et ce fut en même temps pour les accusés une nécessité d'en favoriser la publication, afin qu'on sût au moins *quels avaient été leurs moyens de justification.*

» Tel est le double motif auquel une élégante *Préface* nous apprend que nous sommes redevables du *Procès fait aux Chansons de Béranger,* joli volume imprimé chez les frères Baudoüin, du même format que les *Chansons,* et avec cette épigraphe extraite des Chansons mêmes de Béranger :

> Si l'on ne prend garde aux chansons,
> L'anarchie est certaine.

» Ce procès, disent les éditeurs, rendu si piquant par le nom de l'auteur, par le sujet de l'accusation, la réputation littéraire du magistrat qui devait la soutenir, et le talent tant de fois éprouvé de l'avocat chargé de la combattre, avait attiré une foule immense qui s'était encore accrue par l'imprudence qu'on avait eue de ne pas faire garder les avenues de la salle. Elles se trouvèrent obstruées au point que, pour ne pas exposer à des violences les hommes et les femmes qui avaient résisté à toutes les sommations de se retirer, M. le président de la Cour d'assises et l'un des conseillers furent obligés d'entrer *par la fenêtre* dans la salle d'audience ! »

Le prévenu lui-même, Béranger, eut toutes les peines du monde à pénétrer dans l'enceinte. Il avait beau dire aux gendarmes : Mais je suis Béranger ! je suis le prévenu ! je suis l'accusé ! on a besoin de moi ! — On lui répondait comme au reste de la foule : *Il n'y a pas de place.* — Enfin, après une demi-heure de lutte, il put arriver au siége qui lui était destiné.

M. de Marchangy, dans un plaidoyer parfaitement écrit, développa le système de l'accusation, qui roulait : 1° sur le délit d'outrage aux bonnes mœurs ; 2° d'offense envers la personne du Roi ; 3° de provocation au port public d'un signe extérieur de ralliement non autorisé par le Roi.

Je lui répondis sur-le-champ.

L'auditoire était bien disposé, et la défense reçut un

brillant accueil. Ce succès était-il mérité? — Ce n'est point à moi à le dire : je laisserai parler l'éditeur des *Annales du Barreau.* Après avoir fait un juste éloge du réquisitoire *écrit* de M. l'avocat général de Marchangy, il continue et dit :

« Il ne faut pas chercher dans le plaidoyer de M. Dupin le même poli d'expression; une *improvisation* n'admet guère le précieux du style, surtout de la part d'un orateur dont le caractère se distingue principalement par la vigueur des pensées et la fougue des mots.

» Cependant on fut agréablement surpris de voir un jurisconsulte ordinairement si grave, accoutumé à discuter sur des clauses d'actes et des textes de la loi, prendre successivement tous les tons qui convenaient au sujet, et se montrer également habile, également supérieur, soit qu'il cherchât à se concilier l'auditoire par un exorde gracieux, soit qu'il appelât l'intérêt sur son client par un exposé de faits où l'éloge du poëte était adroitement glissé; soit que, parcourant les différentes phases de l'accusation, il en fît ressortir tantôt la futilité et tantôt les contradictions; soit qu'enfin arrivant à la discussion, il montrât que les questions les plus élevées, les réflexions les plus fortes pouvaient s'allier dans cette cause à tout ce que la littérature a de plus léger, l'ironie de finesse, l'expression de piquant, quelquefois même de satirique, sans jamais blesser aucune convenance et en gardant sévèrement toutes les règles du goût.

» Un morceau qui produisit beaucoup d'effet est celui où l'orateur, feignant de citer Milton, trace le tableau de la situation des différents peuples. Chacun y fut trompé; on fut seulement frappé du rapprochement que cette peinture offrait avec les événements les plus récents, tels que les attroupements des radicaux, le licenciement de notre armée, les restrictions apportées à l'enseignement dans divers pays de l'Europe, l'invasion de Naples et de la Sicile par les Autrichiens, l'insurrection des Grecs, la guerre des Perses contre les Turcs, les Russes sur le Pruth. Mais il est de fait que cette revue des différents peuples n'est pas dans l'auteur du *Paradis perdu :* et ce n'est pas une petite gloire pour un orateur que d'avoir pu faire douter s'il ne traduisait pas en ce moment un des plus grands poëtes ! L'avantage qu'en tira l'avocat est qu'il ne fut pas interrompu par le président, qui ne se doutait pas de l'artifice. »

Si M. Béranger ne fut pas entièrement acquitté, il ne fut du moins condamné qu'au minimum de la peine, trois mois d'emprisonnement et une amende de 500 francs, dont il fut amplement dédommagé dans sa prison par l'affluence des visites les plus aimables et les plus gracieuses, et quant à l'amende, par la vente de son *Procès,* imprimé avec le texte des chansons, et dont trois mille exemplaires furent promptement débités.

Mais de cet incident même naquit un *second procès.* En effet Béranger, pour faire ressortir davantage l'injustice de la censure à son égard, avait déclaré dans sa *Préface* qu'il imprimerait tout, non-seulement ce qui était pour, mais aussi ce qui était contre, non-seulement le plaidoyer de son avocat, mais même l'*arrêt de renvoi.* Et de fait, cet arrêt se trouvait *imprimé textuellement* à la fin du volume, parmi les *pièces justificatives,* titre assez plaisant si l'on fait attention que ces pièces dites *justificatives* ne comprenaient que le *réqui-*

sitoire du ministère public, l'*ordonnance* de la Chambre du conseil et l'*arrêt* de renvoi.

Or dans cet arrêt se trouvaient tous les couplets incriminés qui avaient fait la matière du premier procès. On vit là un fait de *réimpression de l'écrit condamné*, et Béranger se vit une seconde fois traduit devant la Cour d'assises, et menacé sans rémission du maximum de la peine comme coupable de *récidive*.

Il fut encore dans ces circonstances défendu par moi. Je soutins en point de droit que Béranger devait être réputé n'avoir *imprimé que l'arrêt de la Cour*, sans examiner si cet arrêt était en prose ou en vers, et s'il contenait ou non des chansons.

Béranger, cette fois, fut entièrement acquitté de l'accusation (arrêt du 15 mars 1822).

JAY ET JOUY,

ACADÉMICIENS.

(Articles sur BOYER FONFRÈDE et les FRÈRES FAUCHER, dans la *Biographie nouvelle des contemporains.*)

29 janvier 1823.

Jouy avait rédigé l'article sur les frères *Faucher*, de la Réole ; — et Jay, l'article sur *Boyer Fonfrède.*

Dans l'article sur les frères FAUCHER, M. Jouy avait raconté leur vie militaire ; il s'était apitoyé sur leur condamnation, prononcée par des juges d'exception, et *sans que les accusés eussent été défendus!* Il avait déploré la rapidité de l'exécution, qui n'avait pas permis à la clémence royale d'intervenir, et relevé à leur avantage la noble fermeté avec laquelle ils avaient marché au supplice !

« En cela, disais-je, qu'y avait-il donc à reprocher » à l'écrivain ? Il n'a pas même dit aux juges : *Vous* » *fûtes sans justice;* — il leur a dit seulement : *Vous* » *fûtes sans pitié !* » — Et j'ajoutais : « Pitié, larmes, » regrets, de tout temps vous fûtes permis sur une » condamnation ! On a pu plaindre Calas et Labarre » sous l'ancien régime ; pleurer les victimes de la Ré- » volution en présence de la Révolution même ; sous » l'usurpateur on a plaint le Roi légitime ; moi-même » j'ai pu sous ce gouvernement déplorer la mort du » duc d'Enghien !... »

Quant à M. Jay, auteur de l'article Boyer Fonfrède, on lui reprochait d'avoir voulu, en le justifiant, faire l'*apologie du régicide.*

Cette accusation n'était pas fondée ; car M. Jay, loin d'approuver le vote de Boyer Fonfrède, l'avait au contraire qualifié de *funeste et déplorable erreur,* qui fut la *cause de grands maux.*

Sans doute M. Jay attribuait des vertus à Boyer Fonfrède ; mais, en condamnant la conduite d'un homme sur un point qui mérite d'être condamné, l'équité de l'histoire ne veut-elle pas qu'on rende également justice aux qualités qui l'ont distingué ? — A l'appui de cette thèse, qui faisait le fondement de ma défense, je citais l'exemple de l'historien Hume, qu'on accuse d'avoir été partial seulement en faveur des Stuarts, et qui cependant, après avoir fait parler les douleurs de Charles Ier et de Strafford, n'en a pas moins fait sous d'autres rapports l'éloge du régicide Harisson, dont il loue l'élévation de sentiments, la force et la présence d'esprit, disant que sa conduite a été digne de compassion et d'indulgence. Le même historien, parlant du républicain Vane, le met au rang des plus grands génies. — Or M. Jay est loin d'avoir exalté à ce point l'homme dont il écrivait la vie : il explique le vote de Fonfrède; mais il le déplore et il le blâme; on ne peut donc pas dire qu'il a fait l'apologie du régicide.

Malgré cette défense des deux amis et ce que M. Jay y ajouta d'explications pour son propre compte sur l'appel, ils ne purent éviter une condamnation (bien que légère pour ce temps de réaction) à un mois de prison et une amende de 16 francs pour Jay, qui fut portée à 50 francs contre M. Jouy.

En défendant l'article de M. Jay sur Boyer Fonfrède, j'avais de fait défendu celui-ci : ce qui n'empêcha pas son fils Henri Fonfrède, devenu écrivain politique et rédacteur en chef du *Mémorial bordelais*, de m'attaquer, soi-disant *au nom de la monarchie de juillet*, avec une virulence dont j'eus à me plaindre et dont il eut lui-même à s'excuser.

LE CONSTITUTIONNEL.

PROCÈS DE TENDANCE.

(*Tendance* à porter atteinte au respect dû à la religion de l'État.)

3 décembre 1825.

Ce procès a eu plusieurs éditions; les meilleures sont : celle donnée par Warée dans ses *Annales du barreau français;* — l'autre édition, format in-18, a été donnée par Baudoüin.

En tête de cette dernière édition se trouve une courte *Préface* qui rappelle les circonstances et le caractère de l'accusation. Je ne puis donner une plus juste idée du procès qu'en la reproduisant ici :

« Depuis 1762, les Cours du royaume n'avaient pas eu à juger de cause aussi importante que le procès en *tendance* intenté en 1825 au *Constitutionnel*, comme ayant, *par une succession d'articles*, cherché à porter *atteinte au respect dû à la religion de l'État.*

» Dès le principe, il fut aisé de juger que l'on avait fait illusion au ministère public; qu'en effet la religion n'était nullement intéressée dans ce procès, et que si le journal inculpé était *suspendu*, l'ultramontanisme seul en retirerait tout le fruit, parce qu'il profiterait du *silence* imposé à la presse de l'opposition, pour établir ses doctrines sans contradiction et réaliser ses plans sans rencontrer d'obstacles.

» Les rédacteurs du *Constitutionnel* avaient la conscience du respect dont ils n'ont jamais cessé d'être pénétrés pour la religion de l'État; mais en même temps ils ne dissimulaient pas leur antipathie pour les doctrines ultramontaines, qu'ils ont signalées à leur apparition comme menaçant à la fois l'indépendance de la monarchie, la souveraineté du Roi et les libertés publiques. Ils ont vu de la part des propagateurs de ces doctrines antisociales le dessein formé par quelques individus de travailler au renversement de l'ordre constitutionnel établi en France; ils l'ont défendu contre le *parti ardent religieux*, de même qu'ils le défendaient contre le *parti ardent aristocratique*, qui, sous un autre point de vue, visait également à la destruction de nos institutions politiques.

» La défense du *Constitutionnel* était rendue difficile par le prestige religieux dont l'accusation s'était entourée. Il importait de distinguer la cause du prétexte, l'apparence de la réalité; d'isoler la cause sainte de la religion, que le *Constitutionnel* a toujours embrassée, des illusions du fanatisme qu'il a seul combattu; et de séparer l'intérêt du clergé français en masse, des torts reprochés seulement à quelques-uns de ses membres séduits ou égarés.

» Une autre question s'est de suite présentée, celle de l'introduction dans l'État de corporations, d'ordres religieux et de congrégations non autorisées ou plutôt prohibées par nos lois. Quelques-unes de ces corporations étaient nommées; la plus importante n'avait pas voulu l'être, mais tout révélait sa présence au procès. Elle espérait passer inaperçue sous le voile de l'anonyme et se consolider de fait à l'ombre de l'acte d'accusation, si on laissait s'établir cette doctrine toute nouvelle : « *qu'il n'y a pas besoin de loi ni d'ordon-*
» *nance pour autoriser dans l'État l'introduction ou*
» *le rétablissement des anciennes corporations.* »

» Dès le principe, l'avocat du *Constitutionnel* sentit que cette question était la plus grave, qu'elle intéressait le salut de l'État et non pas seulement la défense de ses clients. Pour la faire ressortir davantage, il la sépara du procès et la discuta dans un Mémoire particulier, où il établit *ex professo*, par bonnes et nombreuses autorités, le seul principe vrai en cette matière : « qu'*aucun Institut, Ordre, Agrégation ou As-* » *sociation, même sous couleur de religion, ne peut se* » *former dans l'État sans la permission expresse de* » *la Puissance publique.* »

» La cause en elle-même exigeait une connaissance exacte des doctrines pour se garantir de ces erreurs théologiques dont l'acte d'accusation ne s'était pas toujours montré exempt; de grands ménagements, une observation constante des bienséances oratoires, et cependant toute l'énergie nécessaire pour combattre un préjugé puissant, accru par l'intrigue et entretenu par l'intérêt personnel d'une faction ambitieuse et passionnée.

» M. Dupin a-t-il rempli toutes ces conditions? On en jugera par la lecture de son plaidoyer.

» Notre empressement à reproduire et à publier la sténographie du discours de cet orateur dès le lendemain de la plaidoirie ne nous avait pas permis d'abord de faire disparaître entièrement les fautes et les lacunes inséparables d'une telle précipitation; mais dans la présente édition on a corrigé toutes celles de ces fautes qui avaient échappé dans la rapidité de la première publication. A la vérité, il y manquera toujours ce qu'une action oratoire vive et animée ajoute de vigueur et de mouvement à une improvisation fortement conçue et profondément méditée. Tel qu'il est cependant, et avec les *citations* que l'avocat lui-même a pris la peine de rectifier sur les sténographies ou d'y rattacher par des *notes* ajoutées après coup, nous espérons que les Français et les étrangers y trouveront une abondante réunion de principes lumineux, d'autorités graves et de mouvements oratoires qui en font le plaidoyer le plus remarquable de l'époque où nous vivons.

» Nous avons eu moins de peine à donner les réquisitoires de M. l'avocat général (de Broë), parce qu'ils ont été rédigés par écrit, lus à l'audience et insérés dans le *Moniteur*, où nous n'avons eu qu'à les prendre littéralement. Nous nous plaisons à rendre à ce magistrat la justice que M. Dupin lui a rendue lui-même, en faisant l'éloge de la modération qu'il a apportée dans cette discussion, et surtout de l'art avec lequel il s'est constamment isolé sur les points les plus délicats de l'acte d'accusation dressé par M. le procureur général Bellart.

» L'arrêt de la Cour royale est venu rassurer les esprits; il a raffermi les libertés publiques; il a fait le plus grand honneur à la magistrature [1], et sans approuver les démonstrations extraordinaires de joie et pour ainsi dire d'enthousiasme avec lesquelles il a été reçu du public, nous ne pouvons nous empêcher d'y

[1] Une des dispositions les plus remarquables de cet arrêt est celle qui, à côté de la Charte de 1814, place aussi la Déclaration de 1682, comme *loi de l'État*. Ainsi le *Mémorial Catholique* ne s'était pas trompé en appelant cette Déclaration la Charte de 1682. Elle avait été en effet proclamée telle par divers règlements du Parlement de Paris des 29 janvier, 23 juin, 10 décembre 1683, 14 et 20 décembre 1695 (voyez *Tradition des faits*, p. 208, édit. de 1825). Elle l'a été également par la loi de germinal an X et le décret du 25 février 1810.

voir l'expression vive et sincère des sentiments d'amour et de reconnaissance dont les citoyens sont pénétrés pour des magistrats dont la protection ne leur a jamais manqué.

» Nous avons aussi rapporté l'arrêt rendu par les première et deuxième chambres dans l'affaire du *Courrier français*, parce que cet arrêt, dans l'un de ses considérants, ajoute encore à la force du premier. On peut dire que ces deux arrêts réunis, ouvrage des trois chambres civiles de la Cour, renferment l'expression de la doctrine et des sentiments dont la Cour entière est animée, c'est-à-dire un profond respect pour la religion, *avec un sage esprit de discernement pour ne pas la confondre avec ce qui doit en être séparé;* un dévouement entier aux intérêts de la Couronne, et un sentiment intime de la protection due aux libertés publiques.

» Ces arrêts feront époque; ils deviennent des actes importants dans l'histoire de nos Libertés; ils relèvent l'ancienne barrière des *Libertés de l'Église gallicane;* ils appellent à la défense de ces franchises nationales et la Magistrature et ce jeune Barreau, si avide de gloire. Une nouvelle carrière s'ouvre devant les magistrats, les jurisconsultes et les hommes d'État, celle du droit canonique pur, dépouillé des matières bénéficiales et réduit à l'étude de l'histoire ecclésiastique et des libertés de notre Église. Cette étude est indispensable pour résister à l'usurpation que l'on essayerait de pratiquer au nom de la puissance spirituelle sur l'autorité temporelle, dont l'indépendance est le premier garant de la dignité du gouvernement et de la tranquillité publique. »

Pour donner une idée de l'étendue de cette cause et de la variété des *questions* dont elle avait soulevé l'examen, je rappellerai ici, en forme de *table*, les différents *titres* placés en tête des *divisions* du plaidoyer.

Exposition du sujet dans l'exorde avant toute discussion.

§ 1. Imputations générales.

§ 2. Intrusion des ordres religieux dans l'État, sans loi qui les institue ni loi qui les autorise.

§ 3. Reproches de cupidité, d'ambition, d'orgueil adressés à quelques membres du clergé.

§ 4. Des pieuses pratiques, confréries, miracles et canonisations.

§ 5. Refus de sacrements. Excès de pouvoir.

§ 6. Annonce de délits imputés à des ecclésiastiques.

§ 7. Anecdotes exotiques.

§ 8. Intolérance de certains prêtres, cause de divisions entre eux et les autorités locales.

§ 9. Reproche de pousser au protestantisme ou néant religieux.

§ 10. Assertion que le *Constitutionnel* n'a jamais dit un seul mot en faveur des vertus et des bienfaits qui naissent d'une vertu sage et éclairée, — réfutée par des citations qui prouvent le contraire.

§ 11. Reproche de présenter le catholicisme comme opposé à la liberté et inconciliable avec les gouvernements constitutionnels.

Résumé. — Considérations générales : « Hommes » d'État, reconnaissez les pharisiens du jour; *sentez* » *les coups de cette longue épée dont la poignée est à* » *Rome et la pointe partout.* — Défiez-vous de ceux » qui voudraient nous rendre l'ancien régime, avec un

» *et cætera de plus* et les libertés gallicanes de moins. »

M. l'avocat général ayant pris une seconde fois la parole, je dus lui répliquer. Un vif mouvement se manifesta dans l'assemblée. Une foule d'avocats s'étaient levés autour de moi. — « Avocats, leur dit le » premier président Séguier, asseyez-vous, que je » puisse voir l'orateur! » — Un profond silence s'établit, et je pus commencer.

Cette réplique d'une demi-heure fut vive, précise, énergique. Sur chacun des faits allégués par l'accusation, j'avais des réponses prêtes, appuyées de pièces probantes. Je portai la conviction dans tous les esprits sur cette vérité, « que le *Constitutionnel* n'avait pas » attaqué la religion, mais défendu l'État contre des » attaques qu'il importait de réprimer. »

Et comme la nouvelle des obsèques du général Foy venait de se répandre dans l'audience, j'en pris occasion de faire en quelque sorte l'oraison funèbre « de » ce brillant orateur dont l'éloquence chevaleresque » rappelait dans son allure libre et fière l'air martial » des combats! » — Et j'étais dans mon sujet lorsque je m'écriais : « Hélas! messieurs, quand les orateurs » périssent, comment imposerait-on encore silence » aux écrivains? La tribune est veuve, et l'on voudrait » encore faire taire la presse?... »

Mon succès fut complet; le *Constitutionnel* fut renvoyé absous; — et, ce qui valait mieux que l'absolution même, il fut acquitté par des motifs qui, en consacrant les doctrines de la défense, proclamaient avec autorité les anciennes Maximes de France sur les Libertés de l'Église gallicane et la Déclaration de 1682.

Le public prit la plus grande part à ce succès. Les magistrats furent applaudis. Mes confrères m'entouraient et me félicitaient de toutes parts; la presse périodique en retentit longtemps.

Pour terminer sur cette longue affaire, je dois dire un mot du *Courrier français*. Ce journal était poursuivi en même temps que le *Constitutionnel;* les deux journaux étaient compris dans le même acte d'accusation. Mais ce n'en était pas moins deux causes différentes. Le *Constitutionnel* avait intérêt à cette séparation, parce que le *Courrier* était d'une opposition *plus acérée,* quelquefois *hostile*. Ses attaques avaient été plus vives, ou, si l'on veut, moins mesurées que celles du *Constitutionnel,* dont je m'étais attaché à faire ressortir la *modération,* tout en blâmant quelques expressions peu convenables. — « Les formes, » avais-je dit, ne gâtent jamais rien, et elles réparent » souvent beaucoup de choses. L'opposition, n'ayant » pas pour elle le nombre, doit toujours avoir pour » elle la raison : c'est une sorte de censure qui exige » un peu de la pudeur et de la vertu de Caton. Il se» rait donc désirable que les littérateurs distingués, » les hommes vraiment pieux qui sont à la tête d'un » journal veillassent avec plus de soin sur les *rédac*» *tions subalternes,* etc. »

Le *Courrier,* quoique très-bien défendu par Mérilhou, ne trouva pas pour sa rédaction la même faveur que le *Constitutionnel;* et la Cour le lui fit sentir dans le premier motif de son arrêt, en disant : « Con» sidérant que la plupart des articles du *Courrier* » *français* dénoncés par le réquisitoire du procureur » général *sont blâmables quant à leur forme,* mais » qu'au fond, etc. »

Ainsi les deux journaux étaient acquittés, mais le *Courrier* l'était avec un *blâme* dont il fut vivement blessé. — La jalousie entre les deux journaux s'én accrut [1], et il resta toujours depuis ce temps, au fond de la rédaction du *Courrier français,* un sentiment de rancune contre moi, qui éclata en maintes circonstances avec une malveillance marquée, et dont, après la révolution de 1830, quelques *ministres* et aussi quelques *bons amis de cour* profitèrent quelquefois pour faire partir *de là* certaines attaques qui se seraient produites avec moins d'avantage dans les journaux officiels. Cette remarque n'a pas échappé à M. Ortolan; il en dit quelques mots page 37, mais il en a su moins que moi à ce sujet. — M. M*** et son agent *** le savaient à merveille, et ils ont souvent usé de cet expédient.

AMIENS ET SAINT-ACHEUL.

LES TRAPPISTES ET LE COMTE DE BOUBERS.

J'ai plaidé plusieurs causes devant la Cour royale d'Amiens :

En 1824, pour madame la marquise de Persan contre le prince de Rohan-Soubise et contre l'administration des domaines;

En 1825 et en 1826, pour M. Levavasseur contre les héritiers de Lihu et de Lagrenée.

Dans le voyage que je fis pour madame de Persan, j'étais accompagné par Roux-Laborie, bien plus homme

[1] Voyez dans l'Éloge d'Étienne par Léon Thiessé, 1853, n° CXLIX, page CCXI, l'histoire de cette *rivalité* devenue plus ardente après 1830.

de lettres et homme d'esprit que jurisconsulte, et qui était en possession de faire des mémoires et des résumés dans les affaires dont il avait suivi les plaidoiries.

Madame de Persan, quoique déjà avancée en âge et souffrante, voulut assister à son procès; elle vint aussi à Amiens, où elle reçut la visite du comte de Boubers, qui se constitua son chevalier.

Le comte de Boubers avait un esprit très-vif, on peut même dire très-bouillant. Ancien émigré rentré après 1814, il était du nombre de ceux que la Charte de Louis XVIII n'avait pu rallier au gouvernement constitutionnel. Il la détestait; il avait fait une brochure contre elle, et sa conclusion était qu'il fallait la supprimer et la détruire, *Delenda est Charta-go.* Mais pour mieux appliquer ce texte latin à sa pensée ultra-royaliste, il avait mis au bas d'un recto *Delenda est Charta -,* et rejeté le *go* de la dernière syllabe au verso de la page suivante. Malgré cette malice, le ministère public n'en avait pas moins poursuivi sa brochure; il eut pour défenseur Me Couture, qui parle de son procès dans ses mémoires sur la profession d'avocat, intitulés *Mon portefeuille.*

Le comte de Boubers était d'une grande courtoisie. Il voulut nous distraire Laborie et moi dans l'intervalle des audiences, et nous invita à son château du Long, près Abbeville; nous visitâmes avec lui les environs, dont il nous faisait les honneurs comme si c'eût été encore une dépendance de son fief : pour redevenir suzerain, il ne lui manquait que des vassaux.

Nous allâmes avec M. de Boubers visiter les Trappistes de l'abbaye du Gard, qu'un nouvel abbé et quelques frères travaillaient à relever de ses ruines.—

Nous y déjeunâmes avec la frugalité requise, et nous revînmes fort satisfaits de notre réception, mais un peu attristés de l'aspect outre-tombe de ces bons religieux.

En 1825, je retournai à Amiens pour plaider l'affaire Levavasseur. M. Levavasseur était maître de poste à Breteuil. Nous y couchâmes la veille, et le lendemain ses chevaux nous conduisirent sur la route d'Amiens. Il jouissait d'une assez belle fortune, avait fait de bonnes études, et se piquait de bel esprit. En véritable maître de poste, il aimait à faire *claquer son fouet*, et comme il était en train de terminer une traduction en vers français du livre de Job, il nous en lut des fragments. Elle a paru depuis, et n'est certes pas dénuée de verve et de talent.

Dans le procès, il s'agissait de revenir sur le partage d'une assez riche succession ; mais le fond était protégé par des moyens de forme et des fins de non-recevoir qui en faisaient une question de procédure plus qu'une grande question de droit. Les adversaires de M. Levavasseur avaient pour défenseurs le bâtonnier des avocats de la Cour royale d'Amiens et un jeune avocat de bonne espérance, M. Vivien, avec lequel je fis alors connaissance et dont je suis resté l'ami, après avoir été son confrère au Palais, son collègue dans nos Assemblées législatives, et son confrère encore à l'Académie des sciences morales et politiques, où je contribuai à son élection.

L'affaire occupa plusieurs audiences. Dans l'intervalle, on me proposa d'aller visiter Saint-Acheul. L'établissement avait acquis assez de célébrité pour exciter ma curiosité. Je m'y rendis avec un jeune avocat du Barreau de Paris, ami de M. Levavasseur, et qui était un ancien élève de la maison. — Nous visitâmes l'établissement en détail ; les élèves étaient en récréation, sous la surveillance de frères avec lesquels ils paraissaient être dans une grande intimité. Nous vîmes aussi le Père Loriquet, supérieur de la maison, et quelques-uns des professeurs qui nous reçurent avec une extrême courtoisie.

Le soir, j'allai dîner en ville chez le curé de Saint-Pierre, avec deux ou trois convives parmi lesquels j'eus plaisir à retrouver le Père Loriquet, qui ne manquait pas de gaieté et de ce *tout à tous* qui est une de leurs maximes.

Le Père Loriquet ayant su que mon départ était retardé de deux ou trois jours, m'écrivit le lendemain le billet suivant :

« Saint-Acheul, le vendredi 5 août 1825.

» Monsieur, — la connaissance que vous avez bien » voulu faire avec Saint-Acheul, tout honorable qu'elle » est pour lui, resterait incomplète et nous laisserait » beaucoup à regretter, si vous n'y ajoutiez une nou» velle faveur, celle d'accepter un déjeuner pour de» main samedi.

» Peut-être vous sera-t-il agréable de profiter de cette » occasion pour visiter quelques-unes de nos classes, » et en particulier celle de rhétorique, qui se souvien» drait longtemps d'avoir possédé un instant le premier » orateur du Barreau français.

» Je sens combien vous devez être occupé en ce » moment ; veuillez me faire répondre un mot, et » agréer l'hommage bien sincère de mes respectueux » sentiments. — *Signé* LORIQUET. »

Je n'avais aucun motif pour refuser cette invitation :

je l'acceptai. Mais j'étais loin de soupçonner le genre de réception qu'on m'avait préparé.

A notre entrée dans la salle de musique, les élèves exécutèrent une ouverture à grand orchestre, puis ils chantèrent en chœur une cantate composée en mon honneur :....

> Que nos fleurs ombragent sa tête,
> Que nos parfums suivent ses pas.

Simple avocat, nullement fait à ces ovations, j'étais un peu confus de tant de politesses. Nous sortîmes au milieu des vivat pour nous rendre à la classe de rhétorique.

Mais vraiment là ce fut bien autre chose.

A notre aspect, le professeur en chaire se lève, ôte son bonnet carré, et les quatre-vingt-dix jeunes gens dont se composait la classe nous accueillent par une salve d'applaudissements.

Nous prenons place sur des siéges préparés au-devant de la chaire.

M. le supérieur annonce ensuite qu'un exercice va commencer entre plusieurs élèves.

La thèse était la question de préférence entre la poésie, l'histoire et l'éloquence unie à la vérité. Dans ces discours se trouvait glissé l'éloge de celui que ces jeunes rhétoriciens appelaient « le premier orateur du » Barreau français, et devant lequel ils s'excusaient » de parler de l'art oratoire.... »

Lorsqu'ils eurent fini, il me fallut bien les remercier, et je le fis en termes qui étaient loin sans doute de justifier l'excès de leurs éloges, mais qui cependant parurent les satisfaire, car ils les accueillirent avec les marques d'une vive sympathie. J'avais exprimé la con-

fiance « que dans les différentes carrières qu'ils se-
» raient appelés à parcourir, on verrait tout à la fois
» en eux de vrais chrétiens, des sujets fidèles, et des
» citoyens franchement dévoués aux intérêts de la
» patrie. »

M. le supérieur (le Père Loriquet) répondit à son tour « qu'il espérait que ses enfants rempliraient l'at-
» tente de leurs maîtres ; » et il ajoutait en termes louangeurs que « si la carrière du Barreau était rendue
» difficile à ceux qui voudront la suivre, par les travaux
» de l'avocat célèbre qu'ils venaient d'entendre, ils
» sauraient du moins marcher sur ses traces et le
» prendre pour modèle. »

Nous sortîmes ensuite de la classe, je remerciai de nouveau ces messieurs, et nous nous séparâmes avec une parfaite cordialité.

Le lundi 8 août eurent lieu devant la Cour d'Amiens les dernières répliques. Quelque aride en apparence que fût la cause, elle fit sensation, et j'en retrouve la trace en termes un peu ampoulés dans un journal de la localité, *l'Indicateur du département de la Somme*, numéro du 11 août 1825, dont on pourra lire un extrait dans les *Annexes*, et que j'ai reproduit surtout à cause de ce qu'on y dit du talent naissant de Vivien.

Je gagnai ma cause sur tous les points. Les difficultés de forme furent écartées, et il fallut instruire l'affaire au fond. Ce nouvel état du procès me ramena à Amiens dans le courant de 1826, en compagnie de M. Boudet, jeune avocat protestant, qui était à cette époque un de mes collaborateurs.

Je devais une visite à Saint-Acheul pour la bonne réception de 1825.

M. le supérieur me la rendit aussitôt et m'invita à dîner.

Je ne pouvais donner jour, devant partir le surlendemain si mon affaire finissait; — mais invité conditionnellement pour le cas où elle ne finirait pas, il ne restait aucun motif pour ne pas accepter.

Le vendredi 4 juin, à trois heures et demie, après l'audience, je me rendis donc à Saint-Acheul avec M. Boudet.

Il se trouva que c'était pour la maison une fête religieuse (celle du Sacré Cœur). — On était à vêpres, j'attendis.

A quatre heures, on dîne; il y avait environ quinze convives: fonctionnaires civils, bourgeois, marguilliers, un officier de la garnison, le curé de Saint-Pierre d'Amiens, des professeurs, et l'un des membres de la famille de Lagrenée, élève de la maison.

Vers la fin du dîner, on vient nous dire de nous presser (le temps étant douteux), à cause de la procession qui devait avoir lieu.

Aussitôt tout se dispose. Les convives se rendent à l'église. J'y vais avec eux: je me serais reproché comme une irrévérence de me retirer seul en présence d'un acte religieux que je n'avais aucun motif de décliner.

Après quelques chants et prières, la procession s'organise et se prépare à sortir.

C'est alors qu'on m'entoure et qu'on m'offre l'un des cordons du dais. Je résiste, je prie qu'on le donne à de plus dignes, et je demande à rester dans le commun des fidèles. Mais on insiste d'une façon si pressante que je cède à la fin, pour éviter le petit bruit d'un débat prolongé qui commençait à fixer l'attention des assistants.

C'est ainsi que j'ai eu, bien à l'improviste, l'honneur de porter l'un des cordons du dais sous lequel on allait placer le saint sacrement.

Cette procession était magnifique. Jamais, dans aucune représentation théâtrale, les chœurs ne furent disposés avec plus d'art et de régularité que les groupes d'enfants et d'adultes, revêtus de leurs aubes, divisés par pelotons de même taille, distingués par les couleurs bleues ou rouges de leurs ceintures; tous armés d'encensoirs à longues chaînes qu'ils lançaient dans les airs avec autant de hardiesse que de précision[1].

Cette procession a duré trois heures dans les jardins et cours et autour de la maison, au milieu d'un grand concours de peuple.

Tout étant fini, je pris congé de ces messieurs, et je retournai à mon auberge et à mon procès avec mon jeune confrère, M. Boudet, qui était loin de s'attendre à pareille fête.

De retour à Paris, des dénonciations prétendues libérales, mais sourdes et anonymes, me suivent, moi, simple particulier, qui assurément ne devais aux partis aucun compte de mes actes.

Bientôt la *Gazette universelle de Lyon* (second foyer de l'ellipse répondant à celui de Saint-Acheul) annonce, en termes anodins, ma présence à la procession! — C'est à dessein, je crois, que l'auteur de l'annonce a mis le *dimanche* 4 au lieu du *vendredi*, afin que cette

[1] « Vous voyez, » me disait le père Loriquet après la cérémonie, en faisant allusion aux reproches de quelques journaux qui accusaient les jésuites d'apprendre à leurs élèves le maniement des armes comme aux lévites dans *Athalie*, « vous voyez qu'on ap- » prend chez nous l'exercice à feu..... (au feu de l'encensoir.) »

petite inexactitude laissât le droit de contester la source de cette communication.

La *Quotidienne* répète la nouvelle sans y joindre aucune réflexion.

Mais le *Courrier français* sent revivre sa rancune [1], sa bile s'allume ; il m'accuse presque de haute trahison !

Le *Constitutionnel* m'excuse.

Le *Journal de Paris* me défend.

Le *Courrier* s'adoucit hypocritement : il attend, dit-il, des explications.

Le *Globe* du jeudi 28 juin me censure pédamment et *philosophiquement*.

Les *petits journaux* raillent.

Les *lettres anonymes* pleuvent....

La Constitution du Brésil survenue occupe les journaux pendant quelques jours, et donne un plus solide aliment à leurs discussions.

Mais cette diversion dure peu, et bientôt la petite guerre reprend avec plus de vivacité.

La thèse semble tout à fait retournée.

Le 1er juillet, le *Drapeau blanc*, mon ancien adversaire, me défend ; — le 3 juillet, la *Quotidienne*, naguère mon ennemie, en fait autant ; — l'un et l'autre en termes assez poignants pour le libéralisme pris en flagrant délit d'intolérance et de persécution. C'était une guerre de partis à mon occasion.

La verve de Dupaty s'éveille ; je l'avais défendu dans l'affaire du *Miroir* ; il me défend, à son tour, avec chaleur, dans le journal l'*Opinion* (numéro du 3 juillet), — mais en termes plus voltairiens que je n'aurais voulu.

[1] Voyez ci-devant, pages 217-218, affaire du *Constitutionnel*.

Étienne voulait reproduire cet article, en le corrigeant un peu, dans le *Constitutionnel;* mais quelques actionnaires dissidents s'y refusèrent.

Jamais si petite affaire n'avait excité tant d'émoi. Cela faisait pitié !

Plein d'amitié pour moi, ce pauvre Étienne était désolé. Le journalisme se montrait si puissant alors !... Il m'engageait à répondre : j'y répugnais, outré que j'étais de l'ingratitude plus encore que de l'insolence d'une presse que j'avais tant de fois défendue ! Je ne pouvais surtout comprendre comment une opinion si orgueilleusement libérale, qui s'était maintes fois targuée de son indépendance en matière religieuse au point de se faire accuser d'impiété, devenait tout à coup (pour moi, défenseur du *Constitutionnel* dans le procès de *tendance* et avocat de Montlosier dans la question des *Jésuites,*) intolérante et persécutrice, à l'égal du fanatisme dont elle avait mille fois condamné les actes et dont elle se disait ennemie !

Cependant je cédai enfin aux sollicitations réitérées de mes amis, et je publiai ma réponse, qui fut aussitôt reproduite par les journaux et qui mit fin à la querelle. (On la trouvera dans les Annexes).

LE COMTE DE MONTLOSIER

ET LES JÉSUITES.

1826.

Le 16 juillet 1826, le comte de Montlosier, ancien député de la noblesse d'Auvergne aux états généraux de 1789 (et depuis pair de France), adressa à la Cour royale de Paris une dénonciation d'ordre public portant sur quatre chefs principaux :

1° L'existence de plusieurs affiliations ou réunions illicites de diverses espèces, connues sous le nom générique de *Congrégation,* parmi lesquelles quelques-unes ayant pour objet apparent des exercices de piété ; d'autres, celui de propager la foi chrétienne dans des contrées étrangères ; d'autres, celui de répandre la morale et la religion dans certaines classes inférieures de la société, paraissent toutes *liées par le même esprit* et sous une *direction centrale,* et tendent, à raison d'engagements divers, de promesses, de serments et de vœux, à se composer dans l'État une *influence particulière* au moyen de laquelle elles espèrent maîtriser l'administration, le ministère et le gouvernement ;

2° L'existence de plusieurs établissements de jésuites en France ; par exemple, celui de Montrouge, et la protection ouverte que leur accordent quelques prélats, dont il cite les mandements en leur faveur, ainsi qu'une lettre écrite de Rome le 17 mai 1822, dans laquelle le Général des Jésuites parle *de l'état de sa Compagnie en France et des Établissements qui y sont déjà ;*

3° La profession patente de doctrines ultramontaines les plus opposées au droit public de France en cette matière, et tendant à placer l'autorité papale au-dessus de l'autorité royale dans des questions qui jusqu'alors avaient été réglementées par l'autorité laïque. Il dénonce spécialement le refus d'enseigner dans les Écoles les quatre articles de la Déclaration de 1682, quoique cet enseignement soit prescrit par les lois du royaume;

4° Enfin, il signale un *esprit général d'envahissement* de ce qu'il appelle le *parti-prêtre*, qui menace le pouvoir civil.

Pour appuyer cette dénonciation, M. le comte de Montlosier avait fait imprimer un exposé intitulé : *Mémoire à consulter sur un système politique et religieux tendant à renverser la Religion, la Société et le Trône.*

Les jurisconsultes refusèrent de délibérer sur *le volume imprimé*, et ils exigèrent que M. de Montlosier leur remît un *Mémoire à consulter manuscrit et signé de lui*, pour leur servir de garantie qu'ils n'avaient point consulté sur une *utopie*, mais sur la demande d'une véritable *partie civile*, acceptant du reste le grand Mémoire à consulter comme contenant tout l'ensemble des faits sur lesquels on appelait leur attention.

Cette Consultation fut longuement et solennellement délibérée dans mon cabinet par un grand nombre d'avocats du Barreau de Paris. J'en fus le rédacteur.

Après avoir analysé les faits, dont plusieurs sont extrêmement curieux pour l'histoire, la Consultation, répondant aux quatre questions du *Mémoire à consulter* et de la *Dénonciation juridique* de M. de Montlosier, établit les propositions suivantes :

Sur la première question, celle des *Congrégations*, la Consultation démontre, par la citation de textes nombreux empruntés tant aux lois romaines qu'à notre ancienne législation et aux lois nouvelles, que, de tout temps, on a exigé l'intervention de l'autorité souveraine pour l'établissement de toute espèce de congrégations, d'assemblées et de réunions de citoyens. « Quel est le peuple, quel est le gouvernement qui ait » jamais permis aux citoyens de s'organiser sourdement » au gré de leurs caprices, et de créer au sein de la » grande Société des Sociétés secondaires capables de » balancer par leur influence l'exercice des pouvoirs » publics ?... »

Sur la seconde question, celle de la réapparition des *Jésuites* en France, les autorités surabondaient pour montrer à la fois le danger et l'illégalité de leur présence.

Cette société a eu pendant longtemps une existence légale en France et dans un grand nombre d'États de la chrétienté.

Ils ont fini par être expulsés de toutes parts.

L'arrêt du 6 août 1762, qui les a supprimés en France, « DÉCLARE l'institut des Jésuites inadmissible » par sa nature dans tout État policé, comme con» traire au droit naturel, attentatoire à toute autorité » spirituelle et temporelle, tendant à introduire dans » l'Église et dans les États, sous le voile d'un institut » religieux, un *Corps politique* dont l'essence consiste » dans une activité continuelle pour parvenir par tou» tes sortes de voies, sourdes ou publiques, — d'abord » à une *indépendance absolue*, — et successivement à » l'*usurpation de toute autorité.* »

Le Pape lui-même, Clément XIV, les a supprimés par une bulle solennelle longuement élaborée, donnée à Rome le 21 juillet 1773, *ad perpetuam rei memo-*

riam, et fondée sur ce motif principal : « qu'il était à » peu près impossible que, cette Société subsistant, » l'Église pût jouir d'une paix véritable et perma- » nente. »

Les textes qui ont prohibé cette Société en France sont, outre l'arrêt susdaté : l'édit de Louis XV de novembre 1764; l'édit de Louis XVI du 13 mai 1777; la loi du 18 août 1792; le décret du 3 messidor an XII.

La Chambre des Pairs et la Chambre des Députés dans plusieurs circonstances ont exprimé la volonté que ces lois fussent exécutées, et les arrêts des Cours se sont prononcés dans le même sens.

Sur la question d'*ultramontanisme* et du refus d'enseigner les quatre articles contenus dans la Déclaration de 1682, la Consultation établit que cette Déclaration, sans être par elle-même une loi de l'État, puisque le clergé n'a pu en aucun temps faire des lois, a reçu le caractère et la puissance de loi par l'édit de Louis XIV du 23 mars de la même année; l'arrêt du conseil d'État du 24 mai 1766, qui en a formellement rappelé les maximes; le décret du 25 février 1810, qui en a ordonné une nouvelle publication; et enfin par l'arrêt de la Cour royale de Paris du 3 décembre 1825, qui en a parlé comme ayant toujours été reconnue et proclamée *loi de l'État*. — Le refus d'enseigner cette Déclaration est donc une véritable rébellion contre les lois qui ont prescrit cet enseignement.

Quant à l'*esprit d'envahissement des prêtres*, les consultants, en le regardant comme constant et inévitable, n'ont pu y voir un délit, ni par conséquent un sujet de poursuites judiciaires : c'est à l'administration supérieure qu'il appartient de réprimer une tendance trop naturelle pour être imputée à crime, mais aussi trop pleine de dangers pour ne pas appeler la surveillance la plus attentive.

Cette Consultation, que je présentai le 1er août 1826 à l'approbation de mes confrères, reçut immédiatement quarante et une signatures, parmi lesquelles étaient celles de Delacroix-Frainville, Berryer père, Persil, Parquin, Dequevauvillers, Mérilhou, Rigal, Mollot, Quénault, Barthe, Dupin *jeune*, Target, Delangle, V. Lanjuinais, Paul Boudet, Tardif, Plougoulm, Aylies, etc. — Berville, Renouard, Isambert y donnèrent leur adhésion.

Un grand nombre de Barreaux des principales villes des départements envoyèrent aussi leurs adhésions.

Les journaux judiciaires et les journaux politiques célébrèrent et reproduisirent à l'envi cette Consultation. Le *Journal des Débats* du 6 août en donna une analyse complète, et il termine en disant : « On s'est » arraché, on s'arrache encore la *Dénonciation* de » M. de Montlosier. Moins de curiosité et moins d'in» térêt s'attacheront-ils à l'opinion du premier Barreau » de la France, à une opinion exprimée avec une » noble, indépendante et sage énergie par l'un de » ceux que le talent, l'érudition et le caractère per» sonnel rendent le plus digne de lui servir d'organe ? » (Cela soit rappelé en passant, et malgré l'exagération de l'éloge, pour servir de contre-poison au venin déversé sur cette Consultation et ses auteurs par les journaux de la Congrégation.)

Cette Consultation avec le Mémoire à consulter furent distribués aux magistrats de la Cour royale de Paris saisis de la Dénonciation. La *Gazette des Tribu-*

naux du 19 août 1826 rend ainsi compte de la suite de l'affaire :

« La Cour royale a tenu hier à huis clos son assem-
» blée générale de chambres pour délibérer sur la
» dénonciation de M. le comte de Montlosier. La
» 3e chambre civile, la Cour d'assises et la chambre
» des appels de police correctionnelle ayant terminé
» ou suspendu leurs audiences à onze heures, tous
» les magistrats présents à Paris, au nombre de cin-
» quante-quatre, se sont réunis dans la salle d'au-
» diences de la 1re chambre, sous la présidence de
» M. Séguier. M. Jacquinot-Pampelune, procureur gé-
» néral, assistait à cette réunion, qui a duré depuis
» onze heures jusqu'à près de quatre heures.

» Une foule de curieux attendait avec impatience
» la sortie des magistrats pour connaître le résultat.

» Voici l'arrêt qui a été rendu aux deux tiers des voix :

Texte de l'arrêt du 18 *août* 1826.

» La Cour, après avoir entendu les observations de plusieurs de Messieurs sur les faits contenus dans un écrit intitulé *Dénonciation,* etc., signé par le comte de Montlosier et adressé à tous et chacun des membres de la Cour;

» Après avoir également entendu M. le procureur général du Roi dans son Réquisitoire, tendant à ce qu'il fût dit par la Cour *qu'il n'y avait lieu à délibérer;*

» Vu les arrêts du Parlement de Paris du 9 mai 1760, les arrêts conformes des autres Parlements du royaume, l'édit de Louis XV de novembre 1764, l'édit de Louis XVI du mois de mai 1777, la loi du 18 août 1792, le décret du 3 messidor an XII;

» Attendu qu'il résulte desdits arrêts et édits que l'état de la législation *s'oppose formellement au rétablissement de la Compagnie dite de Jésus, sous quelque dénomination qu'elle puisse se présenter ;* que ces édits et arrêts sont fondés sur l'incompatibilité reconnue entre les principes professés par ladite Compagnie et l'indépendance de tous gouvernements, principes bien plus incompatibles encore avec la Charte constitutionnelle qui fait aujourd'hui le droit public des Français ;

» Mais attendu qu'il résulte de cette même législation qu'il n'appartient qu'à la haute police du royaume de supprimer et de dissoudre les congrégations, associations ou autres établissements de ce genre qui sont ou seraient formés au mépris des arrêts, édits, lois et décrets susénoncés ;

» En ce qui touche les autres faits contenus dans ledit écrit du comte de Montlosier :

» Attendu que, quelle que puisse être leur gravité, ils ne constituent quant à présent ni crime, ni délit, ni contravention dont la poursuite appartienne à la Cour ;

» La Cour se déclare incompétente. »

ISAMBERT

OU LA LIBERTÉ INDIVIDUELLE.

1826-1827.

Quelques arrestations avaient eu lieu sans mandats de justice, par de simples agents de police; Mᵉ Isambert, avocat à la Cour de cassation et au conseil d'État, crut voir là des atteintes portées à la *liberté individuelle;* il les dénonça comme des arrestations *arbitraires* auxquelles il était permis de *résister,* dans un *article* qui fut inséré d'abord dans la *Gazette des Tribunaux,* et reproduit ensuite par le *Journal du Commerce.* Le ministère public considéra la doctrine professée par Isambert comme « une provocation à la » rébellion et à la désobéissance aux lois. »

En conséquence, Isambert comme auteur de l'article, et les deux journaux comme l'ayant publié, furent traduits en police correctionnelle à l'audience du 3 décembre 1826.

Isambert, dont j'étais l'ami, me choisit pour avocat; j'étais assisté à l'audience par MMᵉˢ Chauveau-Lagarde, président du conseil de l'ordre des Avocats à la Cour de cassation; Odilon Barrot, Dalloz et Macarel, ses conseils. Un grand nombre d'avocats se pressaient autour de nous au barreau et dans la salle d'audience.

M. Levavasseur, avocat du Roi, soutint la prévention avec une grande chaleur; je lui répondis. Ma thèse en droit reposait sur cette double proposition : 1° on doit obéir sans réserve à tout ce qui est légal;

2° on peut résister sans crime à tout ce qui est arbitraire.

Charles Ledru plaida pour la *Gazette des Tribunaux;* Barthe, pour le *Journal du Commerce.* Il s'attacha surtout à discuter la loi de brumaire an IV, qui avait institué les agents de police connus sous le nom d'*officiers de paix.* Et comme dans son plaidoyer il avait fait l'éloge d'Isambert et cité des faits honorables pour son caractère, « M. le président, interrompant l'orateur, lui dit : « Il me semble, maître » Barthe, que cela ne tient pas à votre cause. »

» Me Dupin se leva et répondit : « Si cela ne tient pas à la cause, cela tient au client. La cause d'Isambert est celle de tout le Barreau; et quand il s'agit d'un tel prévenu, nous nous écrions tous : « Non pas seulement » innocence à Isambert! mais honneur à Isambert! » (Bravos!)

» M. le président réclame le silence, et sur l'observation de Me Barthe qu'il est parfaitement dans sa cause en montrant combien son client avait dû avoir confiance dans la signature et le caractère de Me Isambert, ce magistrat fait un signe d'assentiment et l'engage à continuer [1]. »

Le tribunal n'en condamna pas moins Isambert à *cent francs* d'amende. Cette condamnation était en réalité fort légère; mais il était impossible à Me Isambert d'y acquiescer : 1° parce que cet arrêt méconnaissait entièrement le principe qu'Isambert avait défendu et qu'il voulait défendre jusqu'au bout; 2° parce que cette condamnation, quelque minime qu'elle fût, aurait pu entraîner à sa suite ou des poursuites disci-

[1] Recueil du Procès, p. 134, 1 vol. in-8, imprimé chez Baudoüin frères, 1827.

plinaires, ou même la perte de sa charge, comme la chancellerie l'avait fait pressentir.

Il interjeta donc appel.

Je plaidai pour lui à l'audience solennelle des 1re et 5e chambres réunies, en robes rouges, sous la présidence de M. Séguier, le 27 mars 1827.

« .... Cette cause, disais-je dans mon exorde, n'était pas de nature à finir par un acquiescement singulier. Elle est d'un intérêt trop général; elle est digne en tout de vous être soumise, et ne peut être résolue que par vous, par un de ces arrêts solennels dont vous savez enrichir vos registres dans les grandes occasions.

» On ne peut se le dissimuler, Messieurs, c'est ici la lutte de l'arbitraire contre la loi; la vieille querelle entre la justice et la police, aujourd'hui ranimée. Que prétend celle-ci? Elle veut se faire octroyer par vous une espèce de charte; elle vous demande d'étendre par arrêt des attributions qu'elle ne pourrait tenir que de la loi, si une loi osait jamais les lui confier! Elle vous appelle à colorer ses excès de pouvoir, en vous priant de lui reconnaître en propre le droit qu'elle prétend s'arroger sur la liberté individuelle des citoyens domiciliés, hors le cas de flagrant délit.

» Ainsi, messieurs, en revendiquant un droit qu'évidemment elle n'a pas, la police voudrait indirectement vous faire addiquer un droit que certainement vous avez : celui de protéger la liberté des personnes et les droits des citoyens. Comment, en effet, et à quel titre, vous réserveriez-vous plus tard de réprimer comme arbitraire un droit indéfini d'arrestation, quand une fois, en principe, et par un arrêt qu'on vous opposerait toujours, vous auriez consacré sa légalité? »

Dans l'intervalle entre le jugement de première instance et l'appel, les principaux Barreaux avaient été consultés, et trente-cinq consultations signées de trois cent soixante avocats avaient approuvé la doctrine d'Isambert et réfuté le jugement de première instance.

A la fin de ma plaidoirie j'invoquais l'imposante autorité qui s'attachait à ces adhésions venues de toutes parts :

« Quelle variété de doctrine répandue dans toutes ces discussions, chacun alléguant pour exemples les arrêts de sa Cour et les traditions de sa Province ! — A Marseille, les vieux statuts de Forcalquier, qui ne permettaient pas d'emprisonner un citoyen sans une information préalable faite selon Dieu et la vraie justice : *Secundùm Deum et veram justitiam!* Daviel de Rouen, citant une vieille Charte de Henri II, duc de Normandie en 1155, etc., etc. »

Et je terminais ainsi :

« Magistrats, vous voudrez certainement faire triompher les vrais principes, des principes dignes d'une monarchie chrétienne, où le pouvoir est réglé par les lois, et la puissance publique exercée par justice et non à discrétion.

» Vous êtes les protecteurs les plus efficaces de la vie, de l'honneur et de la propriété des citoyens, de tous leurs droits, en tête desquels est la liberté de leurs personnes.

» Ils sont vos justiciables ; vous ne les rangerez pas dans la clientèle de la police ; vous ne les abandonnerez pas à la merci de ses agents.

» Une grande occasion vous est offerte par la police elle-même de conserver sur elle l'ascendant qui vous appartient. En vérité, messieurs, au-dessus de l'honneur de défendre une si belle cause, je n'en vois qu'un seul,... il vous est réservé,... c'est celui de la bien juger... à la manière de vos aïeux ! »

L'éditeur du procès, qui avait assisté à toutes les audiences, ajoute le récit suivant : — « Pendant les trois heures qu'a duré cette admirable plaidoirie, digne de la cause et de l'avocat, elle a été constamment entendue avec un intérêt sans cesse croissant, et de fréquentes marques de sensation, que le respect a toujours maintenues dans de justes bornes. Me Dupin a prononcé à peine les derniers mots, qu'une foule d'avocats se précipitent au-devant de lui et lui adressent les félicitations les plus vives et les plus cordiales. Isambert l'embrasse affectueusement en lui disant : « Mon cher ami, quoique innocent, on se consolerait » de payer un tel plaidoyer par une condamnation. »

Cependant tout n'était pas fini. La cause fut continuée à huitaine pour entendre le réquisitoire de M. l'avocat général de Broë, magistrat instruit, éloquent, modéré, qualité qui parfois ne donne que plus de force à la voix d'un accusateur.

Il reconnaissait lui-même avec candeur que les considérants du jugement de première instance étaient outrés, qu'ils donnaient à la police un droit trop absolu; mais en condamnant les *motifs*, qu'on aurait facilement remplacés par d'autres, il maintenait le *dispositif* de la condamnation.

Je lui répliquai à mon tour; et, à la fin de ma discussion, je résumais et fixais ainsi les termes de la question :

« .... Le citoyen sera-t-il rebelle si, prêt à obéir en tout à la loi, il a seulement résisté à la violence ou à l'arbitraire dont il s'est vu menacé? En un mot, y a-t-il ou non des limites au droit de priver un citoyen, même momentanément, de sa liberté? Quelles sont ces limites? — C'est véritablement ici une action en délimitation : il s'agit de cantonner la police; nous lui demandons de planter des bornes, mais elle veut qu'on lui laisse le champ libre et l'obtenir en entier.

» Magistrats, la nation entière attend un arrêt qui soit à la hauteur de vos fonctions. Il ne s'agit point ici de prérogatives politiques, d'ambitieux souvenirs, d'entreprises hardies. Vous savez vous renfermer dans vos fonctions, en présence de l'article 75 de la Constitution de l'an VIII, qui vous paralyse, et des conflits qui vous mettent en interdit. Mais pour ce qui reste de votre compétence, mais dans tout ce qu'il n'a pas été possible à l'ordre administratif de ravir à l'ordre judiciaire, continuez à faire tout le bien que vous pouvez.

» Voyez comme déjà vos titres s'accumulent! Dans l'arrêt Desgraviers vous avez confirmé le principe sacré de l'*obligation personnelle;* — dans vos arrêts sur les accusations de *tendance,* vous avez raffermi la *liberté de la presse* et maintenu les *libertés de l'Église gallicane;* — par l'arrêt Montlosier, ne pouvant faire plus, vous avez du moins réclamé la sainte exécution des lois; — par l'arrêt Isambert, préservez la *liberté individuelle;* qu'elle soit à l'abri de l'arrière-police; mettez-la sous la protection de la justice.

» Ainsi, vous aurez en peu de temps défendu et sauvegardé tous les droits, mérité les bénédictions de vos contemporains, conquis le suffrage des âges futurs, et nous serons plus que jamais fiers de vous appartenir! »

(Des applaudissements et des bravos éclatent spontanément dans l'auditoire[1]. Un signe de M. le premier président suffit pour les apaiser, et le plus profond silence succède à ce mouvement d'enthousiasme. — La Cour se retire en la chambre du conseil pour délibérer.)

L'arrêt prononcé à la même audience ne va pas aussi loin qu'Isambert; mais il reconnaît que si les agents de la force publique ont le droit que leur attribuent les lois des 29 septembre 1791, 23 floréal an IV et 28 germinal an VI, *dans les cas* déterminés par lesdites lois auxquelles le Code d'instruction criminelle n'a pas dérogé, de saisir sur la voie publique les *délinquants;* ce n'est qu'*à la charge* « de les conduire IMMÉDIATEMENT devant l'officier de police judiciaire. »

En conséquence, Isambert et les deux journalistes furent « déchargés des condamnations prononcées contre eux et renvoyés des fins de la plainte. »

Un article de Darmaing, inséré dans la *Gazette des Tribunaux* du 3 avril 1827, fait sentir toute la portée de cet arrêt. Il insiste sur cette obligation de conduire *immédiatement* l'individu arrêté devant l'officier de police judiciaire : « Garantie immense, dit-il, et toute pareille à celle réclamée par le Parlement de Paris dans son célèbre arrêt du 5 mai 1788, où les mots *sans délai* correspondent parfaitement au mot *immédiatement* de l'arrêt de la Cour royale de Paris. » — Et il ajoute ce fait anecdotique : « La preuve que ce mot *immédiatement* a grandement déplu à la police, parce qu'il met un terme à son arbitraire, c'est que l'on a remarqué que tous les journaux ministériels qui ont rendu compte de l'arrêt l'ont *supprimé,* et que

[1] Relation du Procès, 2e partie, p. 35.

l'un d'eux, spécialement interpellé au sujet de cette espèce de falsification du texte, a refusé de le rétablir, et n'a répondu que par l'annonce inexacte d'un pourvoi en cassation qui ne s'est point réalisé. »

Cette affaire fit une très-grande sensation. Le journal *le Globe*, qui jouissait alors d'une grande réputation à cause du libéralisme modéré de ses opinions et du mérite de sa rédaction, a rendu compte à ses lecteurs, dans son numéro du 17 mars, de l'effet produit par les plaidoiries avec une appréciation littéraire du genre de talent des orateurs. — (J'en donnerai un extrait dans les pièces que je me propose d'annexer à ces notices.)

LE JOURNAL DES DÉBATS.

BERTIN AÎNÉ.

Article : *Malheureux Roi! malheureuse France!*

24 décembre 1829.

A l'apparition du ministère Polignac, constitué le 8 août, le *Journal des Débats* poussa le premier cri, un cri d'alarme et de douleur! Dans son numéro du 10 août 1829, parut le fameux article qui finissait par ces mots : *Malheureux Roi! malheureuse France!*

Ce journal était connu par son dévouement aux véritables intérêts de la Restauration. Il l'avait surtout bien servie en se constituant plus particulièrement l'organe de ces royalistes doués de patriotisme et de discernement qui, associés aux espérances de 1814, avaient bientôt compris et hautement proclamé que le trône désormais ne pouvait trouver de solide appui que dans l'alliance sincère et franche de la royauté légitime avec les libertés constitutionnelles, que réclamaient avec une égale force les lumières du siècle et les vœux du pays.

Entré dans cette large voie par goût autant que par conviction, le *Journal des Débats* fut plus ému que tout autre à l'apparition des triumvirs du 8 août; il crut voir dans leur avénement au pouvoir le triomphe d'un parti dont l'allure lui était assez connue pour en déduire immédiatement les plus affligeantes prévisions.

C'est alors que pour avertir, et non pour blesser; non pour outrager, mais pour remplir un devoir; l'homme courageux qui présidait au *Journal des Débats*, M. Bertin aîné, ce royaliste éprouvé dans l'exil comme aux jours de prospérité, chargea l'un des rédacteurs dont il connaissait le mieux l'attachement à la dynastie (M. Becquet, volontaire royal au 20 mars) de rédiger un article dans un sens qui répondît à leurs communes affections; article qu'il s'était approprié tout à fait en le revisant; expression vive de douleur et de regrets, d'inquiétude et d'anxiété, où les intérêts de Charles X n'étaient point séparés de ceux de la patrie, et où le rédacteur, les unissant dans un même sentiment d'affection et de crainte, s'écriait avec l'accent d'un sujet fidèle : *Malheureuse France ! malheureux Roi !*

C'est pour cet article que M. Bertin aîné fut traduit devant les tribunaux « comme coupable d'offense en-» vers le Roi et d'attaque contre la dignité royale. »

Je connaissais à peine M. Bertin aîné; mais j'étais ami de son frère, M. Bertin-Devaux, député du centre gauche, à côté duquel j'avais été m'asseoir en entrant à la Chambre des Députés, en 1827.

J'étais en vacances dans la Nièvre lorsque Bertin-Devaux m'écrivit pour me proposer d'accepter la défense de son frère et du *Journal des Débats.* — Pour toute réponse, je partis et je me rendis à Paris.

Le 26 août, je plaidai en première instance devant le tribunal de police correctionnelle. Là, nous succombâmes; M. Bertin aîné fut condamné à six mois de prison.

L'accusation avait étonné le public; la condamnation l'émut bien davantage; tout se prépara pour une nouvelle défense sur l'appel devant la Cour royale.

Le 24 décembre s'ouvrit l'audience sous la présidence de M. le premier président Séguier. C'était la cause de la *liberté de la Presse*, la cause du *régime constitutionnel* tout entier!

L'affluence était extrême. Plus de cent avocats se pressaient dans l'enceinte du barreau, et jusqu'aux pieds des banquettes des magistrats. Le public débordait jusque dans la salle des Pas-Perdus.

Après ma plaidoirie, M. l'avocat général Berard-Desglajeux soutint l'accusation. Je lui répliquai sur-le-champ. On ne put contenir les applaudissements, surtout lorsqu'en finissant je prononçai ces mots : « Messieurs, ne faisons point de prétoriens! Aujour-» d'hui pour le Roi contre les lois, plus tard ils pour-» raient être pour un usurpateur contre le Roi lui-» même!..... C'est un mauvais jeu que d'employer des » soldats à faire un coup d'État : — *Les coups d'État,* » *qui sont les séditions du pouvoir*, ne lui réussissent » pas mieux contre les lois, que les séditions du peuple » contre la royauté. »

M. Bertin prit ensuite la parole, et rappela en peu de mots son dévouement, son exil, ses périls, ses souffrances pour la royauté ; il protesta de la pureté de ses sentiments monarchiques, et déplora l'aveuglement de ceux qui avaient cru « rendre un grand ser- » vice à la couronne en amenant devant une cour » de justice des cheveux blanchis au service de la » Royauté. »

La Cour se retira pour délibérer.

Les conseillers avaient à peine quitté leurs siéges, qu'on vit un respectable vieillard s'approcher de M. Bertin et lui serrer affectueusement la main. C'était M. le comte de Montlosier. « Mon cher Bertin, lui » dit-il, vous venez de rappeler des souvenirs qui » m'ont bien vivement ému. La dernière fois que je » vous ai vu, c'était au Temple; car, vous le savez, » nous y étions détenus ensemble, *ad pias causas.* »

La délibération se prolongea pendant plus de trois heures. Pendant ce temps, la salle et ses avenues étaient toujours remplies par une foule considérable qui manifestait une véritable anxiété.

Enfin la Cour étant rentrée en séance, M. le premier président, d'une voix ferme et digne, prononça l'arrêt qui, « faisant droit sur l'appel, met les appel- » lations et ce dont est appel au néant; émendant, » *décharge Bertin aîné des condamnations contre lui* » *prononcées;*—au principal, le *renvoie de la plainte.* »

« Ces derniers mots sont à peine prononcés, dit l'éditeur du Procès, que des bravos et des cris de *Vive le Roi!* éclatent spontanément dans toutes les parties de la salle et au dehors. M. Bertin aîné et son avocat reçoivent les plus vives félicitations. »

C'est par de telles ovations que se terminaient alors

les grandes luttes soutenues pour la liberté de la Presse !

Je suis resté l'ami de MM. Bertin; et je n'ai voulu accepter d'eux pour honoraires qu'un abonnement gratuit au *Journal des Débats*, comme gage et souvenir de leur amitié, qui s'est continuée avec Armand Bertin, leur successeur, enlevé trop tôt à l'estime publique et à l'affection de ses nombreux amis.

TROISIÈME PARTIE.

AFFAIRES CIVILES.

« Tout droit blessé trouvera parmi nous des défenseurs. »
(*Disc. du Bâtonnier des Avocats*, le 1er déc. 1829.)

PROLOGUE.

Le nombre des *Affaires civiles* dans lesquelles j'ai plaidé ou consulté est considérable. En 1830, quand j'ai quitté la profession d'avocat, il s'élevait à plus de quatre mille [1]. Mais le propre de ce genre d'affaires est de n'intéresser pour la plupart que les parties qu'elles concernent : — c'est par hasard s'il s'en trouve de temps à autre qui éveillent l'attention du public par la singularité des faits ; et la science, par la nature des questions qu'elles présentent : — même parmi celles-ci, plusieurs ont excité jadis la curiosité des contemporains, qui, revues à distance, n'offrent plus le même attrait.

Les éditeurs des *Annales du Barreau français* ont consacré le tome X de leur collection à mes *Plaidoyers en matière politique*. Le volume suivant (X *bis*) renferme quelques-uns de mes Plaidoyers et Mémoires *en matière civile*, comme un spécimen de ma manière de

[1] La collection de mes *Consultations manuscrites* comprend 20 volumes in-folio de 7 à 800 pages : — et les *Mémoires imprimés* distribués aux juges forment une collection de 22 volumes in-4.

traiter cette sorte d'affaires, qui fait, à vrai dire, le fond de la profession du jurisconsulte et de l'avocat.

Une *Notice* assez détaillée placée en tête de ce volume, et rédigée par l'un des avocats qui travaillaient à la publication des *Annales du Barreau*, donne une idée générale de cette partie de mes travaux, en indiquant jusqu'en l'année 1825, les affaires les plus saillantes dont ces avocats, mes contemporains, avaient pu entendre les plaidoiries à l'audience [1].

Ces affaires, sans doute, n'ont pas le caractère dramatique des causes criminelles ; mais si elles ne créent pas pour les clients le même péril, et n'excitent pas chez le public la terreur et la pitié, elles ont aussi parfois leur vivacité, leurs émotions, leurs péripéties, leurs amertumes ! car elles impliquent assez souvent l'état et l'honneur des familles, l'amour-propre des personnes, et une grande partie de leur existence sociale.

Je me suis borné à rappeler ici un petit nombre de ces Causes qui conservent un intérêt historique ou qui touchent à de grands principes.

Ces Causes suffiront pour montrer que, dans cette autre phase de ma carrière d'avocat, j'ai eu de graves et difficiles questions à traiter, de grands intérêts à débattre ; — pour les clients les plus humbles, et aussi pour les plus illustres : — des procès contre un Roi sur le trône, et des plaidoiries ou des conseils pour des souverains morts dans l'exil !

[1] On peut pour ces affaires recourir aux *Arrêtistes* et à la *Gazette des Tribunaux*, qui a publié de nombreux fragments de mes plaidoyers, et les donne même quelquefois en entier. — Outre les *Annales* publiées par Warée, il y a aussi la collection de Panckoucke.

J'ai défendu le pauvre chevalier Desgraviers contre Louis XVIII ; — et avant d'être appelé à lutter pour l'*exécution du testament* de Louis-Philippe, mort en Angleterre....., j'avais plaidé pour *les exécuteurs testamentaires* de Napoléon, *mort à Sainte-Hélène !.....*

C'est ainsi que j'avais plaidé pour l'apanage dû duc d'Orléans en 1818, et qu'il m'a été donné de conclure en 1841 pour celui du comte de Chambord....., demandant toujours justice : — SUUM CUIQUE ! — FORUM ET JUS !

AFFAIRE REBECQUI.

LÉGITIMATION PAR MARIAGE SUBSÉQUENT.

1809.

L'affaire Rebecqui est la première grande affaire que j'aie plaidée ; elle offrait à juger une espèce très-curieuse : « L'enfant né d'un prêtre avant la révolu-
» tion, avait-il pu être légitimé par le mariage subsé-
» quent de ses père et mère, contracté en vertu des
» lois nouvelles qui ont permis le mariage des ecclé-
» siastiques ? »

On opposait la règle vulgaire, que la légitimation ne peut avoir lieu qu'au profit des enfants nés *ex soluto et solutâ.*

J'attaquai cette règle dans ce qu'elle avait de trop absolu. Je prétendis qu'elle avait été formulée et alléguée sans un suffisant examen, et je montrai qu'elle était contredite en plusieurs cas par la doctrine même des auteurs qui semblaient l'avoir adoptée.

Ma thèse était celle-ci : toutes les fois que l'obstacle qui s'opposait au mariage des père et mère lors de la conception, vient à cesser d'une manière légale, le mariage qui s'ensuit, a la vertu de légitimer les enfants nés antérieurement.

Si les enfants adultérins ne peuvent pas être légitimés, c'est que le mariage subséquent entre le père ou la mère adultérins et leur complice ne peut jamais avoir lieu : la prohibition prononcée contre eux demeure absolue. La légitimation en ce cas ne peut avoir lieu, parce que le mariage lui-même est rendu à tout jamais impossible par la défense de la loi.

Il en est de même des enfants incestueux, nés d'un commerce entre parents à un degré pour lequel la loi n'accorde pas de dispense.

Mais dans les degrés pour lesquels il peut y avoir dispense, lorsqu'elle est obtenue et que le mariage s'ensuit, ce mariage a la vertu de légitimer les enfants nés avant l'obtention de la dispense.

Il en doit être de même pour les enfants nés de personnes dont l'une était engagée dans les ordres de prêtrise ou dans les vœux monastiques.

Ainsi, même autrefois où ces prohibitions existaient dans toute leur rigueur, lorsqu'on obtenait de l'autorité compétente la dispense de l'empêchement, à cet effet que le mariage auparavant interdit pût s'ensuivre, les enfants nés avant l'obtention de la dispense étaient légitimés par la réalisation du mariage subséquent. Je citai plusieurs arrêts du Parlement qui l'avaient ainsi jugé.

A plus forte raison, quand, au lieu d'une simple dispense *individuelle* de l'empêchement préexistant, il intervient une loi qui, par sa toute-puissance, efface cet empêchement et rend à tous ceux qu'il frappait la liberté de contracter mariage, cette dispense légale, qui abroge l'ancienne défense, doit avoir au moins les mêmes effets qu'une dispense particulière, qui n'abroge pas la règle en soi, mais qui empêche seulement qu'elle ne reçoive telle ou telle application spéciale.

Je plaidai cette affaire en première instance devant le tribunal civil de Moulins-Engilbert (Nièvre), où mon ami Me Gautherin occupait comme avoué. — Je la plaidai en appel devant la Cour de Bourges contre

Me Devaux (du Cher), un des plus habiles dialecticiens que j'aie rencontrés. Je gagnai mon procès par arrêt du 15 mars 1809.

Sur le pourvoi en cassation, M. le procureur général Merlin voulut se charger d'examiner lui-même *cette grande question* : il la nommait ainsi.

J'avais publié un Mémoire assez érudit qui renfermait des recherches très-étendues, non-seulement sur la question générale de la légitimation des enfants naturels, mais aussi sur la question historique du mariage des prêtres. — J'en portai un exemplaire à M. Merlin, qui goûta ma dissertation, me demanda les *Notes* de ma plaidoirie, et déclara adopter mon opinion, qu'il fit triompher définitivement par un arrêt de rejet du 22 janvier 1812.

C'est par souvenir de cette affaire où il avait apprécié favorablement ma manière de discuter, et aussi par estime pour mes *Principia juris*, dont il avait encouragé la publication, que cet éminent magistrat me comprit dans la présentation qu'il fit un peu plus tard de candidats pour une place d'Avocat général vacante à son Parquet. — J'étais loin de prévoir alors que je serais un jour appelé au poste même de Procureur général.

AFFAIRE SOULAVIE.

MARIAGE D'UN PRÊTRE.

Février et mars 1824.

Voici l'analyse de cette affaire, telle qu'elle a été recueillie dans le *Journal des Débats* du 15 février 1824. — Je n'en ai pas conservé d'autre trace.

« A une époque où la profanation de toutes les lois divines et la violation des lois les plus sacrées n'étaient encore décrétées qu'*en principe*, l'abbé Soulavie, auteur de plusieurs traités d'histoire naturelle et de compilations encore plus volumineuses sur l'histoire de France, donna l'un des premiers, le 31 mai 1792, le scandaleux exemple du mariage d'un prêtre. Cet acte, fait *sous seing privé*, ne pouvait être valable ; la bénédiction nuptiale qui fut donnée aux soi-disant époux par le trop célèbre Fauchet, évêque du Calvados, n'était qu'une impiété de plus. Mais on a voulu régulariser depuis cette union suivant les lois du temps par deux actes, l'un de 1793, l'autre de 1796 ; et il s'agit de savoir *lequel* doit être valable de ces deux mariages, dont le premier emporterait la *communauté* de biens, et dont l'autre a été stipulé avec *non-communauté*.

» Le procès s'était d'abord agité entre la veuve de l'abbé Soulavie et la dame Decros, la seule fille survivante de cette union. Un jugement de première instance, confirmé par arrêt de la Cour royale, a jugé, contre les prétentions de la mère, la nullité du premier mariage, et par suite confirmé l'existence de la séparation de biens, en vertu du second mariage contracté en l'an IV (1796). C'est contre cette décision que les créanciers du feu sieur Soulavie se sont pourvus par voie de *tierce opposition*. La cause s'est présentée à l'audience solennelle de la Cour royale, comme impliquant une *question d'État*.

» A l'audience du samedi 14 février, Mᵉ Dupin, avocat des créanciers, a exposé ainsi les faits :

» La dame Brunel, née Victoire Maillot, avait épousé en premières noces le sieur Soulavie, dont le nom est devenu célèbre par la compilation de nombreux Mémoires. Le sieur Soulavie, d'abord abbé, ensuite diplomate, fonctionnaire républicain, écrivain royaliste ou à peu près, eut différents ordres de vie et d'occupations. En 1793, sa qualité dominante était celle d'abbé; il avait fait des vœux qui eussent été irrévocables, si l'ordre politique n'avait pas porté atteinte à ce principe de l'ancienne législation.

» Vous savez quel mode suivaient les législateurs de ce temps. On allait à ce qu'on regardait comme le plus pressé : quand on n'avait pas le temps de faire une loi définitive, on décrétait du moins ce qu'on appelait *un principe;* on s'en rapportait en quelque sorte aux parties pour l'exécution, en les laissant dans les termes du droit naturel, et l'on réservait aux législateurs d'une autre époque le soin de faire des lois réglementaires.

» C'est ainsi que depuis qu'on eut décrété l'*adoption* jusqu'à la promulgation du Code civil, il n'y a pas eu de loi qui ait réglé les formes de l'adoption. C'est ainsi qu'une lacune a existé dans la législation relative aux *enfants naturels,* et qu'il a fallu y suppléer par des lois transitoires. Si les citoyens anticipaient sur la promulgation des lois à venir, ce n'était pas leur faute, mais celle du législateur, qui n'avait fait que la moitié de son ouvrage.

» On fit de même pour les *mariages;* car il est à remarquer que c'est surtout dans les matières les plus importantes, dans les grandes questions relatives à l'état civil, que l'on a adopté ce funeste principe de mesure provisoire. On décrète en principe que les prêtres pourront se marier; on donne au clergé une constitution civile, et l'on décrète dans la Constitution politique que « la loi ne considère le mariage que » comme contrat civil. » Cela pouvait être, mais il eût été fort utile de distinguer ce que le législateur a toujours distingué, le contrat civil du sacrement. C'est dans cet état de notre législation que le sieur Soulavie, âgé de quarante ans, et la demoiselle Marie Maillot, âgée de dix-huit ans, se sont mariés de la seule manière dont il leur fût possible de s'unir à cette époque. Leur propre curé, qui ne s'était pas soumis à la Constitution civile du clergé, ne voulut pas d'ailleurs donner la bénédiction nuptiale à un homme qui ne tenait sa capacité que d'une loi qui l'avait dispensé de ses vœux. Cet acte fut fait *sous seing privé* entre le sieur Soulavie et la demoiselle Maillot, assistée de ses père et mère. Il y est dit :

«... Ont déclaré que les soussignés s'épousaient en » légitime mariage, se promettant fidélité et amour, » et que les enfants qui en seront procréés *seront élevés au service de la patrie et dans la pratique des vertus civiques*, s'engageant les parties de suppléer à » toutes les formalités qui manqueraient au présent » acte, lorsque la loi annoncée par l'Assemblée législative aura été faite. »

« Ce fut l'abbé Fauchet, évêque constitutionnel du Calvados, qui donna la bénédiction nuptiale. Ce fait, par sa nouveauté, fixa l'attention; il eut toute la publicité possible, au point que les journaux s'en emparèrent. Le *Journal de la Cour et de la Ville* en égaya ses lecteurs.

» Le sieur Soulavie remplit quelque temps après des fonctions diplomatiques, d'abord en Danemark, puis à Genève, et auprès de la république du Valais. Il se rendait à cette dernière destination, lorsque la jeune femme, qui, en vertu du premier mariage, était devenue enceinte, accoucha en route au petit village de Saint-Laurent (Jura) d'une fille décédée depuis, et à laquelle ont été donnés les noms de *Victoire-Constance-Félicité* (on rit).

» Dans l'intervalle avait été publiée, le 20 septembre 1792, une loi dont l'article 9 est ainsi conçu :

« Si, antérieurement à la présente loi, quelques » personnes s'étaient mariées devant les officiers civils, » elles seront tenues de venir, *dans la huitaine,* dé- » clarer leur mariage. »

« Ce délai, aux termes de la loi, n'est pas de rigueur; on aurait pu se présenter au bout d'une quinzaine et même de plusieurs mois. Le sieur Soulavie, qui, dans ses voyages d'ambassade, n'avait point connu le décret, s'y conforma cependant. Il se rendit avec sa femme sur les frontières de France, dans la petite ville de Carrouge, et là, en présence du maire, du curé constitutionnel, des sieurs Chausson et Monachon, officiers municipaux, en un mot, de tous les dignitaires de l'endroit (on rit), ils déclarèrent qu'ils sont légalement et valablement unis en mariage depuis le 31 mai 1792, et l'officier public déclare qu'ils sont unis en mariage.

» La cohabitation continue; et je rapporte, dit Mᵉ Dupin, comme une nouvelle preuve de possession d'état, le passe-port donné à la dame Soulavie qui se rendait dans la capitale, chargée, est-il dit, d'*affaires et de dépêches pour le Comité de sûreté générale.* Le passe-port, qui lui donne une sorte de caractère semi-officiel, est daté du premier jour *sans-culottide.*

» Le sieur Soulavie avait gagné quelque chose dans son ambassade; il lui était dû par le gouvernement une trentaine de mille francs. Sa femme n'était pas très-riche; elle n'avait apporté en dot que ses grâces, sa jeunesse, sa beauté et l'innocence de son âge : on n'avait pas fait de contrat de mariage; ainsi les époux se trouvaient en communauté de biens, d'après la coutume de Paris. D'avides collatéraux insinuèrent au sieur Soulavie l'idée de faire d'autres arrangements. Il n'est pas difficile de dominer l'esprit d'une jeune femme, de lui inspirer des doutes sur la légitimité de son mariage ratifié à Carrouge; on lui fait croire qu'une seconde ratification est nécessaire; on attend qu'elle soit majeure de quelques jours, et on lui fait signer : 1° un contrat de mariage stipulant une séparation de biens; 2° un acte de célébration daté du 11 germinal an IV, et passé devant l'officier de l'état civil de la section du Luxembourg. Les témoins ne sont pas d'un caractère fort imposant : ce sont deux garçons de bureau de la municipalité, un officier de santé et un marchand cloutier.

» Le défenseur établit que c'est avec les épargnes des deux époux, et par conséquent avec les fonds de la communauté, que le sieur Soulavie a acheté, moyennant 40,000 francs, une maison, rue de Verneuil, qui depuis a été revendue 200,000 francs, et vaut aujourd'hui 100,000 écus, grâce à la progression de la valeur des propriétés.

» Lors du second mariage de l'an IV, la dame Soulavie était grosse de six mois : ce second enfant est également mort. C'est avec le troisième enfant, la dame Decros, née après le deuxième mariage, que le procès a lieu.

» Le sieur Soulavie est mort en 1813, après avoir laissé à sa fille par son testament la moitié de la maison rue de Verneuil en nue propriété, et l'autre moitié à sa femme en usufruit. Si le premier mariage, célébré à Carrouge au mois de septembre 1793, est valable, la maison entrera dans la communauté, et les créanciers du sieur Soulavie pourront réclamer la moitié du prix. Tel est l'objet de la contestation.

» M. Dupin établit dans une discussion lumineuse, mais qui serait sans intérêt pour nos lecteurs, la validité du mariage célébré à Carrouge en 1793; mais il s'élève surtout contre l'action impie de la dame Decros, qui prétend que son père et sa mère ont vécu en concubinage, et qui voudrait flétrir du nom de bâtards sa sœur et son frère, s'ils existaient encore.

» Cette cause, dit M. Dupin, est celle de la piété filiale et de la morale. J'ai fait triompher les principes que je soutiens dans la célèbre affaire Provost, où six enfants naturels, assimilés pour les droits successifs aux enfants légitimes par la loi de 1792, essayaient de repousser leur sœur *Marie-Liberté* Provost, fille naturelle comme eux, mais née après le Code civil, et réduite à réclamer de simples aliments. Vous les avez repoussés par ces motifs consignés dans votre arrêt :

« Attendu que si la loi règle seule par ses dispositions l'état des citoyens, elle assure spécialement les » droits de la possession, et les maintient tant qu'elle » n'est pas attaquée valablement *par personnes capables*, et qui *méritent d'être écoutées*; que la mère de » *Marie-Liberté* Provost a joui d'une possession constante, et que les réclamants ne peuvent être admis, » pour un vil et très-faible intérêt, à l'attaquer sans attirer le déshonneur sur leur père, leur mère, leur » sœur, et sur eux-mêmes, etc. [1]. »

» Le défenseur invoque la même décision dans la cause actuelle, et il termine en rappelant à la fille du sieur Soulavie que l'Écriture sainte défend aux enfants de révéler les turpitudes de leurs père et mère : *Mater tua est, non revelabis ejus turpitudinem.* »

La cause fut continuée à la quinzaine pour entendre Me Tripier, avocat des sieur et dame Decros, qui a plaidé pendant deux audiences. Enfin, par arrêt du 27 mars 1824, la Cour, sous la présidence de M. Séguier, après avoir entendu les dernières répliques des avocats et les conclusions de M. Édouard de Peyronnet, avocat général, a reçu les créanciers et madame Soulavie (parties de M. Dupin) tiers opposants; a rétracté son précédent arrêt; et, faisant droit au principal : 1° a déclaré nul le mariage de l'an IV et la stipulation de non-communauté dont il était accompagné; 2° a validé l'acte de mariage célébré à Carrouge en 1793; 3° a maintenu les hypothèques et délégations au profit des parties de Me Dupin; 4° a condamné les sieur et

[1] Le plaidoyer et l'arrêt dans l'affaire Provost sont rapportés dans les *Annales du Barreau français*, édition de Warée, tome X, deuxième partie, affaires civiles, p. 37 et suivantes.

dame Decros, parties de Tripier, en tous les dépens.

Le texte entier de l'arrêt est rapporté dans Sirey, volume de 1825, 2e partie, p. 193.

LE CHEVALIER DESGRAVIERS.

LE ROI LOUIS XVIII.

1820.

L'affaire Desgraviers est la plus grande affaire civile qui ait été plaidée sous la Restauration. Un sujet oser plaider contre le Roi! — Eh! pourquoi pas?

Était-on donc plus monarchique depuis 1814 que sous l'ancien régime? Autrefois on plaidait parfaitement contre le Roi (*Maximes du droit public français*, t. Ier, p. 93). — On tenait même pour maxime au Palais, qu'il fallait *que le Roi eût deux fois raison pour gagner son procès.* — Pouvait-il en être autrement sous un régime constitutionnel?

Aussi, je dois le dire, la cause fut très-librement défendue, et parfaitement écoutée par les magistrats.

En fait, M. le prince de Conti avait, par acte notarié du 7 octobre 1783, vendu son magnifique domaine de l'Isle-Adam à *Monsieur*, alors frère de Louis XVI.

Monsieur, depuis Louis XVIII, avait rétrocédé la nue propriété à Louis XVI, mais il s'était réservé l'usufruit. Et cet usufruit n'avait été pour lui qu'un profit net; car il résultait : 1° de pièces trouvées aux *Archives nationales*, qu'une première somme de

7 millions 500,000 livres avait été délivrée à *Monsieur* en bordereaux de l'emprunt de janvier 1782, pour le payement de l'acquisition de l'Isle-Adam, — plus une seconde somme de 373,337 livres pour le complément du parfait payement de l'Isle-Adam; 2° et du compte de la régie de l'Isle-Adam il résultait qu'en effet *Monsieur* avait constamment perçu les fruits de ce domaine. — Mais ces fonds ne furent pas remis au prince de Conti.

Par l'effet de la Révolution, Louis XVI avait péri, et avec lui la monarchie. — *Monsieur* avait émigré; et plus tard le domaine de l'Isle-Adam avait été confisqué au profit de la République.

En 1814, après le retour des Bourbons et la restauration du gouvernement royal, une Liste civile d'environ 40 millions fut attribuée au Roi et à sa famille; les Chambres lui accordèrent en outre une somme de 30 millions pour payer les dettes par lui contractées à l'étranger depuis sa sortie de France.

Mais si les créanciers qui avaient prêté au Roi pendant l'émigration furent ainsi payés, le droit des créanciers antérieurs envers lesquels le Roi ne s'était pas libéré restait intact. — La créance du prince de Conti continuait par conséquent à subsister contre l'ancien acquéreur de l'Isle-Adam.

Le prince de Conti, titulaire de cette créance, l'avait léguée au chevalier Desgraviers, dont il avait éprouvé la fidélité et le dévouement pendant tout le cours de l'émigration. En lui léguant cette créance, le prince de Conti avait surtout chargé le bon chevalier de payer toutes ses dettes envers ses domestiques et ses autres créanciers; — et le chiffre de ces dettes était tel que, liquidation faite, il était à peu près certain qu'il ne resterait rien ou presque rien au légataire universel.

Qu'importe? disait le chevalier Desgraviers, il ne s'agit pas de moi, il s'agit de la foi de mon Prince que je veux dégager, de ses dernières intentions que je veux accomplir, autant du moins qu'il dépendra de moi. Je ne suis, en réalité, qu'un exécuteur testamentaire.

Il adressa sa supplique au Roi; — puis à l'intendant de sa liste civile. Il employa six ans en vaines sollicitations. — A la fin, il fallut demander aux tribunaux la justice qu'il n'avait pas pu obtenir à l'amiable.

M. Delacroix-Frainville était son conseil; je devins son avocat.

La cause présentait à juger une pure question de droit : celle de savoir si l'obligation personnelle contractée par un prince qui ensuite montait sur le trône continuait de subsister contre lui, et s'il devait payer comme Roi la dette qu'il avait souscrite quand il n'était que personne privée.

En première instance, un jugement du tribunal civil de la Seine du 18 janvier 1820, « déclara le chevalier Desgraviers non recevable dans sa demande » contre l'intendant de la liste civile ès noms qu'il » procédait, avec dépens; — les droits dudit chevalier Desgraviers néanmoins réservés contre qui il » appartiendra; » — c'est-à-dire contre le Trésor public, qui n'eût pas manqué d'opposer les lois fiscales sur la déchéance.

Le chevalier Desgraviers interjeta appel devant la Cour de Paris.

Cet appel fut porté à l'audience solennelle, en robes

rouges, du 9 décembre 1820, sous la présidence de M. Séguier.

Dans mon exorde, je mis la Cour sur la voie de ses anciennes traditions parlementaires :

« Messieurs, — Vos fonctions ne sont jamais plus augustes que dans ces occasions solennelles où vous êtes appelés à tenir d'une main ferme la balance de la justice entre le fort et le faible, le Roi et le sujet.

» Heureux le citoyen qui trouve alors dans le sein de la magistrature un refuge assuré contre l'injustice des agents du prince ! Heureux celui qui, fatigué par de longs refus, peut s'écrier à la fin, comme le propriétaire du moulin de Sans-Souci : *Eh bien! nous verrons; il y a des juges à Paris.*

» Une telle invocation, messieurs, honore à la fois le juge, le prince et le gouvernement. Elle montre la confiance des particuliers dans les magistrats; elle prouve qu'*il y a de la justice dans le pays.*

» La France avait cette antique réputation; et plusieurs de nos rois n'ont mérité de devenir les arbitres de leurs voisins que parce qu'ils savaient eux-mêmes, au besoin, soumettre leur grandeur à la justice et joindre au titre de maîtres de l'État celui d'esclaves de la Loi.

« Ce qu'il y a peut-être de plus admirable en France » (dit un vieil auteur), c'est qu'on y a justice et raison » à l'encontre du Roi aussi bien qu'à l'encontre de ses » sujets, ès matières civiles. »

» Ici, messieurs, les plus nobles exemples vous ont été légués par vos prédécesseurs. — Ces grands magistrats apportaient une telle sévérité dans le jugement des affaires qui intéressaient personnellement le Roi, qu'il était passé devant eux en maxime qu'*il fallait que le Roi eût deux fois raison pour gagner son procès.*

» Oui, deux fois. Et pourquoi? — Il fallait d'abord que le Roi eût raison *en droit strict,* pour montrer le respect que les rois eux-mêmes doivent avoir pour les lois. — Il fallait ensuite et principalement que le Roi eût raison *en équité,* pour la morale publique et pour le bon exemple qu'un Roi doit à ses sujets. Car les Parlements, soigneux de la gloire bien plus que de la cassette de nos rois, sentaient combien il importe au Prince de conserver aux yeux des peuples une réputation intacte de délicatesse, de scrupule et de bonne foi; de cette bonne foi qui, si elle était bannie de la terre, devrait, dit-on, se retrouver dans le cœur des rois.

» Ainsi, jamais de fins de non-recevoir, point de prescriptions, et de tous ces moyens évasifs de forme ou de chicane abandonnés aux plaideurs vulgaires. — Dans la cause d'un Roi de France, tout devait être grand comme le Roi de France lui-même; et même, en cas de doute, c'est toujours contre lui qu'il était résolu.

» Telle était, messieurs, la hauteur de l'ancienne jurisprudence.

» Que fût-il donc arrivé dans un procès où, loin d'avoir deux fois raison, le Roi aurait eu deux fois tort? — Que serait-ce dans une cause où l'équité parlerait encore plus haut que la loi en faveur de la partie qui réclame? dans une cause où le lien du contrat, fortifié par le lien du sang, d'un sang royal qui unissait les contractants, en commanderait une plus stricte exécution? dans une cause enfin où la qualité, le nombre des créanciers, je dirai plus, la détresse et la profonde misère de la plupart d'entre eux (comparée à la haute fortune du débiteur) inspireraient le plus vif intérêt? où l'on ne pourrait repousser leur demande sans prononcer leur ruine et proclamer la déconfiture et l'insolvabilité d'un prince de la Maison de Bourbon!

» Tel est pourtant, messieurs, le procès que le refus le plus obstiné de toute satisfaction amiable nous réduit à plaider devant vous. »

La cause du Roi fut plaidée par M. Quéquet, *avocat général;* mais dans l'affaire il n'était en réalité que l'*avocat privé* de l'intendant de la liste civile. Je dus en faire la remarque, et lui-même en convint. C'était, du reste, un homme d'esprit, assez disert, et qui a eu plus de renom comme magistrat qu'il n'en avait obtenu comme avocat avant sa promotion.

Je lui répliquai *in magnis* avec tout le soin et toute la force que je pus y mettre. J'avais fait un choix des exemples et des autorités les plus respectables : ma démonstration, je crois, était complète; voici quelle fut ma conclusion :

« Devant la Cour, une seule chose est à considérer. Les créanciers sont fondés en titre; ils sont armés d'un acte notarié qui porte la signature de leur Roi; ils ont sa foi, son obligation personnelle; c'est contre lui personnellement qu'ils en demandent l'exécution.

» Ils l'obtiendront de votre équité, messieurs; vous ordonnerez que le contrat de 1783 *continuera d'être exécuté selon sa forme et teneur.* Votre gloire, comme celle du Roi, y est intéressée. Jamais une si grande occasion ne se sera présentée de faire éclater aux yeux des peuples votre justice et votre indépendance.

» Rendez un arrêt qui aille prendre place dans

l'histoire parmi ces anciens oracles que leur profonde sagesse a sauvés de l'oubli des temps. Et de même que je vous ai cité les exemples de 1560, de 1592 et de 1607, avec l'autorité qui s'attache aux noms de Henri IV, de l'Hospital et des grands magistats de ces temps désastreux qui, s'ils ont eu leurs crimes, ont offert aussi des vertus, — faites que la postérité puisse dire de vous :

» En 1821, un Séguier se trouvant encore à la tête de la première Cour du royaume, tels et tels présidents et conseillers, tous imbus de la même doctrine, animés du même esprit de justice et d'un dévouement éclairé pour la personne et la vraie gloire du Prince, ont rendu un arrêt solennel par lequel, — en consacrant *cette maxime de droit public,* qui veut que les biens particuliers du Prince se réunissent au domaine de l'État lorsqu'il monte sur le trône; — sans méconnaître non plus la *règle d'équité,* qui, en pareil cas, oblige l'État à payer en l'acquit du Roi au moins jusqu'à concurrence des biens dont l'État a profité; — a maintenu aussi *ce principe de droit civil* qui fait la base des conventions et la sûreté des hommes entre eux; ce principe suivant lequel, *roi ou sujet, quiconque a promis personnellement, demeure tenu personnellement, et doit payer personnellement.*

» Jugez ainsi, messieurs, et soyez sûrs qu'à l'avenir il ne se trouvera plus ni praticien, ni confident, ni flatteur qui ose conseiller à un Roi de plaider contre ses engagements.

» Ici, messieurs, je vous en adjure encore comme Français, comme fidèle sujet du Roi, auquel je crois avoir prouvé plus de véritable respect par mon insistance à demander justice, que ses conseillers privés par leur entêtement à nous refuser satisfaction; je vous en adjure, empêchez qu'entre tant de sujets d'éloge qu'aura pu mériter notre Roi, l'histoire, l'inflexible histoire ne mêle quelques sujets de blâme. Elle dira sans doute de Louis XVIII : « Il a relevé le trône de ses pères; il a donné au peuple français un gouvernement constitutionnel; il a fondé des institutions dignes de lui et de son siècle; il sut encourager les arts, les lettres et les sciences; on le vit toujours prêt à soulager l'infortune; jamais prince ne fut plus magnifique et plus libéral... » Empêchez donc qu'elle n'ajoute : « *Mais... il n'a pas payé ses dettes.* »

L'arrêt, prononcé par M. le premier président Séguier à l'audience du 19 janvier 1821, fut rédigé en termes qui méritent d'être conservés. En voici le texte entier :

Point de droit.

« Le Roi est-il personnellement obligé envers le prince de Conti ou ses ayant cause par l'acte de vente du 7 octobre 1783 ?

» A-t-il été dérogé à cette obligation personnelle par les actes postérieurs?

» La réunion aux biens de l'État des biens du prince qui advient à la couronne a-t-elle l'effet de dégager le Roi de toute obligation personnelle, en sorte que ses créanciers n'aient plus de recours que contre l'État?

» Devait-on en conséquence infirmer le jugement dont était appel?

» Devait-on réserver au Roi son recours contre l'État?

» Devait-on ordonner la restitution de l'amende?

» Qui devait supporter les dépens?

» Après avoir entendu Dupin l'aîné, avocat d'Augustin-Claude Leconte, chevalier Desgraviers, assisté de Coche, son avoué, et M. Quéquet, avocat général, pour le marquis de Lauriston, comme exerçant, aux termes de l'article 14 de la loi du 8 novembre 1814, les actions judiciaires de Sa Majesté Louis XVIII, dans leurs conclusions et plaidoiries respectives, lesquelles ont été reprises;

» La Cour, faisant droit sur l'appel interjeté par Augustin-Claude Leconte-Desgraviers, légataire universel de Louis-François-Joseph de Bourbon, prince de Conti, de la sentence rendue au Tribunal civil de Paris le 18 janvier 1820;

» Considérant, EN FAIT, que les seuls contractants en l'acte du 7 octobre 1783 ont été *Monsieur*, frère du Roi, et le prince de Conti; que *Monsieur* s'est obligé, en son propre et privé nom, de payer les prix des domaines que lui vendait le prince de Conti; qu'aucune réserve de déclaration de command n'ayant été faite pour le tout ou partie des domaines acquis, le vendeur n'a pu et dû traiter que sous la foi de l'engagement personnel de *Monsieur*, seul acquéreur; que la revente ou cession de nue propriété, faite au Roi Louis XVI, hors la présence du prince de Conti, premier vendeur, n'a pu changer la nature de l'ordre des actions nées du contrat originaire;

» Que les actes subséquents, et notamment ceux des 16 juillet 1784 et 30 septembre 1785, en établissant que le prince de Conti a eu connaissance de cette revente ou cession, contiennent en même temps la stipulation expresse de sa part qu'il entendait conserver tous ses droits contre *Monsieur*, sans novation à son titre;

» Que la faculté d'interpréter les actes ne peut s'étendre jusqu'à substituer un débiteur à un autre, contre la lettre et l'esprit des conventions; que le profit ou la perte résultat d'événements ou de chances postérieurs à la vente ne peuvent délier soit le vendeur, soit l'acquéreur de leurs obligations fixées irrévocablement par contrat;

» Considérant, EN DROIT, qu'il est de l'essence de l'obligation personnelle d'affecter et de suivre la personne de l'obligé, de même que l'obligation réelle affecte et suit l'immeuble grevé de la dette, dans quelques mains qu'il passe;

» Qu'aucune disposition de droit public français n'affranchit le prince qui parvient à la couronne de ses engagements personnels contractés avant son avénement;

» Que le prince sur le trône, pouvant acquérir et posséder un domaine privé, est à cet égard dans les liens du droit civil;

» Que c'est ainsi que la loi, sans blesser la majesté royale, reconnaît dans le Roi la personne privée contractant des engagements et pouvant être citée devant les Tribunaux, dans les formes spéciales qu'elle a établies;

» Considérant que le principe de la réunion des domaines du prince au domaine de l'Etat par le fait de l'avénement au trône n'a été fondé dans tous les temps que sur l'intérêt public;

» Que cet intérêt public a été concilié avec l'intérêt des créanciers du prince et avec le principe du droit civil de la déduction des dettes sur les biens, par la disposition de l'édit de 1607 portant : « Les droits néanmoins de nos créanciers demeurant en » leur entier et en la même force et vertu qu'ils étaient aupara- » vant notre avénement à la couronne; »

» Que l'effet de cette clause de non-dérogation absolue est tout à la fois de conférer au créancier l'action réelle contre l'État, comme détenteur des biens grevés du privilége ou de l'hypothèque; et de maintenir l'action directe et personnelle contre le prince, débiteur principal, auquel le créancier est contraint de s'adresser si, comme dans l'espèce, il n'est pas désintéressé par le tiers détenteur;

» Considérant que les lois et constitutions nouvelles, en consacrant le principe de l'édit de 1607, n'ont par aucune disposition aboli les réserves prononcées au profit des créanciers et dérivant de l'essence des contrats;

» Que spécialement la loi du 21 décembre 1814 a reconnu que le Roi lui-même était lié par des engagements personnels, dont elle a libéré sa personne en mettant ses engagements à la charge de l'État;

» Considérant enfin que l'application des lois de confiscation, de confusion et de déchéance, faite au Roi et aux princes de la famille royale dans le seul intérêt du fisc, et hors le cas d'exception au profit des tiers, serait attentatoire au principe sacré et tutélaire de la légitimité;

» Que l'État n'ayant la possession des domaines dont il s'agit que par le fait de l'avénement à la couronne, l'action en garantie doit être réservée;

» A MIS et met l'appellation et ce dont est appel au néant; émendant, décharge la partie de Dupin des condamnations contre elle prononcées;

» Faisant droit, au principal, ayant aucunement égard aux demandes;

» Ordonne que le contrat de vente du 7 octobre 1783 continuera d'être exécuté;

» En conséquence, condamne le marquis de Lauriston, ès qualités qu'il procède, à payer à la partie de Dupin :

» 1° La somme de 1,382,716 fr. 6 centimes, valeur de 1,400,000 livres, restant du prix des domaines désignés audit contrat, stipulée payable après le décès de Louis-François-Joseph de Bourbon, prince de Conti;

» 2° Les intérêts de ladite somme, à compter du 10 mars 1814, jour du décès du prince de Conti, jusqu'au 23 juillet 1819, jour de la demande;

» 3° Les intérêts tant de ladite somme principale que des intérêts capitalisés au jour de la demande et à partir dudit jour;

» L'action en garantie contre l'État réservée;

» Ordonne la restitution de l'amende consignée sur l'appel;

» Condamne le marquis de Lauriston, ès dites qualités, aux dépens tant des causes principales que d'appel et demande, desquels distraction est faite à Coche, avoué, qui l'a requise et qui a affirmé les avoir faits et avancés de ses deniers;

» Sur le surplus des demandes, fins et conclusions des parties, les met hors de Cour.

» Fait en notre dite Cour royale de Paris, le vendredi 19 janvier 1821, en grande audience publique des 1re et 3e Chambres réunies. »

Aussitôt après l'arrêt, le chevalier Desgraviers écrivit au Roi pour lui dire qu'il s'en remettait absolument à Sa Majesté pour le temps et le mode de payement. Il y avait lieu d'espérer que Sa Majesté acquiescerait à un arrêt si fortement motivé, rendu par la première Cour d'appel du royaume, par des magistrats dont l'attachement à la monarchie n'était pas douteux. — Le caractère personnel de Louis XVIII venait fortifier cette espérance ; je l'avais puisée surtout dans l'anecdote suivante, qui me fut transmise pendant les plaidoiries par un ancien conseiller au Grand Conseil, dans une lettre du 28 décembre 1819 :

« ...... En 1784 ou 85 (je n'ai pas la date précise), » Louis XVIII, alors *Monsieur*, soutint comme Grand » Maître de l'Ordre de Saint-Lazare, une affaire du » plus grand intérêt devant le Grand Conseil dont j'é» tais membre.

» Son Altesse Royale fit auprès de chacun des ma» gistrats qui devaient le juger l'importante démarche » de lui transmettre une lettre de recommandation de » son bon droit par un de ses pages. J'étais l'un des » juges.

» *Monsieur* fut condamné d'une voix unanime.

» Vous savez très-bien qu'alors les arrêts n'étaient » pas motivés. Pour que *Monsieur* ne pût pas se mé» prendre sur les motifs qui avaient décidé la Cour » contre lui, il fut arrêté qu'ils lui seraient expliqués » par une députation.

» L'audience fut demandée et accordée par Son Al-
» tesse Royale.

» A l'audience, les motifs de l'arrêt furent déduits
» par le premier président. *Monsieur*, après avoir en-
» tendu l'explication avec attention et l'avoir saisie
» avec la perspicacité qui lui est naturelle, nous fit
» cette réponse sublime :

» Messieurs, je connaissais votre justice, mais j'en
» suis bien plus convaincu aujourd'hui. Je vois claire-
» ment que vous avez beaucoup mieux entendu mon
» affaire que les conseils qui m'avaient persuadé
» qu'elle était excellente : je vous remercie de votre
» justice, et admire le courage qui vous a fait résister
» aux pressantes sollicitations du premier prince du
» sang.

» *Signé* ***, ancien conseiller au Grand Conseil,
» conseiller à la Cour d'A***.

» *P. S.* Les registres du Grand Conseil existent;
» tout y est consigné. »

Dans l'espèce que je viens de rapporter, le Prince l'avait emporté sur ses conseillers : — cette fois les conseillers l'emportèrent, et l'arrêt de la Cour royale fut déféré à la Cour de cassation.

M. de Sèze en était alors le premier président...... M. Brisson, de l'ancien Parlement, était président de Chambre. — La cassation fut prononcée par huit voix contre six. M. Brisson était pour le rejet. Beaucoup d'anecdotes se rattachent à cet arrêt; j'en ai tenu note sur la dernière page du volume qui contient le procès [1].

Le procureur général Mourre, dans ses conclusions

[1] Dans ma bibliothèque.

à l'audience, avait demandé la suppression de la Consultation produite pour le chevalier Desgraviers. — Aux opinions, un conseiller dit que si l'on devait supprimer des écrits, c'était ceux de la liste civile, attendu qu'on ne pouvait rien voir de plus irrévérent que ce qu'on y disait de la Cour d'appel. — On écarta les conclusions, avec ce ménagement pour le Procureur général, qu'on supposa que la Consultation n'avait pas été *produite* au procès. — Mais elle avait été faite pour le procès, — *distribuée* à tous les conseillers, — et, qui plus est, *signifiée* dans une requête où l'on en avait repris en entier le libellé.

On avait d'abord arrêté que l'affaire serait renvoyée à Rouen. Mais, après plus de trois semaines de délai,... pendant lesquelles l'arrêt ne fut pas signé, on substitua la Cour d'Orléans à celle de Rouen.

Sur ces entrefaites, le malheureux chevalier Desgraviers était mort à la peine, sans se plaindre pour lui-même, quoique dans la détresse, mais avec le regret douloureusement exprimé de n'avoir pu accomplir les dernières volontés de son cher prince de Conti, et de laisser dans la misère ses serviteurs et ses créanciers.

Sa veuve, chargée de continuer son œuvre, reprit le procès. M. Buchère, notaire, exécuteur testamentaire du pauvre chevalier, fit l'avance des frais indispensables pour la procédure. — On se disposa à plaider devant la Cour d'Orléans.

J'avais épuisé devant la Cour de Paris tout ce que j'avais pu réunir de doctrine et de considérations oratoires. Je craignis de ne pouvoir que me répéter si je plaidais la cause de nouveau. Mon frère Philippe était déjà depuis quelques années au Barreau; il y avait déjà assez marqué pour être certain, en lui confiant une grande cause, qu'il s'y ferait honneur. Il fut convenu qu'il plaiderait à Orléans, et que je l'assisterais seulement comme conseil avec M. Delacroix-Frainville et M. Scribe, son gendre, qui devait plus tard lui succéder.

Pour mieux appuyer cette plaidoirie, je conçus l'idée de remettre aux ambassadeurs des principales puissances de l'Europe une *Note à consulter*, pour obtenir en réponse la déclaration du droit existant sur la question dans ces différentes monarchies.

Le succès répondit à mes espérances.

Je reçus pour l'Allemagne une consultation du savant Daniels, autrefois premier avocat général à notre Cour de cassation lorsque Merlin était procureur général. M. Daniels était ensuite retourné dans son pays d'origine, et le Roi de Prusse l'avait nommé premier président de la Cour d'appel de Cologne. Cette docte consultation, appuyée de la citation de nombreuses autorités, ne laissait rien à désirer pour le droit de l'Allemagne.

M. Dal Pozzo, de Genève;

M. Cevesa, de Turin;

M. Chiabrera, ancien conseiller à la Cour d'appel de Gênes, — répondirent pour le droit de l'Italie, — et aussi sur ce qui leur apparaissait selon le droit commun universel.

Lord Brougham et sir James Mackintosh répondirent pour l'Angleterre; — et M. Holden Kovending, docteur et professeur en droit, pour le Danemark.

Ces consultations réunies furent imprimées et distribuées aux juges d'Orléans, sous le titre de : CONSULTATIONS EUROPÉENNES, à l'occasion de l'affaire du chevalier Desgraviers, sur la question de savoir « si l'a-

» vénement d'un Prince à la couronne le libère des » obligations personnelles par lui contractées avant son » avénement; » avec cette épigraphe : *Est non scripta, sed nata lex.... Non est alia Romæ, alia Athenis.*

La substance de toutes ces consultations était suivie d'un bref résumé de la doctrine qu'elles professaient, rédigé et signé par moi. Ce résumé était ainsi conçu :

« En Allemagne, en Italie, en Angleterre, on tient également pour principe que les obligations contractées par un Prince avant son avénement à la couronne le suivent sur le trône, et que loin de trouver dans l'élévation de son rang un moyen de libération, on ne doit voir dans cette circonstance qu'un motif de décider qu'il est plus étroitement tenu à l'exécution de ses engagements. La foi des Princes doit être inviolable comme leur personne; et, pour employer les expressions de la maxime rappelée par les jurisconsultes anglais, « la prérogative ne peut servir à l'injustice et à » l'oppression. »

» Le Danemark est le seul pays où le payement des dettes du Prince semble ne dépendre que de *son bon plaisir*. Mais c'est aussi le seul pays de l'Europe où la constitution ait attribué au monarque un pouvoir despotique, absolu, sans réserve; et il y a du moins ce correctif, que s'il est hors de doute que le Roi de Danemark pourrait d'un seul mot repousser ses créanciers, on ne cite pas d'exemple où il en ait ainsi usé avec eux.

» Tous les auteurs distinguent dans le Prince la personne publique, et la personne privée : celle-ci demeure sujette aux conséquences du droit civil dans tout ce qui concerne l'exécution des contrats où le Prince a figuré comme simple particulier. Le mode d'action ou de pétition peut varier, l'exécution être rendue plus ou moins difficile, suivant la constitution, les lois, les usages des diverses nations; mais chez toutes, le principe de l'obligation personnelle, affectant la personne du Prince qui a promis et contracté, et le suivant jusque sur le trône, est invariablement reconnu; la loi sur ce point est la même partout : *Non est alia Romæ, alia Athenis.*

» L'application d'un tel principe serait-elle donc contestée seulement parmi nous? »

Avec ces préparations, Philippe Dupin se présenta devant la Cour royale d'Orléans. J'éprouve une douce satisfaction à me rappeler et à redire qu'il plaida admirablement; il surpassa nos espérances, et j'ajouterai même les siennes, car il était modeste autant qu'il sut se montrer avocat instruit et éloquent. Les juges en furent charmés; de nobles félicitations lui furent adressées.—Toutefois, il perdit son procès, et la veuve du chevalier Desgraviers, plus misérable encore que son mari, après avoir été soutenue quelque temps par les secours de tous ceux qui avaient embrassé la défense de sa cause, eut le bonheur de mourir.

On aurait pu graver sur sa tombe l'épitaphe que j'aurais volontiers inscrite sur celle de son mari :

« Ci-gît le chevalier Desgraviers, mort de misère avec
» une créance de 1,400,000 francs sur son Roi. »

LES PRINCES DE SAVOIE-CARIGNAN.

1822.

En 1822, je fus consulté par M. le duc de la Vauguyon et madame la princesse de Carignan, sa fille; je fis tout à la fois une Consultation et un Mémoire qui rappellent en fait et en droit tout ce qui tient à l'existence de la branche princière connue sous le nom de Savoie-Carignan.

Cette question intéressait à la fois : et le droit de cette branche, et la politique de la France. — En voici le résumé analytique.

Depuis plusieurs siècles, la maison royale de France et la maison régnante de Sardaigne sont unies par les liens du sang et par les intérêts de la politique.

Les avantages de cette union, déjà vivement sentis à l'époque où la monarchie espagnole avait des possessions en Italie, sont devenus plus évidents à mesure que la maison d'Autriche a augmenté sa puissance et agrandi ses prétentions dans cette partie de l'Europe.

Le royaume de Sardaigne, menacé par l'Autriche, ne pouvait trouver de protection efficace contre ses entreprises ambitieuses que dans la protection et l'alliance de la France, qui, depuis Henri IV, n'ayant pas cessé de redouter la prédominance de l'Autriche, jugeait avantageux pour elle de voir sa frontière occupée par un prince ami, dont les États lui servaient en quelque sorte d'avant-poste.

De là ces alliances multipliées entre la maison de Bourbon et celle de Savoie; de là cet accueil que les princes des branches cadettes de la maison de Savoie ont toujours trouvé à la cour des Rois de France, et les avantages dont cette faveur n'a pas cessé d'être pour eux le principe et la cause.

Louis XIV seul eut le tort et ensuite le regret, le regret amer, d'avoir dédaigné les services du prince Eugène, ce grand général destiné d'abord à l'Église sous le nom d'abbé de Carignan, et qui avait demandé au grand Roi une abbaye ou un régiment sans pouvoir obtenir ni l'un ni l'autre.

.... Cette bienveillance mutuelle, cette politique réciproque, ces intérêts communs n'ont reçu aucune atteinte par les événements de 1815; ils n'en sont devenus que plus évidents. Loin de s'affaiblir par ces événements, l'influence de l'Autriche en Italie s'est prodigieusement accrue. Le roi de France doit pressentir l'immense péril qui menacerait ses États, si l'empire d'Autriche, qui embrasse déjà une si grande étendue de pays, parvenait jamais à pousser sa frontière jusque sur les limites de la Provence et du Dauphiné.

Or ce résultat pourrait être atteint, sinon par la conquête à laquelle la France résisterait avec toute la puissance de ses armées, au moins par voie de succession : car l'Autriche, toujours habile et prévoyante dans ses mariages, et qui s'est alliée avec la branche aînée de Savoie actuellement en possession du trône de Sardaigne, y arriverait elle-même par voie de succession collatérale en cas d'extinction de la branche aînée, si elle parvenait à exclure la branche subsidiaire de Savoie-Carignan. Et comme la politique se compose avant tout de la prévoyance, c'est dans cette vue qu'on croit devoir tout à la fois :

1° Rappeler et établir le droit de la branche de Savoie-Carignan ;

2° Et appeler sur cette branche l'attention particulière du gouvernement français.

Les princes de Carignan ont depuis longtemps leur existence en France. Il est inutile de retracer toute leur généalogie, mais il importe de rappeler quelques faits essentiels à connaître pour fixer la position du titulaire actuel de cette branche.

En 1775, le prince *Eugène-Marie* vint à la cour de France, où il fut accueilli sous le nom de comte de Villefranche.

Le roi Louis XIV lui confia un régiment d'infanterie, qui du nom de son colonel prit le nom de *Savoie*.

Quelques années après (en 1779), le prince Eugène-Marie s'étant épris de la fille d'un gentilhomme breton, l'épousa. Mais ce mariage n'ayant pas été précédé des consentements et formalités d'usage, excita le mécontentement des cours de France et de Sardaigne.

On sait en effet que dans les maisons royales aucun prince de la famille régnante ne peut contracter mariage sans l'agrément du chef souverain. Fût-il valable au point de vue du droit naturel, du droit religieux ou du droit civil du peuple chez lequel il aurait été contracté, il est nul pour le pays auquel ce prince appartient; et par conséquent les enfants qui seraient nés d'un tel mariage n'ont aucun droit de succéder à la Couronne dont ils ont méconnu et violé le droit politique.

Aussi, d'un côté le procureur général du Parlement de Paris requit l'annulation du mariage, et la fit prononcer par arrêt du 7 septembre 1780.

D'un autre côté, le roi de Sardaigne Victor-Amédée donna, sous la date du 13 du même mois, des lettres patentes dont la teneur ne nous est pas littéralement connue, qui prononçaient une sorte d'exhérédation contre le prince.

Mais bientôt ce monarque, usant d'une faculté qu'il s'était réservée par l'article 3 de ces lettres, déposa une partie de sa sévérité et rendit au comte de Villefranche ses droits de succession.

Cette réintégration est limitée à la personne du prince seulement : elle excluait donc la personne qu'il avait épousée de toute participation aux prérogatives et aux honneurs réservés à son époux. Mais le Roi, dans sa bonté paternelle, était allé plus loin : il avait permis au comte de Villefranche de *réhabiliter son mariage;* il y a plus : ce monarque pieux lui en avait fait une sorte d'obligation.

Jusque-là l'union du comte de Villefranche avec mademoiselle de Boissarin n'avait produit aucun enfant.

Le mariage fut réhabilité de nouveau en vertu de la permission du Roi. Le contrat qui en a réglé les conditions civiles a été reçu par Louvet fils et Malapare, notaires royaux à Saint-Malo, le 22 février 1781 ; et la bénédiction nuptiale a eu lieu le même jour, le même mois, la même année, suivant l'extrait des registres de mariage de la paroisse de Saint-Mélion des Andès, diocèse de Saint-Malo.

C'est de ce mariage ainsi réhabilité qu'est né, le 30 octobre 1783, le prince *Joseph-Marie,* suivant l'extrait des registres de baptême de l'église Saint-Paul à Paris. Le comte de Villefranche est décédé le 30 juin 1785. (Registre des sépultures de la paroisse de Dommart-sur-la-Sace, diocèse d'Amiens.)

Son fils Joseph-Marie, qui n'avait pas encore deux

ans, devint alors l'objet de la sollicitude des cours de Versailles et de Turin.

La tutelle devait naturellement s'établir en France. Elle fut réglée *de concert avec le roi de Sardaigne* par plusieurs lettres patentes du roi de France enregistrées au Parlement de Paris.

Par celles du 12 décembre 1785, enregistrées le 12 janvier 1786, la tutelle est déférée à madame de Carignan, comtesse de Saint-Maurice, à l'exclusion de la mère, qui, étant encore mineure, se trouvait par cette seule raison incapable d'être tutrice.

Il paraît toutefois qu'elle éprouvait une grande répugnance à se séparer de son fils, puisqu'il intervint de nouvelles lettres patentes qui ordonnent que l'enfant sera remis par sa mère entre les mains de la comtesse de Saint-Maurice, sa tutrice honoraire. (Ces lettres, données à Versailles le 17 novembre 1787, ont été enregistrées le 7 décembre suivant.)

Enfin, le 17 mars 1788, Sa Majesté Louis XVI donna de nouvelles lettres patentes par lesquelles la tutelle est transférée à M. le baron de Breteuil, ministre et secrétaire d'État. (Ces lettres ont été enregistrées au Parlement, la grand'chambre assemblée, les pairs y séant, le même jour 17 mars 1788.)

Dans ces lettres, le roi de France dit que depuis la mort du comte de Villefranche, son cousin, *il a toujours veillé avec une attention particulière sur tout ce qui peut intéresser son fils Joseph-Marie.* Sa Majesté rappelle que tout à cet égard a été fait *de concert avec le roi de Sardaigne;* et en parlant de la nouvelle tutelle qu'il s'agit de déférer dans l'intérêt du jeune prince, le Roi dit : « Il nous a paru convenable, *ainsi qu'au roi de Sardaigne,* de former, dès à présent, l'administration de la personne et des biens dudit Joseph de Savoie sur un plan qui, *eu égard à sa naissance et au rang qu'il doit occuper*, embrasse les différentes situations dans lesquelles, par le progrès de l'âge, il pourra se trouver. »

Il suffit de s'arrêter à ces derniers mots : *et au rang qu'il doit occuper eu égard à sa naissance*, pour sentir que, dans l'intention des deux souverains qui *veillaient avec une attention si particulière sur tout ce qui pouvait intéresser* ce jeune prince, il n'était exclu d'aucune des espérances que sa naissance lui permettait de concevoir, d'aucune des chances que la fortune pourrait lui présenter *dans les différentes situations dans lesquelles, par le progrès de son âge, il pourrait se trouver*.

En partant de ces faits ainsi établis, la Consultation en déduit la parfaite *légitimité* du prince Joseph-Marie, et par suite son droit *éventuel* de succéder à la couronne de Sardaigne en cas d'extinction de la branche aînée.

Ce sont les intérêts de cette branche que le Mémoire avait pour but de recommander à Sa Majesté le Roi de France.

Mais ces intérêts, quoiqu'ils empruntassent un caractère particulier aux alliances de famille entre la maison de Bourbon et la branche de Savoie-Carignan, n'en conservent pas moins toute leur importance malgré les changements survenus en France dans le personnel des dynasties.

Ces intérêts sont permanents; ils dérivent de la nature des choses :

1° L'utilité pour la Sardaigne de s'appuyer sur la France contre l'Autriche qui la convoite ;

2° Et celui de la France de protéger la Sardaigne

comme l'un de ses avant-postes, d'empêcher l'Autriche de s'agrandir, d'étendre sa puissance de l'Adriatique à la Méditerranée, en un mot, de joindre Gênes à Venise et à Trieste.

Dans l'*Almanach royal* de 1836, dans la première partie (Princes et Princesses des maisons souveraines), à l'article *Sardaigne*, après la branche régnante, on lit :

« *Savoie-Carignan.*

» *Eugène*-Emmanuel-Joseph-Marie-Paul-François de Savoie, prince de Carignan, né le 14 avril 1816; — et sa sœur, *Marie*-Victoire-Louise-Philiberte, née le 29 septembre 1814. »

Dans l'*Almanach impérial* de 1853, article *Sardaigne*, on lit d'une manière plus développée :

« *Branche de Savoie-Carignan.*

» Cousin et cousine du roi.

» (Enfants de feu *Joseph*, chevalier de Savoie, fils du prince *Eugène*-Marie-Louis, frère du grand-père du Roi) :

» *Eugène*-Emmanuel-Joseph-Marie-Paul-François Antoine de Savoie, né le 14 avril 1816, déclaré prince de Savoie-Carignan par décret royal du 28 avril 1834.

» *Marie*-Victoire-Louise-Philiberte, etc. »

AFFAIRE STACPOOLE.

DROIT INTERNATIONAL.

1824 et années suivantes.

Dans sa *Notice biographique* (page 41), M. Ortolan rend ainsi compte de ce long et difficile procès :

« Cette affaire, dit-il, où il s'agissait de plusieurs millions, après avoir été poursuivie en Angleterre et en Irlande, dans les diverses Cours de la Chancellerie, du Banc du Roi et de la Chambre des Lords, pendant plus de soixante ans, était arrivée en France à la suite du débiteur, qui était venu y chercher un refuge pour se soustraire aux effets de la condamnation. Il s'agissait d'obtenir le *pareatis* des tribunaux français, c'est-à-dire l'autorisation d'exécuter en France les condamnations prononcées par les tribunaux anglais. Après de longues plaidoiries en première instance et sur l'appel, le débiteur, à la veille de perdre son procès, consentit une transaction dans laquelle tous les droits de Williams furent reconnus et consacrés.

» Durant le cours de ce procès chargé d'incidents variés et qui dura plus de sept ans, l'avocat français donna à son client anglais une grande marque de dévouement. Pendant que Williams Stacpoole, créancier de plusieurs millions, réclamait cette somme contre son riche parent, il était sans ressource et privé de tout moyen de payer même sa subsistance. Quelques spéculateurs attachés à sa suite avaient abusé de cette position ; et après lui avoir arraché des engagements excessifs sur la promesse de lui faire des avances qu'ils n'avaient pas réalisées, ils étaient parvenus à le constituer prisonnier à Sainte-Pélagie, pour le mieux tenir sous leur dépendance. Indigné de ce procédé, l'avocat, sans même en prévenir le client, va trouver un notaire de ses amis (M. Potron), lui remet quinze mille francs, montant de la somme écrouée, le charge de la rembourser et de faire mettre le détenu en liberté. Williams n'a connu ce trait de générosité qu'après la conclusion de son affaire, et il a témoigné à M. Dupin sa vive reconnaissance dans une lettre où, avant de quitter la France pour faire un voyage en Angleterre, il lui disait : « C'est à vous seul que je suis redevable du succès dans toutes mes affaires ; c'est à vous seul que je dois la liberté dont je jouis ; sans vous, je serais encore détenu pour dettes... Je rendrai toujours justice à votre caractère désintéressé et à votre conduite généreuse et loyale envers moi. » (Lettre du 9 juillet 1826.) — Dans une autre lettre, Williams disait encore : « Vos procédés à mon égard ont toujours été pleins de loyauté et de désintéressement. Vous m'avez accueilli dans votre maison avec bonté et m'avez défendu comme un étranger malheureux. J'en conserve un vif sentiment de reconnaissance. » (Lettre du 30 avril.)

Les plaidoyers dans cette affaire sont dans le tome X des *Annales du Barreau français*, édition de Warée.

SÉMINAIRE DE SAINT-SULPICE

A MONTRÉAL EN CANADA.

20 mars 1819.

Cette affaire, quoiqu'elle eût son siége en pays étranger, et qu'elle dût recevoir sa solution en Angleterre, avait pour moi, à cause des souvenirs, tout l'intérêt d'une cause française. Voici le sommaire des faits :

Lorsque le Canada appartenait à la France, la Compagnie des Prêtres du Séminaire de Saint-Sulpice y possédait de grands biens, et entre autres l'île de Montréal.

Dans cette île, on avait établi un Séminaire dépendant de celui de Saint-Sulpice, et faisant partie de la même Communauté religieuse. C'était une des Maisons de l'Association religieuse des Prêtres du Séminaire de Saint-Sulpice, dont le chef-lieu était à Paris.

Un traité de paix intervenu en 1763 entre la France et l'Angleterre fit passer le Canada avec toutes ses dépendances sous la domination de cette dernière puissance.

Il fut stipulé dans ce traité que les Français qui habitaient alors le Canada auraient la liberté, ou d'y rester, ou de se retirer ailleurs;

Que ceux qui resteraient deviendraient par là même sujets de Sa Majesté Britannique et pourraient y conserver toutes leurs propriétés;

Que ceux qui se retireraient ne conserveraient aucune propriété dans le Canada, mais pourraient vendre leurs biens, pourvu que ce fût à des sujets de l'Angleterre.

Le Séminaire de Saint-Sulpice n'avait que deux partis à prendre, ou de vendre ses biens à des sujets de l'Angleterre, ou de rompre le lien temporel existant entre lui et le Séminaire de Montréal, et de laisser les Prêtres de cette dernière maison sujets du Roi de la Grande-Bretagne et propriétaires uniques des biens qui avaient appartenu jusque-là à la Communauté.

Avant de prendre une détermination, ils écrivirent à M. de Guerchy, alors ambassadeur de France en Angleterre, qui leur répondit que le Roi d'Angleterre consentait que le Séminaire de Montréal continuât de jouir des biens du Canada, mais sans dépendance du Séminaire de Paris.

En conséquence, le Séminaire de Saint-Sulpice fit avec celui de Montréal des conventions consignées dans un acte du 29 avril 1764.

Il est exposé dans cet acte que le Séminaire de Saint-Sulpice est propriétaire de l'île de Montréal et de la Corte de Saint-Sulpice, etc., en vertu de donation et lettres patentes de Louis XIV; mais que le Canada ayant passé sous la domination anglaise, les sujets de cette puissance peuvent seuls y posséder des biens; qu'en conséquence, et pour ne pas recourir à une vente longue, difficile et douteuse, et s'exposer à la confiscation dans le cas où elle ne serait pas faite dans le temps convenable, il abandonne au Séminaire de Montréal les biens du Canada, à la charge d'entretenir les fondations et d'y continuer les bonnes œuvres qui y ont été faites par le passé.

Depuis ce temps, le Séminaire de Montréal n'a pas

cessé de faire partie *quant au spirituel* de la Communauté des Prêtres de Saint-Sulpice; seulement, les stipulations du traité ayant fait cesser l'union *temporelle*, il est devenu, par suite des conventions qu'on vient de rappeler, et il est resté constamment détenteur et propriétaire des biens situés dans le Canada.

Près de cinquante-cinq ans se sont écoulés sans que jamais le Séminaire de Montréal ait été légalement troublé dans la propriété ou la possession de ces biens.

Mais il paraît que, sans inquiéter formellement le Séminaire, on a élevé des *doutes* sur la réalité et la solidité de sa propriété. Ce sont ces doutes que le Séminaire voulait voir dissiper en s'assurant d'une manière indubitable qu'il est réellement propriétaire.

La Consultation résout ces doutes en faveur du Séminaire de Montréal.

On y fait d'abord remarquer que si l'abandon de 1764 était nul sous prétexte que le Séminaire de Saint-Sulpice n'avait pas le droit de transmettre une portion de ses propriétés sans autorisation, cette nullité ne pourrait être invoquée que par le gouvernement français. Mais cette autorisation même n'aurait été requise que s'il y avait eu aliénation, et tel n'était pas le caractère de l'acte.

La Communauté du Séminaire de Saint-Sulpice de Paris était la supérieure de plusieurs Maisons du même Ordre; par exemple, à Issy, à Bordeaux, en France; à Montréal en Canada. Ces Maisons étaient unies pour le spirituel comme pour le temporel; elles avaient un droit indivis à tous les biens de la Communauté; et cette indivision a duré tant que les différentes Maisons ont continué à vivre sous la même souveraineté (celle de la France).

Mais la conquête ayant changé cet état de choses, et opéré, avec la séparation des territoires, la séparation des souverainetés, la Maison de Montréal cessant d'être sujette du Roi de France pour devenir sujette du Roi d'Angleterre ; cette séparation a eu pour conséquence que les biens dont la jouissance était affectée au Séminaire du Canada sont devenus sa propriété définitive, et qu'il a cessé d'avoir aucun droit sur ceux de France restés aux Maisons françaises, et *vice versa*. De sorte que l'acte qui a *consacré cette séparation* n'a été en réalité ni une *vente*, ni une *donation* consentie par la Communauté de Paris à la Maison de Montréal; mais un *acte de partage*, non attributif, mais simplement *déclaratif de propriété*.

Il n'y a donc plus à demander si Saint-Sulpice de Paris avait le droit de vendre sans l'autorisation de son gouvernement; car il n'a ni vendu ni donné. Il n'y a pas davantage à objecter que le Séminaire du Canada, devenant sujet de l'Angleterre, ne pouvait acquérir qu'avec l'autorisation de son nouveau gouvernement; car il n'a rien acquis, rien payé; il n'a fait que conserver ce qu'il avait déjà.

En un mot, l'union des diverses Maisons de Saint-Sulpice avait dû être autorisée par le gouvernement français ; — et cette même autorisation eût été nécessaire pour la séparation, si les choses étaient restées sous la main de ce gouvernement ; — mais la conquête ayant changé les faits, ce sont les puissances elles-mêmes (France et Angleterre) qui, par le traité de 1763, ont stipulé la séparation et qui l'ont rendue *nécessaire*. — En partageant les biens, les Maisons de Saint-Sulpice n'ont donc fait qu'*exécuter le traité*.

Cette Consultation me fut demandée au nom de Montréal par l'abbé Thavenet, membre de la Société, et son délégué. J'eus à cette occasion plusieurs conférences avec M. le supérieur de Saint-Sulpice. J'allai même visiter leur maison d'Issy, où je passai une demi-journée avec ces messieurs. — Mon confrère Hennequin était de la partie.

Nanti de cette Consultation, l'abbé Thavenet se rendit à Londres pour en suivre l'effet. Je lui donnai une lettre de recommandation pour mon illustre ami lord Brougham, qui partagea mon opinion, et contribua, je crois, à la faire prévaloir auprès d'un gouvernement qui, en général, met au rang de ses principales maximes de *respecter les droits acquis;* — et depuis lors, Montréal n'a pas été inquiété ni troublé dans sa possession.

GIRODET-TRIOSON.

1824.

Les frères Girodet étaient originaires de Montargis. L'aîné, officier dans les gendarmes de la maison du Roi, s'était marié à Clamecy avec la fille de M. Dupin de Villeneuve, avocat, oncle de mon père. — Il en eut trois enfants : un fils mort en bas âge, et deux filles, dont la plus jeune épousa M. Becquerel-Despréaux, de Chatillon près Montargis.

Anne-Louis Girodet (le frère cadet) était né en 1767, le 5 janvier. Orphelin de bonne heure, il recevait sous la garde d'un tuteur, M. Trioson, médecin des armées, une éducation soignée, dans laquelle le dessin n'entrait que comme un art d'agrément.

Son goût pour la peinture se déclara assez tard, au moment où il achevait sa philosophie. Entré dans l'École de David, ses progrès furent rapides. Lauréat au concours de 1789, et pensionnaire de l'École de Rome, il dut, selon l'usage, envoyer à Paris une figure d'étude peinte; ce fut le tableau d'*Endymion!* on connaît les autres chefs-d'œuvre qui l'ont placé au rang des premiers peintres de son temps.

M. Trioson, qui avait dirigé son éducation et contribué de sa fortune à lui procurer de quoi suffire aux dépenses de ses études et de ses voyages, l'adopta pour son fils: et de ce moment Girodet, ajoutant à son nom celui de son père adoptif, s'appela *Girodet-Trioson.*

Le jeune peintre s'en montra reconnaissant, non-seulement en faisant un admirable *portrait de M. Trioson,* mais en composant pour lui son beau tableau d'*Hippocrate refusant les présents du Roi de Perse.*

Par son testament, Trioson légua ce tableau à l'École de médecine; et il institua pour son légataire universel Girodet-Trioson, qui, d'ailleurs, eût été son héritier par cela seul qu'il était devenu son fils adoptif.

Les collatéraux de M. Trioson, repoussés par ce double titre, ne mirent aucun obstacle à ce que M. Girodet recueillît la succession de leur parent. Mais lorsque en 1824, ce grand artiste vint à mourir, laissant à son tour toute sa fortune à la fille puînée de son frère (Rosine Girodet, dame Despréaux), ils formèrent opposition aux scellés et annoncèrent l'intention d'attaquer l'adoption. Ils contestaient les soins donnés par Trioson à son fils adoptif, parce que dans son compte de tutelle, il portait ses dépenses, ce qui prouvait, disaient-ils, que Trioson n'avait pas entendu élever le jeune Girodet à ses frais, ni lui en faire don.

Mais il était facile de répondre que, si, pour la régularité de son compte et pour en être légalement déchargé, M. Trioson avait porté quelques-unes des dépenses faites pour l'éducation de son pupille, cela n'empêchait pas qu'il ne l'eût *aidé* d'ailleurs par des *secours* de diverse nature : ce qui suffisait aux termes du Code civil.

Cependant les parties étaient en présence ; l'assignation en mainlevée de l'opposition était donnée. Madame Despréaux m'avait dès le principe appelé à son aide et choisi pour conseil. J'avais revu tous les actes de l'adoption, ils me semblaient parfaitement réguliers ; d'ailleurs les fins de non-recevoir abondaient ; nous étions à l'audience, et j'étais prêt à plaider, lorsqu'on vint nous annoncer un désistement. L'affaire se termina ainsi.

Ma bonne parente et son mari se montrèrent fort reconnaissants, bien plus du service que j'étais prêt à leur rendre que d'un service que je leur eusse rendu effectivement, puisque tout s'était borné à des conseils et à préparer une plaidoirie qui ne put pas avoir lieu. Ils ornèrent mon cabinet d'un charmant petit tableau d'*Atala* entièrement peint par Girodet, et qui n'était que la réduction de son grand tableau original. Girodet avait été chargé avant 1814 de faire le portrait en pied de Napoléon, revêtu de son costume impérial, tenant le sceptre de la main gauche, la main droite étendue sur un globe près duquel était ouvert le livre du Code civil. On devait placer un de ces portraits dans la principale salle d'audience de toutes les Cours impériales. Plusieurs avaient été déjà livrés, mais il en restait dans l'atelier cinq ou six plus ou moins avancés, d'autres à l'état d'ébauche dont Girodet avait seulement retouché la tête et les mains, laissant à ses élèves le soin de les terminer; Despréaux et sa femme me donnèrent l'exemplaire entièrement peint par Girodet qui servait de modèle pour les copies que la Restauration survenue ne permettait plus d'achever. — Plus tard, le Roi Louis-Philippe me fit don d'une copie de son portrait, aussi en pied, peint par Winterhalter, que j'ai placé en regard.

TESTAMENT DE NAPOLÉON.

SES EXÉCUTEURS TESTAMENTAIRES ET M. LAFFITTE.

1821-1822.

M. Ortolan, dans sa *Notice biographique* (page 43), a parlé très-sommairement de cette grande affaire; mais elle mérite d'être racontée avec quelques détails particuliers.

Napoléon est décédé à Longwood, île Sainte-Hélène, le 5 mai 1821. Le 15 avril de la même année il avait rédigé son testament, en la forme olographe, et y avait ensuite ajouté plusieurs codicilles.

La plupart de ses dispositions avaient un caractère purement privé, d'autres avaient un ton politique.

Parmi les valeurs dont il disposait à titre de legs en faveur de ses amis, de ses serviteurs personnels et de ses anciens compagnons d'armes, la plus grande partie était dans les mains du gouvernement. La Restauration, qui s'en était emparée, — les avait distribuées aux siens, et n'était nullement d'avis de les rapporter à la succession.

Mais il y avait environ pour 6 millions de valeurs que Napoléon, en quittant Paris au mois de juin 1815, avait versées à la maison Perregaux, Laffitte et compagnie, pour les tenir à sa disposition.

Il avait en effet disposé de ces sommes en faveur de différents légataires, notamment de MM. Montholon, Bertrand et Marchand, son premier valet de chambre, et il les avait tous les trois en même temps institués ses *Exécuteurs testamentaires.*

Pour faciliter le recouvrement des sommes versées à la maison Perregaux, Laffitte et Cie, Napoléon avait remis à ses exécuteurs testamentaires les *récépissés* de cette maison de banque, et de plus il les avait *armés* d'une lettre ainsi conçue :

« Monsieur Laffitte, Je vous ai remis en 1815, au moment de mon départ de Paris, une somme de près de 6 millions, dont vous m'avez donné un double reçu. J'ai annulé un des reçus, et je charge le comte de Montholon de vous présenter l'autre reçu pour que vous ayez à lui remettre *après ma mort* ladite somme, avec les intérêts à raison de 5 pour 100 à dater du 1er juillet 1815, en défalquant les payements dont vous avez été chargé en vertu d'ordres de moi.

» Je désire que la liquidation de votre compte soit arrêtée d'accord entre vous, le comte Montholon, le comte Bertrand et le sieur Marchand ; et, cette liquidation réglée, je vous donne, par la présente, décharge entière et absolue de ladite somme.

» Je vous ai également remis une boîte contenant

mon médaillier, je vous prie de la remettre au comte Montholon.

» Cette lettre n'étant à autre fin, je prie Dieu, monsieur Laffitte, qu'il vous ait en sa sainte et digne garde.

» Longwood, île de Sainte-Hélène, le 25 avril 1821.

» *Signé* NAPOLÉON. »

A leur retour en France, les exécuteurs testamentaires avisèrent aux moyens d'accomplir leur mandat.

Le 7 novembre 1821, je reçus la visite de M. de Montholon. Il me fit part de la réclamation qu'il était chargé de faire près de M. Laffitte. Je l'ajournai au lendemain pour voir les pièces. Le 8, il me les apporta, et me fit lire : 1° la reconnaissance de la maison Perregaux-Laffitte ; 2° la lettre de Napoléon adressée à ce dernier ; 3° les clauses du testament concernant la distribution des sommes portées en ces reconnaissances à divers légataires, au nombre de trente-quatre ; 4° la clause qui instituait MM. Montholon, Bertrand et Marchand exécuteurs testamentaires ; et il me pria de voir M. Laffitte, avec lequel j'étais en rapports assez intimes, pour entendre ses objections.

M. Laffitte se hâta de m'exprimer toute sa *bonne volonté personnelle* de se prêter à l'exécution des dernières volontés de Napoléon ; mais il ajouta aussitôt qu'il n'était pas seul, que la dette était celle de *sa maison* (Perregaux-Laffitte et Cie), et il montra quelque crainte que les exécuteurs testamentaires, en l'absence du fils héritier et en présence du mauvais vouloir du gouvernement de la Restauration, n'eussent pas qualité suffisante pour donner à sa maison de banque une décharge capable d'assurer solidement sa libération. Il incidentait aussi sur la forme du testament, dont je ne représentais qu'une copie et dont l'original était en pays étranger. Il lui semblait bien difficile de payer sans qu'un jugement l'eût ordonné, etc.

Le 10 novembre, je rendis compte à M. de Montholon de cette conférence, dont le résultat était évidemment qu'il fallait se mettre en règle et se préparer à aller devant les tribunaux.

M. de Montholon me pria alors, en son nom et au nom des autres exécuteurs testamentaires, de rédiger une Note en forme de consultation dans laquelle je lui tracerais la marche qu'il aurait à suivre. Je lui remis cette Note le 25 novembre. Je lui conseillais de remplir en Angleterre les formalités de dépôt du testament, qu'on ne lui permettrait pas de remplir en France[1].

Les formalités indiquées dans la Note ayant été remplies, le comte de Montholon revint à Paris avec une expédition du testament en règle et dûment légalisée. Le 17 décembre, il me la communiqua, et le 18 il revint avec Me Voisin, avoué, qui devait être chargé de la procédure.

M. Laffitte avait déclaré que sa maison ne payerait qu'en vertu d'un jugement; mais il fallait l'obtenir; et comme il avait annoncé que, tout en s'en rapportant à justice, il chargerait un avocat de présenter ses objections, nous dûmes, de notre côté, nous préparer à les réfuter.

Tel fut l'objet d'une réunion qui eut lieu chez Me Bonnet et à laquelle on appela MM. Tripier et Gairal, en présence de MM. Montholon et Bertrand. Là furent arrêtées les bases d'une consultation que je fus

[1] Voir cette pièce dans les Annexes.

chargé de rédiger, et qui fut ensuite revêtue, le 29 décembre 1821, des signatures *Dupin, Gairal, Tripier jeune* et *Bonnet*.

Une assignation fut donnée à la maison Laffitte, et l'affaire distribuée à la première chambre présidée par M. Moreau. On avait insinué à M. de Montholon qu'*il vaudrait peut-être mieux* faire plaider la cause par un avocat *connu par ses opinions royalistes;* mais les exécuteurs testamentaires répondirent nettement que leur choix était fait, et que leur cause serait plaidée par Me Dupin.

M. de Montholon s'était servi de M. de Sémonville pour sonder M. de Villèle, et savoir de lui si, comme on en faisait courir le bruit, il était vrai qu'on voulût faire intervenir le *fisc* pour revendiquer la succession?

M. de Villèle avait l'esprit trop droit pour ne pas repousser une telle idée; mais il avait derrière lui des hommes très-passionnés, il redoutait leurs clameurs; et il pria M. de Montholon de lui faire remettre une NOTE *pour l'opposer,* disait-il, *à ceux de son parti.* Je me hâtai de rédiger cette Note, que M. de Montholon remit à M. de Villèle dans une nouvelle conférence, le 18 janvier 1822 [1].

Le 19 l'affaire fut appelée à l'audience; mais elle ne fut pas retenue. Elle fut encore appelée le 9 février; mais M. le président Moreau la remit d'office à quinzaine. Une conférence avait eu lieu dans l'intervalle chez M. de Sémonville, le 27 janvier, avec M. Darrieux, l'un des conseils de M. Laffitte; puis une autre entre Me Voisin, avoué des exécuteurs testamentaires, et Me Juge, avoué de M. Laffitte, pour tâcher de convenir

[1] Voyez cette pièce dans les Annexes.

d'un jugement d'expédient; mais sans aucun résultat. La plaidoirie devenait inévitable.

Pendant toutes ces remises, la maison Laffitte avait mis le temps à profit; et comme elle avait eu communication de notre consultation, elle en avait aussi demandé une à M. Delacroix-Frainville. Cette consultation délibérée le 15 janvier avec plusieurs autres avocats contenait les objections suivantes :

1° Napoléon Bonaparte n'a pas eu le droit de disposer, il était frappé d'incapacité par l'ordonnance du Roi du 6 mars 1815.

2° Le testament est olographe, c'est-à-dire dans la forme d'un écrit privé. Il faut, avant de l'exécuter, que l'écriture en soit reconnue. Elle ne peut l'être que par les héritiers. Ces héritiers seraient même autorisés à exiger le rapport du testament en son entier, sa présentation à M. le Président du tribunal, son dépôt en l'étude d'un notaire et la production d'un inventaire.

3° Les actes passés en pays étranger ne sont pas exécutoires en France.

4° La saisine n'est pas littéralement accordée par le testament aux exécuteurs testamentaires, ce qui suffit pour empêcher de payer avec sécurité. La maison Laffitte n'est pas d'ailleurs partie capable pour agiter la controverse de la saisine : cette controverse n'intéresse que les héritiers, lesquels cependant ne sont point en cause.

Les exécuteurs testamentaires répondirent par une autre consultation dont la rédaction fut cette fois confiée à Gairal, puisque je devais plaider; et elle fut signée en second par Bonnet, Tripier et moi. Ainsi préparés, de part et d'autre, nous revînmes à l'audience.

Le 23 février, à l'appel de la cause, M. Jacquinot de

Pampelune, procureur du Roi, qui s'était réservé la parole, requit et le tribunal ordonna que la cause fût plaidée à *huis clos;* elle fut indiquée au lundi 25.

Je plaidai le premier. J'avais préparé un exorde très-simple dont j'ai retrouvé les termes en marge de mon extrait : « Messieurs, disais-je, en réclamant l'exécution des dernières volontés de celui qui fut leur Empereur, les exécuteurs testamentaires de Napoléon remplissent un touchant devoir. Ils n'ont garde de se plaindre de la solitude dont ils sont en ce moment environnés. Loin de rechercher l'éclat, vous le savez, ils ont tout fait pour l'éviter. Mais puisque rien n'a pu prévenir la triste nécessité d'un procès, ils vous rendent grâce de cette espèce de *tête-à-tête* qu'a bien voulu leur accorder la justice. Cet appareil mystérieux convient à leurs sentiments et à leur situation; c'est avec une sorte de recueillement que je dois plaider pour eux... »

Je me bornai ensuite à raconter brièvement les faits, à lire les actes, à exposer les motifs et les fins de la demande, et je dis en finissant : « Quant aux objections annoncées par les conclusions, je ne veux pas les prévenir; j'ai besoin, pour y croire, de les voir proposer. Mais, quelles qu'elles soient, j'espère qu'elles seront facilement résolues et que votre sagesse ne s'y arrêtera pas. »

L'avocat de la maison Perregaux-Laffitte déclara pour ses clients *s'en rapporter* à justice, mais sous le *bénéfice* des objections exprimées dans la consultation de M. Delacroix-Frainville; et ces objections, bien qu'annoncées sous forme d'*observations,* il les fit valoir avec la verdeur qui formait le caractère distinctif de sa logique et de son talent. Elles étaient d'ailleurs précisées et formulées dans des conclusions signifiées et jointes au procès : les juges ne pouvaient les éluder.

Je répliquai :

Sans doute, disais-je, la maison Laffitte avait le droit de se refuser à tout payement qui n'opérerait pas sa pleine libération... mais lorsqu'un jugement pouvait suffire à sa sécurité, et qu'on avait annoncé vouloir s'en *rapporter à justice,* ce n'est pas sans surprise que les exécuteurs testamentaires ont vu, dans une plaidoirie vive et animée, multiplier sans mesure les objections qui tendaient à rendre l'obtention de ce jugement plus difficile. C'est ainsi qu'en soutenant, tour à tour, qu'il fallait appeler en cause ou le fils du testateur, ou, à son défaut, le fisc, ou même un curateur à succession vacante, si personne ne se présentait pour la recueillir, l'avocat de la maison Laffitte avait accumulé toutes les objections qu'il supposait pouvoir être faites par ces divers ordres de représentants, soit sur la véracité de l'écriture, soit sur la forme du testament, soit sur la capacité du testateur, etc., etc.

Sur tous ces points, voici le sommaire de mes réponses :

1° En ce qui touche la reconnaissance de l'écriture du testateur, cette écriture avait été reconnue à Londres par des témoins entendus sous la foi du serment, lors du dépôt du testament en Angleterre.

2° Ce testament, il est vrai, n'était produit que par *extrait;* — mais on en avait usé ainsi par une prudence louable en laissant hors de l'expédition tout ce qui tenait à la politique et se trouvait étranger aux dispositions purement pécuniaires; du reste, cette expédition était revêtue de toutes les solennités usitées en Angleterre, et portait le visa des chancelleries.

3° On objectait qu'il n'y avait pas eu d'inventaire : — Je répondais qu'il y en avait eu un à Sainte-Hélène; que le testament lui-même, dans son texte, contenait le détail de tous les effets personnels à Napoléon [1], et que ces effets avaient été remis sans difficulté aux exécuteurs testamentaires par les autorités anglaises.

4° Le testament, avait-on dit, pouvait être argué de nullité comme étant signé *Napoléon*, tandis que le testateur aurait dû signer *Bonaparte*, qui est son nom de famille. — Je répliquai que la signature s'estimait par l'usage constant du testateur, et qu'on ne pouvait pas montrer un seul acte postérieur au sacre que le testateur eût signé autrement que *Napoléon*.

5° Une assertion bien autrement hardie, c'est qu'en tout cas Napoléon était incapable de tester, parce qu'une ordonnance royale de mars 1815 l'ayant mis *hors la loi*, et ayant ordonné de lui *courir sus*, il s'ensuivait qu'il était *mort civilement!* — A cette assertion, je m'indignai! Je répondis que, puisqu'on se mettait fictivement à la place de l'héritier du sang pour dire en son nom tout ce que, par hypothèse, il pourrait objecter lui-même, c'était faire injure à cet héritier que de supposer qu'il lui vînt jamais à la pensée d'invoquer un tel moyen contre son père! D'ailleurs, disais-je, constitutionnellement parlant, la mort civile n'aurait pu résulter que de la loi ou d'un jugement. Un simple acte du gouvernement, une ordonnance, a pu proscrire, mais elle n'aurait pas pu prononcer sur l'état d'un citoyen. En fait, l'ordonnance ne prononçait pas cette déchéance de la capacité civile; et loin de là, tous les actes de la diplomatie européenne faits en juillet 1815, au sujet de Napoléon et de sa résidence à Sainte-

[1] Voyez aux Annexes l'extrait du testament.

Hélène, lui garantissaient spécialement la faculté de tester, et renfermaient l'assurance que ses dernières intentions seraient fidèlement exécutées [1].

6° Quant au fisc, quoique présent, il gardait le silence, c'est donc à tort qu'on le faisait parler.

7° Un curateur à succession vacante serait une insulte à la mémoire de celui qui avait laissé un testament, des légataires et des exécuteurs testamentaires. — Et reprenant la cause de ceux-ci, je m'attachais à démontrer que la saisine qui leur était donnée les dispensait d'appeler un héritier quelconque, puisque cette saisine, loin de dépendre de l'héritier, était donnée par le testateur, précisément pour que l'exécution de ses dernières volontés ne dépendît pas de l'héritier.

D'ailleurs ces mêmes exécuteurs testamentaires étaient porteurs des *titres originaux*, dont la remise seule suffirait pour opérer la libération des débiteurs; et porteurs aussi d'un *mandat spécial* de régler compte et de toucher, mandat qui n'avait pas été révoqué par la mort, parce que suivant tous les auteurs, cette règle que le mandat est révoqué par la mort souffre exception quand le mandat est donné précisément pour une affaire qui ne doit ou ne peut se faire *qu'après la mort* du mandant, et telle était notre espèce.

De tout cela, je concluais que les exécuteurs testamentaires étaient suffisamment autorisés à toucher; que le jugement à intervenir devait l'ordonner ainsi, et que le payement qui serait fait à la suite, accom-

[1] « Dans le cas de mort, il (le général Bonaparte) disposera par sa dernière volonté de sa propriété; et il peut être assuré que le contenu du testament sera *fidèlement exécuté.* » (Extrait des instructions de lord Bathurst du 30 juillet 1815, sur la manière dont sera traité le général Bonaparte.)

pagné surtout de la remise des titres originaux contenant la reconnaissance des sommes versées à la maison Perregaux-Laffitte et compagnie, ne laisserait aucun doute sur la validité de la libération.

Quoique la cause eût été plaidée à *huis clos* [1], le public ne tarda pas d'être informé des divers moyens opposés à la demande des exécuteurs testamentaires.

Les légataires étaient nombreux, il fallut bien répondre à leurs questions et leur rendre compte de l'audience. L'opposition alors très-hardie leur était favorable : on s'indignait de la résistance apportée à l'exécution des dernières volontés de Napoléon! La popularité de M. Laffitte en souffrit cruellement : il s'en émut, et, comme organe de sa maison de banque, il crut pouvoir calmer les rumeurs en adressant la lettre suivante au *Constitutionnel*, qui l'inséra dans son numéro du 1er mars.

« A Monsieur le rédacteur du *Constitutionnel*.

» Paris, le 28 février 1822.

» Monsieur, l'ancienne maison Perregaux-Laffitte et compagnie, dont je suis liquidateur, a un compte à régler avec la succession de Napoléon Bonaparte.

» Ce compte donne lieu à une contestation soumise au tribunal de la Seine, et dont plusieurs journaux ont parlé d'une manière plus ou moins inexacte. Jusqu'ici j'ai gardé le silence, espérant que la publicité des débats judiciaires éclairerait suffisamment l'opinion publique.

[1] A huis clos, mais en présence des exécuteurs testamentaires, de M. Laffitte, des avoués des parties, et, je crois, de quelques curieux admis par tolérance dans la chambre du conseil dont la porte était restée entr'ouverte....

» Mais aujourd'hui que le tribunal a ordonné que cette affaire serait plaidée à *huis clos,* je crois devoir *en faire connaître le véritable objet.*

» En 1815, Napoléon Bonapartè, au moment de quitter Paris pour se rendre dans l'Amérique septentrionale, fit verser dans la caisse de ma maison une somme de 4,200,000 francs, qui, au moyen d'autres valeurs en recouvrement, devait être portée à 5 millions.

» Ma maison lui remit en échange :

» 1° Une reconnaissance de 5 millions, aux termes de laquelle cette somme *était remboursable à vue;*

» 2° Une lettre de crédit *également à vue,* pour la même somme, sur des banquiers de Philadelphie.

» Ainsi Napoléon Bonaparte avait deux titres pour disposer de cette somme à sa volonté, soit à Paris, soit à l'étranger.

» Les valeurs en recouvrement qui devaient compléter les 5 millions n'ont jamais été réalisées, et la somme de 4,200,000 francs seule remise à ma maison a été réduite par divers payements partiels, faits sur l'ordre de Napoléon Bonaparte, à celle d'environ 3,149,000 francs, dont ma maison reste débitrice envers la succession.

» On apprend, par *un extrait* du testament olographe de Napoléon Bonaparte, déposé en Angleterre, qu'il a nommé des exécuteurs testamentaires.

» C'est avec ce simple *extrait*, accompagné d'une *lettre missive* signée par Napoléon Bonaparte, mais non écrite de sa main, que MM. les exécuteurs testamentaires se présentent à moi, comme liquidateur de la maison Perregaux-Laffitte et compagnie; ils demandent à régler le compte et à en toucher le reliquat.

» MM. les exécuteurs testamentaires connaissent ma *disposition, et même mon empressement à me libérer;* ils sont d'accord aussi que je dois me refuser à tout payement qui n'opérerait *pas* ma *pleine* libération; mais ils soutiennent qu'ils ont qualité pour me donner une quittance valable, mes Conseils pensent le contraire. Voilà le point qui nous divise.

» On dit pour moi que la lettre missive considérée comme *mandat* est révoquée par le décès du mandant, et qu'elle ne saurait valoir comme disposition *à cause de mort,* puisqu'elle n'est pas revêtue des formalités voulues par la loi; que le testament olographe représenté par *extrait* n'est pas exécutoire de *plein droit* contre un tiers débiteur de la succession; que je ne puis ni ne dois me constituer juge des questions de droit politique ou civil qui pourraient s'élever sur la validité de ce titre; que cette validité doit être reconnue par l'héritier légitime, ou vérifiée contradictoirement avec lui; que dans notre droit il n'existe point de succession sans héritier ou représentant légal; qu'il est, ou dans un parent au degré successible, ou dans la veuve, ou dans l'État; qu'enfin ce n'est pas à moi, mais à MM. les exécuteurs testamentaires, à rechercher et à mettre en cause cet héritier légitime, quel qu'il puisse être.

» En un mot, d'après l'avis de mes Conseils, je dis à MM. les exécuteurs testamentaires : Je suis prêt à payer, mais je veux payer valablement; je ne veux pas m'exposer à payer deux fois. Faites vérifier votre titre et votre qualité avec le contradicteur légitime, ou bien souffrez que je me libère par un versement à la caisse des consignations.

» Tel est, si on peut appeler cela un procès, celui

qui existe entre MM. les exécuteurs testamentaires et l'ancienne société Perregaux-Laffitte et compagnie.

» J'ai l'honneur, etc. *Signé* LAFFITTE. »

Les exécuteurs testamentaires furent de leur côté vivement émoustillés par la publication de cette lettre. Ils avaient à défendre non-seulement leurs intérêts personnels, mais ceux de tous les légataires, et la cause entière du testament. Ils s'empressèrent d'adresser une réponse au *Constitutionnel*, le jour même où la lettre de M. Laffitte avait paru. Ce journal, tout dévoué à M. Laffitte, crut devoir l'abréger en retranchant une partie des raisons alléguées en réplique.... ; mais l'essentiel s'y trouve. La voici telle qu'elle a été insérée dans le numéro du 3 mars :

« A M. le rédacteur du *Constitutionnel*.

» Paris, le 1er mars 1821.

» Monsieur, Nous aurions attendu en silence la décision du tribunal, si M. Laffitte n'avait pas jugé convenable à ses intérêts de s'adresser au public pour faire connaître, dit-il, le *véritable objet du procès*.

» La mémoire de M. Laffitte le sert mal, lorsqu'il dit qu'en échange des sommes versées à sa caisse, la maison Perregaux-Laffitte a remis 1° une reconnaissance *remboursable à vue*; 2° une lettre de crédit également *remboursable à vue*.

» La reconnaissance ne dit pas *remboursable à vue*, elle dit : « Nous tiendrons à la disposition.... »

» La lettre de crédit adressée à des négociants américains porte : « Vous vous rembourserez sur nous à *deux ou trois mois de vue*, » et l'instruction jointe à cette lettre de crédit pour régler la manière dont on en usera porte également..... : « Ils pourront tirer sur nous *à trois ou quatre mois de vue.* » Cette différence a son importance surtout pour la question des intérêts; car un dépôt n'est pas remboursable *à trois ou quatre mois de vue.*

» Quant au fond du procès, le tribunal ayant cru devoir ordonner que l'affaire serait plaidée à huis clos, par respect pour cette décision nous ne croyons pas convenable de reproduire ici les questions agitées à l'audience; nous nous contenterons de dire que le résumé présenté par M. Laffitte des moyens qui ont été produits pour lui est *loin d'être complet*, et que notamment il a fait plaider que ce testament était nul en la forme, parce qu'il était signé *Napoléon* au lieu d'être signé *Bonaparte;* — au fond, parce que l'ordonnance du 6 mars 1815 ayant ordonné de lui *courir sus*, il en résultait que le testateur était frappé de *mort civile.*

» Nous attendons avec confiance la décision de la justice.

» J'ai l'honneur d'être, etc. MONTHOLON. »

Pour motiver la suppression d'une partie de nos moyens, le *Constitutionnel* avait allégué la nécessité de respecter le *huis clos*, objection qu'il n'avait pas faite à M. Laffitte. Mais d'autres journaux avaient été moins discrets, et le *Journal des Débats*, dont le sténographe, M. Breton, avait pu tout entendre de la Chambre du conseil où il avait pénétré, donna une analyse à peu près complète des moyens plaidés à l'audience; c'était une trop bonne fortune pour un journal (alors) légitimiste de trouver tant de choses défavorables à Napoléon dans la bouche de l'avocat de M. Laffitte, homme politique, député, et l'un des coryphées de l'opposition!

Celui-ci prétendit que le compte rendu par ce journal n'était pas exact ; — mais le journaliste insista ; il en appela au narré des autres journaux, et plus tard à la rédaction même du jugement du 13 mars, qui constatait la nature des moyens employés pour la défense.

Tout cela rendait M. Laffitte très-malheureux. — Débiteur de bonne foi, il ne demandait qu'à se libérer valablement ; banquier, il défendait les intérêts de sa maison de banque ; peu pressé du reste de se séparer trop brusquement d'un capital de plusieurs millions, qui aurait fait un vide inattendu dans ses affaires, il sentait le besoin d'un tempérament.

D'un autre côté, les exécuteurs testamentaires redoutaient : — l'effet des difficultés de forme et de procédure qui leur étaient opposées ; — la défaveur dont ils étaient frappés aux yeux du gouvernement ; — la faiblesse des juges. — En même temps qu'on leur opposait les articles du Code civil qui exigent la présentation des testaments olographes au président du tribunal, et le dépôt de la minute chez un notaire par lui indiqué : ils savaient que le doyen des notaires (M. Denis) avait été mandé.... et qu'on lui avait déclaré que le testament de Napoléon ne pouvait être déposé dans l'étude d'aucun notaire français ; et le vénérable doyen en avait prévenu sa compagnie [1].

Les difficultés étaient grandes de part et d'autre.

On sentit la nécessité comme la convenance d'un rapprochement.

Le général Sébastiani et le duc de Bassano s'interposèrent : ces deux habiles diplomates y mirent toute leur souplesse et leur bonne volonté. Manuel était le

[1] Lettre de M. Voisin, avoué, à M. de Montholon.

conseil intime de Laffitte, j'assistais les exécuteurs testamentaires.

La première rédaction de l'arrangement projeté fut communiquée à M. Daru, dont l'excellent esprit suggéra plusieurs observations utiles.

La plus grande difficulté était celle des intérêts.

Les intérêts de 5 millions de francs depuis juin 1815 jusqu'en juin 1822, à raison de 5 0/0, formaient une somme de 1,750,000 francs. Napoléon avait réclamé ces intérêts, parce qu'il savait bien qu'ils lui étaient dus. Il avait remis les fonds de confiance, mais non pas à titre de dépôt. Un dépôt eût dû être conservé en nature et être rendu à la première réquisition. Or, bien loin de là, les reconnaissances de versements stipulaient en faveur des banquiers que Napoléon ne pourrait tirer sur eux que des traites *à trois et quatre mois de vue*, délai évidemment accordé pour avoir le temps de faire les fonds à l'échéance. D'ailleurs M. Laffitte ne niait pas dans sa sincérité (et ses registres au besoin en faisaient foi), qu'il avait employé ces fonds à ses affaires; et tout en résistant au payement absolu et régulier des intérêts pour tout le temps écoulé depuis 1815, il déclarait seulement « que si ces fonds lui avaient quelquefois *profité*, quelquefois aussi ils avaient été *improductifs*, et que tout ce qu'il pouvait faire dans sa loyauté, c'était de faire *participer* les légataires aux bénéfices qu'il avait pu retirer de ces négociations, et qu'il arbitrait à la somme de 700,000 francs pour tout le passé jusqu'au 1er janvier 1822. » — A partir de cette époque, il offrait un intérêt régulier, mais seulement à raison de 4 0/0, et en retenant sur la première année une somme de 20,000 francs pour les honoraires de ses conseils.

A la suite de longues et laborieuses conférences qui, après avoir duré plusieurs heures de jour, se prolongèrent par deux fois jusqu'à minuit, on finit par tomber d'accord de deux transactions : l'une ostensible, l'autre qui devait quelque temps demeurer secrète, et à l'aide d'une cote mal taillée..., tout fut arrangé.

Cependant au moment de signer, tout faillit à se rompre, lorsque M. Laffitte dit aux exécuteurs testamentaires qu'il désirait d'eux une Déclaration qui serait mise dans les journaux, « afin (ce sont ses expressions) » de le replacer dans l'opinion publique sur le même » pied où il était avant l'affaire. »

On lui objecta que cela était assez difficile; que les jugements du public étaient fantasques, indépendants et souvent rebelles à la direction qu'on prétendait leur donner. Montholon, Bertrand surtout répugnaient à délivrer cette espèce de certificat; mais enfin ils cédèrent; et tout en disant qu'ils ne pouvaient en garantir l'effet, ils consentirent à signer, pour être insérée dans le *Constitutionnel,* l'attestation suivante, à peu près comme dans ces duels que les témoins parviennent quelquefois à apaiser, et qui se terminent par une déclaration de leur part que tout s'est terminé à la satisfaction des deux parties, et que l'honneur est satisfait.

« Monsieur le rédacteur du *Constitutionnel.*

» Paris, 10 mars 1822.

» Monsieur, Des malentendus toujours inséparables » d'une affaire délicate et difficile ont exercé la mali» gnité, et pourraient égarer l'opinion publique. Nous

» voulons parler du procès qui s'est élevé entre » M. Laffitte et nous. Quelle que soit l'issue de cette » affaire, la loyauté et la délicatesse de M. Laffitte ne » sauraient être atteintes : près de nous comme devant » les tribunaux, il n'a jamais demandé que les garan- » ties que, dans notre opinion même, il avait le droit » d'exiger. (*Signé* : MONTHOLON, BERTRAND, MARCHAND.) »

Les deux actes transactionnels arrêtés et signés seulement le 11 mars, furent datés du 9; la déclaration ci-dessus porte la date du 10; elle fut insérée dans le *Constitutionnel* du 12, le matin du jour où devait être prononcé le jugement du tribunal dont les termes comme les conséquences devenaient désormais indifférents aux parties.

Ce jugement parut dans les journaux du 13.

Le *Constitutionnel*, fidèle à son système de *restriction*, en rendit compte en ces termes :

« Ce jugement donne acte à M. Laffitte de son offre de déposer à la caisse des consignations les sommes dont il peut rester débiteur sur celles que Napoléon lui avait confiées ; l'autorise d'en faire le dépôt aux frais et risques de qui il appartiendra ; déclare MM. Montholon, Bertrand et Marchand non recevables, *quant à présent*, dans leur demande, et les condamne aux dépens.

» La décision est fondée sur les motifs suivants :

» Que la lettre du 25 avril 1821, en vertu de laquelle M. Montholon se présentait, ne peut pas faire foi, puisque la signature n'en a pas été vérifiée et reconnue en justice ; que le mandat aurait d'ailleurs pris fin par la mort du mandant ; qu'au reste la lettre exprimant que le mandat ne pourrait être exécuté qu'après la mort du mandant, il en résulte qu'elle constitue un testament, et non pas un mandat; que comme testament elle ne peut valoir, puisqu'elle n'est pas écrite de la main de Napoléon;

» Que les extraits de testaments et de codicilles, en vertu desquels MM. Montholon, Bertrand et Marchand se présentent comme exécuteurs testamentaires, ne peuvent suffire pour leur faire reconnaître cette qualité; que la justice ne peut ordonner l'exécution d'un testament qu'autant qu'elle en connaît toutes les parties, les unes pouvant être modifiées et même détruites par les autres; qu'au surplus, les testaments et codicilles dont il s'agit seraient sous la forme olographe, et qu'ils ne pourraient être mis à exécution qu'*après l'accomplissement des formalités prescrites* par l'article 1007 du Code civil. »

Mais le *Journal des Débats* voulut donner le jugement entier avec tous ses motifs; et comme M. Laffitte l'avait accusé d'inexactitude dans le compte rendu des *moyens plaidés*, le journaliste insista auprès de ses lecteurs pour faire remarquer les termes de la disposition portant « qu'il n'y avait pas lieu *quant à présent* à statuer sur les diverses questions élevées sur la validité » des actes dont il s'agit, soit à raison de leur *forme* » intrinsèque ou de leur contexte, soit à raison de la » CAPACITÉ DU TESTATEUR; » et il imprimait ces derniers mots en petites capitales, afin de les rendre plus saillants; ajoutant cette réflexion : « Ainsi l'on voit que » toutes les questions de droit dont nous avons parlé » *ont été réellement élevées*, et contradictoirement » *plaidées*. »

Les termes de ce jugement, qui mettaient les parties dans une sorte d'impasse, prouvent à quel point on avait eu raison de transiger; car d'une part on renvoyait les exécuteurs testamentaires à l'accomplissement de formalités qu'il ne leur aurait pas été possible de remplir; et d'autre part M. Laffitte eût été obligé de déposer de suite les millions dont il était débiteur, au lieu de les rembourser avec d'assez longs délais et tous les tempéraments que lui accordaient les termes de la transaction.

Il ne restait plus qu'à faire agréer ces dispositions par les légataires particuliers, dont plusieurs (notamment Drouot, Cambronne, le duc d'Istrie, la baronne Travot, le général Dejean, le colonel Marbot, le baron Bignon) s'étaient adressés à moi pour me confier la défense spéciale de leurs intérêts. — Cela devint la matière de nouveaux arrangements qui se terminèrent par un compromis signé le 26 avril devant le notaire Chatelain.

QUATRIÈME PARTIE.

SUITE DES AFFAIRES CIVILES.

AFFAIRES PRIVÉES DE LA MAISON D'ORLÉANS.

« Vous m'avez bien *défendu* et bien *conseillé*. Ces » deux mots-là disent tout, et j'aime toujours à vous les » répéter. »

(*Lettre du duc d'Orléans à M. D.*, du 23 avril 1818.)

AFFAIRE DU THÉATRE-FRANÇAIS.

1818.

A son retour en France, et sans attendre même la loi du 5 décembre 1814 (sur la remise aux anciens propriétaires des biens confisqués qui n'avaient point été vendus nationalement), le Roi Louis XVIII avait, par une ordonnance spéciale du 20 mai 1814, restitué au duc d'Orléans et à sa sœur, madame Adélaïde, ceux des biens patrimoniaux confisqués sur leur père qui restaient ès mains du domaine; — et par une autre ordonnance du 7 septembre suivant, Sa Majesté avait remis le duc d'Orléans en possession de ce qui restait de l'ancien apanage de sa branche. Le Palais-Royal, qui en était le chef-lieu, avait déjà été restitué par une ordonnance spéciale du 18 mai.

Le patrimoine du feu duc d'Orléans avait éprouvé les plus rudes atteintes. Indépendamment des droits féodaux supprimés sans retour, et dont la recette annuelle s'élevait de cinq à six millions; les domaines territoriaux, dont la valeur au jour de la confiscation était de cent douze millions, suivant l'état dressé par les syndics de ses créanciers, avaient presque tous été vendus. En 1814, il n'en restait plus que pour dix à douze millions, et l'État, loin de payer les dettes avec les prix de vente, avait laissé subsister plus de trente millions de dettes, frappées de déchéance au profit du Trésor, mais qui allaient peser de tout leur poids sur le duc d'Orléans et sur sa sœur, s'ils n'avaient pas pris la précaution d'accepter la succession, et par conséquent la restitution qui leur était faite, *sous bénéfice d'inventaire,* pour se donner le temps de liquider la succession.

Le duc d'Orléans mit à la conduite de toutes ces affaires une activité, une suite, un ordre qui donnaient la plus haute idée de ses qualités d'administrateur, et même de ses idées en législation et en jurisprudence, qu'il devait moins à ses études, qu'on n'avait jamais dirigées de ce côté, qu'à son bon sens naturel et à la parfaite justesse de son esprit.

La législation sur les Apanages obligeait les princes apanagistes à avoir un *Conseil,* chargé de donner son avis au titulaire de l'Apanage sur les actions judiciaires qui intéressaient la propriété, les limites des domaines dont il se composait, et de veiller à ce que rien dans le mode de jouissance ne vînt porter atteinte aux conditions légales auxquelles ce genre de tenure était assujetti, à raison de la clause de *retour* à l'État stipulée pour le cas où l'apanage viendrait à s'éteindre à défaut d'hoirs mâles de l'apanagiste.

Le *Conseil d'apanage* de la branche d'Orléans, dans lequel avaient siégé jadis le célèbre Pothier, et plus tard Merlin de Douai, fut reconstitué en 1814, sous la présidence du vertueux et docte Henrion de Pansey, alors un des présidents de la Cour de cassation.

Parmi les membres siégeaient M. Borel de Brétizel, conseiller à la Cour de cassation; M. Amy, président de chambre à la Cour d'appel, et M. Colin, avocat. On y appelait au besoin M. Bichet, ancien intendant des domaines; après lui, M. Badouix, qui lui succéda avec le titre de directeur des domaines, rapportant les affaires; M. Hutteau d'Origny, chargé plus spécialement de la liquidation, venait quelquefois, mais seulement pour rendre compte des progrès ou des incidents de son opération. Me Rouchet, avoué, remplacé depuis par M. Denormandie [1], était appelé pour les procès pendants ou à former. Enfin le Conseil avait pour secrétaire spécial M. Frerson, et pour secrétaire honoraire M. le chevalier de Broval, secrétaire des commandements du Prince, qu'il avait suivi dès son enfance et dans tous ses voyages, homme d'esprit à tous égards, et aussi propre aux négociations verbales qu'à la correspondance écrite, aussi poli dans son cérémonial que dans son style.

Le Conseil, dans sa sollicitude pour la conservation de l'apanage, avait reconnu qu'une fraude très-répréhensible avait été commise peu avant la Révolution au sujet de l'emplacement sur lequel on avait établi le Théâtre-Français. Le feu duc d'Orléans (le père), pressé de liquider ses dettes, avait sollicité la permission de vendre les galeries latérales du Palais-Royal, qui encadraient le jardin à l'est, à l'ouest et au nord;

[1] Me Rouchet devint inspecteur des domaines en 1829, puis directeur des domaines en 1835 à la place de M. Badouix, nommé à cette époque préfet de la Nièvre.

et des lettres patentes du Roi en date du 13 août 1784, enregistrées au Parlement le 26 du même mois, avaient autorisé cette aliénation d'après un plan de M. Louis, architecte, sur lequel ces galeries étaient *teintées en rouge*, et dont l'ensemble comprenait trois mille cinq cents toises de terrain.

Mais qu'était-il arrivé? Les agents chargés d'opérer les ventes avaient imaginé frauduleusement d'étendre cette teinte rouge sur l'emplacement connu sous le nom de *Cour des Fontaines*, et sur le sol qui supportait le *Théâtre-Français*, de sorte que ces terrains, qui, en réalité, dépendaient *de l'apanage* et qui à ce titre étaient *inaliénables*, puisque de fait les lettres patentes, l'arrêt et le plan non falsifié ne s'y appliquaient pas, furent cependant vendus aussi bien que les galeries, à l'aide de la supercherie dont je viens de parler.

Le Conseil, bien fixé sur ces points, fut d'avis que la vente était *nulle*, et qu'il y avait lieu de la part du prince apanagiste de former une demande en revendication du Théâtre-Français contre le sieur Julien, qui en était détenteur.

C'était au commencement de 1817. Le duc était alors en Angleterre, frappé momentanément d'un petit exil de cour. — A son retour, il trouva l'opinion fort émue de ce procès, que l'on s'efforçait dans le public de présenter comme *une atteinte aux ventes de biens nationaux!*

C'est dans cet état que M. le duc d'Orléans eut à choisir un avocat pour plaider sa cause.

J'étais à cette époque en possession d'une assez grande popularité, venue à la suite des procès politiques que j'avais soutenus contre la réaction; je semblais dès lors, plus que tout autre, capable de détruire les préventions de l'opinion qui se soulevait contre le procès : l'affaire me fut proposée.

M. le chevalier de Broval écrivit à M. Laffitte, banquier de la maison, avec lequel il savait que j'étais lié ; et M. Laffitte me demanda si je voulais m'en charger. Je lui répondis : « Oui, si l'affaire me paraît juste. »

Cette réponse ayant été rapportée au duc d'Orléans, il m'assigna une audience au Palais-Royal.

Je ne connaissais pas M. le duc d'Orléans : non-seulement je ne lui avais jamais parlé, mais je ne l'avais même jamais vu [1].

Il me reçut dans le salon qui précédait la salle de son Conseil. Sa politesse et son affabilité étaient extrêmes. La conférence eut lieu debout, en promenant dans le salon. Je fus singulièrement frappé de la facilité de langage, de la netteté d'idées et de la souplesse de discussion dont le prince fit preuve dans cette conférence. Son récit fut complet ; il me restait à voir les pièces : M. de Broval fut chargé de me les adresser, et je me retirai.

L'affaire au fond était fort simple. Il ne s'agissait pas d'un bien d'émigré, confisqué et vendu par la nation ; mais d'un bien domanial, d'un fragment de l'apanage, inaliénable par sa nature, suivant la loi du temps, et que des *Commissaires de créanciers unis* n'étaient parvenus à faire vendre dans l'intérêt de ces créanciers qu'à l'aide d'une falsification matérielle du plan, faite en vue d'appliquer au terrain du Théâtre-Français une faculté d'aliéner accordée seulement pour d'autres terrains.

[1] Voyez ci-dessus page 15.

Le droit rigoureux, l'équité, étaient pour l'apanagiste.

Le procès se suivit. Je ne saurais dire toute l'activité d'esprit que le prince déploya pendant les deux ou trois mois qui précédèrent les plaidoiries : les explications les plus détaillées, les notes, les conseils, les correspondances, les plans relevés et lithographiés, en un mot, tout ce qui pouvait concourir à l'instruction de ce procès se suivit et se développa d'une manière merveilleuse.

Je plaidai le 18 janvier 1818. — Ma cause était appuyée sur des consultations, dont l'une émanait de M. Delacroix-Frainville ; l'autre, de M. Jay, l'un des rédacteurs du *Constitutionnel;* et la troisième, de Hennequin, qui débutait alors, et que j'avais indiqué en ami pour le mettre en évidence dans cette grande cause.

Tripier et Bonnet étaient chargés de la défense de Julien, acquéreur du Théâtre revendiqué.

Les plaidoiries étaient closes ; et l'on avait remis la cause à quinzaine pour entendre les conclusions de M. Bourguignon, avocat du Roi.

Dans cet intervalle, je demandai une conférence particulière à M. le duc d'Orléans. — Quelque convaincu que je fusse de la bonté de sa cause, au point de vue *du droit strict et de l'équité naturelle,* je ne lui dissimulai pas qu'il y avait dans l'affaire *un point politique* qu'il fallait sérieusement considérer. Quoique poursuivie dans un intérêt particulier et par les créanciers du feu prince auxquels seuls le prix devait profiter, cette vente avait eu lieu en la même forme que les biens nationaux, c'est-à-dire *par voie administrative.* Les avocats de Julien avaient fortement insisté sur la garantie qui devait s'attacher *à cette forme,* indépendamment même du fond. De cette attaque, bien que partielle, ils faisaient surgir des alarmes pour tous les acquéreurs de domaines nationaux que la Restauration n'avait déjà que trop inquiétés!..... La presse périodique venait à l'appui : c'était, disait-on, une première tentative qui, si elle réussissait, serait bientôt suivie d'une foule d'autres recherches sous divers prétextes!... Et comment n'être pas effrayé, quand cette première attaque émanait d'un prince que jusque-là l'opinion publique s'était plu à séparer des opinions rétrogrades de l'émigration?..... — Je dis donc au duc d'Orléans que, même en gagnant son procès devant le tribunal, il le perdrait aux yeux du pays; et j'ajoutai que, s'il le perdait, il resterait sans défense, livré aux mauvaises impressions qu'on s'efforçait de donner contre lui, et que ses ennemis politiques cherchaient sourdement à accréditer. Je lui conseillai de négocier et de transiger.

Le prince fut très-ému de cette conversation : il ne s'y attendait pas. Il revenait toujours sur l'évidence de son droit, sur la différence de cette vente, avec les véritables ventes de biens nationaux. Il ajoutait qu'il n'était pas libre propriétaire de son apanage, qu'il n'en était que l'usufruitier et le gardien; et bien d'autres raisons. Il me dit enfin qu'il réfléchirait sur tout cela, et qu'il me reverrait.

Le duc d'Orléans était (et il faut l'en louer) fort sensible à la bonne opinion qu'il savait qu'on avait de lui. Il tenait à la conserver, et redoutait tout ce qui aurait pu l'affaiblir ou la compromettre.

Le surlendemain, ce prince me fit inviter à passer au Palais-Royal. Il me dit que son parti était pris, et qu'il croyait en effet qu'il valait mieux une transaction qu'un jugement, quel qu'il fût. « Mais, ajouta-t-il, né- » gociez cela directement avec vos confrères MM. Bon- » net et Tripier. » Et, sur ce que je lui demandai s'il en avait parlé à son conseil : « Non, dit-il, excepté » Henrion, ce sont tous des *ultras*. D'ailleurs, ce sont » eux qui ont imaginé le procès, et je ne veux pas les » mettre aux prises avec leur propre opinion. — Je » vous le répète, négociez cela vous-même avec ces » messieurs. »

Tripier et Bonnet étaient de véritables avocats. Ils ne recherchaient pas le scandale et le bruit; et ils reconnurent aisément l'avantage qu'il y aurait pour leur client à s'assurer par un arrangement amiable le prix d'un immeuble qui, s'il venait à perdre son procès, lui échapperait et entraînerait sa ruine. On convint que, si M. le duc d'Orléans voulait donner 1,100,000 francs à Julien, celui-ci renoncerait à la propriété du Théâtre-Français. Je reportai cette proposition à M. le duc d'Orléans, qui accepta et me dit : « Préparez la rédac- » tion, et qu'on ne m'en reparle que lorsqu'il s'agira » de signer. » La transaction fut bientôt dressée; et au moment de la signature, le duc dit galamment à M. Julien : « Je veux, monsieur, que les 1,100,000 » francs vous restent entiers; et j'ajoute 50,000 francs » pour les honoraires de vos conseils et pour vous in- » demniser des frais. »

Le bail consenti aux sociétaires du Théâtre-Français réservait au propriétaire un certain nombre d'*entrées;* et Julien en avait donné une à Tripier, qui, demeurant rue Coquillière, trouvait fort commode d'aller là en voisin passer une heure ou deux quand il en avait le temps. Il m'exprima le regret de la perdre; et lorsque, quelques jours après, M. le duc d'Orléans, distribuant lui-même ses entrées, voulut bien m'en accorder une, je lui fis part du petit chagrin de Tripier, et je lui dis que je me ferais scrupule de l'accepter à son détriment. Le duc concilia tout en conservant à Tripier son entrée, et en m'en donnant une autre.

Quand tout fut terminé, le Conseil en fut instruit. MM. Amy, Borel de Brétizel et Colin dirent au prince qu'il avait eu tort, parce qu'il aurait gagné son procès; M. Henrion dit que, tout considéré, Son Altesse avait pris le parti le plus sage et le plus sûr en transigeant.

Le Roi Louis XVIII, informé de la transaction, l'approuva, et rendit une ordonnance pour autoriser le duc d'Orléans à faire une coupe extraordinaire dans les futaies de l'apanage pour payer les 1,100,000 francs. Et cela était juste, puisque le théâtre ne devenait pas la propriété particulière du prince, mais rentrait dans l'apanage et demeurait ainsi virtuellement dans le domaine de l'État, auquel en effet il a fait retour depuis.

Le duc d'Orléans éprouva un véritable soulagement de la conclusion de cette affaire. Il m'en a toujours remercié depuis; et, dans une lettre du 23 avril 1818, il me disait : « Vous m'avez bien *défendu* et bien *con-* » *seillé;* ces deux mots-là disent tout, et j'aime tou- » jours à vous les répéter. »

Depuis cette époque, le duc d'Orléans avait toujours désiré que j'entrasse dans son Conseil. J'y assistais comme avocat plaidant, lorsqu'on y délibérait sur les causes dont j'étais chargé. Mais il y avait beaucoup d'autres questions pour lesquelles le prince désirait avoir mon concours et mon avis. Il m'en parlait en dehors du Conseil, mais enfin je n'en étais pas membre. En 1820, il voulut absolument que j'y entrasse comme membre titulaire. — Je résistai pendant quelque temps, exprimant la crainte que quelques-uns des conseillers ne me gardassent rancune de ce que l'affaire du Théâtre-Français s'était terminée par mon intermédiaire seul, à leur insu et sans les consulter. Mais le duc alla au-devant de cette objection en me disant qu'il leur avait parlé de mon entrée au Conseil, et que tous sans exception lui avaient répondu qu'ils m'y verraient avec plaisir. — Il me l'annonça par une lettre ainsi conçue :

« Palais-Royal, 11 novembre 1820.

» Je vous annonce avec un véritable plaisir, Monsieur, que je viens de vous nommer membre de » mon Conseil. C'est une marque d'estime et de satis- » faction que depuis longtemps j'avais le désir de vous » donner. J'ai prévenu hier de ce choix les membres » actuels de mon Conseil, et je suis persuadé qu'il » leur est agréable autant qu'il me l'est à moi-même. » Recevés-en l'assurance, Monsieur, ainsi que celle » bien sincère des sentiments qu'a pour vous

» Votre affectionné, Louis-Philippe d'Orléans. »

J'assistai au premier conseil tenu depuis cette nomination. Il y en avait un par semaine, sans préjudice des convocations extraordinaires. Depuis, une place étant venue à vaquer par le décès de M. Colin, je conseillai à M. le duc d'Orléans de choisir Tripier : « Comment ! dit-il, mon adversaire dans l'affaire Julien? — Oui, lui répondis-je en insistant, et votre » plus rude adversaire ; mais c'est précisément pour

» cela que je vous conseille de vous en emparer. Il » vous fera un bon service, et le public vous saura » gré de ce choix, qui est tout dans votre intérêt, » comme d'un acte de générosité. » — Tripier entra ainsi au Conseil; et, jusqu'à sa mort, arrivée en 1840, il en a été la cheville ouvrière. Le duc d'Orléans m'a remercié bien des fois de lui avoir indiqué un si bon choix.

Plus tard, je fis agréer mon frère Philippe comme avocat plaidant, lorsque je dus cesser la plaidoirie après 1830, et M. Delacroix-Frainville, auquel son gendre, M. Scribe, a succédé depuis comme membre du Conseil.

L'annonce de ma nomination au Conseil fut suivie le lendemain d'une lettre du duc d'Orléans, dont je tiens à honneur de conserver les termes :

« Paris, ce 12 novembre 1820.

» C'est une véritable satisfaction pour moi de vous » annoncer que je vous ai nommé membre de mon » Conseil, et j'espère que désormais vous y assisterés » autant que le permettront vos nombreuses occupa- » tions dont, de toutes manières, je serais bien fâché » que vous fussiés détourné. J'éprouve un grand plaisir » à acquérir, en quelque sorte, de nouveaux droits » sur vous, et je prévois que vous me serés d'un » grand secours pour me préserver de l'écueil dont » votre main habile m'a déjà écarté dans une circon- » stance importante; je veux dire de cette alternative » de sacrifier des droits que les loix m'accordent » comme à tous, ou de passer en les défendant pour » vouloir faire revivre ceux que j'ambitionne moins » que personne. L'expérience m'a prouvé que des in-

» tentions droites ne suffisent pas toujours pour dé-
» mêler cette route, qu'il n'est d'ailleurs nullement
» facile de suivre au milieu de tant de loix qui se con-
» tredisent, et de tant d'intérêts divergens toujours
» prêts à prendre l'allarme. Vous savés mieux que per-
» sonne que ma position personnelle rend cette route
» encore plus difficile pour moi qu'elle ne le serait
» pour tout autre, et vous seconderés efficacément les
» membres de mon Conseil dans leurs efforts pour
» m'y diriger. Il m'a paru que tous voyaient avec
» plaisir que vous leur étiés adjoint, et ce sera pour
» moi une satisfaction de plus que dans le cercle né-
» cessairement rétréci des occupations de mon Con-
» seil, nous puissions donner un échantillon de la
» vraie manière d'opérer la fusion des opinions.

» Vous savés depuis longtemps avec quel plaisir je
» saisis toutes les occasions de vous convaincre de toute
» mon amitié pour vous.

» L.-P. »

MARIA STELLA,

S'INTITULANT BARONNE DE STERNBERG.

1825 et 1830.

En 1825, une intrigante qui prenait le titre de Maria Stella, lady Newborough et baronne de Sternberg, vint à Paris. Elle y répandit un récit romanesque dont elle se faisait l'héroïne.

Elle prétendait tout simplement qu'elle avait été changée en nourrice; qu'en réalité elle était fille de la duchesse de Chartres (fille du duc de Penthièvre, belle-fille du duc d'Orléans), voyageant avec son mari en Italie sous le faux nom de comte et comtesse de Joinville; qu'elle était née ainsi le 17 avril 1773 et avait été baptisée sous le nom de Maria Stella, à Modigliana, petit village de Toscane sur la frontière de l'État romain. Mais dans le même temps la femme de Laurent Chiappini, concierge de la prison de ce même village, accouchait d'un garçon; et il prit fantaisie au comte et à la comtesse de Joinville, qui n'avaient pas de fils, de prendre celui de Chiappini en échange de leur propre fille Maria Stella, qui fut laissée à Modigliana.

Cette fille n'en avait pas moins prospéré. Habile chanteuse, remarquée dès l'âge de douze ans, elle devint épouse de lord Newborough. — Le baron russe de Sternberg l'épousa en secondes noces.

Mais éclairée plus tard par des *révélations*, elle avait conçu le projet de réclamer son véritable état comme princesse de la maison d'Orléans.

Toutefois, ce n'est point en France que Maria Stella,

baronne de Sternberg, entreprit d'abord de porter sa réclamation. Après avoir sondé le terrain, elle retourna en Italie et s'adressa au tribunal ecclésiastique de la petite ville de Faenza, dans les États romains, exposa les faits à sa manière, demanda la rectification de l'acte de baptême qui lui donnait Chiappini pour père; et, en l'absence de tout contradicteur légitime, elle obtint sur sa seule requête, le 29 mai 1824, une sentence qui prononçait selon ses vœux, et la déclarait *fille du comte et de la comtesse de Joinville, Français.*

Elle prit expédition de cette sentence et de son nouvel acte de naissance ainsi rectifié, et envoya ces pièces à Paris à un individu qui se faisait appeler le chevalier Mortara, pour les faire valoir, lui recommandant « dans tous les cas, de mettre le tout aux pieds de » Sa Majesté Louis XVIII. »

Une lettre du 4 octobre 1824, dans laquelle il rend compte de ses démarches, prouve qu'il est allé jusque sur les degrés du trône,.... pour y chercher un point d'appui.

Quelle bonne fortune en effet pour le parti si puissant à la Cour aux yeux duquel le duc d'Orléans était un objet constant d'aversion, si l'on pouvait prouver ou seulement accréditer que ce prince n'était que le fils issu de l'abjecte paternité d'un geôlier toscan!

Mais comment arriver à ce résultat?

Un avocat aux conseils consulté par Maria Stella lui avait répondu le 18 mars 1825, en prenant pour constant tout *son exposé :* «.... Tout est bien jusqu'ici : » mais *les moyens, quels sont-ils?* Un jugement vous » déclare fille d'un comte de Joinville; mais il reste à » prouver que ce nom était celui de Louis-Philippe » d'Orléans..... »

D'un autre côté, Maria Stella se vit contrariée par un incident inattendu. Thomas Chiappini, son frère, instruit de la procédure suivie par elle devant la juridiction de Faenza, apparut tout à coup et se constitua son adversaire dans un article très-circonstancié qu'il fit insérer dans la *Gazette de Rome.* Dans cet article, il la combat, il la réfute, il la raille. Employant tour à tour la logique, l'indignation, le sarcasme, il lui prouve clairement qu'elle est sa sœur; — qu'à ce titre elle a réclamé *sa part dans la succession du père commun,* et cela, *postérieurement* à l'époque où elle prétendait avoir reçu la lettre qui lui aurait révélé la prétendue noblesse de son origine. En réponse à son assertion qu'elle avait été frappée de sa ressemblance avec le comte de Beaujolais et mademoiselle d'Orléans, Thomas Chiappini affirme au contraire que la nature a imprimé sur le visage de Maria Stella le nom de ses parents et la réfutation de ses mensonges : « Des nombreux en-» fants de Chiappini, dit-il, aucune plus qu'elle ne » ressemble à son père [1]. »

M. le duc d'Orléans fut instruit de toutes les menées de Maria Stella. Il ignorait la marche qu'elle suivrait ultérieurement pour donner cours, si elle l'osait, à sa réclamation : mais il voulut être prêt à tout événement.... Il ne jugea pas à propos d'entretenir le Conseil de cette affaire; il me chargea seulement de l'examiner en particulier et de lui en faire un rapport spécial.

Pour répondre au désir du prince, j'examinai la question et je la discutai au double point de vue du fait et du droit.

J'analysai d'abord toutes les circonstances mises en

[1] Le numéro de cette gazette fait partie du dossier.

avant par madame de Sternberg pour accréditer son roman.

J'établis ensuite les propositions suivantes :

1° Le récit de Maria Stella, baronne de Sternberg, se détruit par sa propre invraisemblance, sans autre secours que celui des incohérences qu'il présente....

2° La fausseté de cet exposé est démontrée de la manière la plus palpable par le *fait matériel* qu'à l'époque indiquée le prince et la princesse que Maria Stella revendique pour ses père et mère *n'étaient pas en Italie.*

Ce second point était le plus propre à confondre la mauvaise foi ; je m'y arrêterai spécialement.

Maria Stella indiquait pour époque précise de la présence du comte et de la comtesse de Joinville en Italie le 17 avril 1773, date de son acte de naissance.

Or, en ouvrant la *Gazette de France* qui, en 1773, était le journal par excellence, renommé surtout par le soin avec lequel il donnait des *Nouvelles de la Cour*, on trouve, dans le n° 30, du lundi 12 avril 1773, à la page 263, sous la rubrique de *Versailles, le* 11 *avril* 1773, la mention qu'à la cérémonie du jeudi saint ont assisté le *duc d'Orléans*, le DUC DE CHARTRES, le duc de Bourbon, etc.

Il existe aux Archives deux actes *notariés* en date l'un du 1er, l'autre du 24 avril 1773, signés par M. le duc de Chartres à Paris, et qui prouvent authentiquement que ce prince n'était pas le 17 à Modigliana.

Voici un autre fait non moins décisif. Les Archives du royaume en conservent la preuve ; mais il est plus piquant d'en retrouver la relation dans les journaux d'Italie.

Dans la feuille de Modène intitulée *le Messager*,

n° 43, du 27 octobre 1773, on lit sous la date de *Paris, 8 octobre:* « La duchesse de Chartres est accouchée » d'un prince le 6 *du présent mois.* Il portera le nom » de *duc de Valois*[1]. Cet événement a causé la plus » vive joie au Palais-Royal et dans la maison de Penthièvre. Le duc d'Orléans en a fait de suite part au » Roi.... »

La même nouvelle se trouvait annoncée dans la *Gazette de France* du 8 octobre, numéro 81, page 750.

D'ailleurs, la naissance d'un prince du sang, appelé à la possibilité de succéder au trône, n'est pas un fait obscur; c'est une affaire d'État. On en a dressé un procès-verbal solennel que le Roi a signé.

Or, en nous arrêtant à ce fait authentique, que madame la duchesse de Chartres est accouchée à Paris, le 6 octobre 1773, d'un fils parfaitement viable, il en résulte évidemment qu'elle n'avait pas pu faire une autre couche le 17 avril précédent, à six mois seulement d'intervalle.

D'ailleurs, si, comme le prétend Maria Stella, elle a été échangée le 17 avril 1773 contre le fils de Chiappini, que serait donc devenu ce fils de Chiappini après la naissance du duc de Valois, le 6 octobre suivant? Car, dans le système de madame de Sternberg, le fils de Chiappini eût été l'*aîné;* le duc de Valois n'eût été que le second. Or, rien n'atteste ni la présence ni la disparition de ce premier enfant, dont la naissance aurait précédé celle du duc de Valois. Tout prouve au contraire que celui-ci, en venant au monde, a été reçu comme fils aîné; il est constamment demeuré tel; et sa

[1] C'est en effet le nom que Louis-Philippe, depuis duc d'Orléans et Roi, a porté jusqu'en 1785, époque de la mort de son grand-père.

possession d'état, conforme à son titre, est celle de duc de Valois, né le 6 octobre 1773. (Voyez d'année en année tous les *Almanachs royaux*, à partir du Ier janvier 1774.)

Enfin, faut-il ajouter qu'il est constant en fait que madame la duchesse de Chartres prenant le titre de comtesse de Joinville, n'a été en Italie qu'en 1776 (*Gazette de France* du 26 juillet 1776, numéro 60, page 527); — et qu'à la même époque le prince son époux était en mer sur la flotte française, dans les eaux de Gibraltar (*Gazette de France* du 10 mai 1776, numéro 38, page 347; et du 12 juillet, numéro 56, page 491); — et qu'il n'a jamais été en Italie avant 1783?

Il y a dans tout cela évidemment une démonstration de fait bien complète.

Arrivant au troisième point, celui de l'examen de la sentence du juge ecclésiastique de Faenza, la discussion n'était ni longue ni embarrassante. Le juge, qui n'était pas même celui de Chiappini, Toscan, ne l'était pas davantage du comte de Joinville, Français. La sentence n'avait nulle force d'exécution en France; et le jour où elle y serait invoquée, elle devait tomber devant l'article 121 de l'ordonnance de 1629 qui réserve aux Français condamnés devant des tribunaux étrangers « le droit de débattre leurs droits *comme* » *entiers* devant les tribunaux français. » — Or, ce droit, accordé par l'ordonnance aux Français même qui auraient été parties dans les jugements rendus contre eux à l'étranger, appartenait à plus forte raison à ceux qui n'y avaient été ni parties, ni même appelés.

Sur le quatrième et dernier point, c'est-à-dire sur la

marche à tenir, mon avis était qu'il n'y avait rien à faire tant que Maria Stella ne jugerait pas à propos d'agir; — mais qu'au premier acte de sa part, il conviendrait de se défendre, non-seulement avec les moyens que présentait le droit privé, mais aussi avec ceux que suggérait le droit public du royaume, dans la position élevée qu'occupait le duc d'Orléans.

La minute de ce rapport fut lue avec soin par le duc d'Orléans. Elle se trouve au tome XVI du Recueil in-folio de mes Consultations, année 1825, à la date du 8 juin, sous le numéro 2996. Cette minute est curieuse en ce qu'elle porte en marge plusieurs notes au crayon de la main du duc d'Orléans.

Au bas de la page 571 est une note à l'encre qui se continue sur la marge de la page 572, et qui contient sur les différentes couches de sa mère des faits tellement circonstanciés, que son texte devient une pièce historique aussi intéressante qu'elle est exacte. La voici :

« Madame la duchesse de Chartres, mariée le 5 avril » 1769, ne devint grosse que plus de deux ans après. » Cette grossesse ne fut pas heureuse, et elle accoucha » en 1772 d'une fille qui mourut en naissant. On lui » ordonna des eaux ferrugineuses pour la fortifier; et » étant redevenue grosse, elle alla à Forges, en Nor- » mandie, en 1773, où on montre encore la maison » qu'elle habitait, où beaucoup d'habitants peuvent » encore affirmer sa présence à cette époque. Elle y » était accompagnée par madame de Genlis, etc. Le » 6 octobre de cette année, elle accoucha heureuse- » ment au Palais-Royal d'un prince très-bien portant, » que le duc d'Orléans, son grand-père, fit exposer au » public pendant vingt-quatre heures dans une des

» salles basses du Palais-Royal (et qui reçut le nom de » duc de Valois). Deux ans après, la duchesse d'Or- » léans accoucha, le 3 juillet 1775, d'un second fils, » Antoine-Philippe d'Orléans, duc de Montpensier, » mort en Angleterre en 1807. 3° Le 3 août 1777, la » duchesse de Chartres accoucha au Palais-Royal de » deux jumelles, dont l'aînée, mademoiselle d'Orléans, » est morte des suites de la rougeole le 1er février » 1782, et la seconde, appelée d'abord mademoiselle » de Chartres, est mademoiselle d'Orléans aujourd'hui. » La duchesse de Chartres, devenue grosse une cin- » quième fois, est accouchée au Palais-Royal, le 7 oc- » tobre 1779, de Louis-Charles d'Orléans, comte de » Beaujolais, mort à Malte en 1808.

» Ainsi, point de fausses couches et cinq grossesses » en tout :

» 1° Une fille morte en naissant, 1772.

» 2° Le duc d'Orléans actuel, 1773.

» 3° Le duc de Montpensier, 1775.

» 4° Deux jumelles, 1777.

» 5° Le comte de Beaujolais, 1779. »

Les moyens de défense ainsi préparés, M. le duc d'Orléans garda le Mémoire par devers lui, avec les notes et documents dont il était accompagné, pour en faire usage au besoin.

Cinq ans s'écoulèrent sans qu'on entendît reparler de cette affaire. Mais au commencement de 1830, Maria Stella reparut sur la scène avec le dessein de donner à sa réclamation le plus grand éclat.

Un volume in-8° de 318 pages parut sous le titre de « *Maria Stella, ou Échange criminel d'une demoiselle* » *du plus haut rang contre un garçon de la condition la* » *plus vile.* »

Le titre portait en outre cette annonce : « Se vend au » profit des pauvres, à Paris et dans les départements, » chez les principaux libraires. »

Au revers du titre, il était dit en forme d'*Avis* : « Il » paraîtra incessamment sur cette importante affaire » un *Mémoire* pour être présenté au *Tribunal*, et où se » trouveront relatées plusieurs pièces récemment dé- » couvertes. »

En regard du titre était une lithographie qui grimaçait une sorte de ressemblance avec la figure de madame la princesse Adélaïde d'Orléans ; et on lisait au bas : « Maria Stella, lady Newborough, et baronne de » Sternberg, née de Joinville. »

Ce volume ne fut pas seulement vendu, mais il fut distribué à profusion : le parti hostile au duc d'Orléans s'en empara ; les journaux de ce parti en parlèrent et lui procurèrent une grande publicité.

Une démarche plus décisive suivit bientôt. Maria Stella s'adressa en effet au tribunal de première instance de la Seine, et lui présenta une *Requête* dont les conclusions tendaient à ce qu'il plût au tribunal : « Rendre » exécutoire en France le jugement rendu par la curie » épiscopale de Faenza (États de Toscane), le 29 mai » 1824, entre la baronne de Sternberg et le comte » Charles de Bandini, curateur judiciairement décrété » à M. le comte et à madame la comtesse de Joinville, » portant que l'acte de naissance de ladite dame, en » date du 17 avril 1773, où elle est indiquée sous le » nom de Maria Stella (Pétronille), comme fille de Lau- » rent Chiappini, huissier, et de Vincente Diligenti, » sera rectifié, et qu'il sera indiqué au contraire que » ladite Maria Stella est fille de M. le comte Louis et » de madame la comtesse de Joinville, Français. »

Instruit de cette audacieuse procédure, M. le duc d'Orléans porta l'affaire devant son Conseil, devant lequel on donna lecture de mon Mémoire. Le duc d'Orléans voulait dénoncer immédiatement le fait au Roi et à la Chambre des Pairs, comme intéressant l'état et l'honneur d'un pair de France, premier prince du sang, pouvant être appelé éventuellement à la couronne : question politique dont le règlement ne pouvait pas être abandonné à la juridiction civile ordinaire.

Mais, après y avoir réfléchi, on reconnut qu'il valait mieux éclairer d'abord la religion du tribunal pour en obtenir le rejet de la Requête, sauf à prendre l'autre voie si, par impossible, l'exequatur était accordé.

En conséquence, on fit faire deux copies de ma Consultation du 8 juin 1825, pour être remises, l'une, à M. le président du tribunal, qui la communiquerait aux juges, l'autre, à M. l'avocat du Roi chargé de conclure.

Le tribunal, ainsi éclairé sur le fond même de la question, rendit le 16 juin 1830 un jugement qui « déclare la dame de Sternberg non recevable dans sa » demande ; » (par ces motifs) : « 1° qu'un jugement » rendu en pays étranger contre un Français ne peut » être exécuté en France sans que la question soit » de nouveau examinée et jugée par les tribunaux fran- » çais ; 2° que la demanderesse ne justifie ni de sa des- » cendance ni du domicile du comte de Joinville ; » — et la condamne aux dépens.

Ainsi finit cette malveillante et ridicule tentative, dont on n'a plus reparlé depuis.

Mais comme le libelle de Maria Stella est devenu un moyen de diffamation aux mains d'un parti, et que tant que ce livre existera dans les bibliothèques, la malveillance pourrait continuer à y chercher un aliment, j'ai cru qu'il était bon de laisser aussi une trace des preuves accablantes sous le poids desquelles cet odieux roman a trouvé sa réfutation.

PROJET D'ADOPTION DU DUC D'AUMALE

PAR LE DUC DE BOURBON.

Mai, juin et juillet 1829.

Le duc de Bourbon, fils du prince de Condé, et père de l'infortuné duc d'Enghien, avait été le parrain du duc d'Aumale, quatrième fils du duc d'Orléans; il voulait en faire son héritier.

Mais quelle forme emploierait-on? Serait-ce une adoption, ou un testament?

M. le duc d'Orléans voulut bien me consulter sur ce point [1]. J'opinai avec instance pour que ce fût par voie d'*adoption*. — Le titre de fils adoptif, disais-je, est plus honorable que celui de légataire universel : il est plus personnel, et doit même toucher davantage M. le duc de Bourbon, parce qu'il trouverait dans l'adoption une sorte de paternité plus propre à tromper sa douleur, et une manière de continuer le grand nom de Condé que ses aïeux ont si fort illustré, en le transmettant à son fils adoptif.

M. le duc d'Orléans me pria de rédiger les projets d'actes tels que je les concevais et que je les lui avais expliqués. Je les lui adressai le 15 mai, *avec un exposé des motifs*, comme pour un projet de loi.

[1] Lettre du 3 mai 1829.

Le Prince était sur le point de partir pour l'Angleterre avec son fils aîné, le duc de Chartres; il n'eut que le temps de jeter un coup d'œil sur mes rédactions et me les renvoya pour les revoir après en avoir fait prendre copie par madame la duchesse d'Orléans pour plus de secret. « Mon absence sera courte, me disait-il, mais » s'il survenait des circonstances où il fallût qu'à l'in- » stant même ma femme me remplaçât, ce qui est fort » improbable, je suis bien sûr que vos bons conseils ne » lui manqueraient pas [1]. »

Pendant l'absence du duc d'Orléans, je retouchai les projets d'actes, que je transmis à madame la duchesse d'Orléans le 18 mai : j'y joignis quelques jours après un nouvel exposé des motifs propres à éclairer l'examen auquel ils pourraient donner lieu. Tout cela devait ainsi se trouver prêt pour qu'aussitôt après son retour le duc d'Orléans pût renouer cette « affaire si inté- » ressante pour sa famille [2]. » Madame la duchesse annonçait ce retour pour le 9 juin. « En attendant (di- » sait-elle, toujours épouse et toujours mère), j'ai reçu » encore ce matin d'excellentes nouvelles de mes voya- » geurs, datées du 23. Rien n'est plus flatteur que » l'accueil qu'ils reçoivent partout, et mon mari est » bien satisfait de la manière dont Chartres débute dans » ce pays. Je m'empresserai de leur mander à tous » deux ce que vous m'exprimez pour eux, sûre du » plaisir que cela leur fera. »

M. le duc d'Orléans revint en effet le 9 juin à Neuilly. Un billet du chevalier de Broval m'en informa le jour même. Dès le lendemain 10, le duc d'Orléans, empor-

[1] Lettres des 5 et 12 mai.

[2] Lettres de madame la duchesse d'Orléans des 19 et 28 mai 1829.

tant les pièces avec lui alla rendre sa visite au duc de Bourbon à Saint-Leu, où il déjeuna. Le soir il me manda de venir le voir le lendemain, « parce que sa » visite rendait une nouvelle entrevue nécessaire [1]. »

Dans la matinée du 11, je me rendis au Palais-Royal, où je trouvai M. le duc d'Orléans, et nous convînmes des modifications désirées, afin qu'on pût les soumettre dans leur état définitif à l'appréciation des Conseils de M. le duc de Bourbon.

M. le duc de Bourbon n'ignorait pas que c'était moi qui avais rédigé les projets, et il s'en était montré satisfait. Il se rappelait ce que j'avais publié en 1823 sur le procès du duc d'Enghien ; il m'en avait fait remercier; et quoique j'eusse alors décliné l'honneur de lui être présenté, il n'en avait été que plus touché d'un acte si évidemment désintéressé de ma part.

Tout cela traîna jusqu'à la fin du mois de juin 1829.

Le 1er juillet, M. le duc d'Orléans m'écrivit : « Je crois qu'on veut consulter sur votre projet d'acte M. Tripier, M. Gairal et vous; on me dit, et *pas d'autres*. J'ai dit: A la bonne heure, mais consultez-les *tous les trois réunis en conférence*, car le combat singulier engendre la divergence, et vous pourriez bien recevoir autant d'avis que vous appelleriez de conseillers. »

Plusieurs conférences eurent lieu en effet entre MM. Tripier, Gairal et moi. Ils déclarèrent que si une adoption devait avoir lieu, elle ne pouvait pas être faite en meilleurs termes ni par des motifs plus nobles et mieux exprimés. Tripier seul, toujours homme du droit privé, et ne voulant rien voir en dehors et au delà de la lettre du Code civil, objectait que *les parties* ne se trouvaient pas dans les termes précis des articles

[1] Lettre du 10 juin 1829.

345 et 346 : qu'en effet, d'après l'article 345, « la fa- » culté d'adopter ne peut être exercée qu'envers l'in- » dividu à qui l'on a, durant sa minorité et durant six » ans au moins, fourni des secours et donné des soins » non interrompus, » (ce qui n'avait pas eu lieu *dans l'espèce*). — Enfin, suivant l'article 346, « l'adoption ne pouvait, en aucun cas, avoir lieu avant la majorité de l'adopté. » Or, le duc d'Aumale était encore mineur.

Tout cela était rigoureusement vrai en droit privé. Mais je répondais que l'état civil des membres de la famille royale était placé sous la haute tutelle du Roi, et que si Sa Majesté approuvait l'adoption, cette haute adhésion conférerait déjà à M. le duc d'Aumale un très-grand avantage, celui, par exemple, de recevoir et de pouvoir prendre le nom de CONDÉ, que personne n'oserait et ne pourrait jamais lui contester quand il l'aurait une fois reçu par la volonté exprimée de M. le duc de Bourbon, et en vertu d'une ordonnance royale.

En réponse à l'article 345, je disais que, si le duc de Bourbon n'avait pas donné des secours et des soins dans le sens vulgaire de l'article 345, il avait fait des cadeaux et donné constamment des marques du plus vif attachement à son filleul; ce qui suffisait entre personnes d'un si haut rang.

Quant à l'âge, je répondais que, si l'acte définitif d'adoption ne pouvait être actuellement consommé, à cause de la minorité du duc d'Aumale, rien n'empêchait M. le duc de Bourbon d'exprimer à l'avance, et dans un *acte préparatoire*, ses intentions à l'égard de l'adoption, sauf à lui donner plus tard toute sa perfection; et en soutenant provisoirement sa déclaration par une institution d'héritier que M. le duc de Bourbon annonçait, dans tous les cas, être dans l'intention de faire. Or, cette institution, en réalisant pour M. le duc d'Aumale l'intention qu'avait le duc de Bourbon de lui transmettre ses biens, ne laissait à ses collatéraux aucun intérêt, ni par conséquent aucun droit de contester les actes relatifs à l'adoption.

Tel était effectivement l'acte dont la rédaction était soumise à leur examen.

MM. Tripier et Gairal convinrent avec moi qu'un tel acte serait parfaitement valable s'il était passé devant notaire avec les formes requises, sauf à accomplir plus tard les solennités exigées pour la perfection de l'acte d'adoption.

On en référa dans ces termes au duc de Bourbon; mais d'autres objections que celles que nous nous étions faites lui furent suggérées et vinrent assiéger son esprit. Il aurait voulu (ai-je ouï dire depuis) que tout pût se consommer d'un seul coup, par un seul et même acte, pour n'avoir plus à s'en occuper. Mais aller en parler au Roi, faire un premier acte notarié, le soumettre à la sanction royale, plus tard encore et dans un âge plus avancé, avoir à figurer dans les actes définitifs d'adoption, tout cela se présentait à lui comme un travail compliqué qui tourmentait son imagination.

Ces difficultés de forme amenèrent dans les négociations de nouvelles phases et de nouvelles combinaisons sur lesquelles les jurisconsultes cessèrent, de part et d'autre, d'être consultés : et finalement, le duc de Bourbon s'arrêta à l'idée qu'il avait toujours eue, celle d'un testament pur et simple dans lequel il institua le duc d'Aumale son légataire universel, en le chargeant d'un certain nombre de legs particuliers.

Après la mort du duc de Bourbon, ce testament fut

attaqué avec colère, avec passion; l'esprit de parti s'en empara; les accusations les plus calomnieuses furent mêlées au procès pour suppléer à l'absence totale de moyens de nullité.

J'étais alors dans les fonctions publiques, et je n'eus point à m'occuper de cette cause. Elle fut confiée à mon frère Philippe Dupin, qui la plaida avec conviction, avec chaleur, avec talent, et la gagna sur tous les points, tant en première instance qu'en cour d'appel.

Mais à cette autorité toute-puissante de la chose jugée, j'ai pensé qu'il était bon, en présence de tant de passions qui ont laissé des traces de leur venin dans les journaux du temps, d'ajouter la preuve morale qui résulte de ces projets d'adoption discutés entre les conseils des deux princes, pour montrer que *bien avant sa mort, et bien avant la révolution de juillet*, le duc de Bourbon avait la volonté très-arrêtée de faire de M. le duc d'Aumale son héritier, et qu'on n'avait hésité que sur la forme, adoption ou testament.

Après la Révolution de juillet, le duc de Bourbon avait conservé pour M. le duc d'Orléans les mêmes sentiments qu'il lui avait toujours montrés : et j'ai tenu dans mes mains l'original de la lettre qu'il lui écrivit le 8 août, veille de la séance royale du serment; lettre pleine d'affection, dans laquelle il exprimait le regret de ce que sa mauvaise santé ne lui permettait pas d'assister à cette séance. Il ajoutait : « Je vous écris,
» Monsieur, comme au Lieutenant général du royaume.
» — Demain je serai de cœur avec vous, et vous trou-
» verez toujours en moi un sujet aussi fidèle que dé-
» voué. — L.-H.-J. DE BOURBON. »

J'ai déjà publié le texte de cette lettre dans l'Opuscule intitulé *Révolution de juillet* 1830, édit. de 1835, p. 20.

CONSEIL D'APANAGE.

On a vu comment j'étais entré dans le *Conseil d'Apanage* du duc d'Orléans : il me reste à dire quelles règles de conduite j'y ai apportées.

Je voulus d'abord étudier à fond la matière des Apanages. Je lus tout ce que je pus trouver dans les livres sur ce sujet; et j'en tirai deux sortes de notions : les unes historiques, sur l'origine et le caractère des apanages; les autres juridiques, sur le régime des biens apanagers et les principales questions de droit auxquelles ils peuvent donner lieu.

J'en composai un petit *Traité*, que je communiquai au duc d'Orléans et au président Henrion de Pansey, pour m'assurer, par leur contrôle, que je ne m'étais écarté ni de la vérité historique, ni de la vérité légale, et je profitai de leurs observations.

Je ne songeais point encore à livrer ce travail à l'impression; mais le duc d'Orléans ne tarda pas à m'exprimer le désir de le voir publier.

Il ne suffisait pas d'avoir défendu l'apanage devant les tribunaux [1], il était besoin de le faire inscrire dans la législation. Depuis quelque temps il était question d'un *projet de loi* à cet égard.

Il fallait donc un peu à l'avance faire l'éducation des hommes politiques du jour, qui n'avaient jamais eu

[1] Voyez l'affaire du *Théâtre-Français*.

occasion ni intérêt d'étudier l'origine, l'histoire et la nature des apanages; qui les croyaient même abolis; ou qui, du moins, voyaient leur rétablissement avec *prévention*, supposant mal à propos qu'ils conservaient l'empreinte de la *féodalité*.

Il était urgent de les désabuser... il fallait être exact, clair et surtout précis; se faire comprendre, et par conséquent se faire lire par des gens qui n'avaient aucun intérêt à vous étudier.

Le duc d'Orléans crut que mon travail était tout à fait propre à atteindre ce but. Et, en effet, à peine ce petit volume, format in-32, eut-il paru sous le titre de *Traité des Apanages*, que les hommes politiques et les magistrats s'en emparèrent; les préventions s'évanouirent; plusieurs de ceux qui voyaient auparavant les apanages avec défiance s'en constituèrent les apologistes; et lorsque, quelques mois après, en janvier 1825, la question arriva devant la Chambre des Députés, ce furent les orateurs de l'opposition, et à leur tête l'illustre général Foy, qui défendirent l'apanage contre les orateurs de la droite, parmi lesquels se signalèrent principalement MM. Dudon et de la Bourdonnaye.

A la suite de cette discussion fut rendue la loi du 16 janvier 1825, dont l'article 4 porte : « Les biens » *restitués* à la branche d'Orléans en exécution des or- » donnances royales des 18 et 20 mai, 17 septembre » et 7 octobre 1814, et provenant de l'apanage *con-* » *stitué* par les édits des années 1661, 1672 et 1692, » à *Monsieur*, frère du Roi Louis XIV, pour lui et sa » descendance masculine, *continueront* à être possédés » *aux mêmes titres et conditions* par le chef de la bran- » che d'Orléans, jusqu'à extinction de sa descendance

» mâle, auquel cas ils feront *retour* au domaine de » l'État. »

L'apanage se trouva ainsi reconstitué en droit et en loi.

A la fin du *Traité des Apanages*, j'avais ajouté une section intitulée *Du Conseil du Prince apanagiste.* — J'y définissais en peu de mots le caractère et les devoirs de ce Conseil.

« Ce Conseil, disais-je, quoique institué avec moins de solennité qu'autrefois [1], n'en a pas moins des devoirs importants à remplir. Il n'a aucun caractère public, aucune juridiction extérieure; mais il a « *la charge » spéciale de veiller à la conservation de l'apanage, et » à cet égard le prince ne peut rien faire sans l'avis de » son conseil* [2]. » — Quant aux biens patrimoniaux du prince, les fonctions du conseil se bornent à bien et fidèlement conseiller le prince dans ses affaires. N'est-ce donc pas une assez belle mission? Outre l'honneur qui s'attache au choix du prince, la gravité des intérêts fait un devoir à ceux qui sont appelés à en délibérer, de conseiller librement, en leur âme et conscience, selon le droit; et aussi selon l'équité, si parfois l'un semblait ne point s'accorder avec l'autre; de ne pas considérer ce qui peut plaire, mais ce qui est bon et juste en soi; de faire attention à ce qui est honorable, bien plus qu'à ce qui peut être simplement utile. Si l'apanage passait ès mains d'un prince prodigue, ne pas craindre de contrôler les comptes en les apurant;

[1] Il existait en vertu des lettres patentes d'érection de l'Apanage.

[2] La phrase que j'ai mise en caractères italiques a été ajoutée textuellement sur mon manuscrit par M. le président Henrion de Pansey.

résister à toute mesure qui serait proposée en vue d'accroître les revenus aux dépens du fonds, et qui pourrait compromettre l'avenir de l'apanage; enfin, si l'apanage tombait en minorité, redoubler de zèle et de surveillance pour les intérêts d'un titulaire qui ne serait pas en état de se défendre par lui-même. »

Telle était la théorie du Conseil; telle fut aussi notre pratique dans les différentes questions qui nous furent soumises, et c'est là ce qui place les services que de loyaux conseillers peuvent rendre à un prince fort au-dessus de tous les autres offices. Pour ceux-ci, le prince commande, et il ne reste qu'à lui obéir. Au contraire, le conseiller a l'initiative; il indique avec toute la supériorité que donne le droit de conseil ce qu'il croit bon et juste, et il ne reste plus au prince qu'à s'y conformer, ou, s'il s'en écarte, c'est à ses risques et périls; et l'honneur du conseiller est sauf.

Le Conseil d'Orléans tenait habituellement une séance par semaine, et assez fréquemment il y avait des réunions extraordinaires.

Le duc d'Orléans y assistait régulièrement avec le chevalier de Broval, sous-secrétaire des commandements.

Les rapports étaient faits ou par le directeur des domaines, quand il s'agissait de baux, de contrats, de procès ou de transactions; ou par le directeur des forêts pour les affaires de sa division, l'intendant pour les comptes, etc.

On renvoyait souvent les rapports avec les pièces à l'un des membres du Conseil pour en faire un plus ample examen. Ce conseiller lisait les pièces, se livrait aux recherches convenables, et revenait avec un projet d'avis.

Les avis du Conseil étaient toujours mis en marge ou à la suite des rapports. Il en était tenu un registre particulier par le secrétaire du Conseil, afin qu'on pût y recourir au besoin. Ces avis étaient souvent motivés, comme auraient pu l'être de véritables jugements.

Dans les affaires contentieuses, on appelait l'avoué ; pour les actes, le notaire, soit qu'il apportât son projet, soit, comme il arrivait assez fréquemment, qu'on lui remît une rédaction préparée par les agents de l'administration, et sur laquelle il faisait, s'il le jugeait nécessaire, ses observations.

Le duc d'Orléans prenait habituellement part aux discussions, et souvent avec avantage pour les affaires. Sa mémoire, d'une précision sans égale, servait à rappeler les faits anciens, les traditions de famille ; son esprit très-juste suggérait d'utiles observations. Mais, il faut le dire, il avait un défaut dont on devrait surtout se garder quand on est prince et qu'on *demande conseil :* il parlait trop souvent le premier, ouvrait son avis, et pouvait ainsi influencer les opinions. Le péril, en cela, serait plus grand en politique qu'en affaires privées ; c'était donc un tort : mais, si j'ai dû le relever pour être sincère, je me hâte d'ajouter que le prince corrigeait ce défaut par une qualité bien rare. En effet, s'il s'avançait ainsi trop précipitamment, il revenait volontiers sur son premier dire, après avoir entendu celui des autres. Personne, j'aime à le constater, ne supportait plus volontiers la contradiction, et ne consentait de meilleure grâce à en faire son profit. Je ne crois pas que jamais prince ait mieux permis qu'on lui dît la vérité. Mais en se pressant un peu moins, il aurait évité ces retours d'opinion, et il aurait été plus sûr d'avoir l'avis des autres que le sien propre, sauf à en user après comme il l'aurait voulu.

Le Conseil d'Orléans n'avait pas seulement à s'occuper des affaires de l'Apanage, qui avaient un cours assez réglé ; — mais il eut aussi à surveiller les autres affaires du duc, concernant ses autres biens.

DOMAINE PRIVÉ.

Succession paternelle. — Liquidation.

La succession du feu duc d'Orléans était surchargée de dettes et d'embarras. Au moment de la Révolution, le feu duc d'Orléans avait (je l'ai déjà dit) laissé 112 millions de biens patrimoniaux et 74 millions de dettes. A cette époque, il y avait donc largement de quoi payer. — Mais ses créanciers unis, d'une part ; la République ensuite, avaient administré, vendu et dissipé l'actif d'une telle manière, qu'au moment de la remise des biens, en 1814, il restait à peine 12 millions d'actif et plus de 30 millions de passif [1]. La succession était donc manifestement insolvable.

Le duc d'Orléans et sa sœur, la princesse Adélaïde, auraient pu renoncer à cette succession pour se délivrer de tout soin ; mais ils aimèrent mieux l'accepter sous bénéfice d'inventaire, pour éviter les saisies immédiates et des poursuites trop vives, et ils conçurent le généreux dessein de la liquider honorablement.

Le duc d'Orléans et la princesse Adélaïde sa sœur avaient été remis en possession (par les ordonnances de 1814) de ceux des biens de leur père qui n'avaient pas été vendus nationalement. C'était l'unique gage des

[1] Voyez *Traité des Apanages*, page 218, édition de 1835.

créanciers, et comme les héritiers ne voulaient pas déroger au bénéfice d'inventaire, ils mirent ces biens judiciairement en vente, et ils s'en rendirent adjudicataires à l'audience des criées au plus offrant et dernier enchérisseur, — moyennant 12 millions et demi [1], dont ils durent faire compte aux créanciers de la succession bénéficiaire.

Parmi ces biens se trouvaient quelques actions des canaux d'Orléans et de Loing restées libres, et le droit éventuel de retour stipulé pour le cas où les titulaires des dotations fondées par Napoléon sur ces actions viendraient à décéder sans postérité. — Ces extinctions étaient assez rares. — Les dotataires, quoique mutilés par la guerre, avaient tous grand soin de se marier, et ne négligeaient rien pour laisser un successeur des 500 francs de rente.

Le premier fonds de 12 millions formant le prix des biens rachetés restait de droit affecté à la liquidation. Le duc d'Orléans y joignit chaque année une forte somme prise sur les revenus de son apanage, qui étaient d'environ 3 millions par an quand les bois se vendaient bien. On paya intégralement tous les créanciers malheureux; ils étaient en grand nombre; on obtint de ceux qui étaient plus à leur aise des remises d'intérêts et quelques réductions; d'autres, parmi les plus riches, furent intraitables. Quoi qu'il en soit, après de longs et persévérants sacrifices, le duc d'Orléans, pour lui et sa sœur, arriva à ce point de libérer entièrement la succession de leur père, et de ne laisser derrière eux *personne qui, à un titre quelconque, pût se dire créancier de cette succession.*

[1] 12 millions 420 mille 103 fr.

Succession de madame la duchesse douairière d'Orléans en 1821.

Sept ans après la Restauration, la fortune patrimoniale de M. le duc d'Orléans et de sa sœur s'augmenta considérablement par la succession de madame la duchesse d'Orléans, leur mère, qui mourut en juin 1821.

Comme fille unique du duc de Penthièvre, madame la duchesse d'Orléans avait trouvé dans la succession de ce prince les biens qu'il avait lui-même recueillis dans celles — du duc et de la duchesse du Maine, — du comte et de la comtesse de Toulouse, — du prince de Dombes, — du comte d'Eu, — du prince de Lamballe.

C'est ainsi que les biens de la branche d'Orléans s'étaient eux-mêmes accrus des biens — de la duchesse de Guise, — de mademoiselle de Guise, — de mademoiselle de Montpensier, — du prince de Conti, — de la duchesse de Bourbon,

Et plus tard de ceux de la branche de Condé, légués à M. le duc d'Aumale, dont je ne parle ici que pour mémoire, et afin de montrer comment avec le temps presque tous les biens des différentes branches de la Maison royale de France s'étaient acheminés et concentrés dans les mains de la branche d'Orléans.

C'est donc avec raison que l'ancien duc d'Orléans (Louis-Philippe Égalité) passait pour le prince le plus riche de toute l'Europe.

Mais hâtons-nous de rappeler que ces immenses domaines avaient subi d'énormes dépréciations. Nous avons vu comment presque toute la fortune du feu duc d'Orléans, déjà considérablement réduite par la suppression des droits féodaux, avait été ensuite vendue à la requête de ses créanciers.

Madame la duchesse d'Orléans, douairière, avait été moins maltraitée par les événements; et au moment où ses biens lui furent rendus, elle avait encore en propriétés foncières environ 1,500,000 fr. de revenus, très-mal administrés, il est vrai, et dont le capital pouvait, en 1821, s'élever à 60 millions.

La duchesse, par son testament, avait légué au duc d'Orléans son fils un tiers de sa succession par préciput, ce qui, avec l'autre tiers, représentait un million de rente; mais elle le chargeait seul de tous les autres legs, qui étaient considérables; les rentes viagères seules montaient à 300,000 francs par an.

Ce sont tous ces biens patrimoniaux, entièrement distincts de l'Apanage d'Orléans, qui ont constitué, avec quelques acquisitions, ce qu'on a toujours nommé depuis le *Domaine privé.*

L'union du duc d'Orléans et de sa sœur était parfaite. Les biens furent d'abord possédés par indivis et administrés en commun, pour suffire aux charges communes et arriver à l'entière liquidation.

Indemnité accordée aux anciens propriétaires des biens confisqués et aliénés révolutionnairement.

Loi du 27 avril 1825.

C'est cette loi qu'on a appelée la *loi du milliard!* et contre laquelle on a tant crié! — On a eu tort.

Au point de vue moral, cette loi était excellente: elle a appris aux Peuples que le bien volé ne profite pas plus aux gouvernements qu'aux particuliers ; que les confiscations sont justement odieuses, et que c'est à l'avenir qu'il appartient de réparer les torts du passé. — La Charte avait effacé la confiscation de nos lois ; la loi d'indemnité tendait à l'effacer de nos souvenirs.

Politiquement, cette loi produisit les plus heureux effets ; elle rendit toute leur valeur à des biens qui jusque-là n'avaient pu se vendre qu'avec défaveur ; on cessa de mettre sur les affiches que tel bien à vendre était *patrimonial*, pour avertir que ce n'était pas un bien *confisqué ;* tout le monde y gagna en richesse et en sécurité.

La part allouée au duc d'Orléans et à la princesse sa sœur à titre d'indemnité (cinq millions), était loin d'égaler le préjudice qu'ils avaient éprouvé [1] ; mais cette somme leur fut d'un grand secours pour achever la liquidation de la succession paternelle. Le duc d'Orléans d'ailleurs s'en servit en grande partie pour un autre emploi.

Il avait reçu le Palais-Royal dans un état complet de dégradation. On sait avec quel art et quel goût il parvint à le restaurer.

Son architecte, M. Fontaine, reprit d'abord tous les travaux de consolidation. Il refit entièrement la façade de la cour intérieure pour en masquer les disparates. — Chacun se rappelle ces hideuses galeries de bois noircies par l'humidité et la pourriture, qui n'offraient aux plus riches marchands que de misérables échoppes, et aux promeneurs qui venaient s'y presser chaque

[1] On n'accorda aucune indemnité pour la succession paternelle, parce qu'on considéra les ventes comme ayant été faites, non pas *au profit de la nation*, mais *au profit des créanciers.* (Testament du 22 mai 1849.)

soir qu'un abri sans air et un parquet sans unité. Ces dégoûtantes baraques furent détruites et bientôt après remplacées par l'élégante galerie vitrée qui sépare la cour du jardin, et relie entre elles les deux ailes du palais : c'était comme un spécimen des futurs *Palais de cristal.*

Le duc d'Orléans compléta cette restauration en faisant édifier la colonnade et le péristyle de la cour de Nemours du côté du Théâtre-Français. Il y installa la riche bibliothèque que les Vandales de 1848 ont si barbarement dévastée, ainsi que la belle galerie de tableaux, également détruits, qui représentaient les scènes historiques dont le Palais-Royal avait été le témoin : triste page ajoutée à toutes les autres !

L'État, en reprenant l'apanage, a profité des constructions neuves et des améliorations qu'y avait faites le duc d'Orléans. Mais il est résulté de cette *plus-value* manifeste une action en *indemnité* au profit des enfants du duc, qui a été réservée expressément par l'article 2 de la loi du 2 mars 1832, comme elle l'avait été éventuellement et dès l'origine par les lettres patentes de 1692 qui avaient ajouté le Palais-Royal à l'Apanage. (Voyez *Traité des Apanages,* page 80, édition de 1835, et la note *ibidem.*)

Dans son testament du 22 mai 1849, le Roi dit que le chiffre des dépenses par lui faites au Palais-Royal jusqu'au mois de juillet 1830 s'élevait à *onze millions quatre cent mille francs.* — Il y a erreur. Le rapport dressé le 11 décembre 1838, par les commissaires (MM. Feutrier et Meynard) chargés « de procéder à l'évaluation des accroissements faits à l'apanage » dans la période de 1814 au 9 août 1830, établit cette estimation ainsi qu'il suit :

1° Augmentations, améliorations et décorations pour le Palais-Royal et ses dépendances.	8,014,857 fr.	52
2° Acquisitions d'enclaves et annexes aux bois et forêts de l'apanage.	25,365	35
3° Défrichements, plantations et constructions de maisons de gardes, etc.	135,760	52
4° Rachats de rentes et de droits d'usage.	41,619	02
Total général. . .	8,217,602 fr.	41

Administration du domaine privé jusqu'à l'avénement du Roi en 1830.

Le duc d'Orléans agissait en prince. Il n'avait pas seulement le revenu de son patrimoine, il avait celui de son apanage. Il pouvait donc faire plus et autrement que sa sœur, et cela devait amener entre eux une différence dans la manière dont chacun entendait gouverner ses affaires. Après quelque temps d'indivision, des actes de partage [1] avaient attribué à chacun d'eux les domaines qui devaient composer son lot. Cependant, même après le partage, il y eut toujours entre eux un grand contact de communauté.

Ainsi le même conseil (celui de l'Apanage) dirigeait tout ce qui regardait le Domaine privé.

[1] Il y a eu deux actes de partage : — l'un, du 1er mars 1822, s'applique aux biens de madame la duchesse douairière ; — l'autre, en date du 5 juin 1827, comprend le résidu des biens de la succession paternelle, dont le Roi et sa sœur s'étaient rendus adjudicataires en commun sur la mise aux criées faite par la succession bénéficiaire.— Ces deux partages ont eu lieu par actes sous seings privés, enregistrés et déposés ensuite en l'étude d'un notaire.

L'administration centrale était la même pour les biens du frère et de la sœur.

Ils habitaient le même palais, les mêmes résidences; les fonds se versaient tous dans la caisse centrale; — les comptes seuls, tenus avec une parfaite régularité, et vérifiés à la fin de chaque exercice par un membre du Conseil à ce délégué, fixaient la part de chacun.

Bientôt cependant une différence sensible s'établit dans la manière dont chacun gouvernait séparément les biens compris dans son lot.

Madame la princesse Adélaïde, simple pour elle-même, réglant ses dépenses comme ses dons, non-seulement n'anticipait jamais sur ses revenus, mais faisait des économies. Elle n'employait les architectes qu'avec sobriété, sans se laisser entraîner à leurs plans dans ce qu'ils auraient eu d'exagéré. Elle se défiait de l'*inconnu;* son esprit exact aimait à se rendre compte, et voulait sur chaque chose savoir *à quoi s'en tenir.* Elle fit successivement plusieurs acquisitions importantes; elle aidait quelquefois son frère de ses capitaux, mais en assurant ses créances; elle contribua par ses dons à la dot de ses neveux et nièces; elle fit de son château de Randan une résidence admirable, dont le souvenir ne doit jamais périr parmi les siens; — et après vingt-huit ans d'une sage administration, sa fortune avait notablement augmenté, heureusement pour ses neveux et nièces, dont elle est restée la seule ressource!

Le duc d'Orléans, au contraire, administrait avec plus de laisser aller. Tant que la liquidation de la succession paternelle ne fut point achevée, il se contint; mais après, il suivit d'autres errements. Il aimait les bâtiments, et ses architectes, fort habiles d'ailleurs, le servirent à son goût. Ajoutez à cela une grande propension à acheter ce qu'on lui proposait comme enclave, à se délivrer de tout voisinage importun, payant de mauvaises terres jusqu'à 30,000 francs l'arpent, comme il fit avec madame de la Galissonnière pour une enclave du parc de Neuilly; surpayant des bicoques pour les raser ensuite et faire place nette; en un mot, s'arrangeant de manière que non-seulement tout son revenu y passait, mais que son compte courant de banque allait quelquefois de l'avant.

Souvent au Conseil nous lui en fîmes l'observation : il en convenait; mais le naturel reprenait le dessus, tellement qu'avec sa manière de faire, si différente de celle de sa sœur, après avoir dépensé bien des millions, il n'a pas beaucoup augmenté la véritable valeur de son Domaine privé.

Cependant, en résultat, en 1830 et avant de monter sur le trône, le duc d'Orléans s'était mis au courant; il était arrivé à ce point de n'avoir *aucune dette :* — et pourtant il avait restauré et meublé le Palais-Royal, — continué les constructions de Dreux, — créé Neuilly, — réparé, embelli ses autres châteaux, et tout remis dans un état princier. — N'est-ce pas un éloge vrai et mérité pour un Prince qu'on a si perfidement accusé d'avarice et de lésinerie? Il dépensait tout, et faisait travailler sans cesse les ouvriers et les artistes : — mais il y a des gens qui ne savent *pas gagner,* et qui veulent absolument qu'on leur *donne*.... Pour ceux-ci le duc d'Orléans était un *avare !*.... — Que ne diront-ils pas lorsqu'il sera devenu Roi?.... N'en a-t-on pas dit autant de Louis XII, à l'exemple duquel on put répéter une seconde fois : « Le Roi ne venge point les » injures du duc d'Orléans. »

LOUIS-PHILIPPE DEVENU ROI.

LISTE CIVILE. — APANAGE. — DOMAINE PRIVÉ.

Il était dans la condition des apanages de faire retour de plein droit au domaine de l'État par le seul fait de l'avénement de l'apanagiste à la Couronne. — L'apanage d'Orléans fit retour en effet, le 9 août 1830.

Mais lorsqu'on porta la loi sur la liste civile (2 mars 1832), on y inséra l'article suivant (art. 4) : — « Sont » en outre réunis à la dotation immobilière de la Cou» ronne les biens de toute nature composant l'*Apanage* » *d'Orléans*,... et qui, par l'avénement du Roi, *ont fait* » *retour* à la Couronne [1]. »

Ainsi finit l'apanage d'Orléans, et de ce moment les biens dont il se composait ne firent plus qu'un avec les autres biens domaniaux dont se composait la *Liste civile* du nouveau Roi.

Quant à son Domaine privé, si Louis-Philippe était parvenu à la couronne par droit héréditaire, tous ses biens patrimoniaux auraient été réunis au Domaine de la couronne en vertu de l'ancien principe de Dévolution *consacré* par l'édit de 1607, qui n'était lui-même que la déclaration d'une des maximes les plus anciennes de la monarchie féodale. Et j'avoue, quant à mon sentiment personnel, que j'aurais aimé à voir la nouvelle dynastie ne rien innover à cet égard. Je trouvais à la fois de la grandeur et de l'abandon dans cette confusion entre les intérêts du monarque et ceux de la nation, qui ne permettait plus de les distinguer; union

[1] Il fallait dire : « au Domaine de l'État. »

que nos anciens auteurs comparaient à un *mariage;* noble fiction dont le résultat était que les enfants du Roi, appelés *Enfants de l'État,* devaient à ce titre, quand ils se mariaient, être *dotés par l'État.* Ainsi l'avantage eût été réciproque, et bien des difficultés subséquentes, bien des tiraillements, bien des récriminations eussent été évités au nouveau règne! — M. le président Henrion était dans les mêmes sentiments.

Mais le Roi avait des idées entièrement opposées. Soit qu'il se défiât des événements, soit pour d'autres motifs personnels, il ne voulut pas de cette confusion de patrimoine; et sans soumettre la question à son Conseil, à l'insu de ceux qu'il savait n'être pas de son avis, et avec l'aide seulement des deux conseillers qui partageaient son sentiment (MM. Tripier et Borel de Brétizel), il fit par un acte notarié du 7 août 1830, donation de toute sa fortune patrimoniale à ses enfants, en s'en réservant seulement l'usufruit.

Assurément et précisément parce que je n'ai jamais conseillé ni approuvé cet abandon, je puis le dire avec énergie, le Roi ÉTAIT DANS SON DROIT. Appelé au trône à *titre nouveau,* — sous des *conditions* formulées par les Chambres et soumises à son *acceptation,* — il n'était pas le *continuateur* de l'ancienne dynastie, — il devenait le chef d'une dynastie *nouvelle;* — et comme je le dis alors, pensant donner ainsi l'expression vraie de sa situation, il était appelé au trône, non *parce que* Bourbon, mais *quoique* Bourbon.

Or, tout ainsi que dans le sénatus-consulte du 30 janvier 1810, sur la dotation de la couronne impériale, l'article 31 avait dit : « l'Empereur a un *domaine privé* » provenant soit de donation, soit de succession, soit » d'acquisition; le tout conformément aux règles du

» droit civil : » — de même aussi, les Chambres qui, avec le Roi, étaient en 1832 investies de la plénitude du pouvoir législatif, ont pu voter une disposition semblable à celle du sénatus-consulte de 1810, *sans être liées par aucun des précédents de l'ancienne monarchie.*

Du reste, cette question du domaine privé ne *fut point éludée :* elle fut l'objet d'un *examen spécial et approfondi* lors de la discussion de la loi sur la liste civile. J'étais nommé *commissaire du Roi*, chargé en cette qualité de la défense du projet, avec le mandat formel de résister péremptoirement à tout amendement qui ne reconnaîtrait pas et ne consacrerait pas l'existence du domaine privé.

J'abordai donc franchement la question [1] : je m'attachai surtout à bien marquer la *différence* entre l'ancien et le nouveau régime, l'ancienne et la nouvelle dynastie.

« De quel droit, disais-je à la séance de la Chambre » des Députés du 30 décembre 1831, de quel droit, si » ce n'est par une confiscation, venir dire : « Louis-Phi- » lippe avait des biens patrimoniaux, et parce qu'il est » devenu Roi, tous ses biens sont dévolus à l'État ? »

« Il y avait, j'en conviens, une loi pareille faite pour Louis XVIII [2], pour Charles X [3], et pour leurs suc-

[1] On peut voir toute cette discussion dans le *Moniteur*, séances des 31 décembre 1831 et 14 janvier 1832 ; — et dans le *Traité des Apanages*, troisième édition, 1835, qui contient aussi les diverses lois sur la liste civile des trois Dynasties, légitime, impériale et orléaniste, page 210 jusqu'à 226.

[2] Louis XVIII de fait n'avait réuni que des dettes. Trente millions de dettes à l'étranger que l'État a payées pour lui ; — et les dettes françaises, notamment le prix de l'Ile-Adam dû au chevalier Desgraviers et aux créanciers Conti qu'on n'a jamais payés.

[3] Charles X avait d'avance rendu la loi illusoire, en cédant, du vivant de Louis XVIII, tous ses biens, non pas au duc d'Angoulême, depuis Dauphin, mais à son cadet, le duc de Berry, à qui l'on n'a

cesseurs *dans l'ordre de la légitimité;* — mais il n'y en a point eu qui ait réglé jusqu'ici le sort des biens du Roi appelé au trône en vertu de la Charte de 1830. C'est une *convention à faire* entre lui et vous, en toute liberté; car lui aussi est appelé à donner sa libre sanction à votre loi.

» Voici vos droits :

» Permis à vous, en votant la liste civile, de faire votre calcul; d'avoir égard à ce que le Roi possède ou ne possède pas. Ceux qui sont influencés par cette considération peuvent dire : Je voterai trois millions de moins parce que le Roi possède trois millions de revenus en biens particuliers; je ne veux donner que tant de millions à un roi qui possède déjà tant.

» C'est à vous à examiner, à discuter ce que vous devez accorder convenablement, décemment, nationalement. Voilà votre droit, il n'est pas autre. Réciproquement, le Roi conserve la liberté, le droit de défendre la possession de son domaine privé, et de refuser toute condition qui ne lui semblerait pas de nature à être acceptée.

» En un mot, *la loi est à faire;* la dotation de la Couronne de 1830 est une chose toute nouvelle; il y a en quelque sorte *table rase;* vous êtes obligés de voter une liste civile, mais le chiffre est libre, et c'est là-dessus seulement que peut s'exercer votre toute-puissance, et *non sur les biens privés dont vous ne pouvez pas dépouiller le Roi malgré lui.*

» Vous n'avez pas le droit de dire à Louis-Philippe, comme on l'aurait dit au fils de Charles X, ou à tout autre membre de sa dynastie : « Vous arrivez à la

jamais contesté la validité de cet abandon, ni sous la Restauration, ni depuis.

» succession légitime, vous êtes saisi de la couronne; » la légitimité vous fait Roi *malgré vous et avant même* » *votre acceptation*, votre patrimoine est dévolu à la » couronne. »

» Voilà ce qu'on aurait pu dire dans une autre hypothèse, mais ce n'est pas l'ordre de choses établi par la Révolution de 1830. Ici tout est de convention. » (Très-bien! très-bien!)

Au moment où cette discussion s'agitait, je fus informé de l'existence de la donation du 7 août. « On dispute en vain, me dit-on; le fait de cette donation » avant l'avénement du Roi résout la question. » — Cet argument, à mon sens, ne valait rien; car il supposait apparemment que la donation avait été nécessaire pour empêcher la réunion; tandis que, dans mon système, *quand même la donation n'aurait pas eu lieu*, le Roi n'en aurait pas moins conservé la propriété de ses biens. Aussi, bien loin d'adopter ce mode d'argumentation, et suivant uniquement le cours de mes propres idées, fondées sur la *différence* et même l'*antagonisme* des deux régimes, je m'en expliquai ainsi à la séance suivante :

« *Je ne comprends pas pourquoi* le Prince régnant a fait *abandon* à ses enfants de tous les biens qui lui appartenaient au moment de son avénement au trône! Je ne puis voir en cela, *de la part de ceux qui ont conseillé cet abandon*, qu'une espèce de préoccupation du passé; ils n'ont pu échapper à l'*influence* du vieux principe de dévolution, qu'ils supposaient toujours existant comme principe général, sans réfléchir que c'était une *nouvelle* liste civile qu'il s'agissait de voter, *et que les lois de l'ancienne dynastie n'y étaient plus applicables.*

» C'était une *constitution nouvelle*, une *dynastie nouvelle*, une liste civile *nouvelle*, qui amèneront des conséquences nouvelles dans les lois, comme dans le régime, et dans l'avenir du pays. Il importe de remarquer qu'*au moins le Prince ne faisait pas fraude à la loi*, qui évidemment ne lui est pas applicable; car *on ne peut pas lui appliquer la loi de l'ancienne dynastie.*

» Il y a séparation entre les deux dynasties. Aujourd'hui, ce n'est pas la législation de Hugues Capet qui nous régit; il n'y a plus de seigneuries particulières, plus de justices privées, plus de serfs, plus de vassaux à réunir à la couronne; il n'y a que des citoyens soumis au joug de la loi et à l'autorité constitutionnelle de ceux qui commandent en son nom. *La législation est donc maîtresse de* CHANGER *sur ce point les anciens principes, et de statuer* DIFFÉREMMENT. »

Après cette discussion, où certes rien n'était éludé ni dissimulé, et, par conséquent, *en pleine connaissance de cause* de la part des Chambres et du pays, fut voté l'article 22 portant : « Le Roi CONSERVERA LA » PROPRIÉTÉ des biens qui lui appartenaient avant son » avénement au trône : — ces biens et ceux qu'il ac- » querra à titre gratuit ou onéreux pendant son règne, » composeront son *Domaine privé.* »

Mais, par un contre-coup tout naturel et parfaitement juste, au lieu de laisser peser sur l'État la charge indéfinie de doter et apanager les enfants du Roi, qui eût été la conséquence forcée de la Dévolution; on inséra, sur la proposition de M. de Salverte, un article ainsi conçu (c'est l'article 21) : « En cas d'*insuffisance* » *du domaine privé*, les dotations des fils puînés du Roi » et des princesses ses filles seront réglées ultérieu- » rement par des lois spéciales. »

L'exécution de cet article est devenue l'une des grandes préoccupations du Roi pendant le cours de son règne.....

Administration distincte de la Liste civile et du Domaine privé.

A partir de la loi du 2 mars 1832, les biens de la Liste civile et ceux du Domaine privé furent l'objet de *deux* administrations entièrement *distinctes et séparées* :

1° L'administration de la Liste civile, confiée à un Intendant chargé de la régir, et d'intenter ou de subir en son nom les instances judiciaires, avec un Conseil particulier, composé de MM. Philippe Dupin, Scribe, Paillet, et plus tard, Chaix-d'Est-Ange, eut son siége dans l'hôtel dit de l'Intendance, place Vendôme.

2° L'administration du Domaine privé avec ses agents propres resta établie dans un des hôtels annexés au Palais-Royal.

Il ne fut plus question de l'Apanage, qui, lors de l'avénement, avait cessé d'exister comme tel, et dont les éléments se trouvaient désormais confondus dans ceux de la liste civile, avec laquelle ils ne faisaient plus qu'un sous le titre de *Dotation de la couronne*.

L'ancien *Conseil d'apanage* cessa par conséquent d'exister à ce titre : il s'appela le *Conseil privé*, composé des mêmes membres; son président portait le titre de *Chef du conseil*, et continua d'avoir 6,000 francs d'appointements; les conseillers en avaient 3,000.

Après la mort de M. Henrion de Pansey, cette présidence passa à M. Borel de Brétizel; et après lui, elle me fut dévolue le 1er juillet 1839.

L'administration du domaine privé resta ce qu'elle

était précédemment; mais, à mesure qu'on marchait, elle ressentait de plus en plus l'influence du changement d'état survenu dans la personne du propriétaire :

1° Depuis son avénement au trône, le Roi, absorbé par les affaires publiques, cessa de présider son conseil, et d'être aussi parfaitement au courant de ses affaires privées qu'il l'était auparavant.

2° La politique influa sur le personnel de son administration; — une place devint vacante dans le conseil : au lieu de la donner à un *jurisconsulte*, on la donna à un *député* ministériel.

3° Le nombre des employés s'accrut démesurément; les recommandations, les influences firent entrer dans l'administration quelques hommes trop âgés; d'autres qui n'avaient pour titre que les recommandations de leurs protecteurs; les chefs de service heureusement étaient expérimentés, et tout marchait, mais en traînant un lourd bagage [1].

4° La Liste civile inspirait au Roi et à ses agents une confiance trompeuse. Il semblait pour eux que le domaine privé n'était plus qu'une bague au doigt; les revenus étaient non-seulement absorbés, mais souvent anticipés, par des acquisitions de détail, qui n'augmentaient que fort peu le produit et gonflaient le passif; les architectes travaillaient sur tous les points! C'était au château d'Eu, à Dreux, à la Ferté-Vidame, à Bizy.

5° Le désir qu'avait eu le Roi de venir en aide à M. Laffitte l'avait jeté dans l'acquisition très-onéreuse de la forêt de Breteuil, dont il donna un prix double de ce qu'en avait offert M. le comte Roy [2]. — Et de

[1] Lettre curieuse du Roi à ce sujet.

[2] Le Roi en donna 10 millions. On l'avait laissée pour 5 et

plus, il avait répondu à la Banque de France pour ce même banquier, d'une somme de 6 millions, sur laquelle il a payé 1,500,000 francs dans lesquels il n'est jamais rentré.

Si, de son côté, la Liste civile ne s'était pas endettée, le remède eût été facile. — Mais la royauté avait ses exigences, et le Roi voulait avant tout y satisfaire.

La restauration des palais royaux, Compiègne, Fontainebleau, surtout Versailles, fit peser sur le Roi des charges énormes. On faisait des devis, mais des devis changés à chaque visite du maître. Point de règlements définitifs, des à-compte, sans savoir au juste où l'on allait. D'un autre côté, des commandes incessantes aux peintres, aux sculpteurs, aux manufactures de Sèvres et des Gobelins; — tout cela ne tarda pas à faire une *dette flottante* considérable qui tendait incessamment à s'accroître !...

Or, dans la loi sur la Liste civile (du 2 mars 1832), il y avait un article 10 portant que, « le domaine de la » couronne ni le Trésor public ne seront jamais gre- » vés des dettes des rois, non plus que des pensions » par eux accordées. »

La discussion avait encore fait ressortir l'énergie de cette disposition. « C'est ici, disait le commissaire du » gouvernement à la Chambre des Pairs, en combat- » tant un amendement de M. de Coigny, c'est ici qu'il » faut poser impitoyablement le principe que l'État, » après avoir fourni une liste civile au Roi, ne peut » jamais être tenu de payer ses dettes. » — A la séance

demi à M. le Comte Roy, qui n'en offrait que 5. Jamais le Roi, en moyenne, n'en a tiré plus de 210,000 francs de revenu net. — Voy. Montalivet, *Liste civile*, p. 38 et 42 de la 2e édition.

du 9 novembre 1831, j'avais déjà dit à la Chambre des Députés : « Si un prince administre mal, s'il con- » tracte des dettes, ses créanciers *se tiendront d'avance* » *pour avertis* qu'ils n'auront point de recours contre » l'État. »

Je me permis plusieurs fois de faire entrevoir cette perspective au Roi, et de lui montrer le danger que pourraient courir ses créanciers particuliers de n'être payés, ni par l'État, qui les repousserait à l'aide de l'article 10; ni sur les biens de son domaine privé qu'il avait abandonnés à ses enfants par sa donation du 7 août, à partir de laquelle il n'avait plus conservé le pouvoir de les engager. C'eût été le cas de remettre de nouveau en usage cette maxime qu'il avait pratiquée dans les premières années de sa jeunesse, et sur laquelle je l'ai quelquefois entendu interpeller M. de Broval en disant : « Demandez à Broval, je n'ai jamais » fait ni dettes ni économies. »

Mais avec cette règle d'économie privée, le Roi n'aurait pas pu exécuter toutes les grandes choses qu'il a faites !.... Lui seul en a souffert, ainsi que ses enfants.

MARIAGES ET DOTS DES ENFANTS DU ROI.

I.

Mariage de la princesse Louise, fille aînée du Roi, avec le Roi des Belges.

1832.

Je fus désigné pour être un des témoins officiels du mariage de la princesse Louise, fille aînée du Roi

Louis-Philippe, avec le Roi des Belges, Léopold, célébré à Compiègne le 9 août 1832. J'y assistai [1].

Dans le contrat de mariage de cette princesse, outre la portion de biens territoriaux qui lui appartenait en nue propriété en vertu de la donation du 7 août, il avait été dit que : « une dot d'un million de francs » serait proposée au vote des Chambres législatives. »

.... Une loi fut en effet proposée à cette fin dans la session de 1837, et votée le 26 avril sous ma présidence....

Toute cette dot, mobilière et immobilière, après la mort de la Reine des Belges, est devenue le patrimoine de ses trois enfants.

II.

Apanage du duc de Nemours.

Dans cette même session de 1837, un apanage fut aussi demandé pour le duc de Nemours, second fils du Roi : — mais dans des circonstances et avec des conditions les moins propres à faire réussir la proposition.

En même temps qu'ils apportaient cette demande à la Chambre, les ministres présentèrent trois propositions de lois politiques les plus capables d'exaspérer l'opposition, et qui même étaient fort mal vues d'une portion de la majorité :

1° Une loi sur la disjonction des procédures en matière criminelle;

2° Une loi destinée à ériger de nouveau la non-révélation en crime de lèse-majesté;

[1] J'ai également assisté aux mariages des princesses Marie et Clémentine, et du duc de Nemours, signé les actes de célébration et concouru à la rédaction de leurs conventions matrimoniales.

3° Une loi qui (par une aggravation nouvelle de la pénalité) instituait la prison dans l'exil.

Cette pléiade de lois si malencontreusement réunies devait avoir un triste sort.

La loi de disjonction, après un vif et solennel débat, auquel je pris part, fut rejetée : — M. Royer-Collard se préparait à attaquer la seconde; — le ministère se hâta de retirer la troisième.

Restait la loi d'apanage pour le duc de Nemours... Mais on était fort irrité contre le ministère... L'aigreur s'en mêla;... quelques maladresses commises par les agents dans l'évaluation des biens amenèrent des objections particulières dans le sein de la commission.... Sur ces entrefaites, la situation se compliqua d'une crise ministérielle....

Dans cet état, M. le duc de Nemours, avec une grande noblesse d'âme et le désintéressement dont il a toujours fait preuve, ne voulant pas qu'une question d'intérêt personnel vînt ajouter aux difficultés du moment, prit l'initiative et alla lui-même prier le Roi et le Président du Conseil de faire retirer le projet de loi.

Ce retrait eut effectivement lieu à la séance du 18 avril 1837. — Certaines *réserves* non suffisamment expliquées firent craindre un instant à l'Opposition, toujours défiante, que le retrait ne fût que simulé : mais M. Molé, président du nouveau cabinet, répondit « qu'un retrait n'était pas un *ajournement*. » — M. Guizot, qui sortait du ministère, déclara qu'il regardait la question comme *finie* : — et M. Martin du Nord, garde des sceaux, dont les paroles avaient causé quelque émoi, et qui cédait la place à M. Barthe, expliqua de son côté que les *réserves* qu'il avait exprimées n'avaient eu pour objet que le *principe* tel qu'il est écrit dans l'article 21 de la loi du 2 mars 1832 [1].

III.

Dotation du duc d'Orléans, prince royal.

La dotation du Prince royal se produisit sous de meilleurs auspices.

Dans le premier projet de loi sur la liste civile présenté par M. Laffitte le 15 décembre 1830, ce ministre avait introduit (art. 21) une disposition portant que « l'ancien Apanage d'Orléans (qui, par l'avénement du Roi, avait fait retour à l'État) formerait » la dotation particulière de l'héritier présomptif de » la Couronne, quand il aurait atteint l'âge de dix-huit » ans. » Mais ce projet fut abandonné; et le Roi ayant préféré garder l'apanage dans sa liste civile, Casimir Périer, qui avait succédé à Laffitte, présenta, le 3 octobre 1831, un nouveau projet, dans lequel, comme nous l'avons déjà dit (page 355), les biens de l'ancien apanage furent incorporés dans la dotation immobilière de la couronne (art. 3). — Quant au Prince royal, il fut dit (art. 20) : « L'héritier présomptif de la cou» ronne, Prince royal, recevra sur les fonds du Tré» sor une somme annuelle d'un million. Cette somme » sera portée à deux millions *lorsqu'il se mariera.* »

Cette dernière condition allait s'accomplir par l'union du Prince royal avec la princesse Hélène de Mecklembourg-Schwerin. Le contrat de mariage en la forme diplomatique avait été signé à Perleberg le

[1] Voyez le *Moniteur,* et l'article *Apanage* qui résume toute la question des dotations dans l'*Encyclopédie du droit* de MM. Sebire et Carteret.

4 avril 1837, sur les Articles envoyés de Paris et à la rédaction desquels j'avais coopéré.

Dans le même temps, un projet de loi fut présenté à la Chambre des Députés pour obtenir un supplément de dotation conformément à l'article 20 de la loi sur la liste civile. Le chiffre de ce supplément avait été laissé en blanc...

J'étais alors Président de la Chambre des Députés. Dans mon bureau, je fus nommé Commissaire, et après le retrait du projet concernant l'apanage du duc de Nemours, j'acceptai le titre de Rapporteur de la commission. Dans cette commission on croyait que le duc d'Orléans possédait déjà une part égale à celle de ses frères et sœurs dans la donation du 7 août, et on voulait prendre cette part en considération. J'en référai à M. le duc d'Orléans, et je ne fus pas peu surpris quand j'appris de lui *qu'il n'était pas compris dans cette donation!* et que le patrimoine royal tout entier avait été distribué seulement en sept parts, c'est-à-dire entre les trois princesses et les princes puînés.

Je priai alors M. le duc d'Orléans de me procurer une expédition de cette Donation pour en donner une connaissance précise à la commission.

Le Prince se hâta de me l'envoyer, et y joignit un état de dépenses constatant l'emploi qu'il avait fait jusqu'à ce jour des annuités de sa première dotation (d'un million); offrant, s'il le fallait, d'y joindre toutes les pièces justificatives.

Cette communication produisit le meilleur effet. Un journal de l'Opposition [1] en parla en ces termes : « Ce » ne sont pas les comptes de la liste civile que M. Dupin » a communiqués dans le neuvième bureau, ce sont

[1] *Le Temps*, numéro du 25 avril 1837.

» les états de dépenses de M. le duc d'Orléans, qui lui » avaient été remis par le prince, avec offre de com» muniquer toutes les pièces à l'appui. Il en résulte » que Son Altesse Royale a fait *le plus noble emploi de » la dotation,* et que, sans faire ni dettes ni économies, » *il a satisfait à tous les devoirs comme à toutes les » convenances de sa position.* Le bureau a entendu » avec le plus vif intérêt ces détails qui ont aussi été » portés à la connaissance de la commission par son » honorable rapporteur. »

L'envoi de ces documents était accompagné de la lettre suivante, qui montre toute la franchise et l'abandon que le jeune prince mettait dans cette affaire : — « Voici, mon cher Président, les papiers dont nous » avons parlé hier : ma comptabilité peut justifier de » tous les détails des dépenses qui figurent sur l'état » ci-joint, et qui pourront servir à la fixation du nou» veau chiffre sur lequel je crois devoir m'abstenir de » donner aucune indication. En m'en rapportant com» plétement, ainsi que je le fais, à l'appréciation de la » Chambre, j'ai la confiance qu'elle croira de sa dignité » de hâter assez la discussion du projet de loi pour que » la sanction royale puisse lui être donnée avant que la » princesse quitte le Mecklembourg. J'ose dire que » c'est un devoir de convenance vis-à-vis d'une prin» cesse qui vient avec confiance et empressement *se » faire Française ;* et pour ma part, je dois dès à pré» sent vous remercier, mon cher Président, des senti» ments que vous m'avez témoignés à cet égard, et je » viens vous renouveler l'assurance de mes sentiments » d'amitié. F. D'O. »

Mon rapport présenté à la séance du 21 avril fut très-simple : il consistait dans ce peu de paroles :

« Messieurs, la Commission que vous avez chargée » de l'examen du projet de loi concernant l'augmentation de la dotation du Prince royal, appréciant la parfaite convenance de la proposition, et jalouse de » répondre par son empressement à la confiance du » Trône, a chargé à l'*unanimité* son rapporteur de vous » faire les propositions suivantes, savoir :

» D'augmenter la dotation actuelle du Prince royal » d'un million, ce qui la portera annuellement à deux » millions ;

» D'y ajouter, pour les dépenses de mariage et les » frais d'établissement, un million une fois payé ;

» Le douaire restant tel qu'il a été convenu par les » articles du contrat de mariage. »

Ce rapport fut imprimé et mis à l'ordre du jour du lendemain 22.

On voulait aller aux voix sans discussion. Mais un membre de l'Opposition, M. Garnier-Pagès, avait demandé la parole ; j'insistai pour qu'il fût entendu, il le fut en effet ; je dus ensuite lui répondre, et je le fis en ces termes :

« Peu de mots suffiront, messieurs, pour rendre à la question son véritable caractère avant que la Chambre aille aux opinions.

» Un des préopinants a eu raison de le dire : toutes les discussions, dans cette chambre, doivent être libres ; c'est votre droit ; j'ajoute que c'est, en pareille matière, dans l'intérêt même de la loi et des personnes qu'elle a pour objet. (Très-bien !)

» Il n'y a pas d'autres limites à de pareilles discussions que la bienséance qu'on doit s'imposer plus étroitement en pareille occurrence.

» Notre histoire en dépose : souvent les conditions

du mariage de nos rois ont été arrêtées dans les États généraux, notamment le mariage de Louis XII, duc d'Orléans, avec Anne de Bretagne. C'est un principe constant et qui a été rappelé par M. le Président du Conseil lui-même, dans les différents exposés de motifs qu'il a soumis à la Chambre.

» Je félicite donc les orateurs d'avoir pris à tâche, même sans avoir de contradiction raisonnable à opposer au projet, d'avoir pris à tâche de constater au moins par leur insistance l'exercice de leur droit de discussion; je les félicite surtout de ce que, usant de leur droit parlementaire, ils ont fait des discours et non pas des pamphlets[1]. (Vives acclamations aux centres. Très-bien, très-bien! — Mouvement prolongé.)

» Quant au reproche de précipitation qui accuserait dès à présent votre commission et qui menacerait votre vote, deux mots suffiront pour établir une réponse.

» La Commission n'avait pas une longue délibération à faire. Des questions complexes ne lui étaient pas présentées; elle avait un chiffre à inscrire dans le projet, et elle s'est rangée à l'unanimité pour le chiffre le plus modéré parmi ceux qui avaient été proposés.

» L'ordre du jour a été fixé par la Chambre en observant le délai légal du règlement; et je constate que c'est sans aucune opposition, pas même celle d'un seul membre, que cet ordre du jour a été fixé. (C'est vrai! c'est vrai!) Et du reste, je repousse les motifs qu'on est venu alléguer tardivement, pour regretter qu'on n'ait pas apporté un plus long délai.

» Pour moi, je ne veux répondre qu'un mot sur un

[1] C'était une allusion aux pamphlets extra-parlementaires de M. de Cormenin. L'Assemblée lui en fit une rude et poignante application.

argument qui suivrait la loi ; car votre loi, si elle n'est pas attaquée avant, le sera après : c'est l'argument de richesse suffisante, de richesse considérable, de patrimoine particulier !....

» Eh bien ! messieurs, je le dis très-haut pour qu'on le sache, et je le dis l'acte à la main, car *je n'en connais le texte que depuis peu*[1]. J'ai voulu l'avoir, et je l'ai apporté avec moi. Il en résulte que le Prince royal n'a pas un sou de patrimoine, ni en réalité, ni en expectative ; car, à la différence des anciennes lois qui donnaient beaucoup à l'aîné et fort peu aux puînés, l'abandon du patrimoine du Roi a été fait aux *sept* cadets seulement, à l'exclusion de l'aîné, auquel l'acte ne réserve pas même sa légitime ! (Sensation.)

» *M. Odilon Barrot.* C'est une explication qui était nécessaire.

» *M. Dupin.* Ainsi, le Prince royal n'aura rien que ce qu'il tiendra de la Nation ; et c'est ici que ressaisissant la noble pensée du projet, la pensée du Prince lui-même, qu'il m'a exprimée avec instance, je dis

[1] « L'acte dont je parle ici est l'acte notarié du 7 août 1830, acte bien regrettable ! par lequel Sa Majesté a abandonné, *par égale portion*, à ses quatre fils puînés et à ses trois filles, la totalité *de son domaine privé*, dont il s'est seulement réservé l'*usufruit*. Je ne connaissais cet acte que d'une manière indirecte : je n'en ai lu le texte, *pour la première fois*, qu'à l'occasion du mariage de Son Altesse Royale M. le duc d'Orléans. C'est seulement alors que j'y ai vu, à mon grand étonnement, que M. le duc d'Orléans était totalement exclu du partage, et qu'il n'avait pas même sa part héréditaire !..... »

(Cette note a été imprimée et distribuée avec le discours même extrait du *Moniteur*, car j'ai toujours saisi toutes les occasions de dire et de constater combien j'avais été étranger à cet acte à la fois si valable et si malencontreux. — J'ai été d'autant plus à mon aise et d'autant plus fort quand, plus tard, le moment est arrivé d'en réclamer les effets et d'en soutenir la validité.)

qu'il serait indigne de lui comme du rapporteur de votre commission de disputer sur des chiffres : ils sont en blanc dans le projet de loi; considérez-les comme en blanc dans le rapport; c'est à votre vote que j'en appelle! » (Marques presque unanimes d'adhésion.)

La Chambre a voté la loi à la majorité de 307 voix contre 49.

Ainsi la dotation du Prince royal — (un million de rente avec le million pour frais d'établissement et les 300,000 francs de douaire), — fut obtenu avec tous les honneurs de la discussion et du vote à une très-grande majorité. — Mais aussi ce devait être la dernière demande de ce genre dont les Chambres auraient à s'occuper, quelque amertume que ressentît le Roi de la disposition des esprits désormais bien manifeste à cet égard.

MORT DU DUC D'ORLÉANS,

le 13 juillet 1842 [1].

C'est à l'histoire politique à dire quelle sensation douloureuse produisit la mort du duc d'Orléans! Quel deuil! Quels regrets! Quelles appréhensions de l'avenir!....

Dans l'intérieur de la famille et sous le rapport des intérêts privés, il fallut pourvoir à d'autres soins.

[1] Dans l'ouvrage sur *le Morvan*, p. 55, se trouve rapportée l'inscription gravée sur le cippe élevé au centre du cimetière communal de Gacogne, paroisse de Rafigny, qui rappelle la date de ce funeste événement. La mort du duc d'Orléans est devenue le sujet du prix d'honneur donné cette même année aux élèves du collége de Varzy, dont le programme a été inséré dans l'*Appendice*, au t. V des *Réq.*, p. 525.

Le 26 juillet, le garde des sceaux me transmit l'ampliation d'une ordonnance du 24 par laquelle le Roi constituait le conseil de famille de ses petits-fils de la manière suivante :

« Article 1er. Le Conseil de famille de nos chers et » bien-aimés petits-fils Louis-Philippe-Albert d'Orléans, » Comte de Paris, Prince royal, et Robert-Philippe-» Louis-Eugène-Ferdinand d'Orléans, duc de Chartres, » présidé par M. le chancelier, sera composé, indé-» pendamment des Princes de la famille royale qui ont » atteint leur majorité, des personnes dont les noms » suivent :

» M. le maréchal duc de Dalmatie,

» M. le maréchal comte Gérard,

» M. le comte Portalis, premier président de la Cour » de cassation,

» M. Barthe, premier président de la Cour des » comptes,

» M. Dupin, procureur général à la Cour de cassa-» tion.

» Article 2. Notre garde des sceaux est chargé de » l'exécution de la présente ordonnance. »

En exécution de cette ordonnance, nous fûmes convoqués individuellement par *lettres du Chancelier*, à nous adressées *d'après les ordres du Roi,* à l'effet de nous réunir au palais des Tuileries le 9 août 1842, à onze heures du matin.

Sa Majesté nous reçut tous avant la tenue du conseil, nous remercia d'avoir accepté, et nous recommanda les intérêts de ses petits-fils.

Nous nous séparâmes de Sa Majesté pour entrer en séance.

M. le Chancelier a pris place ayant à sa droite Son

Altesse Royale M. le duc de Nemours, et à sa gauche Son Altesse Royale M. le prince de Joinville, et les autres membres dans l'ordre de leur nomination.

M. le Chancelier a reçu le serment des princes et celui des membres du conseil « de délibérer en leur » âme et conscience sur les objets qui seraient soumis » au conseil de famille. »

Le conseil a été constitué.

Le conseil de famille a ensuite délibéré sur le mode d'acceptation de la succession, l'inventaire, et ultérieurement sur les différentes questions qui étaient de nature à lui être soumises. Les lettres pour chaque convocation étaient toujours adressées *d'après les ordres du Roi, par M. Pasquier, chancelier.* J'en trouve une notamment pour le 8 janvier 1843, à l'effet de « re- » cevoir le serment de M. de Verbois, nommé par le » Roi administrateur des biens du feu duc d'Orléans. »

M. le duc d'Orléans ne possédait qu'un seul immeuble, le haras de Meudon, dont le Roi son père avait délivré M. le duc d'Angoulême en lui remboursant sa valeur avec toutes ses impenses. Le Roi se déchargea ensuite de cet établissement sur le duc d'Orléans, à qui ce don fut en réalité plus onéreux que profitable. C'est comme *propriétaire du haras de Meudon* et pour les soins qu'il apportait au développement de ce haras, que le Prince obtint une médaille au comice de Grignon en 1837 [1].

Dans la partie politique de mes Mémoires, je reviendrai sur des faits qui ont un autre caractère : — ma

[1] Voyez *Comices agricoles*, page 102. Le Prince avait aussi assisté au Comice de 1835, donné en son nom une médaille à un vieux serviteur, et prononcé une allocution qui fut très-applaudie. *Ibid.*, page 97.

visite dans la chapelle ardente à Neuilly; la conférence à la suite avec le Roi, le maréchal Soult et madame la duchesse d'Orléans sur la question de Régence....

Mais je veux consigner ici le souvenir de deux faits intéressants dans la vie du duc d'Orléans : — Le désir qu'avait eu le Roi de lui donner le général Drouot pour gouverneur ; — le Cours de droit qu'il a suivi sous ma direction lorsqu'il était duc de Chartres.

Le général Drouot à Neuilly.

Année 1823.

En 1823, le duc d'Orléans qui voyait son fils aîné, le duc de Chartres, déjà fort avancé dans ses études classiques, désirait lui donner un Gouverneur. Il avait d'abord pensé au général Foy; mais Foy était le principal orateur de l'Opposition ; on craignit que ce choix n'en prît le caractère; le général lui-même en fit la remarque.

Alors le duc d'Orléans jeta les yeux sur le général Drouot; le brave, le sage, le modeste Drouot, honoré de l'armée et de la nation, mais demeuré étranger aux partis et aux luttes politiques. Le duc d'Orléans savait que j'avais lié connaissance avec le général Drouot lors des contestations élevées sur l'exécution du testament de Napoléon; qu'en un mot Drouot était devenu l'un de mes clients : il me chargea de la négociation.

Le général Drouot était alors à Paris, rue Richepanse, hôtel du Danube. J'allai le voir de la part du duc d'Orléans pour lui faire part de ses intentions. Drouot fut comme effrayé de la proposition; il alléguait ses fatigues, son goût pour la retraite, son désir de rester étranger à tout nouvel engagement. Je repris avec lui toutes ces objections : — Ses fatigues, ses blessures n'avaient rien ôté à l'activité de son esprit; il aimait l'étude, la méditation, et la carrière qu'on lui offrait semblait plutôt sympathiser avec ces goûts que destinée à les contrarier. — Sa vie serait douce dans la maison d'Orléans, au Palais-Royal, à Neuilly, avec une riche bibliothèque, de beaux jardins, et des relations que le caractère du duc d'Orléans et l'humeur de toute sa famille rendaient tout à fait attrayantes, sans lui rien imposer qui ressemblât à la servitude des Cours. Je lui citai pour exemple mes leçons de droit, qui n'ôtaient rien à l'indépendance de ma profession et de mes allures : je lui dis enfin que, malgré son désir de rester étranger aux affaires, il ne pouvait pas être indifférent à l'honneur de diriger le caractère et l'entrée au service des armes d'un jeune prince dont l'éducation et la conduite pouvaient influer sur le sort du Pays.

. . . .

Sans l'avoir convaincu, j'obtins de lui du moins qu'il viendrait avec moi à Neuilly, ne fût-ce que pour remercier M. le duc d'Orléans. Le lendemain, à onze heures, je vins le prendre dans la voiture qu'on m'envoyait ordinairement pour me conduire au Cours. Nous arrivâmes à l'issue du déjeuner. Le roi était dans son cabinet avec son aide de camp, le colonel Atthalin. Après quelques mots d'introduction, au moment où la conversation allait devenir plus intime, nous nous retirâmes avec Atthalin dans le salon d'attente; et au bout d'un quart d'heure, le Roi nous fit rappeler; il était fort ému, Drouot aussi; des larmes tombaient des yeux de ce dernier. Il demanda la permission d'aller faire un tour seul dans le parc pour se remettre un peu. Le Roi nous dit qu'il croyait l'avoir fort ébranlé, mais sans avoir pu le décider. En effet Drouot à son retour dit que, réflexion faite, il croyait la mission au-dessus de ses forces; il exprima en termes affectueux sa reconnaissance pour le duc d'Orléans, mais il demeura inébranlable dans son refus.

En se quittant, ils s'embrassèrent en se donnant encore mutuellement des marques de leur sensibilité. Je ramenai le général Drouot à Paris. Depuis, il ne s'est point passé d'année sans que je reçusse de lui des lettres dans lesquelles il avait toujours grand soin de me charger d'être l'interprète de ses sentiments pour le duc d'Orléans; — et plus tard pour le Roi.

Drouot avait mis au nombre de ses motifs d'excuse le grand affaiblissement de sa vue. En effet, il finit par devenir aveugle. Mais cela même ne l'empêchait pas d'écrire encore quelques lettres à l'aide d'un procédé qu'il s'était rendu familier pour guider sa main et sa plume. J'ai plusieurs lettres qu'il m'écrivit ainsi. J'en donnerai plus tard quelques extraits.

Le duc d'Orléans étant mort le 13 juillet 1842 [1], je me hâtai d'en faire part au général Drouot. Voici ma lettre et sa réponse; on y verra quels sentiments *ce cœur d'or* [2] avait voués à la famille d'Orléans.

Au général Drouot.

« Paris, ce 14 juillet 1842.

» Mon cher général, La mort du duc d'Orléans est une bien triste nouvelle! La Nation perd en lui une espérance que ses belles qualités réalisaient déjà en partie.

[1] Voyez ci-dessus, page 373, en note.

[2] C'est ainsi que l'appelait M. le duc de Vicence dans un petit billet du 1er mai 1823.

L'armée perd un de ses chefs les plus dévoués à sa gloire et à son bien-être. J'y perds un auguste ami !

» Rappelez-vous que vous deviez être son Gouverneur ; que j'ai été l'heureux intermédiaire de cette négociation , que la modestie seule vous a empêché d'accepter, et que, dans cette Maison, l'on n'a pas cessé de vous tenir dans cette haute estime que vous méritez. — En vérité, depuis longtemps, la France n'a pas de bonheur ! Que Dieu nous soit en aide !

» Recevez, mon cher général, etc. DUPIN. »

Réponse du général Drouot.

« Nancy, le 18 juillet 1842.

» Monsieur et cher député, Je vous remercie de m'avoir écrit dans un des moments les plus douloureux de ma vie. Nous avions le bonheur de posséder Mgr le duc de Nemours lorsqu'une fatale nouvelle a fait succéder les larmes et le deuil à la joie et aux cris d'allégresse. J'ai été plongé dans la consternation et la douleur en apprenant la mort du Prince royal, dont les grandes qualités faisaient l'ornement et l'appui du trône, et promettaient à la France le plus heureux avenir. Quel affreux malheur ! Dieu protége le Roi, protége la France !

» Je n'ai certainement point oublié que le Roi avait daigné jeter les yeux sur moi lorsqu'il eut l'intention de donner un gouverneur à son fils. Cette haute mission était infiniment au-dessus de mes forces ; j'aurais été coupable si j'avais accepté des fonctions que je ne me croyais pas en état de remplir dignement. Les témoignages d'estime et de confiance que le Roi m'a donnés en cette occasion ont laissé dans mon cœur des traces profondes et ineffaçables. Dès lors, j'ai voué au Roi amour, reconnaissance et dévouement : j'ai voué aux fils du Roi affection et tendresse paternelle. Chaque jour j'adresse au ciel les vœux les plus ardents pour toute la famille royale. Le ciel, sourd à ma voix, me condamne à survivre au duc d'Orléans, pour qui j'aurais voulu donner ma vie et tout ce que peut offrir le cœur le plus tendrement dévoué.

» Je vous prie, cher député, de continuer à accueillir avec intérêt l'assurance de ma haute considération et de mon véritable attachement. Général DROUOT. »

Cours de droit professé à M. le duc de Chartres, depuis duc d'Orléans, prince royal.

1823 à 1825.

Je puis considérer comme appartenant à ma vie de jurisconsulte le cours de droit que j'ai professé à M. le duc de Chartres.

Le duc d'Orléans tenait à ce que son fils ne restât point étranger aux lois de son pays, et qu'il eût au moins des notions générales sur le droit public et le droit privé.

Il me demanda à cet égard mes idées, et après plusieurs conférences sur ce sujet, il me pria de rédiger un *programme* de ce cours, tel que je le concevais.

Je lui remis mon travail le 3 février 1823. Je le reproduirais ici s'il n'avait pas été déjà imprimé dans l'*Appendice* du tome VI des *Réquisitoires*, pages 544 et suivants. Il suffit d'y renvoyer pour voir sur quelles branches du droit j'ai principalement dirigé les études du jeune prince, et à quel point de vue.

Ce cours a duré un peu plus de deux ans. Je donnais

mes leçons au jeune duc en présence de M. de Boismilon, son gouverneur. M. le duc et madame la duchesse d'Orléans y assistaient régulièrement.

Le jeune prince, au commencement de chaque leçon, devait présenter le *résumé* de la leçon précédente. Dans les premiers temps, ce résumé était écrit. Le duc d'Orléans désira ensuite que ce résumé se fît de vive voix et sur simples notes : il voulait que son fils s'accoutumât à parler en public; et notre petit auditoire ne semblait pas de nature à l'intimider. Cependant il eut d'abord beaucoup de peine à s'y résigner; ce ne fut pas sans quelques larmes qu'il balbutia ses premières répétitions; mais à la fin il s'enhardit, il y prit goût, et s'en tira parfaitement.

C'est pour l'affermir dans cette habitude de disposer intérieurement ses idées, en vue de les exprimer ensuite dans un certain ordre et sans se troubler, que je composai pour lui une sorte de dissertation sur *l'improvisation à l'usage des Princes*, qui a paru depuis dans le livre des *Cent-un*, et dans la troisième édition du *Manuel des Étudiants en droit*, page 601.

J'avais aussi rédigé pour lui quelques cahiers intitulés *Notions sur la justice, le droit et les lois*, dont j'ai donné plus tard trois éditions; la première en janvier 1827; la seconde, en mars avec quelques additions; et la troisième en 1835, dans le *Manuel des Étudiants*.

M. le duc de Chartres avait l'esprit juste, la parole facile; sans devenir légiste, je puis dire qu'il connut passablement le droit. Après l'avénement du Roi son père, il a, plusieurs fois, à la Chambre des Pairs, et dans ses voyages, en répondant comme Prince royal aux harangues officielles dont il était l'objet, parlé avec une grande convenance et un merveilleux à-propos.

S'il eût vécu, je ne doute pas qu'il eût voulu aussi que ses fils étudiassent un peu le droit... *Sed noluêre fata!*

Cet excellent prince m'a toujours montré une sincère affection..... Lors de son mariage, j'ai été le rédacteur de son contrat, l'un des témoins officiels signataires de l'acte de célébration, et, comme on vient de le voir, le rapporteur de sa loi de dotation. J'ai aussi été l'un des nombreux signataires de l'acte de baptême du comte de Paris à Notre-Dame; — après sa mort, le Roi m'a désigné comme membre du conseil de tutelle de ses deux fils; — le 24 février 1848, je me suis trouvé *seul* aux Tuileries près de sa veuve, que j'ai accompagnée avec le comte de Paris, dans l'apparition toute virile qu'elle a faite à la Chambre des Députés, où l'émeute furieuse nous a séparés et a tout envahi...

Quelques jours après, il ne restait plus personne de la maison d'Orléans sur le sol français; tout était rentré dans le silence et l'isolement de la vie privée....

MORT DE MADAME ADÉLAIDE,

SŒUR DU ROI.

31 décembre 1847.

En perdant sa sœur, le Roi perdit une fidèle amie et un excellent conseil. Quel bonheur pour elle de n'avoir pas vécu deux mois de plus! de n'avoir pas vu la ruine de sa maison, la chute d'un frère qu'elle aimait tant! car la mort aussi a son opportunité, et l'on peut bien appliquer, à Madame, cette réflexion de Tacite, à laquelle je ne change qu'un mot : *Tu verò felix, non vitæ tantùm* caritate [1], *sed etiam opportunitate mortis.*

Madame la princesse Adélaïde était morte le 31 décembre 1847, à trois heures du matin.

Convoqué pour midi aux Tuileries, par ordre de Sa Majesté, j'ai trouvé le Roi dans son cabinet assis dans un fauteuil. Il m'a tendu et serré la main en versant des larmes; les miennes coulaient déjà. Près du Roi étaient les ducs de Nemours et de Montpensier, qui me tendirent aussi la main.

Le chancelier était assis près du Roi.

Bientôt entrèrent M. Guizot, puis M. Hébert, garde des sceaux, et le maréchal Gérard. Le Roi se leva, embrassa en pleurant le maréchal qui pleurait aussi.

Nous nous rendîmes dans le premier salon qui précède le cabinet du Roi. Le duc de Cazes, grand référendaire, y était avec M. Cauchy. Le Roi donna l'ordre de dresser l'acte de décès et de lire le testament qu'on trouverait chez Madame.

En quittant le Roi resté dans son cabinet, nous traversâmes la chambre à coucher de Madame. Elle était dans son lit; coiffée de nuit avec un fichu blanc ramené par un nœud sur le devant de sa tête : son visage était serein, la bouche entr'ouverte, elle semblait dormir. Le chancelier d'abord, puis tous successivement, nous jetâmes de l'eau bénite sur elle; nous passâmes ensuite dans son cabinet.

Avec nous étaient le duc de Nemours, le prince de Joinville et le duc de Montpensier [2]. Celui-ci ouvrit les

[1] Claritate. TACIT., *Vit. Agric.*

[2] Le duc d'Aumale était alors en Afrique, où il terminait glorieusement la guerre en faisant Abd-el-Kader prisonnier. La nouvelle fut connue à Paris le 2 janvier 1848.

tiroirs et portefeuilles; enfin on trouva une grande enveloppe en papier fort, non cachetée, portant pour suscription : *Testaments;* on la prit, et nous revînmes au salon.

On dressa d'abord l'acte de décès, où le maréchal Sébastiani, arrivé plus tard, figura comme l'un des témoins officiels.

Nous prîmes ensuite séance sous la présidence de M. le duc de Nemours; présents M. le prince de Joinville et M. le duc de Montpensier; M. Guizot, président du conseil des ministres; M. Hébert, garde des sceaux; les deux maréchaux Gérard et Sébastiani; moi, comme Chef du conseil privé, et quelques autres membres du Conseil.

On tira les testaments de l'enveloppe.

Dans un préambule détaché, Madame annonçait qu'elle avait divisé ses dispositions testamentaires en trois parties :

La première contenant la distribution de sa fortune entre ses grands légataires;

La seconde, des legs particuliers;

La troisième, les *souvenirs*.

Il y avait quatre petits codicilles.

M. Guizot donna lecture à haute voix des deux premières pièces. On trouva qu'il serait trop long de lire le reste. Il ne fut pas question du cahier des *souvenirs,* trop intime sans doute pour être divulgué.

On replaça les actes dans l'enveloppe, qui fut scellée avec le cachet du chancelier; et il fut convenu qu'il les ferait remettre dans la soirée au président du tribunal de première instance, conformément au Code civil.

Le reste s'est accompli hors de notre présence, qui, pour cela, n'était pas requise.

Le 3 janvier 1848, séance du Conseil privé dans les appartements de M. le duc de Nemours, en présence du prince de Joinville et du duc de Montpensier, pour entendre une nouvelle lecture du testament contenant les legs faits aux princes et princesses, et arrêter la marche à suivre pour les affaires de la succession.

Le 5 janvier, sur l'invitation qui me fut adressée au nom du Roi, je me suis rendu à Dreux avec Sa Majesté pour assister aux funérailles de Madame [1].

Le 25 janvier, ayant eu l'honneur d'être reçu par le Roi et la Reine en audience particulière, Sa Majesté la Reine me remit en présence du Roi,—comme *souvenir* « de madame Adélaïde, et en témoignage de l'amitié » que Son Altesse Royale avait eue pour moi, » —un joli vase antique qui lui avait appartenu, monté sur cuivre doré, avec des figures sculptées du meilleur goût. Sa Majesté me permit de baiser la main qui me remettait ce don précieux.

.... Je me retirai pénétré des bontés que Leurs Majestés avaient daigné me témoigner dans cette conférence.

[1] Voyez le compte rendu de cette lugubre cérémonie dans les *Annexes*.

Dépôt du testament du Roi en la forme mystique.

20 février 1848.

Le dimanche 20 février 1848, le Roi réunit son Conseil, et fit venir son notaire pour lui remettre son testament, en la forme mystique.

Le Roi montrait plus que de la confiance; il y mêlait une sorte de gaieté philosophique, nous seuls étions tristes, en prenant part à un tel acte, dans de telles circonstances. Pendant qu'il apposait sur l'enveloppe de son testament ses cinq cachets, avec le soin qu'il y mettait toujours, il nous contait une anecdote, et comme le notaire semblait y prendre plaisir, et se donnait à rire, je fus obligé de lui rappeler qu'aux termes de la loi un testament aussi solennel devait s'accomplir *sans divertir à d'autres actes.*

Il se mit alors à écrire son acte de suscription sur l'enveloppe, que nous signâmes tous comme témoins avec le Roi et le notaire.....

24 FÉVRIER 1848.

La catastrophe de février éclata comme un coup de foudre sur la maison d'Orléans et sur la France. Le Roi, mal entouré, mal conseillé, signa son abdication. Son départ fut immédiat. — A l'instant même, la Révolution put s'emparer de tout : biens, titres, papiers, lettres particulières, secrets de famille s'il y en avait eu. Jamais dépouillement ne fut plus subit et plus complet.

Dès le 26, un décret du gouvernement provisoire déclara, et il en avait le droit, que tous les biens composant la liste civile feraient *retour* au domaine de l'État. Mais, par un autre article, ce même décret plaça sous le *séquestre* tous les biens meubles et immeubles du domaine privé.

Dans la discussion de la loi sur la liste civile, j'avais dit à la Chambre des Députés [1] : « La branche d'Orléans, la dynastie aujourd'hui régnante s'est identifiée avec la nation française au plus haut degré. Jamais prince, jamais dynastie n'a plus lié son sort et ses destinées au sol de la patrie que la maison d'Orléans : elle a confié son avenir et tout ce qui lui appartenait au sol français. Non-seulement le Roi actuel n'a jamais acheté de biens qu'en France, mais il n'a jamais placé d'argent qu'en France ; tout est sous la main de la nation, comme tout est sous la garde de son gouvernement constitutionnel. »

Pendant tout le temps qu'il a régné, il en a usé de

[1] Séance du 14 janvier 1832.

même. Les registres de la liste civile, comme ceux du domaine privé, sont là pour en donner la preuve; et M. de Montalivet n'a eu qu'à proclamer l'évidence dans ce qu'il a si bien exposé à cet égard dans son livre sur la *Liste civile* [1], chapitre Ier, où il confond les calomniateurs, auxquels il n'est resté que la honte d'avoir menti. Ainsi, le Roi laissa en France tout ce qu'il possédait.

Au moment de son brusque départ, le Roi était dans un tel dénûment que, dès la première étape, n'étant encore qu'à Versailles, il dut emprunter 3,000 francs afin de pouvoir aller plus loin [2].

Par suite du décret de séquestre, les anciennes administrations, tant de la liste civile que du domaine privé, avaient été complétement dessaisies.

C'est en cet état de dépouillement absolu que, dès le mois de mars, le Roi me fit adresser, par un de ses anciens ministres (qui était aussi un de mes anciens amis), un Mémoire à consulter [3], auquel je répondis en forme de Consultation le 23 du même mois.

Le Roi était titulaire de deux usufruits qui pesaient sur sa situation et celle de sa famille. L'un comprenait les biens de la donation du 7 août, dont il s'était réservé la jouissance viagère; l'autre s'appliquait aux biens de sa sœur, qui lui en avait légué l'usufruit [4]. Sans ces deux usufruits il n'y aurait eu aucun prétexte de la part de l'État de séquestrer des biens dont la propriété appartenait à huit branches d'héritiers, les

[1] Seconde édition, 1851.

[2] Montalivet, *Liste civile*, p. 3. Voyez aux *Annexes*.

[3] Lettre de M. Dumon du 13 mars 1848.

[4] Ce dernier usufruit, dont le roi n'a joui que 20 mois, lui a coûté en droits de mutation plus qu'il ne lui a réellement rapporté.

uns mineurs, quelques-uns étrangers. On n'aurait pu les considérer que comme des biens appartenant à des *particuliers;* mais les usufruits en faisaient des *biens du Roi,* au moins quant aux *revenus,* et cela avait suffi pour motiver le *séquestre.*

Le Roi sentait ces inconvénients; il était assez disposé à se départir de ces usufruits; et la Consultation était demandée sur le fond et la forme de la renonciation, et aussi sur plusieurs autres points qu'elle résout.

Je fus d'avis que la renonciation était désirable; qu'elle ne pourrait être contestée que par les créanciers; mais qu'il en résulterait seulement pour les enfants du Roi la nécessité de les payer, obligation morale à laquelle il n'était assurément pas dans leur intention de se soustraire.

On délibérait encore sur ce qu'on ferait à cet égard lorsque survinrent l'émeute du 15 mai et la guerre civile du mois de juin. De ces événements surgit le gouvernement du général Cavaignac. La droiture de son caractère ranima nos espérances. Loin de lui toute idée d'ajouter aux premières rigueurs du gouvernement provisoire; mais il était inquiet pour les créanciers. Il croyait de son devoir d'assurer leur entier payement. Le décret du gouvernement provisoire (du 26 février) avait prescrit la liquidation des dettes du Roi. M. Vavin avait été nommé liquidateur; et comme les règles à suivre pour cette liquidation n'avaient point été définies, elles le furent par un décret du 25 octobre 1848, rendu dans les circonstances suivantes.

Décret du 25 *octobre* 1848.

Le 5 juillet 1848, M. Jules Favre, l'un des orateurs les plus vifs de la Révolution de février, avait déposé une proposition ayant pour objet « de déclarer acquis » au domaine de l'État les biens composant le do- » maine privé de l'ex-roi Louis-Philippe. »

Cette proposition, il faut le dire, excita l'indignation de la majorité. « Allons-nous donc, disait-on, revoir 1793, recommencer l'ère odieuse des confiscations?... » Toutes les opinions honnêtes se réunissaient pour repousser la proposition. Des conférences préliminaires eurent lieu chez le général Cavaignac. J'assistai à ces conférences comme mandataire du Roi, avec M. Laplagne, naguère administrateur des biens du duc d'Aumale, M. de Montalivet, ancien intendant de la liste civile, et le citoyen Goudchaux, ministre des finances. Berryer, dont le cœur généreux était d'accord avec nous, vint aussi : il était *membre du Comité des finances,* auquel la proposition avait été renvoyée, et elle l'avait choisi pour son *Rapporteur,* avec mission de la repousser.

Lorsqu'on fut d'accord sur les dispositions qu'il s'agissait de substituer à cette proposition, Berryer fit son rapport à la séance du 10 octobre. Dans ce rapport il combat avec énergie le principe de la proposition, et réfute victorieusement les raisons à l'aide desquelles M. Jules Favre, auteur de cette proposition, invoquant sous la République l'ancien droit monarchique, prétendait faire annuler la donation du 7 août 1830, comme contraire à cet ancien droit

. . . .[1]

[1] Le texte du rapport est au *Moniteur.*

« C'est sous la protection de ces réflexions préliminaires, dit M. Vavin dans son compte rendu à » M. Fould, ministre des finances, que M. Berryer, » d'accord avec le général Cavaignac, proposa, *au* » *nom du Comité des finances*, un Décret « qui reconnaît et consacre la propriété du domaine privé à la » famille d'Orléans, rend à ses mandataires l'administration de ses biens, prescrit la remise aux divers » membres de cette famille de leurs biens dotaux, » douaires et valeurs mobilières, autorise un emprunt » (même avec priorité d'hypothèque sur celle prétendue au nom de l'État), et interdit aux créanciers la » faculté de poursuivre jusqu'au 31 décembre 1849, » époque à laquelle la liquidation semble pouvoir être » terminée [1]. »

Après un intervalle de quinze jours, à la séance indiquée pour la discussion (le 25 octobre 1848), ce projet de décret, si rassurant et si opposé à toute idée de persécution ou de spoliation, est lu à l'Assemblée et écouté au milieu d'un silence plein de dignité; il est voté sans discussion, sans qu'un murmure se soit fait entendre, sans qu'une parole inconvenante ait été prononcée : M. Jules Favre lui-même, éclairé sur le mal-fondé de sa proposition, et reconnaissant sans doute son erreur, s'abstint, et ne demanda point la parole pour la défendre.

« Ce décret dérogeait au droit commun, comme l'a » dit avec raison M. Creton [2], mais il y dérogeait seulement dans les limites de la nécessité. Si la forme » était révolutionnaire, il n'y avait rien de violent

[1] Vavin, *Compte du Liquidateur général*, p. 31.

[2] A la séance du 23 janvier 1850, dans la discussion de la proposition tendante à la prorogation du décret du 25 octobre 1848.

» dans la pensée. Il était pourvu dans une juste me-
» sure, et selon les possibilités du moment, aux inté-
» rêts des créanciers, à ceux des débiteurs, et aux
» considérations politiques. »

Voyons les actes qui ont suivi.

Administration du domaine privé.

Depuis le 24 février, il n'y avait plus d'administration du domaine privé : le cabinet de M. de Gérente, administrateur général, le secrétariat et le local affecté à la caisse avaient été envahis, la bibliothèque pillée et saccagée; une partie des archives enlevée, et le reste préservé à grand'peine. Les employés étaient dispersés, sans fonctions, sans direction.

Au milieu de ce désarroi et de cet abandon de toutes choses, le Roi sentit de suite le besoin de se donner un représentant pour défendre autant qu'il serait possible ses droits et ceux de sa famille.

Il jeta les yeux sur moi. Depuis plus de trente ans, je m'occupais de ses affaires; j'étais resté le chef de son Conseil privé; et il pensa que ma qualité de Magistrat et celle de Représentant contribueraient à inspirer de la confiance au Gouvernement, et me donneraient quelque ascendant dans les communications qui allaient s'établir avec l'administration publique.

Dès le 28 août 1848, il avait fait dresser devant notaires à Londres des procurations dans lesquelles, prenant désormais et par circonstance le titre de *comte de Neuilly* [1], et la reine, celle de *comtesse de Neuilly*, Leurs Majestés me constituaient leur mandataire à l'effet de gérer et administrer tous leurs biens meubles et

[1] De Neuilly-*le-Brûlé*, dit-il douloureusement dans une de ses lettres.

immeubles; — hypothéquer tous ces biens au payement des dettes; — vendre pour payer aux conditions qu'il me plairait de fixer; — intenter et soutenir toutes instances; — et enfin une clause générale « d'agir pour » le mieux dans l'intérêt des constituants. »

Les mêmes pouvoirs m'étaient donnés par les ducs de Nemours, d'Aumale, de Montpensier, le prince de Joinville, par madame la duchesse d'Orléans pour elle et ses enfants mineurs, le duc de Wurtemberg pour son fils, par la princesse Clémentine, duchesse de Gotha, et par Sa Majesté la Reine des Belges.

A la vue de tels pouvoirs donnés avec tant d'abandon, sans limitation ni réserve, j'avoue que je fus comme effrayé.

Je voulais bien rendre au Roi et à sa famille tous les bons offices dont j'étais capable; — mais je ne voulais cependant rien assumer sur moi d'incompatible avec ma qualité d'homme public et de magistrat, ni même avec mon ancien titre d'avocat que je conservais dans le Conseil. — En un mot, je ne voulais être *ni gérant ni comptable.*

Je répondis donc à Sa Majesté : « que j'acceptais les » mandats qui m'étaient confiés, mais que je ne les » acceptais que *par honneur et déférence* pour les au» gustes constituants, et sous la *condition* de pouvoir » me décharger des détails et de la responsabilité de » l'administration sur des délégués, en réservant seu» lement pour moi la direction et le conseil. »

Cette modification fut agréée. — En conséquence, et pour accéder à mon désir ainsi exprimé, je reçus de toutes les parties intéressées des procurations additionnelles, par lesquelles, en relatant les termes cidessus rappelés de mon acceptation, il était dit que :

« les comparants donnent à M. Dupin tous pouvoirs » pour *se substituer* telles personnes qu'il jugera con- » venable de désigner pour toute gestion et administra- » tion de leurs biens ; promettant ratifier et avoir pour » agréable tout ce qui sera fait par les mandataires » *ainsi substitués, en ce qui touche ladite administra- » tion ;* — entendant toutefois ne conférer qu'à M. Dupin » les pouvoirs d'emprunter, hypothéquer et vendre, » s'il y a lieu, mentionnés dans les précédentes pro- » curations. »

Je compris l'importance et la nécessité de cette réserve, et je ne m'occupai plus que des moyens de répondre à la haute confiance qui m'était accordée.

On a vu quelles négociations avaient précédé l'obtention du décret du 25 octobre : — il s'agissait désormais de son exécution.

Délégation à M. Camille Fain.

J'avais le droit de déléguer un administrateur ; mais sur qui porterait mon choix ? — Plus j'avais de liberté à cet égard, et plus je craignais de me tromper. Prendre un avoué, un agent d'affaires, un ancien fonctionnaire, tout cela me semblait périlleux. Introduire un homme tout à fait nouveau, c'était une éducation à faire, une confiance à établir ; et si j'allais me méprendre, je créais pour l'avenir un embarras réel pour se délivrer d'un agent devenu incommode, et qui, après avoir commencé par des impérities, finirait peut-être par des indiscrétions ou des exigences,.... dont je n'avais que trop vu d'exemples dans ma longue carrière.

J'avais tout près de moi M. Camille Fain, ancien secrétaire du cabinet du Roi ; avec lui j'étais parfaitement sûr de trouver un dévouement réel et une discrétion éprouvée. Il ne connaissait pas les affaires contentieuses, et sa timidité naturelle s'effrayait du fardeau; mais je le raffermis en lui expliquant qu'il ne s'agissait pas de gérer des biens ni de les administrer par lui-même; que les domaines étaient affermés, les bois confiés à une direction intelligente; que la comptabilité était fort simplifiée, puisque tous les fonds devraient être versés directement à la caisse des consignations; qu'enfin pour les questions de droit, les procès, les actes notariés, il aurait pour se diriger le Conseil privé dont il ferait partie, et dont les décisions lui serviraient de régulateur.

Il accepta donc, et le Roi se montra satisfait de ce choix.

Conseil privé.

La mort avait fait des brèches dans ce Conseil: il fallait le reconstituer. Plusieurs demandes m'étaient adressées par des hommes assurément très-honorables, mais peu suffisants pour les services qu'il s'agissait de rendre dans des affaires aussi compliquées. Longtemps avant 1848, j'avais exprimé au Roi le désir d'y faire entrer mon compatriote de la Nièvre, M. Delangle, dont je connaissais la capacité en affaires, et que ses liaisons fort anciennes et fort intimes avec moi et mon frère Philippe avaient placé au nombre de nos amis. C'était pour nous un véritable renfort.

Après en avoir obtenu l'autorisation, le Conseil allait être ainsi composé:

M. Dupin, resté Chef du Conseil;

M. Scribe, gendre de M. Delacroix-Frainville, et qui lui avait succédé;

M. Delangle, nouvellement adjoint;

M. Fain, administrateur substitué et secrétaire du Conseil.

M. Laplagne-Barris devait y assister aussi comme représentant spécial des intérêts de M. le duc d'Aumale, et nous aider de son expérience et de ses lumières.

Nous avions dans la personne de M. Denormandie, remplacé ensuite par son fils, un excellent avoué, plein de cœur et de capacité.

Enfin nous restions avec le même notaire.

Seulement, un peu plus tard, nous employâmes aussi M. Fremyn, notaire fort capable de madame la duchesse d'Orléans.

Reconstitution des bureaux.

J'ai déjà dit quelles influences avaient présidé à leur formation. Plusieurs des chefs de service étaient excellents :

M. Duhesme et M. Séguret pour les forêts;

M. Fisanne pour la direction des domaines et du contentieux;

M. Palla pour celle des dépenses.

Il y avait aussi plusieurs sous-chefs intelligents, tels que MM. Lefiot, Piet, Serizier, etc. Mais il y avait un trop grand nombre d'employés; quelques-uns étaient trop vieux; plusieurs entrés par faveur ne faisaient rien ou faisaient fort peu.

En tout cette administration avait besoin d'être retouchée, et quelque douloureuse que pût être l'opération d'une réforme, elle devenait indispensable, en l'accompagnant d'ailleurs de tous les ménagements désirables.

On s'en fera une idée si l'on fait attention aux chiffres suivants :

Revenu du domaine privé du Roi. .	3,200,000 fr.
Revenu des propriétés de la Reine .	200,000
Revenu des biens laissés par madame Adélaïde	1,500,000
Total des revenus *bruts*.	4,900,000 fr.
Or, avant 1848, les frais d'administration, d'entretien et réparations (y compris les impôts pour 500,000 fr.), dépassaient la somme de.	2,700,000
Ce qui réduisait le revenu *net* à.	2,200,000 fr.

L'administration centrale seule absorbait pour les traitements plus de 300,000 francs.

La lettre suivante (du Roi) renferme une curieuse explication de la manière dont l'abus s'était introduit et était arrivé à ce point :

« Star et Garder Richemond, 18 décembre 1848.

» Mon cher président,.... rien n'est plus juste, plus sage et plus nécessaire que les mesures que vous prenez pour réduire le personnel de l'administration et la dépense *disproportionnée* qu'elle entraîne dans son état *actuel*. Mais il ne faudra rien moins qu'une grande fermeté de votre part pour en venir à bout. J'ai *lutté* pendant quinze ans contre la tendance qu'il y a dans tous les services et que les chefs appuient trop souvent, à toujours augmenter le nombre des employés et la rétribution de leurs emplois ; et ma résistance avait été assez efficace, malgré les reproches de m'en trop mêler, qu'on ne cessait de m'adresser. Mais depuis 1830, j'ai été obligé de laisser tout aller aux chefs de *parties* [1],

[1] Services.

et aussitôt on a été débordé par le *système de protections*, et on est tombé dans la funeste ornière de créer toujours des emplois nouveaux pour placer *les protégés*, au lieu de se limiter à ne placer les protégés que quand il y a des emplois vacants. Je vous recommande, comme vous me le proposés, de témoigner de ma part à tous les employés qui ne seront pas conservés, combien je souffre d'être contraint à cette réforme, et qu'ils peuvent compter sur mes efforts pour adoucir leurs positions autant que la mienne et celle de ma famille me le permettront[1]. »

Je reçus l'ordre formel de faire en sorte que le chiffre du personnel fût réduit au moins de moitié.

Avant de procéder à cette déplaisante opération, pour être plus à mon aise en demeurant plus désintéressé, je commençai par déclarer que le Chef du Conseil privé, qui en cette qualité recevait 6,000 francs par an, renonçait dès lors et pour toujours à la totalité de son traitement.

Je fis ensuite appeler tous les chefs de service; je leur fis part de la nécessité où était la famille d'Orléans de réduire des dépenses dont la royauté avait pu supporter l'excès, mais dont son état actuel ne pouvait plus s'accommoder. J'engageai en conséquence chacun d'eux dans sa division à préparer un travail indiquant les réductions du taux des traitements et du nombre des employés, en gardant seulement *les plus capables*, et parmi ceux-ci, de préférence ceux qui avaient *le plus besoin de leurs emplois pour vivre.* On ne se fait pas

[1] Quand le Roi écrivait cela, tous ses biens fonds et revenus étaient séquestrés, et il n'avait encore reçu depuis 10 mois qu'une provision alimentaire de 200,000 francs pour lui et toute sa famille!

d'idée de la rumeur! Chacun concevait très-bien comment le Roi avait perdu sa couronne; mais personne ne voulait comprendre comment il se pouvait faire qu'il perdît son emploi ou même une partie de son traitement!

Enfin, ne pouvant pas prendre sur moi de faire un triage individuel, je chargeai M. Fain d'envoyer à Claremont les états et les notes remises par les chefs de service, en priant le Roi, qui connaissait d'ailleurs la plupart des employés ou du moins les plus méritants, d'arrêter *lui-même* l'état définitif du personnel et des traitements.

Cet état, dressé sous les yeux de Sa Majesté, approuvé et signé de sa main, fut ensuite renvoyé à Paris, et la réduction s'opéra en conformité.

Ce ne fut pas sans douleur que le Roi en vint à cette extrémité; mais je dois ajouter de suite que la rigueur de cette mesure devenue nécessaire fut adoucie par les secours donnés à ceux qui se retirèrent, et par des pensions accordées plus tard à tous ceux qui furent reconnus y avoir droit.

D'habiles architectes avaient été attachés à toutes les résidences royales et aux principaux domaines; mais comme il n'y avait plus de commandes à espérer d'une administration aussi désolée, leur emploi devenait superflu.

La fonction des receveurs attachés à chaque localité dans les domaines était désormais inutile, puisque tous les revenus devaient être versés directement à la caisse des consignations : ils demeurèrent supprimés.

C'est ainsi que les dépenses, qui, avant 1848, étaient, comme on l'a dit, de 2,700,000 francs, furent réduites d'environ 800,000 francs, et le revenu, au lieu de

2,200,000 francs, semblait promettre de s'élever à 3 millions.

Mais ce chiffre allait bientôt diminuer par les ventes de biens que commandait la liquidation.

L'administration ainsi reconstituée et placée sous la direction de M. Fain, je réservai tous mes soins pour la suite générale qu'il fallait donner aux opérations de la liquidation et à l'ensemble des affaires.

La délégation que j'avais faite de mes pouvoirs administratifs avait pour but de me délivrer de détails qui eussent absorbé tout mon temps et dans lesquels d'ailleurs il ne me convenait pas d'entrer. Mais le public, qui n'en était pas informé, continuait de s'adresser à moi. J'essayai de m'en délivrer et de me procurer un peu de paix, en adressant aux journaux la lettre suivante, le 10 janvier 1849 :

« Monsieur le rédacteur, le grand nombre de lettres » et de visites que je reçois pour les affaires de la fa- » mille d'Orléans m'oblige à faire connaître au public » qu'en acceptant, par honneur et par un respectueux » attachement, le mandat de défendre les intérêts pri- » vés des divers membres de cette illustre famille au- » près du Gouvernement et dans les opérations géné- » rales de la liquidation, j'y ai mis pour condition » expresse agréée par eux, que je ne serais chargé *ni* » *du détail de l'administration* confiée aux divers chefs » de services, *ni surtout du personnel, auquel je veux* » *entièrement demeurer étranger.*

» Ce n'est donc pas à moi que les divers agents de » l'administration, en activité ou réformés, doivent » s'adresser, mais à M. Camille Fain, à qui toute cette » partie de l'administration supérieure est *déléguée*, et » qui en réfère à qui de droit.

» Recevez, Monsieur, etc. *Signé* DUPIN. »

Dettes du Roi. Liquidation.

La liste civile de 1832, très-insuffisante pour les exigences de la royauté (car elle était inférieure de moitié à celle de 1825 comme à celle de 1852), a été pour le Roi la source de nombreuses dettes que la liquidation n'a pas tardé à mettre au jour. — Il y avait aussi les dettes du Domaine privé.

M. de Montalivet, qui a indiqué l'origine et la noble source de la plupart de ces dettes [1], en porte approximativement le chiffre à la somme de 31 millions. — Il résulte du compte de M. Vavin, liquidateur général [2], qu'en 1848, lorsque la révolution éclata, la liste civile devait 12,928,680 francs, sur lesquels il fallait déduire l'actif tant en numéraire qu'en valeurs de portefeuille se trouvant alors dans les caisses du Domaine de la couronne, et qui réduisaient le passif à une somme d'environ 7 millions. — En outre, le Domaine privé devait particulièrement environ 20 millions.

Total de la dette, 27,700,000 francs.

J'ai dit quelle était la détresse du Roi et dans quel dénûment il était au moment de son départ. Ce ne fut qu'après le décret du 25 octobre 1848, le 28 novembre, qu'il obtint pour la première fois, sur le revenu de ses biens séquestrés, une provision de 200,000 francs, qui l'année suivante fut portée pour toute la famille à 400,000 francs [3].

Heureusement que le séquestre emportait une *surséance* aux poursuites des créanciers, car sans cela les saisies auraient éclaté de toutes parts, le feu se fût mis

[1] *Liste civile*, chap. 2, p. 17. Voyez aux *Annexes*.
[2] Chap. 3, p. 20.
[3] Compte du Liquidateur général, p. 33.

dans les affaires, et une perte immense se fût ensuivie. Cette surséance devait expirer en décembre 1849; jusque-là il fallait se mettre en mesure de payer.

La détresse des affaires était immense; les malheureux créanciers éprouvaient les plus grands besoins; déjà le bruit courait que des agioteurs cherchaient à spéculer sur leur gêne, afin de se faire céder des créances à vil prix. Cependant il n'y avait rien à perdre. Il y avait trois fois plus de biens qu'il ne fallait pour tout payer. Je rassurai tous ceux de ces créanciers que j'eus occasion de voir, et je n'hésitai pas à invoquer le secours de la publicité pour les avertir tous de se tenir en garde, ainsi que l'avait déjà fait M. Vavin de son côté.

La lettre que j'adressai à ce sujet au *Constitutionnel,* le 23 décembre 1848, était ainsi conçue :

« Monsieur le rédacteur, je lis dans votre journal d'hier une lettre de M. le liquidateur général de l'ancienne liste civile, qui a pour objet de rassurer les créanciers de la liste civile et du domaine privé, et de les tenir en garde contre les tentatives de spéculateurs qui voudraient les engager à traiter de leurs créances d'une manière désavantageuse.

» Je me joins à M. le liquidateur général pour donner à ces créanciers l'*assurance qu'ils seront intégralement payés*. Ma certitude à cet égard a pour base la loyauté des débiteurs, l'importance du gage qui est infiniment supérieur au chiffre des dettes, et l'empressement avec lequel tous les membres de la famille d'Orléans m'ont adressé leurs pouvoirs pour ajouter à la sécurité des créanciers, en leur accordant hypothèque sur des biens *dont ils étaient devenus propriétaires avant l'époque où les dettes dont il s'agit ont pris naissance.* Les princesses ont même déclaré qu'elles consentaient toute priorité sur leurs reprises et conventions matrimoniales en faveur des créanciers.

» Je viens de mettre à la disposition de M. le liquidateur général, en les faisant verser à la caisse d'amortissement, tous les fonds ainsi que les traites qui se trouvaient dans la caisse centrale du domaine privé; et je dois, d'accord avec lui, faire passer à l'ordre de la Banque toutes les traites provenant des coupes de bois de l'ordinaire de 1848, afin d'effectuer le payement à-compte annoncé dans la lettre de M. le liquidateur général, avec lequel je rivaliserai de zèle et d'empressement pour opérer, le plus promptement possible, l'*entière libération* de la famille d'Orléans.

» Recevez, etc. — *Signé*, DUPIN. »

En effet, le Roi n'avait rien plus à cœur que le payement de ses créanciers. Il se hâta de me féliciter de la lettre que j'avais publiée à ce sujet.

Déjà plusieurs portions de domaines avaient été mises en vente et adjugées; notamment la forêt de Pacy-sur-Eure, la forêt de Bacqueville, celle de Montrichard près d'Amboise, de Civry, aux environs de Dreux, une partie des bois de la Ferté-Vidame, plusieurs parcelles de bois situées près de Saint-Dizier et de Joinville, la forêt de Bruadan, près de Romorantin.

On cherchait à vendre Neuilly, Monceaux, le Raincy, la forêt de Bondy et la forêt de Gisors.

Mais comment vendre tant de biens à la fois, et si vite, et dans des circonstances où tout tombait dans la dépréciation et l'avilissement?...

En attendant, il y avait une chose faisable et désirable, et à laquelle je poussais de tout mon cœur : c'était de donner aux créanciers, qu'on ne pouvait pas actuellement payer, une sûreté qui servît de garantie à leurs créances.

Affectation hypothécaire au profit des créanciers.
Acte du 22 *mars* 1849.

Les créanciers étaient si convaincus du grand désir qu'avait le Roi de se libérer, que, pour lui en faciliter les moyens, ils s'étaient déjà réunis et concertés entre eux et déclaraient se contenter d'annuités négociables qui leur seraient délivrées après liquidation de leurs créances.

Mais je refusai d'entrer personnellement dans ce mode d'arrangement; et je préférai poursuivre la réalisation par acte notarié de l'hypothèque que j'avais conseillée dans ma consultation du 22 mars 1848, et que le décret du 25 octobre suivant avait en vue dans son article 3, en disant : « Le liquidateur général pourra, » dans l'intérêt de la liquidation, stipuler toutes hypo» thèques et prendre toutes inscriptions sur les biens » compris dans le séquestre, en son nom, pour la » masse des créanciers. »

J'avais tous les pouvoirs nécessaires pour cela; il ne s'agissait plus que de s'entendre sur la rédaction.

Les seules difficultés étaient celles-ci :

1° Le Roi voulait bien engager *tous ses biens;* mais il ne voulait pas engager *sa personne,* ni s'exposer, dans un pays de contrainte par corps comme l'Angleterre, à des poursuites du genre de celles dont Charles X avait été l'objet et serait devenu la victime, si Louis-Philippe roi n'avait pas désintéressé le créancier poursuivant [1].

2° Les princes ne voulaient pas se prévaloir de l'antériorité de la donation du 7 août 1830, sur les droits acquis depuis aux créanciers du Roi; et ils consentaient bien volontiers à hypothéquer à ces créanciers tous les biens compris dans la donation : — mais ils ne voulaient pas, et en cela ils avaient raison, engager ni leurs autres biens, ni leurs personnes.

3° Les princesses renonçaient très-gracieusement à se prévaloir de leur hypothèque légale telle qu'elle résultait de leurs contrats de mariage; — mais en consentant à se laisser *primer* par les créanciers du Roi, elles n'entendaient pas leur *céder* leurs droits, comme le demandait M. le liquidateur : et elles auraient fléchi sur ce point, que je m'y serais obstinément refusé, comme à une exigence inconvenante et d'ailleurs superflue.

Du reste, et avec ces seules modifications, j'étais prêt à accorder les stipulations les plus étendues et les plus complètes.

En ce qui concernait les intérêts, il n'y en avait pas d'attachés aux créances; mais le Roi m'avait formellement exprimé *sa volonté de ne pas en priver ses créanciers.* Et à ce sujet, voici ce qui fut dit dans l'acte :

« L'interdiction du droit d'intenter les actions avant le 31 décembre 1849, portée dans le décret du 25 octobre 1848, n'a eu pour but que d'assurer le temps et les moyens nécessaires pour arriver à une liquidation calme et régulière, pour l'avantage de tous.

» Cependant, elle enlève aux créanciers la faculté de

[1] Montalivet, *Liste civile*, chapitre 2.

faire courir les intérêts par une demande judiciaire ; il a paru juste, dès lors, de leur attribuer le bénéfice de cette formalité, à partir du jour où le législateur, dans un tout autre but, les a empêchés de la remplir.

» En conséquence, et sauf les exceptions résultant d'actes notariés; sauf aussi, bien entendu, les conventions particulières et ce qui peut concerner les rentes et pensions; il a été convenu transactionnellement que les intérêts des créances pour lesquelles est conférée la présente hypothèque courront sur le pied de 5 pour 100 à partir du 25 octobre 1848, jour dudit décret, et seront payables en même temps que le capital. »

L'acte fut signé le 22 mars 1849; — et par suite le liquidateur requit son inscription dans l'intérêt de la masse.

De son côté, le ministre des finances, pour l'État, avait pris une inscription de 25 millions pour prétendus excès ou abus de jouissance dans les coupes de bois de la liste civile : créance dénuée de toute espèce de fondement, comme on le verra ci-après, page 417.

Manière de procéder du Conseil.

Pendant tout le cours de la liquidation, le Conseil privé se réunissait périodiquement sous ma présidence un jour par semaine pour les affaires courantes, et à jour indiqué pour les occurrences extraordinaires, qui étaient très-fréquentes.

Les affaires étaient rapportées par écrit, savoir :

1° Pour les affaires forestières, par M. Duhesme, directeur des forêts;

2° Pour les affaires contentieuses, les baux et autres

actes, par le directeur des domaines (M. Fisanne, puis M. Lefiot);

3° Pour les procès, nous appelions M. Denormandie.

Après la lecture du rapport, on discutait, le Conseil prononçait, et sa décision était portée au bas par un des membres du Conseil, et signée du président.

Pour les ventes, quand l'administrateur avait reçu des offres qu'il jugeait suffisantes eu égard aux estimations préalables, le Conseil prenait connaissance du projet d'acte de vente, et ordonnait qu'il en serait référé au Roi. Et quand Sa Majesté avait renvoyé l'acte avec son *approbation* et son paraphe, le Conseil prononçait que la vente aurait lieu, et je signais l'acte.

On en usa ainsi pour l'acte d'hypothèque du 22 mars 1849. Après en avoir débattu les clauses, et soumis la rédaction au Conseil pour avoir son avis, je fis envoyer au Roi une expédition du projet; il revint avec des corrections et des amendements; on y fit droit, on le renvoya encore, et je ne voulus le signer devant les notaires que lorsqu'il fut revenu *avec l'approbation littérale et définitive de Sa Majesté.*

L'acte d'emprunt ne s'accomplit qu'avec les mêmes solennités. Les négociateurs de cet emprunt en avaient débattu les conditions avec le Comptoir d'escompte; on les avait ensuite transmises au Roi. — Le Roi ayant approuvé les conditions de l'emprunt, l'acte fut rédigé en conformité, lu et approuvé en Conseil; mais cet acte lui-même fut envoyé au Roi, *pour qu'il s'assurât par ses propres yeux qu'on n'avait pas excédé ses instructions;* et je ne le signai qu'*après* le retour de son approbation donnée au bas de la copie communiquée.

Toutes les questions qui s'élevaient au sujet des réclamations des tiers; de la liquidation des créances; — des conflits entre la liquidation et nous (car sur quelques points, dans les premiers temps surtout, nous n'étions pas toujours d'accord avec M. le liquidateur général); — tout cela, dis-je, était porté au Conseil, examiné, débattu, et recevait sa solution.

Dans les questions les plus difficiles, MM. Scribe et Delangle étaient tour à tour constitués rapporteurs, examinaient les pièces de plus près, préparaient un Avis, et la Décision ne venait qu'ensuite.

Je ne crois pas que jamais affaires plus nombreuses, plus délicates, plus difficiles, aient été menées et conduites avec plus de soin et de dévouement : c'est une justice que je rends à mes collègues, aux chefs de service du domaine privé, et à l'administrateur général, qui était aussi le secrétaire du Conseil, et entretenait une correspondance très-active avec le Roi.

Objets divers d'administration, de recouvrement et de réclamation, après le décret du 25 *octobre* 1848.

Dans les premiers temps, il y eut assez peu d'harmonie entre l'administration du domaine privé et le liquidateur général. Jusqu'au décret du 25 octobre 1848, il agissait seul et sans le concours de cette administration qui était dépossédée par le séquestre, et s'en montrait justement mécontente.

Après le décret, les attributions étaient partagées. L'administration du domaine privé était réinvestie de certaines attributions; mais pour un grand nombre d'actes, pour le *constat* du *quantum* des créances, pour le règlement des mémoires, pour les instances judiciaires, elle était en contact avec la liquidation et sous son contrôle : il y eut quelques tiraillements; la correspondance du Roi offre même quelques traces de plaintes à ce sujet.

Mais ces petites rivalités d'attributions, ces conflits momentanés où chacun au fond ne se piquait sans doute que de bien faire et de mieux remplir son mandat, tous ces ombrages passagers disparurent, et le plus parfait accord ne tarda pas à s'établir entre M. le liquidateur et notre administration pour arriver au même but : celui du recouvrement des valeurs dont le produit constituait l'actif dévolu à la famille royale et à ses créanciers.

On s'entendit pour le règlement des mémoires ; — pour la fixation des créances ; — pour la manière de conclure dans les procès nés ou à naître.

Le liquidateur général devint pour nous un auxiliaire très-actif et très-précieux, dans les diverses réclamations que l'on avait à former contre l'État, ou pour combattre d'injustes prétentions élevées en son nom.

Dans le compte de M. le liquidateur général, quatrième partie, intitulée *Comptes avec l'État,* pages 144 et suivantes, le chapitre premier, *Réclamations de la famille d'Orléans,* contient vingt-six chefs de réclamations qui deviennent autant de titres pour la succession du Roi, et auxquels il suffit de renvoyer pour qu'on puisse y recourir au besoin, sauf à renforcer chaque article par la production des pièces et des documents à l'appui.

Le plus important, sans contredit, est celui relatif au prix de la plus-value du mobilier de la couronne, s'élevant à la somme énorme de 9,625,061 francs 65 centimes d'après les inventaires [1], et que nous of-

[1] Voyez Compte de M. Vavin, p. 83.

frions de céder à l'État pour moitié de sa valeur. Le projet de traité sur des bases à peu près convenues était déjà préparé et soumis à l'approbation du ministre en 1851. Mais d'autres incidents survinrent et empêchèrent la conclusion du traité :...

Ibi omnis effusus labor, atque rupta fœdera.

Biens dotaux de la Reine. — Son Douaire.

19 février 1849.

L'article 4 du décret du 25 octobre 1848 « autori-
» sait le Ministre des finances à remettre aux divers
» membres de la famille d'Orléans les biens dotaux,
» *douaires* et valeurs mobilières, ainsi que les objets à
» leur usage personnel. »

Je réclamai le bénéfice de cette disposition en faveur de la Reine ; et le 19 février 1849, je reçus du Ministre des finances la réponse suivante : « Monsieur, j'ai reçu votre lettre du 26 janvier par laquelle vous sollicitez la remise des biens dotaux formant le patrimoine particulier de madame la comtesse de Neuilly [1]. — J'ai l'honneur de vous informer que, par décision en date de ce jour, j'ai autorisé M. le liquidateur général de l'ancienne liste civile à prescrire les mesures nécessaires pour que l'administration et la jouissance des biens propres à madame la comtesse de Neuilly soient remises immédiatement à son mandataire, savoir :... » (Suit un détail des domaines, et quelques restrictions exprimées pour les rentes, mais qui ont été levées depuis à la diligence de M. Scribe, constitué par la Reine administrateur spécial de ses biens.)

[1] Ainsi que je l'ai déjà dit, c'est le titre que le Roi et la Reine avaient pris dans leurs rapports avec les autorités républicaines.

J'obtins également la remise de quelques inscriptions de rentes appartenant aux princes.

Je veux parler de suite ici du *Douaire* de la Reine, quoique cela se prolonge sur une autre époque.

Le Roi n'avait fait aucune disposition testamentaire en faveur de la Reine : elle s'y était opposée. (Testament du Roi du 1er juillet 1850).

Sa fortune, bien modeste, consistait dans le peu de biens achetés avec le montant de sa dot et les économies qu'elle avait pu faire sur ses revenus.

Son Douaire avait été fixé par son contrat de mariage en date du 19 novembre 1809, à la somme annuelle de 90,000 francs. (Art. 9 du contrat.)

En vertu de nos lois, la Reine avait acquis, *à cette date* de son contrat, une hypothèque *légale* sur tous les biens que son mari possédait alors, ou qui pourraient lui échoir plus tard.

Aucun événement postérieur n'a pu y porter atteinte : — ni la donation du 7 août ; — ni la prétendue réunion au domaine de l'État ; — les biens, une fois grevés, restant affectés aux charges qui en sont inséparables.

Cependant cette dette sacrée par son origine, par sa nature, par la personne surtout à qui elle est due, n'a jamais été payée.

Douaire de madame la duchesse d'Orléans.

Dans le premier temps qui suivit la révolution de février 1848, le Douaire de 300,000 francs stipulé en faveur de madame la duchesse d'Orléans par son contrat de mariage, et assuré par la loi de dotation du Prince royal, cessa d'être payé.

Mais le décret du 25 octobre 1848 en ordonna le payement.

J'eus à ce sujet avec le Ministre des finances (M. Trouvé-Chauvel) une conférence à laquelle assistèrent M. le comte de Montalivet, et M. Vavin liquidateur.

M. Chauvel nous communiqua une lettre de madame la duchesse d'Orléans qui en faisait généreusement abandon aux ouvriers de Paris, dont la détresse était alors extrême....

Nous en fûmes d'abord surpris! mais en examinant les termes de la renonciation, il nous parut évident que ce n'était pas une renonciation au fonds du douaire, mais seulement aux arrérages et aux intérêts de l'année 1848, qui était sur le point d'expirer : — et qu'ainsi il y aurait lieu de demander à l'Assemblée nationale un crédit pour l'année suivante : — ce que fit le Ministre des finances avec une entière bonne volonté.

A la séance où ce crédit fut demandé, comme il n'y avait pas de réclamation, j'avais renvoyé la proposition à la commission des crédits supplémentaires. Ensuite on incidenta sur la forme, et l'on prétendit que le projet aurait dû être renvoyé dans les bureaux. — Qu'à cela ne tienne : — le renvoi fut ordonné ; — ensuite le crédit fut voté, sans contestation, — et servi jusqu'en 1852.

Le décret du 22 janvier n'y a pas porté d'atteinte. Il y est dit au contraire, art. 3 : « Le douaire de » 300,000 fr. alloué à la duchesse d'Orléans est *maintenu.* »

C'est avec cela que la veuve du duc d'Orléans a pu élever ses enfants, exclus d'ailleurs, comme on l'a vu, de la donation du 7 août ; et, dans tous les cas, sans recours contre les donataires, à qui le décret précité a enlevé le bénéfice de la donation.

Papiers du Roi.

Sur ce que devinrent les papiers du Roi, en partie pillés, lacérés et jetés au vent, et dont partie seulement a pu être sauvée et livrée à une commission nommée par le gouvernement, voyez le compte rendu de M. Vavin, pages 89 et suivantes.

Après le triage officiel opéré par cette commission, une faible partie de ce qui restait fut remise à M. Fain, *Ibid.*, page 92.

Nous obtînmes aussi la restitution des deux portefeuilles après qu'ils eurent été assez longtemps retenus et soigneusement visités [1].

Pour ce qui regarde les grandes *Archives* de la maison d'Orléans, voyez ci-après aux *Annexes*.

Mais un fait douloureux à constater, et que M. Vavin rappelle page 93, c'est que « tous les papiers, tous » les registres du bureau des secours, tout ce qui pou- » vait redire les bienfaits du Roi et de la famille royale » et révéler les noms des obligés (la plupart devenus » ingrats), fut brûlé dans la nuit du 24 au 25 février, » au milieu du désordre qui existait encore aux Tui- » leries. »

Ce témoignage est appuyé sur celui de M. de Verbois, ex-trésorier de la couronne, dans un mémoire qu'il a publié sur les événements de février 1848 en ce qui le concernait. Voici comment il raconte cet épisode de la révolution : — « Ma douleur devint plus » amère encore lorsque vers minuit je remarquai la » lueur des flammes qui paraissaient sortir du local » affecté à mon appartement. J'appris le lendemain » matin leur véritable cause. Le feu avait été *mis à*

[1] Lettres du Roi à ce sujet des 3 et 9 avril 1850.

» *dessein* dans quatre pièces situées au-dessous, ser-
» vant de bureaux à la section du cabinet du Roi char-
» gée de la *distribution des secours*, et dont les archives,
» que *certaines personnes* pouvaient avoir plus ou
» moins d'intérêt à détruire, ont été entièrement con-
» sumées. »

C'est ainsi que dans le sac de Neuilly, par un motif qui ne tenait en rien de la cupidité, mais dont la perversité ne mérite pas moins d'être flétrie, tout fut brisé et complétement anéanti dans cette pièce si intéressante à visiter, dans ce *Musée maternel* que la Reine avait exclusivement consacré à la réunion des couronnes et des prix que ses enfants des deux sexes avaient obtenus dans tout le cours de leurs études ou publiques ou privées.

Le pillage et la dispersion des papiers du Roi et de la famille royale ont été révélés en diverses circonstances, mais surtout dans ces derniers temps, par la mise en vente sous le titre d'*autographes*, non-seulement de lettres particulières écrites au Roi par des étrangers, mais des correspondances *les plus intimes* et les plus inviolables par leur caractère et par leur objet : — par exemple, des lettres de la Reine à son mari, des filles à leur mère !... — le tout proposé aux *amateurs* avec impudence et avec des fragments de textes comme spécimen pour allécher la curiosité, dans des *catalogues imprimés* où la *vente publique aux enchères* par le ministère d'un *commissaire-priseur* était scandaleusemeut annoncée !... *Et miserunt sortem in vestem ejus.*

Il a fallu, conformément à l'avis du Conseil, former une opposition en règle, et recourir à Justice pour arrêter les suites de cette odieuse spéculation.

Réclamations de l'État. — Coupes sombres.
Rapport de M. Troplong.

24 mai 1851.

Nous avions nos réclamations : l'État avait aussi ses prétentions. La plus menaçante, mais aussi la plus mal fondée, avait pour prétexte le prétendu dommage causé, disait-on, aux forêts de la Couronne pour abus dans les exploitations de la liste civile. A ce sujet, M. le ministre des finances avait adressé en mars 1850 au Président de la République le rapport dont la teneur suit :

« Monsieur le Président, L'exposé sur la situation financière du pays, présenté à l'Assemblée constituante dans la séance du 12 juin 1848, contient un aperçu des reprises que l'État pourrait avoir à exercer contre le domaine privé, en raison du mode de jouissance pratiqué par la liste civile dans les forêts domaniales.

» Pour la garantie des droits encore indéterminés du Trésor, le gouvernement a requis immédiatement une inscription hypothécaire sur les biens du comte de Neuilly. Il s'est, en outre, préoccupé du mode de jouissance exercé par la maison d'Orléans, dans les forêts qui lui ont été concédées à titre d'apanage par les ordonnances de 1661, 1672 et 1692, et qui lui ont été remises en 1814.

» Aujourd'hui que la grande opération de la liquidation de l'ancienne liste civile marche vers son terme, le moment est venu d'apprécier à fond, et dans leur ensemble, d'une manière complète, les faits relatifs à la jouissance usufruitière de la liste civile et à la jouissance apanagère de la maison d'Orléans.

» En conséquence, j'ai l'honneur de vous proposer, Monsieur le Président, de nommer une commission qui serait chargée de cette opération difficile; elle aurait pour mission de s'entourer de tous les documents propres à l'éclairer, de procéder à une enquête sur les résultats des exploitations pratiquées, et d'exprimer un avis sur la réalité et le montant des répétitions susceptibles d'être exercées par le domaine de l'État contre le domaine privé, à raison de la jouissance des forêts remises à la maison d'Orléans, en 1814, à titre d'apanage, et en 1832 à titre de dotation.

» Si vous approuvez la création de cette commission, j'aurai l'honneur de vous proposer, pour en faire partie, MM. Troplong, président de la Cour d'appel de Paris; Paillet, représentant du peuple; Mortimer-Ternaux, représentant du peuple; Ducos, représentant du peuple; Flavigny, représentant du peuple; Béhic, conseiller d'État; Legrand, directeur de l'administration générale des forêts; Vandal, ancien inspecteur des finances, secrétaire. »

(Ce rapport a été approuvé le 2 mars.)

A la suite de ce rapport fut nommée une Commission composée des honorables membres proposés par le ministre.

Cette Commission, entourée de tous les renseignements fournis par le ministre des finances et l'administration de la liste civile, a longuement et profondément étudié les questions relatives à toute cette partie des réclamations de l'État; et, après plus d'un an de travaux, elle a chargé son président, M. Troplong, de rédiger un rapport, qui a été approuvé et signé par tous ses membres le 24 mai 1851, et dont la conclusion est : Que le Roi avait joui en bon père de famille des forêts comprises dans la dotation de la Couronne; que son administration avait été loyale et intelligente; et qu'en définitive les bois non-seulement n'avaient éprouvé, par le fait de sa jouissance, aucun préjudice, mais avaient reçu *de notables améliorations.* « Par ces » motifs, la commission a été d'avis *à l'unanimité* » qu'il y a lieu de ne pas donner suite aux réclama- » tions dirigées contre la liste civile de Louis-Philippe » pour abus de jouissance dans les forêts affectées à » cette liste civile, et de lever l'hypothèque adminis- » trative prise par le ministre des finances en garantie » desdites réclamations. »

L'affaire en est restée là.

Épisode de la levée du séquestre.

Loi du 4 février 1850.

Le délai pendant lequel le décret du 25 octobre 1848 avait interdit aux créanciers toute poursuite particulière sur les biens séquestrés allait expirer au 31 décembre 1849.

On sentit le besoin de demander une prorogation de délai. Le projet du gouvernement proposait un délai de trois mois.

Le brave Creton, nommé rapporteur, lut son rapport à la séance du 23 janvier 1850, et proposa au nom de la commission deux articles ainsi conçus :

« Art. 1er. L'interdiction de poursuites résultant du décret du 25 octobre 1848, est prorogée jusqu'au 31 décembre 1850.

» Art. 2. L'article 8 du même décret, et toutes autres dispositions relatives aux biens particuliers de M. le duc d'Aumale et de M. le prince de Joinville, indépendants de la donation du 7 août, sont abrogés. »

Le projet avait été renvoyé dans les bureaux. J'appartenais au treizième, et à la séance du 31 décembre 1849, j'en pris la défense à titre d'explications, en répondant à M. de Neyrouse.

La discussion en séance publique avait été indiquée au 4 février. Mais ce jour-là, le ministre des finances (M. Achille Fould) monte à la tribune ; il trouve le projet présenté au nom de la commission incomplet et insuffisant : « Le gouvernement, dit-il, préoccupé de cette question, et consultant l'état actuel du pays, avait reconnu la possibilité d'une *solution plus libérale ;* il serait venu prochainement vous soumettre ses résolutions ; mais puisque l'occasion nous en est fournie, nous n'avons aucun motif pour tarder davantage à vous communiquer *toute la pensée du Président de la République et du Cabinet....*

» Nous aurions pu vous apporter un *projet de loi* conforme à ces idées ; mais cette marche aurait nécessité le retrait du premier projet et entraîné sans utilité de nouveaux retards. Nous avons cru mon honorable collègue de la Justice (M. Rouher) et moi, que nous répondrions mieux au désir de l'Assemblée en lui soumettant par voie d'amendement, en vertu de notre droit d'initiative parlementaire, la proposition ci-après, qui, ainsi que je l'ai dit, *résume la pensée du gouvernement.* »

Or cette proposition tendait, — non-seulement à faire lever *de suite* le séquestre sur les biens particuliers des princes (duc d'Aumale et prince de Joinville); — à proroger jusqu'au 1er août 1850, dernier terme auquel paraissait pouvoir être terminée la liquidation, l'interdiction des poursuites de la part des créanciers ;

—mais, (voici surtout l'important), *à faire lever définitivement à cette époque le séquestre mis sur les biens du Domaine privé ;* — « Ce séquestre, disait le ministre, » commandé par des circonstances extraordinaires et » les exigences du moment, avait un caractère *es-* » *sentiellement transitoire :* il ne pouvait entrer dans la » pensée équitable et généreuse du Président de la » République, de le prolonger au delà du terme rigou- » reusement nécessaire [1]. »

Cette proposition incidente est reçue favorablement : on la renvoie séance tenante devant la commission. L'honorable M. Creton, rapporteur de la commission parlementaire, revient une heure après à la tribune, « déclarer que cette Commission est heureuse de con- » stater l'accord qui vient de s'établir entre elle et le » Gouvernement *sur cette mesure de justice;* » — et elle est immédiatement adoptée avec un article additionnel relatif à l'emprunt alors projeté, et qui devait amener le payement presque immédiat de tous les créanciers.

Voici le texte entier de cette loi, qui fut adoptée à la majorité de 457 voix contre 152, le 4 février 1850 :

« Art. 1er. L'interdiction prononcée par le paragraphe 2 de l'article 2 du décret du 25 octobre 1848, relatif à la liquidation de l'ancienne liste civile, est prorogée jusqu'au 1er août 1850.

» A cette époque, le séquestre mis sur les biens du Domaine privé sera levé.

» Les lois et décrets antérieurs à la présente loi cesseront d'avoir leur effet en ce qu'ils auraient de contraire à cette disposition.

[1] Voyez le *Moniteur*, séance du 4 février 1850, et le Compte rendu des séances de l'Assemblée nationale législative, tome V, à cette date, p. 329 et 330.

» Art. 2. L'article 8 du décret du 25 octobre 1848, et toutes autres dispositions concernant les biens particuliers de M. le prince de Joinville et de M. le duc d'Aumale, qui ne sont pas compris dans la donation du 7 août 1830 sont abrogés.

» Art. 3. Les débiteurs et le liquidateur général sont autorisés à emprunter, s'ils le jugent convenable, par adjudication, avec publicité et concurrence, suivant le mode adopté pour l'emprunt de la ville de Paris, conformément au décret du 24 août 1848, ou suivant tel autre mode adopté dans les emprunts publics, des sommes qui pourront s'élever jusqu'à vingt millions de francs.

» La présente loi sera promulguée et scellée du sceau de l'État.

» Le Président de la République,

» LOUIS-NAPOLÉON BONAPARTE.

» Le garde des sceaux, ministre de la justice,

» E. ROUHER. »

Moyens de payement. — Emprunt de 20 millions.

Acte du 25 février 1850.

Les ventes allaient lentement; le Roi ne s'y prêtait qu'avec répugnance. — Au contraire, j'aurais voulu, dès l'origine, que le Roi renonçât au double usufruit; que l'on vendît, même à perte, autant de biens qu'il fallait pour se libérer immédiatement, et rendre ainsi le plus tôt possible disponibles dans les mains de chacun des enfants les biens qui formaient leur propriété personnelle. J'en écrivis plusieurs fois en ce sens; mais mon avis ne put prévaloir.

La pensée du Roi, sa pensée intérieure et dominante,

digne de la grandeur de sa Maison, était de conserver à ses enfants tous ces grands Corps de biens, ces magnifiques Domaines venus de ses aïeux. Il se berçait de l'idée qu'à l'aide d'un emprunt de vingt millions (car les à-compte déjà payés avaient réduit la dette à ce taux), et dix ans de terme pour les rembourser par dixièmes, il pourrait se libérer dans ce laps de temps, en y consacrant tous ses revenus augmentés par des coupes extraordinaires, et en se réduisant pendant ces dix années au strict nécessaire pour les besoins personnels de sa famille.

Dans ce système, il n'était plus question de renoncer aux usufruits : au contraire, le Roi y tenait plus que jamais ; c'était son principal moyen de libération....

Mais pour cela il fallait vivre au moins dix ans !.... il fallait surtout que, dans ces dix années, rien ne vînt déranger ce calcul du père de famille !....

Pour réaliser l'idée du Roi, il devenait nécessaire de négocier un emprunt, et j'avoue que je me sentais tout à fait inhabile à une telle opération. J'y répugnais même à cause des incidents qui accompagnent trop souvent ces sortes de négociations. Je refusai donc absolument de me mêler des pourparlers qui eurent lieu à ce sujet, disant que je serais seulement prêt à préparer l'acte, à en étudier les stipulations, et à le signer après que le Roi en personne en aurait personnellement sondé et approuvé toutes les conditions onéreuses.

Parlant de cet emprunt dans son compte de liquidation, M. Vavin s'en explique en ces termes [1] :

« L'article 3 de la loi du 4 février 1850, comme je » viens de le dire, accorde l'autorisation de faire un

[1] Page 109.

» emprunt par adjudication, suivant le mode adopté » pour l'emprunt de la ville de Paris, conformément » au décret du 24 août 1848.

» J'avais proposé ce mode, parce que l'expérience » faite par la commission municipale, dont je faisais » partie, m'avait prouvé qu'il pouvait faciliter l'opéra» tion à un taux avantageux à l'emprunteur. En effet, » au mois de mars 1849, la ville de Paris avait par ce » mode fait un emprunt de 25 millions qui ne lui re» venait pas, tout calculé, à un intérêt de 4 1/2 pour » 100 par an.

» Je pensais qu'un emprunt fait par la liquidation, » sanctionné par une loi, assuré par une première » hypothèque sur des immeubles d'une valeur consi» dérable, pourrait se réaliser à des conditions aussi » avantageuses. Déjà même quelques offres avaient été » faites dans ce sens ; mais le Roi, dans la *généreuse* » *impatience de payer de suite toutes ses dettes,* ne » voulut point repousser une autre proposition qui » était présentée par le Comptoir national d'escompte, » proposition qui ne lui offrait point à beaucoup près » les mêmes avantages, mais dans laquelle il voyait la » facilité de terminer *sûrement et sans retard.*

» Cette proposition fut accueillie [1]. »

On en était là lorsque fut rendue la loi du 4 février 1850. Les conditions de l'emprunt, débattues par ceux qui l'avaient négocié, avaient été transmises au Roi et approuvées par lui ; la rédaction de l'acte projeté lui avait été communiquée, il l'avait également approuvée ; il n'y avait plus qu'à réaliser l'acte devant les notaires. Je le signai le 25 février comme manda-

[1] Voyez dans les *Annexes* quelles étaient les conditions de cet emprunt.

taire du comte de Neuilly et de ses enfants ; les autres contractants étaient M. Biesta, directeur du comptoir d'escompte, et M. le ministre des finances dont, aux termes de l'article 3 du décret du 25 octobre, l'*autorisation* était requise, et qui d'ailleurs intervenait pour un autre motif très-important. Il consentait, en vertu du même article, à ce que l'inscription qui serait prise pour l'emprunt, primât celle qui avait été requise pour la créance de 25 millions prétendue par l'État pour indemnité de ce qu'on avait appelé les coupes sombres. Inscription qui du reste impliquait surabondamment une reconnaissance de plus de la part du gouvernement que les biens sur lesquels elle était requise étaient la propriété légitime de la Maison d'Orléans, suivant la règle : *Pignus rei suæ non valet.*

A la suite de cet acte, une société a été formée pour la réalisation de l'emprunt : — société dont le fonds social a été divisé en autant de parts qu'il devait comprendre de fois 1,000 francs, et dont le comptoir national a été constitué mandataire et représentant unique. C'est à ce titre que son directeur, M. Biesta, a requis inscription.

Cela fait, la souscription a été ouverte et promptement remplie, mais seulement jusqu'à concurrence de 18,500,000 francs, somme jugée suffisante pour satisfaire aux besoins de la liquidation [1].

[1] Compte de Vavin, p. 110, et dans les *Annexes.*

Payement des créanciers. — Leurs remercîments.

Tous les mémoires avaient été réglés ; les créances vérifiées, reconnues et arrêtées ; et tous les comptes particuliers, apurés de concert entre le liquidateur général et l'administrateur que je m'étais substitué. Ce dernier avait soin de référer au Conseil de tous les points litigieux.

Des mandats étaient ensuite délivrés par le Liquidateur à ces créanciers, qui allaient en toucher le montant à la caisse des dépôts et consignations.

Ces mandats, au nombre de 5,760, se sont élevés à la somme totale de 24,496,000 fr.

En sorte que toutes les dettes exigibles, en principal et intérêts là où ils étaient dus, se trouvèrent acquittées au 31 juillet 1850, jour où le séquestre fut levé de fait, conformément à la loi du 4 février 1850 [1].

L'administration du domaine privé, rentrée dans la plénitude de ses droits, n'avait plus à payer que quelques créanciers hypothécaires pour reliquats de prix d'immeubles non encore purgés, lesquels ont été soldés depuis ; et la grande dette du comptoir, remboursable en dix annuités, dont les premiers termes ont été soldés par le domaine privé, avec ses seules ressources provenant soit des revenus ordinaires et extraordinaires, soit des ventes de biens successivement effectuées.

Toutes ces opérations avaient été conduites à la grande satisfaction des créanciers. Ils en remercièrent le liquidateur général, et voulurent m'en remercier aussi. — Le 15 novembre 1850, je reçus la lettre suivante :

[1] Compte de Vavin, p. 111.

« Monsieur le Président, Les commissaires délégués
» des créanciers de l'ancienne liste civile et du domaine
» privé du Roi, dont je suis l'organe près de vous, vous
» prient de leur accorder la faveur d'une audience.

» Ils désirent vous offrir l'expression de leurs remer-
» ciments et vous faire agréer leur reconnaissance, à
» l'occasion de l'*entière liquidation de leurs créances.*

» J'ai l'honneur, etc. — Signé, ROUSSEL. »

Je reçus ces Messieurs le 18 novembre; et ce qui me toucha le plus dans cette démarche, ce fut d'entendre de leur bouche même, le témoignage qu'ils rendaient au Roi, *pour l'empressement et la sollicitude que Sa Majesté n'avait cessé de montrer pour activer leur payement et son entière libération.* — En un mot, ils étaient contents.

MORT DU ROI LOUIS-PHILIPPE,

Le 26 août 1850.

Les affaires de la maison d'Orléans étaient arrivées à ce point : — mainlevée définitive du séquestre ; — payement des anciens créanciers de la liste civile et du domaine privé avec les deniers de l'emprunt et des ventes partielles ; — mesures préparées pour l'amortissement successif et total de cet emprunt ; — lorsque le malheureux chef de cette auguste Maison, succombant sous le poids de ses souffrances et de ses chagrins, mais consolé par ses sentiments religieux, par le souvenir du bonheur dont la France avait joui sous son règne de dix-huit ans, entouré de l'amour de ses enfants et petits-enfants, soutenu par cet ange gardien qui veillait à son chevet, et semblait le diriger vers le ciel bien plus que le retenir sur cette terre,.... Louis-Philippe, le fidèle époux de la reine Marie-Amélie, expira dans ses bras, le 26 août 1850, à huit heures du matin, bénissant tout ce qui l'entourait, et adressant au ciel ses dernières prières pour l'union de sa famille et le salut de sa patrie, ayant consigné dans ses testaments le désir d'être inhumé à Dreux, quand il lui serait donné de jouir de cette sépulture, où sa tombe était préparée d'avance ainsi que celle de la Reine, à côté du tombeau de leurs ancêtres et de leurs enfants.

Pendant tout le temps qui s'est écoulé depuis son arrivée en Angleterre jusqu'à sa mort, le Roi Louis-Philippe a écrit beaucoup de lettres non-seulement à moi, mais à plusieurs autres personnes qui s'occupaient de ses affaires.

Ces lettres sont toutes remarquables par la lucidité, la netteté des idées, le bon sens pratique qui s'y fait remarquer.

Ce qui frappe surtout dans cette correspondance, après de si grands malheurs, et au milieu de circonstances si douloureuses; c'est l'absence de toute aigreur, de toute récrimination. — Dans les premiers temps, on y voit bien un peu de mécontentement contre le mode d'administration introduit par les agents de la République au sujet de son domaine privé; — et, même après le décret du 25 octobre, quelques plaintes sur certains procédés de la Liquidation, qu'il croyait peu économe de ses deniers et un peu trop hardie dans ses allures.

— Mais, à cela près, on ne trouve qu'une sollicitude vivement exprimée pour le sort des employés qu'on sera obligé de congédier, une grande impatience de voir tous ses créanciers promptement et intégralement payés.

Au moindre service rendu, sa reconnaissance éclate en remercîments pour tous ceux qui ont mis la main à l'œuvre, et dont la conduite lui a révélé le zèle, l'affection, le souvenir, ou même ces sentiments de bienveillance et de justice qu'on rencontre si rarement à la suite et au milieu des révolutions!...

La politique ne lui arrache pas une plainte qui soit un retour malveillant contre les personnes. Il déplore les excès des factions, les malheurs de sa patrie; les siens propres; *son exil, qu'il n'avait pas mérité,* dit-il avec un profond accent de douleur!

Ses sentiments français éclatent surtout dans la lettre du 22 décembre 1849, où il me dit : « Nos vies et nos » services ont été consacrés à la France tant que nous

» avons été à portée de le faire; et nos exils (car ce- » lui-ci est le troisième pour moi), *n'ont jamais été » entachés par des intrigues et des conspirations !* »

Père de famille, il songe aussi, après qu'il aura payé tout ce qu'il doit, à sauver les débris du patrimoine de ses enfants, qu'il désire surtout voir « se maintenir en paix et union, et en bonne amitié, lorsqu'il n'y sera plus. »

Les fragments de ses lettres et le préambule de son testament[1] des 14 mars, 22 mai 1849, seraient la meilleure apologie qu'on pût faire de sa douceur envers tous, de son patriotisme si cruellement éprouvé, et de ses vertus domestiques.

Testaments du Roi. — Exécuteurs testamentaires.

Par l'acte même du 7 août, dans lequel le Roi avait abandonné (aux sept enfants *puînés*) ses biens patrimoniaux, il s'était réservé [2] d'en faire ultérieurement entre eux le partage définitif dans les proportions qu'il lui conviendrait d'établir entre les divers donataires.

C'est ce partage qu'il a opéré par un premier testament en date des 16 mars et 6 mai 1837.

Ce testament a été suivi de plusieurs autres codicilles, selon que la survenance des événements, tels que la mort du duc d'Orléans, les ventes partielles

[1] M. de Montalivet a donné un fragment autographe de ce préambule dans son livre sur la *Liste civile*, en tête du chapitre Ier. (Voyez dans les *Annexes* ce que je dis de cet ouvrage).

[2] Je n'ai pas l'acte du 7 août sous les yeux; mais dans le testament codicillaire du 22 mai 1849, le Roi dit formellement que « dans cet acte même il s'était *réservé* le droit et la faculté de faire » *ultérieurement* ce partage dans les proportions qu'il lui convien- » drait de faire entre les divers donataires. »

d'objets compris dans tel ou tel lot, lui ont fait sentir la nécessité de retoucher ses dispositions de dernière volonté.

C'est ainsi que ces actes se sont accumulés sous les dates des 16 mars et 6 mai 1837, — 16 décembre 1838, — 10 mars 1841, — 20 juillet 1842, — 14 octobre 1845, — 11 mars 1846, — 15 octobre 1846, — 22 juin et 5 juillet 1847, — 19 février 1848 (c'est le testament mystique), — 22 mai 1849, — 9 mai 1850, — 1er et 11 juillet 1850.

Dans le dernier de ces testaments, celui du 1er juillet 1850, était la clause suivante :

« Je nomme pour mes Exécuteurs testamentaires :
» M. Dupin, le baron Laplagne-Barris, le comte de
» Montalivet, le duc de Montmorency et M. Scribe,
» auxquels je suis heureux de donner ce témoignage
» de ma confiance et de mes sentiments pour eux. »

Le jour même de sa mort, et quelques instants avant d'expirer, le Roi voulut laisser encore quelques legs particuliers et quelques *Souvenirs;* mais il ne put les écrire lui-même ; il les dicta à la Reine, dont l'auguste intervention devait donner à cet acte suprême de sa volonté, la plus haute et la plus vénérable authenticité. — En ce qui me touche, j'en reçus l'attestation dans une forme qui en fait le plus précieux de mes autographes et le plus honorable de mes titres privés.

Écrit de la main de la Reine :

« Je suis bien aise de transcrire moi-même à M. Dupin les paroles que mon vénéré et bien-aimé Roi m'a dictées le 25 août 1850, au moment où il sentait sa fin s'approcher :

« Je demande aussi à la Reine et à mes enfants de

» donner de ma part un *Souvenir* au Président Dupin,
» comme témoignage de mon amitié pour lui.

» Signé d'une main toute tremblante,

» LOUIS-PHILIPPE.

» MARIE-AMÉLIE. »

A quelque temps de là, et pour l'exécution de cette clause, le duc de Montmorency me remit, de la part de la Reine et de ses Enfants, trois portraits sur porcelaine, représentant le *Roi*, la *Reine* et madame la *Princesse Adélaïde*, avec cette inscription au bas de chacun d'eux :

SOUVENIR LÉGUÉ
PAR LE ROI LOUIS-PHILIPPE
A M. DUPIN AINÉ.
1850.

Cet envoi des trois Portraits était accompagné d'une Lettre de la Reine qui leur donnait un plus grand prix.

« Claremont, ce 1er mars 1851.

» Mon cher Président, Vous connaissez l'empressement avec lequel mon bien-aimé Roi, peu d'heures avant sa mort, avait exprimé le désir de vous laisser un *Souvenir*, en nous en laissant le choix. Nous avons pensé, mes enfants et moi, que les portraits ci-joints vous seraient agréables, vous rappelant trois personnes qui savaient vous apprécier, et dont vous connaissiez l'estime et l'amitié pour vous. Croyez que celle qui reste encore sur cette triste terre réunit en elle les sentiments des trois, et vous en offre de tout son cœur l'expression. — Votre bien affectionnée,

» MARIE-AMÉLIE. »

Ma lettre de remercîments se terminait par ces mots :

« .... Lorsque vous voulez bien me dire, Madame, que je trouve réunis en Vous tous les sentiments bienveillants dont le Roi et Madame la Princesse Adélaïde m'ont, ainsi que Vous, donné tant de marques, je ne puis que répéter humblement de mon côté, que tous les sentiments de respectueuse affection et de dévouement que j'avais voués au Roi et à Madame, je les reporte avec la piété du devoir sur la Reine et sur ses Enfants. »

Les Princes voulurent aussi me donner personnellement des marques de souvenir, dont M. le duc de Nemours se rendit l'organe dans sa lettre datée de Claremont, le 1er mars 1851, qu'il m'adressa « au nom de tous les héritiers du Roi. »

Parmi les tableaux qui avaient appartenu au Roi, on me remit un tableau de Gros (*David devant Saül*) et le beau portrait du général Foy, peint par Horace Vernet. Ce dernier tableau me fit d'autant plus de plaisir que j'avais été l'ami du général Foy, et, après sa mort, le tuteur honoraire de ses enfants.

Déjà, de son côté, le Prince de Joinville m'avait fait donner une copie de son portrait peint par Winterhalter.

Avant de rendre compte des principaux actes de l'*exécution testamentaire*, qui formeront la dernière partie de cet écrit, je veux m'arrêter un instant au souvenir des deux voyages que j'ai faits après la mort du Roi : — à Ostende, pour porter mes hommages à la Reine; — et à Weybridge, pour y visiter le tombeau de cet excellent Prince.

Voyage à Bruxelles et à Ostende,

Du 7 au 11 octobre 1850.

Au mois d'octobre 1850, l'Assemblée législative s'était prorogée; il y eut une petite vacance : et j'en profitai pour aller en Belgique rendre mes devoirs à la Reine Marie-Amélie, qui se trouvait alors à Ostende auprès du lit de mort de sa fille chérie, la Reine des Belges.

Parti de Paris le 7 au soir, j'étais de retour le 11.

La Reine avait agréé cette visite; elle en était prévenue.

J'étais accompagné du baron Fain.

Je retrouve mes *Notes de voyage*, et je ne puis faire mieux ni autrement que de les transcrire malgré leur aridité. Je ne me sens pas la force de substituer une rédaction de touriste à ce simple rappel des incidents de ma visite.

« Arrivée à Bruxelles le 8, à 6 heures du matin.

» Quelques heures de repos, avant de repartir pour Ostende.

» A peine descendus à notre hôtel et pendant les préparatifs, le prince de Joinville et le duc d'Aumale entrent dans ma chambre. Ces excellents jeunes princes m'embrassent cordialement et me témoignent leur joie de me voir. La Reine en ce moment assiste à un office religieux; ils me feront savoir à quelle heure Sa Majesté pourra me recevoir.

» A six heures, billet du prince de Joinville :

« Mon cher Président, la Reine vient seulement de
» rentrer. Elle sera très-heureuse de vous voir ce soir
» à huit heures. — J'ajoute que Louise vient de s'é-

» veiller après avoir reposé : elle se sent assez bien.
» — Tout à vous. F[s] d'O. »

« A huit heures du soir, entrevue avec la Reine entourée de ses enfants et de deux de ses Dames, dans une salle basse éclairée d'une seule lampe, en quelque sorte sépulcrale. Impression indéfinissable. Sa Majesté me tend la main que je baise respectueusement, et je veux fléchir le genou devant elle ; Elle me retient par la main que j'avais placée dans la sienne, pendant tout le temps qu'elle exhale ses regrets, ses douleurs, exprimant en termes affectueux et touchants sa reconnaissance et celle de ses enfants pour les services rendus..... [1].

» J'étais muet, je versais des larmes ainsi que tous les assistants.

» Peu après, entre le roi des Belges ; il me donne la main et m'exprime obligeamment le plaisir qu'il a de me voir.

» La conversation s'établit pendant quelque temps. Je me retire à neuf heures.

» Dans la nuit du 8 au 9, arrivée de madame la duchesse d'Orléans et du duc de Nemours à Ostende.

» Le 9, à midi, je vois Leurs Altesses Royales chez la Reine, où ils entrent pendant que j'étais en conférence avec Elle. — Madame la duchesse d'Orléans me prie de venir la voir à quatre heures.

» A quatre heures, visite à Madame la duchesse d'Or-

[1] Je n'ai point entrepris de reproduire les paroles mêmes de la Reine : j'aurais essayé en vain. Mais ce qui m'est resté, c'est l'expression de cette grande et noble figure, de ces yeux levés vers le ciel, de cet accent de veuve éplorée et de tendre mère. Il y a quelque chose de saint dans la Reine Marie-Amélie !... On est heureux de la vénérer et de la servir.

léans à son hôtel. Longue conversation sur ses affaires. Elle me recommande avec chaleur les intérêts de ses enfants.

» A cinq heures, visite aux Princes.

» A six heures, je vais dîner chez le Roi des Belges, avec tous les membres de la Famille royale, sans immixtion d'étrangers.

» Après dîner, conversation d'abord générale, puis à part avec Sa Majesté le Roi des Belges.

» Les nouvelles de la Reine des Belges étaient moins bonnes dans la soirée, au moment où je me retirais.

» A neuf heures, je prends congé du Roi, de la Reine et des Princes.

» Le jeudi 10, à six heures du matin, départ d'Ostende pour Bruxelles.

» Le soir, à six heures et demie, départ pour Paris. Arrivée à six heures du matin, le 11.

» Le 12, à dix heures du matin, je reçois du Ministre de l'intérieur la lettre suivante :

« Monsieur le Président, j'ai la douleur de vous an-
» noncer qu'une dépêche télégraphique, arrivée hier
» à dix heures du soir, m'annonce que la Reine des
» Belges est décédée le matin à huit heures cinquante
» minutes. »

» Le même jour, à quatre heures du soir, M. de Latour, venu d'Ostende, me remet une lettre de la Reine, datée d'Ostende le 11, m'annonçant en termes déchirants que sa fille chérie était morte le matin à huit heures, *même heure que son père :* douloureux rapprochement ! »

Visite à Weybridge, au tombeau du Roi.

Juin 1851.

Au mois de juin 1851, les séances publiques de l'Assemblée législative ayant été suspendues pendant quatre jours, j'en profitai pour faire une courte apparition en Angleterre, dans le double but de visiter l'exposition industrielle de Londres, dans le Palais de Cristal, et de faire un pèlerinage à Claremont et à Weybridge. J'avais prévenu la Famille royale de mon désir d'aller rendre ce dernier devoir aux mânes du roi Louis-Philippe : on avait agréé mon vœu.

.... Le dimanche 8 juin, jour de la Pentecôte, j'arrivai à Claremont à onze heures. La Reine et sa famille venaient de se rendre à la chapelle du château : je m'y rendis également et j'assistai à la messe de la Reine. L'office était célébré par M. l'abbé Guelle, qui apporte dans ses fonctions d'Aumônier d'une Cour malheureuse, une dignité, une modestie, un dévouement au-dessus de tous les éloges. Je fus particulièrement touché de l'instruction, car ce n'était point un prône, qu'il adressa à son auguste auditoire. En sortant de la chapelle, la Reine me dit que, sans m'avoir vu, elle s'était aperçue de mon arrivée, à une petite toux qui m'était habituelle. — On se rendit immédiatement dans la salle à manger. Après le déjeuner, auquel assistaient tous les membres de la Famille royale, y compris tous les petits-enfants, on s'est promené une heure dans le parc. J'étais à côté de la Reine, qui daigna m'entretenir durant tout le cours de cette promenade, sérieuse, mais pleine de douceur et d'affabilité. En passant devant un petit lac au bord duquel était amarré un bateau avec des instruments de pêche : C'est la *marine de Joinville*, me dit la Reine en souriant; c'est là qu'il vient passer ses moments de mélancolie.....

La Reine m'exprime le regret de ne pouvoir aller à Weybridge. J'aurais voulu, dit-elle tristement, y aller prier avec vous. Mais c'est une trop grande fête, je ne veux manquer aucun office; et je désire conduire le Comte de Paris et son frère à une instruction qui leur est particulièrement destinée. Dumas vous conduira. — Sa Majesté me permit de baiser sa main en prenant congé d'elle. Elle monta en voiture avec M. le duc et madame la duchesse de Nemours; les enfants suivaient, ils partirent pour aller à l'église catholique de Claremont.

Un instant après je montai en voiture avec le général Dumas, et nous allâmes à Weybridge.

Le Roi, par son testament, avait exprimé le vœu que son corps fût déposé à Dreux; mais les circonstances politiques n'ayant pas permis d'accomplir cette partie de ses volontés dernières, il a fallu lui chercher un asile en Angleterre, et il repose à Weybridge.

Là est un tout petit castel sans apparence extérieure, avec un parc de fort peu d'étendue. La dame qui en est propriétaire est catholique; et, près de l'habitation, elle avait fait construire une chapelle fort simple, mais d'assez bon goût. C'est dans cet oratoire, avec quelques travaux d'appropriation exécutés aux frais de la famille d'Orléans, qu'on a disposé dans un demi-souterrain un sanctuaire au fond duquel est placé le tombeau contenant les restes mortels du Roi Louis-Philippe !...

Nous trouvâmes sur les lieux l'excellent M. Nepveu,

l'un des architectes du Roi, principal auteur des restaurations de Versailles, venu là dans le même pieux dessein. Nous descendîmes ensemble dans le caveau, où je m'agenouillai sur une des marches de la tombe du Roi, que je touchai respectueusement en signe d'adieu après avoir lu l'inscription.

Nous revînmes ensuite à Claremont, dont je visitai les appartements : — surtout le cabinet du Roi, et la chambre à coucher où il est mort dans un lit près duquel la Reine avait fait dresser le sien, aujourd'hui remplacé par un *prie-Dieu !*

Tous ces devoirs remplis, je revins le soir à Londres, et le lendemain à Paris, où je présidai la séance de l'Assemblée, sans qu'une si courte absence eût été remarquée.

Ma femme doit à la bienveillance de madame la maréchale de Lobau un précieux dessin de Weybridge que j'ai placé dans mon cabinet, au-dessus du cadre d'ébène en ogive, surmonté d'une croix d'ivoire, qui contient la clause codicillaire dictée par le Roi à la Reine le 25 août 1850, et dont Sa Majesté a bien voulu me donner une copie écrite de sa main. (Voyez ci-devant, p. 430.)

EXÉCUTION TESTAMENTAIRE.

De grands devoirs étaient imposés aux exécuteurs testamentaires du Roi. Ils acceptèrent religieusement cette mission, et se mirent en mesure de l'accomplir avec tout le zèle dont ils étaient capables.

Une première réunion eut lieu chez moi le 16 septembre 1850.

Nous fîmes en commun la lecture de tous les testaments et codicilles du feu Roi, et nous pensâmes qu'il était nécessaire avant tout que ses héritiers, après avoir pris eux-mêmes lecture de ces testaments et codicilles, donnassent leur déclaration écrite de l'acceptation qu'ils entendaient faire des dispositions y contenues, et de leur consentement à ce qu'elles fussent exécutées selon leur forme et teneur. « A cet effet (Voici le texte de notre délibération), nous avons été unanimement d'avis qu'une expédition authentique desdits testaments et codicilles serait envoyée à la famille du feu Roi, avec un rapport détaillé qui présenterait l'analyse des dispositions y contenues, et indiquerait la position de chacun des ayants droit, pour qu'ils pussent en parfaite connaissance de cause y donner leur assentiment. »

Cette adhésion ne se fit point attendre : elle devint notre point de départ.

Nouvelles procurations. — M. Bocher, administrateur.

Par la mort du Roi, tous les pouvoirs qu'il m'avait donnés avaient cessé de plein droit.

D'un autre côté, étant *exécuteur testamentaire,* je ne pouvais pas accepter de nouvelles procurations ; je devais rester dans la même position que mes collègues afin de me renfermer avec eux dans cette mission, qui consistait principalement à conserver l'*unité,* soit comme *Conseil,* soit comme un *Tribunal neutre,* restant toujours à la disposition de la Famille pour les questions qu'on jugerait à propos de nous soumettre, et pour lesquelles tous les intéressés nous avaient, à l'avance, constitués *amiables compositeurs.*

Il fallait donc trouver un nouvel administrateur pour se mettre à la tête de toute cette gestion. M. Fain avait fait tout ce qui dépendait de lui et avait rendu des services réels. On ne méconnaissait pas en lui d'excellentes qualités, et la Famille royale s'en est montrée parfaitement reconnaissante. Mais ce n'était pas un *homme d'affaires;* lui-même en avait fait l'objection dans le principe, en acceptant la première délégation. Il n'en avait été chargé qu'accidentellement, et désormais il fallait un homme spécial, énergique, disposé à se donner tout entier à cette administration, et capable de lui imprimer une marche ferme et décidée.

On jetà les yeux sur M. Bocher, membre de l'Assemblée nationale où il s'était distingué. Jeune, actif, courageux, ardent aux affaires, il avait déjà fait ses preuves, soit comme administrateur, lorsqu'il était sous-préfet à Étampes, où je l'avais connu pour la première fois, soit comme rapporteur de la commission d'enquête des boissons, question si vaste, si palpitante alors et si embarrassante à tous égards : homme de tribune autant qu'homme de bureau; vif, hardi, et de sang-froid quand il le fallait. D'ailleurs, M. Bocher était le gendre du bon Laborde, ancien aide de camp du Roi, et parent de l'excellente famille des Delessert, ces Patriciens de l'ancienne Bourgeoisie parisienne. Il y avait là un vieux principe d'attachement. M. Bocher fut agréé, et, après une conférence où il hésitait, non par crainte mais par modestie, il accepta.

De ce moment (en juillet 1851), M. Bocher est entré en fonctions, et l'administration, une dans son action pour les intérêts communs, divisée seulement dans les comptes spéciaux à chacun, reçut une impulsion nouvelle.

Seulement, l'administrateur avait soin de référer de toutes les affaires au Conseil des exécuteurs testamentaires, soit pour prendre leur avis ou leur direction dans les affaires courantes, soit pour provoquer leur décision lorsqu'il s'élevait dans la liquidation quelques-unes de ces questions pour lesquelles ils avaient été constitués juges et amiables compositeurs : décisions qui ont toujours rencontré chez tous les intéressés un égal empressement à les accepter et à s'y conformer.

Telles sont les fonctions auxquelles mes collègues et moi nous avons vaqué avec autant d'assiduité que de dévouement, depuis la mort du Roi jusqu'à ce jour, pendant plus de *quatre ans*.

Transition.

Les difficultés avaient toujours été grandes et nombreuses depuis 1848 jusqu'à la fin de 1851, pour la manutention des affaires de la Maison d'Orléans. Que de questions, de lettres, de mémoires, de conférences, de consultations, d'angoisses, de vicissitudes! Mais enfin on avait marché, obtenu des résultats ; la situation s'était éclaircie, la propriété avait été reconnue et raffermie, et tout semblait présager une heureuse et prompte conclusion... Mais d'autres embarras, et d'une nature fort différente, nous étaient réservés. *Ornari res ipsa vetat, contenta doceri.*

DÉCRETS DU 22 JANVIER 1852.

Deux décrets émanés du Président de la République, à la date du 22 janvier 1852, ont établi, pour les biens de la famille d'Orléans, les dispositions suivantes :

Par le premier de ces décrets, article 1er, « les » biens meubles et immeubles qui sont l'objet de la » donation faite le 7 août 1830 par le Roi Louis-Phi- » lippe à ses enfants, sont dévolus au domaine de » l'État. »

Quant aux autres biens, le second décret porte :

Article 1er. — « Les membres de la famille d'*Or-* » *léans*, leurs époux, leurs épouses et leurs descen- » dants, ne pourront posséder aucuns meubles et im- » meubles en France; ils seront tenus de vendre, » d'une manière définitive, tous les biens qui leur ap- » partiennent dans l'étendue du territoire de la Répu- » blique.

Article 2. — » Cette vente sera effectuée dans le » délai d'un an, à partir, pour les biens libres, du » jour de la promulgation du présent décret, et pour » les biens susceptibles de liquidation ou discussion, à » partir de l'époque à laquelle la propriété en aura été » irrévocablement fixée sur leur tête.

Article 3. — » Faute d'avoir effectué la vente dans » les délais ci-dessus, il y sera procédé à la diligence » de l'administration des domaines, dans la forme pres- » crite par la loi du 18 avril 1832. »

Démission de M. Dupin, procureur général.

J'étais à la fois Procureur général à la Cour de cassation et l'un des Exécuteurs testamentaires du Roi Louis-Philippe.

Comme exécuteur testamentaire, mon devoir allait être de réclamer par toutes les voies de droit contre l'exécution des décrets.

Dans mes prévisions, il allait en résulter une *Question domaniale*, et par suite un procès : — cette instance, portée devant les tribunaux, devait aboutir à la Cour de cassation : — et là, mon *titre public* se trouverait en conflit avec mon *action privée*.

Je ne voulais manquer à aucun de mes devoirs : une voix intérieure me dit que je devais opter.

Je tenais au Palais par tous les liens qui attachent un homme à son état : trente ans avocat, vingt-deux ans magistrat; avec des forces que la récente Présidence de l'Assemblée nationale avait mises à l'épreuve, mais n'avait point épuisées; il m'en coûtait sans doute de déposer les insignes de la Magistrature, de quitter des fonctions qui s'accordaient au plus haut point avec mes études, mes goûts et la tendance de mon esprit; de me séparer enfin de collègues dont les mœurs douces, affables, bienveillantes, m'avaient fait trouver un charme infini dans ces relations intimes où je me consolais avec eux des aigreurs de la politique. — J'énumère tout cela pour montrer que de ma part ce fut un sacrifice, le plus grand que je pusse faire à la mémoire d'un Roi malheureux qui, au moment suprême, sur la terre d'exil, avait fait un dernier appel de sa confiance à mon dévouement et à mon amitié... Je n'hésitai pas, et le 23 janvier, le jour même où les Décrets parurent dans le *Moniteur*, je donnai ma démission des fonctions de Procureur général.

Mais en donnant ma démission, par des motifs tirés du droit naturel et du droit civil, et des devoirs *purement privés* qui m'étaient imposés, je déclarais en même temps, de la manière la plus nette, que *ma résolution n'empruntait rien à la politique.*

Je ne voulais pas qu'on pût s'y méprendre : — J'entendais, comme par le passé, comme toujours, conserver mon entière indépendance. — Je voulais enfin, et par-dessus tout, que la démission du Magistrat conservât son véritable caractère, le seul qui la recommandât aux yeux des honnêtes gens, et qu'elle leur apparût comme un *acte de conscience*, et non comme *une œuvre de parti.*

..... Cette démission occupe une trop grande place dans ma vie pour que je ne m'y arrête pas encore un instant.

Je dus en informer mes collègues, et je le fis par une lettre adressée au premier président Portalis, dont la réponse me toucha vivement.

L'Ordre des avocats à la Cour de cassation, au moment de cette séparation, voulut aussi m'exprimer ses regrets par une Députation que je remerciai, en la priant de me conserver ces bons souvenirs, et de considérer ma démission « comme un dernier réquisitoire dans l'intérêt de la loi. »

Enfin, lors de l'installation de mon successeur, le premier président Portalis crut devoir parler de ma retraite comme d'un acte « dont la Cour de cassation » avait été profondément attristée. »

Je rentrai dans la vie privée pour me livrer tout enlier aux devoirs plus étroits que m'imposait ma qualité d'exécuteur testamentaire.

Réclamation des exécuteurs testamentaires.

26 janvier 1852.

Les exécuteurs testamentaires, réunis sous ma présidence, s'occupèrent immédiatement de réclamer contre l'exécution des décrets qui, en retirant de la succession la presque totalité des biens dont le testateur avait disposé, portaient une atteinte radicale à l'exécution de ses dernières volontés.

Il y a plus : en brisant le testament du Roi, le décret faussait encore celui de sa sœur, madame la princesse Adélaïde.

En effet, disions-nous dans notre Requête adressée au Chef de l'État, le Roi et Madame avaient *combiné* leurs dispositions testamentaires, de manière à éviter le morcellement dans la main de leurs héritiers, des grands Corps de biens dont ils étaient propriétaires. A cet effet, l'une des successions assurait davantage à celui qui avait moins dans la seconde. Les deux testaments s'harmonisaient ainsi pour réaliser la pensée commune, l'égalité entre tous.

« Cette égalité disparaît si le testament du Roi est détruit; et le testament du Roi est détruit, si les biens de la donation sont distraits du patrimoine commun. En effet, celui des héritiers dans le lot duquel auront été placés des biens échappant à l'application du décret, pourra-t-il conserver la part qui lui a été faite par le testament de Madame, quand le décret frappera les biens attribués à ses cohéritiers dans le testament du Roi?

» C'est à *ce point de vue de l'exécution testamentaire*

confiée à nos soins, que *nôtre mandat est engagé*, et que *nous avons mission et devoir* d'en appeler à la justice mieux éclairée du Chef de l'État.

» Dans tous les cas, nous demanderons des juges.

» C'est une question de *propriété*... »

Cette Réclamation, appuyée sur les faits qu'elle rappelle et sur une discussion sévèrement renfermée dans les termes de droit, fut signée le 26 janvier, par MM. Dupin, Laplagne-Barris, duc de Montmorency, comte de Montalivet, Scribe.

Elle fut adressée par moi pour être placée sous les yeux du Président de la République, à son ministre d'État, M. de Casabianca, qui m'en accusa réception le lendemain.

Cette Réclamation a été ensuite imprimée à part, et plus tard avec la Consultation dont on va parler.

Faits subséquents.

Les faits qui ont suivi sont trop récents pour que j'aie besoin de les raconter; et je me borne à donner, comme *têtes de chapitres*, les indications ci-après :

1° Consultation demandée au Barreau de Paris par les Exécuteurs testamentaires, et délibérée le 14 février 1852 en leur présence et après plusieurs conférences : — par MM. de Vatimesnil, Berryer, Odilon-Barrot, Dufaure et Paillet; — sur le fond du droit, — et sur la compétence [1]. (Cette Consultation a été imprimée et distribuée.)

[1] M. Jules le Berquier, avocat, gendre de M. Didelot, ancien procureur général, a aussi rédigé, de son propre mouvement, un excellent Mémoire qui fut imprimé et distribué comme la Consultation. — Des pamphlets anonymes furent lancés dans le public; M. Bocher y a répondu avec énergie pour ses commettants.

2° Instance judiciaire sur la *Question de Propriété;* — belles plaidoiries de MM. Paillet et Berryer. (Extraits dans la *Gazette des Tribunaux.*) — Les exécuteurs testamentaires assistent à l'audience.

3° Jugement du 23 avril 1852 sur la compétence, sous la présidence de M. de Belleyme. Le tribunal retient la cause comme *question de propriété.*

4° Conflit administratif porté devant le conseil d'État; et le 15 juin 1852, sur la plaidoirie de M. Paul Fabre et un mémoire de M. Mathieu Bodet, arrêt, sous la présidence de M. Baroche, qui enlève la connaissance de l'affaire aux tribunaux comme *question de gouvernement.* — Les exécuteurs testamentaires ont également assisté à cette audience.

5° Par suite, et comme forcé et contraint, vente par M. Bocher de tous les biens de la Maison d'Orléans, savoir : — Ceux de la succession bénéficiaire, *à la barre du tribunal;* — et les domaines composant la succession de madame la Princesse Adélaïde, à l'*amiable,* avec toute la précipitation commandée par un délai fatal et rapproché; de sorte qu'au 1er janvier 1853, *quùm tristes venêre calendæ,* tout était vendu.

6° Acte relatif aux autres biens, passé devant Me John Sise Venn, notaire à Londres, le 27 juillet 1853, par les héritiers du Roi, pour la conservation de leurs droits, à ce que les tiers n'en ignorent.

7° Arrangements de famille; — partage des prix provenant des biens de Madame, par égales portions entre les huit branches d'héritiers... — faible lot pour chacun.

8° Ces opérations, sous toutes réserves de droit, mettent fin à l'exécution testamentaire!...

Ainsi tous les biens patrimoniaux des Princes de la Maison d'Orléans sont sortis de leurs mains, fors un seul qui n'a été ni saisi ni vendu! c'est l'Établissement de Dreux, sa Chapelle et ses Tombeaux, dont deux sont encore vacants par destination!...

Dans le premier moment, on put croire que ces objets consacrés allaient se trouver atteints par la mesure du 22 janvier, car ils n'en étaient pas littéralement exceptés. Ma lettre du 23 en exprimait la crainte! — Mais deux lignes à ce sujet, insérées plus tard dans le *Moniteur,* vinrent nous rassurer.

Ce Monument, commencé par le duc de Penthièvre et transmis par madame la duchesse d'Orléans douairière à son fils, à la condition de le substituer aux aînés de sa famille, a été légué par le roi Louis-Philippe d'abord à son fils le duc d'Orléans, puis au comte de Paris son petit-fils, sous la même condition; — avec deux rentes destinées à l'entretien des édifices, au salaire des chapelains, et au service religieux.

Jusqu'à présent tout est resté confié à la garde de la Reine, ainsi que le soin de la chapelle *Notre-Dame de la Compassion,* consacrée à la mémoire de son fils!

Sistimus hic tandem. . . . .

Si je n'avais été chargé comme Avocat que de plaider ou consulter accidentellement dans quelques affaires du duc d'Orléans (puis du Roi), je me serais borné à rappeler une ou deux causes des plus remarquables, comme je l'ai fait pour mes autres clients.

Mais une fois entré au Conseil d'Apanage en 1818, devenu à ce titre conseil permanent du *Prince*, resté depuis ce temps membre et ensuite Chef de son *Conseil*, j'ai pendant trente-six ans vu se dérouler sous mes yeux *toutes les phases de ce Domaine privé* tant envié, tant calomnié! — Englouti par la révolution de 1793; — reconstitué en 1814 avec ses débris et ses obventions héréditaires; — affecté de nouveau par les événements postérieurs, — et subissant le contre-coup de toutes les crises politiques du pays. C'est ainsi que d'incident en incident, j'ai été amené par la suite des faits, à présenter avec une sorte d'ensemble les vicissitudes de cette partie de notre histoire. — Je dis de notre histoire, car si les Princes ont leurs actes politiques qui fixent particulièrement l'attention, ils ont aussi leur administration privée, ordinairement moins connue, et par là même plus facilement travestie. Cependant cette portion de leur vie n'appartient pas moins que l'autre à la postérité; elle influe sur leur réputation et sur le jugement qu'on en porte; et cela m'a fait penser, que, s'il avait été de mon devoir comme avocat et conseiller fidèle, de veiller sur les intérêts matériels confiés à ma vigilance ; je n'excéderais pas mon droit en défendant, chemin faisant, dans le compte rendu de mes actes, la personne et la mémoire d'un Auguste client contre des attaques imméritées ou d'injustes préventions.

Oui, on a calomnié le Domaine privé, comme on a calomnié la Liste civile. Pendant trente ans, on a représenté le duc d'Orléans d'abord, le Roi ensuite, comme un Prince avare de ce qu'il avait, avide de ce qu'il n'avait pas.

Et cependant, en suivant le cours de ses affaires, la marche de leur administration, la nature de ses dépenses, l'emploi de ses revenus ; en considérant le résultat final... que verra-t-on ?

On verra LE DUC D'ORLÉANS n'ayant recueilli que de faibles débris de l'héritage paternel, payer, fort au delà de l'actif, des dettes énormes dont il n'eût tenu qu'à lui de s'affranchir par une facile renonciation.

PRINCE APANAGISTE, il orne, il embellit son apanage ; il y consacre des sommes considérables pour des améliorations qui toutes ont tourné au profit de l'État.

ROI, il use en Roi de sa liste civile ; — employant chaque année plus d'un million en actes de bienfaisance et de générosité ; faisant travailler sur tous les points les ouvriers et les artistes ; restaurant à grands frais et avec goût ces palais royaux, dont il n'est que le splendide usufruitier ; — augmentant de neuf millions le riche mobilier dont ils sont décorés ; — et, par-dessus tout, fondant à Versailles, sans partialité, comme sans jalousie, ce *Musée national*, élevé à si grands frais, et dédié *à toutes les gloires de la France*, sans distinction d'époques, de régimes et de dynasties ! « Car à Versailles (disais-je au nom de l'Institut,

» en 1837), tous les temps sont réunis, toutes les gloi-
» res sont déifiées, toutes les victoires se suivent : le
» Roi l'a ainsi voulu ; jamais historien ne fut plus im-
» partial. »

Enfin on voit l'HOMME aux prises avec le malheur, supporter, avec la grandeur d'une âme royale et la résignation d'un chrétien, l'exil et la ruine ; — au milieu de sa détresse, vivement préoccupé du soin de faire honneur à ses engagements ; — ne songeant aux affections qu'après les devoirs ; — et, sans proférer aucune plainte, jeter en mourant un dernier regard sur sa patrie, faire des vœux pour elle, ne parlant de son exil que pour dire : « Je ne l'avais pas mérité ! »

Il s'attendrit sur ses enfants et petits-enfants au moment où il les bénit, en appelant sur eux les bontés de la Providence ; — il leur recommande surtout « d'agir
» toujours dans toutes leurs affaires d'un commun ac-
» cord, en bons fils, bons frères et bons parents. » —
Il leur lègue ainsi cet esprit de famille dont ils offrent un si parfait modèle dans leur vie privée, sage et contenue ; pieusement groupés autour de leur auguste mère, centre ineffable de « cette Union qui (disait
» cette sainte Reine, avec autant de sentiment que de
» vraie majesté), a fait notre force et notre gloire dans
» les jours heureux, comme elle fait notre consolation
» et notre honneur dans l'adversité. »

. . . .

Terminé à Raffigny, le 26 août 1854.

ANNEXES.

Sous ce titre j'ai réuni des *Pièces* ou des *Additions* qui servent de preuve ou de complément à ce qui est dit dans les Mémoires, aux pages indiquées en tête de chacune d'elles.

(Page 24.)

Sur les Tribunaux révolutionnaires, les Commissaires, les Cours prévôtales, et en général les Tribunaux d'exception.

Pasquier, *Recherches de la France*, livre VI, chap. 8, rend compte de la visite que fit François Ier au couvent des Célestins de Marcoucy. Ce monarque s'arrêta devant le tombeau de Jean de Montaigu, s'étonnant que ce grand personnage, qui avait longtemps administré avec succès les affaires de l'État, eût finalement été mis à mort *par ordre de justice.* « A quoy, dit Pasquier, il y eut un moine qui respondit au roy d'une parole assez brusque, qu'il s'abusait aucunement, parce que le procès du sieur de Montaigu n'avait été fait *par juges*, mais seulement *par commissaires.* — Comme s'il eût voulu inférer en son leurdois, que tels commissaires délégués à l'appétit d'un seigneur qui pouvait lors toutes choses[1], n'apportoient en leurs jugements la conscience de bons juges... Car à bien dire (ajoute Pasquier), les commissions, encore qu'elles ne soient pratiquées, si sont-elles toujours suspectes envers toutes personnes graves, et semble à plusieurs que tels juges soient choisis à la poste de ceux qui les y font commettre, pour en rapporter tel profit ou telle vengeance qu'ils se sont proposez dessous le masque de la justice. » (Voyez Bayle, art. *Montaigu*, rem. B, et l'art. *Grandier*, rem. F.).

Les révolutionnaires, les dictateurs, les despotes et les masses populaires semblent toujours ignorer cette vérité formulée par Jean Bodin, « que le pouvoir de tout faire n'en donne pas le droit. »

A cette remarque de Pasquier, à cette maxime de J. Bodin, on peut joindre les réflexions générales qui suivent, et que j'ai consignées dans l'appendice du tome IX de mes *Réquisitoires*, page 198:

[1] « A la sollicitation du duc de Bourgogne, qui lors gourmandait toute la France. » *Ibid.*

« Aucune grande injustice ne peut être commise qu'en foulant aux pieds les principes, les formes et les lois. Aussi, le premier soin de tous les gouvernements révolutionnaires et despotiques, de tous ceux qui veulent écraser qui leur nuit, opprimer qui leur déplaît, étouffer qui leur résiste, est de substituer l'arbitraire et la précipitation au développement salutaire des formes, dont la lenteur a surtout pour objet de laisser aux passions le temps de se calmer, et à la vérité le moyen de se faire entendre.

» On ne voit pas les gouvernements et les juges violer les formes quand il s'agit de prononcer sur le sort d'un voleur, d'un bigame, d'un assassin. On instruit longtemps leur procès; on les laisse se choisir librement des conseils et des défenseurs; on les écoute patiemment, on les interroge avec calme, on les juge sans partialité; ils jouissent réellement de toute la protection de la loi.

» S'agit-il d'un procès politique? Tout est changé. Le pouvoir ne s'en remet pas seulement aux lois du soin de le venger : il change l'ordre des juridictions, il cherche des juges dévoués, il violente ou dirige leurs consciences, il dispense des formes légales, il abrége les délais; il ne leur demande pas justice : il leur demande du sang.... ils en donnent.

» Lave tes mains, Pilate!... Elles sont teintes du sang innocent. Tu l'as sacrifié par faiblesse; tu n'es pas plus excusable que si tu l'avais sacrifié par méchanceté.

» Juges iniques de tous les temps, de tous les pays, de tous les régimes; — vous tous qui avez eu l'affreux malheur de juger sans pouvoir, sans formes et sans lois; — instruments dociles des vengeances du pouvoir, de l'ambition d'un chef ou de la réaction des partis, — que l'infamie vous suive à travers les âges futurs! Que la postérité vous déteste comme un exemple à fuir pour ceux qui seraient tentés de vous imiter! C'est le devoir et l'intérêt de toutes les générations; c'est mon sentiment particulier. »

(Page 40.)

AFFAIRE NEY.

Dans les *Considérations* sur l'affaire du maréchal Ney imprimées au tome II de l'*Histoire du Procès* recueillie par Évariste Dumoulin, je relevais cette circonstance : que le roi Louis XVIII, malgré tous les moyens de défense qu'il avait sous la main, avait reculé devant l'idée de commencer une guerre civile! La censure a obligé de supprimer le développement de cette assertion, que l'éditeur du Procès a remplacée par plusieurs lignes ponctuées... Je rétablis ici ce passage :

«.... Surtout si l'on réfléchit que le Roi lui-même, entouré de » sa Maison militaire, des volontaires royaux et de ses serviteurs » les plus empressés et les plus démonstratifs, maître de la Capi- » tale et de toutes les ressources du gouvernement, a mieux aimé » prendre le parti *de se retirer sans combattre,* que de livrer son » peuple chéri *aux horreurs de la guerre civile.* » (Voyez la Proclamation royale du 19 mars 1815).

De ce rapprochement, je tirais cette conséquence : — « Alors, » disais-je, si on fait un reproche, du moins on ne fera plus un » crime au maréchal Ney de n'avoir pas pris sur lui de *commen-* » *cer la guerre civile.* »

D'ailleurs, n'est-ce pas aussi ce qu'avait fait Monsieur comte d'Artois envoyé à Lyon *en avant* du maréchal Ney, et qui, sans lui transmettre aucun ordre, s'était retiré précipitamment sur Paris aux approches de Napoléon ? Et pourtant il avait avec lui des forces militaires imposantes commandées par le maréchal Macdonald !

(Page 42.)

Extrait des débats dans l'affaire du Maréchal Ney, devant la Chambre des Pairs à l'audience du 5 décembre.

Dépositions du prince d'Eckmühl (maréchal Davoust), général en chef de l'armée ralliée sous Paris ; — du général Guilleminot, son chef d'état-major ;—de M. le comte de Bondy, préfet de la Seine, témoins assignés pour déposer relativement à la capitulation de Paris à laquelle ils avaient concouru ; — recueillies par Ev. Dumoulin, Procès de Ney, t. II, p. 192 et suivantes.

« Trente-cinquième témoin : S. Exc. le maréchal Davoust, prince d'Eckmühl.

» *M. le Président* (chancelier Dambray). Monsieur le Maréchal, connaissiez-vous le Maréchal avant les faits qui ont donné lieu à l'accusation ?

» *Me Berryer.* Les questions que je prie Monseigneur d'adresser au Prince portent non sur l'acte d'accusation, mais sur la convention du 3 juillet, qu'il a conclue avec les généraux alliés.

» *M. Bellart.* Il suffirait d'observer que les quatre témoins ont été appelés pour déposer sur les faits de l'accusation, pour que les commissaires pussent s'opposer à ce qu'ils fussent entendus. C'est à l'appui d'un système *qu'il est bien tard de présenter qu'on in-*

voque la convention du 3 juillet! Mais pour qu'on sache avec quelle générosité procèdent les accusateurs, nous ne nous y opposons point.

» *Me Berryer.* Le prince d'Eckmühl a été chargé, par la commission du gouvernement provisoire, de stipuler dans la convention du 3 juillet. Il peut avoir des souvenirs précieux sur ses dispositions.

» *Le prince d'Eckmühl.* Dans la nuit du 2 au 3 juillet, tout était préparé pour se battre. La commission envoya l'ordre de traiter avec les généraux alliés. Les premiers coups de fusil avaient été tirés. J'ai envoyé aux avant-postes pour arrêter l'effusion du sang. La commission avait remis le projet de la convention ; j'y ai ajouté tout ce qui est relatif à la démarcation de la ligne militaire ; *j'ai ajouté les articles relatifs à la sûreté des personnes et des propriétés, et j'ai spécialement chargé les commissaires de rompre les conférences,* SI CES DISPOSITIONS N'ÉTAIENT PAS RATIFIÉES.

» *Me Berryer.* Je prie Son Excellence de vouloir bien dire où était le quartier général des alliés.

» *Le Prince.* Le maréchal Blücher était à Saint-Cloud; le duc de Wellington était, je crois, à Gonesse. Il s'est rendu à Saint-Cloud quand il a été informé des conférences. C'est là qu'a été arrêtée la convention.

» *Me Berryer* a demandé au prince quelles étaient ses espérances pour résister, si la convention n'eût point été accordée telle qu'on la demandait pour les avantages de Paris ?

» *Le Prince.* J'aurais livré la bataille. J'avais 25,000 hommes de cavalerie, 4 à 500 pièces de canon, j'avais tout l'espoir de succès que peut avoir un général qui commande des Français, et l'armée aurait prouvé que si les Français sont prompts à fuir, ils avaient été prompts à se rallier sous les murs de Paris.

» *Me Berryer.* Je prie le Prince de dire quel était *le sens* que lui et le gouvernement provisoire donnaient à l'article 12.

» *M. Bellart.* Les commissaires du Roi *s'opposent à cette question indiscrète.* La discussion, je le vois bien, roulera sur la capitulation ; mais l'acte existe comme il existe. L'opinion du Prince n'y peut rien changer. Un acte ne peut pas être altéré par des déclarations.

» *Le maréchal* NEY. La déclaration était tellement protectrice, *que c'est sur elle que j'ai compté.* Sans cela, croit-on que je n'eusse pas préféré de périr le sabre à la main ? C'est *en contradiction de cette capitulation que j'ai été arrêté,* et sur sa foi je suis resté en France.

» *Le Président.* C'est dans la capitulation écrite que *son sens* est renfermé[1] ; peu importe l'opinion que chacun peut en avoir. En vertu du pouvoir *discrétionnaire* qui m'est conféré, la question ne sera pas faite. J'ai d'ailleurs consulté la Chambre, et la grande majorité a été de mon avis.

» Trente-sixième témoin. M. le comte de Bondy, ancien préfet de la Seine.

» *M. le Président.* Vous êtes appelé pour donner connaissance des faits relatifs aux militaires compris dans la capitulation de Paris.

» R. La principale base de la convention était la tranquillité publique, la sûreté de Paris, le respect des personnes et des propriétés. C'est dans cette intention qu'elle a été rédigée et proposée aux généraux Blücher et Wellington. Il y a eu quelques débats sur ces dispositions, *mais aucune difficulté sur l'article* 12 ; *il a été accepté de la manière* LA PLUS RASSURANTE POUR CEUX QUI Y ÉTAIENT COMPRIS.

» Trente-septième témoin. M. Guilleminot, lieutenant-général.

» *Le Président.* Vous êtes appelé à déposer sur la part que vous avez eue dans la capitulation de Paris relativement aux militaires.

» *M. Guilleminot.* Comme chef de l'état-major, j'ai été chargé de stipuler *l'amnistie en faveur des personnes* QUELLES QU'EUSSENT ÉTÉ LEURS OPINIONS, LEURS FONCTIONS ET LEUR CONDUITE ; ce point a été *accordé sans aucune contestation ; j'avais ordre de rompre toute conférence si l'on m'eût fait éprouver un refus ; l'armée était prête à attaquer :* C'EST CET ARTICLE QUI LUI A FAIT DÉPOSER LES ARMES.

» Me *Dupin.* Si cette convention était purement militaire, pourquoi y adjoindre MM. de Bignon et de Bondy ?

» *M. Guilleminot.* Ils stipulaient *pour les non-militaires*, comme moi *pour les militaires.* »

Ainsi, il résulte bien évidemment de ces dépositions :

1° Que la convention du 3 juillet n'a pas été une convention purement militaire, comme l'a prétendu un noble pair dans le délibéré, et qu'elle a été stipulée dans l'intérêt de tous ;

2° Qu'en ce qui concerne spécialement les militaires, elle était la condition *sine quâ non* de la convention ;

3° Qu'en particulier, le maréchal Ney l'a entendue ainsi ; — qu'il y a vu sa sûreté ; *c'est sur elle que j'ai compté*, dit-il. Et il

[1] Aussi disions-nous que ce sens était très-clair. Quand on dit que *personne* ne sera *inquiété* ni *recherché* pour ses opinions, c'est bien dire qu'on ne pourra pas *accuser*, *juger* ni *tuer personne* pour ces mêmes opinions.

ajoute avec raison : *Sans cela,* croit-on que je n'eusse pas *préféré de périr le sabre à la main?*

Sous Troie il fallait l'accabler,
Tout était juste alors!.......

Mais le juger après coup *contre la foi des traités* (protestation), — c'est un *assassinat!* comme l'a dit avec indignation le général Excelmans au sein même de la Chambre des Pairs.

(Page 44.)

Réponse de lord Liverpool à madame la maréchale Ney.

Londres, 21 novembre 1815.

Madame, j'ai l'honneur d'accuser la réception de votre lettre du 13, et c'est avec le sentiment de la commisération la plus sincère pour la position malheureuse dans laquelle vous vous trouvez, que je me trouve obligé de vous dire que je ne puis pas donner une autre réponse à la réclamation contenue dans votre lettre, que de vous rapporter aux communications qui ont déjà été faites au maréchal et à vous-même par le *duc de Wellington* et le *chevalier Stuart* de la part des puissances alliées.

J'ai l'honneur d'être, madame,

Votre très-humble et très-obéissant serviteur,

LIVERPOOL.

(Page 45.)

Réponse du chevalier Ch. Stuart, ambassadeur d'Angleterre, à la note de MM. Berryer et Dupin relative à la capitulation de Paris[1].

Paris, ce 5 décembre 1815.

« L'ambassadeur d'Angleterre a reçu la lettre de MM. BERRYER et DUPIN en date du 2 ce mois, accompagnée d'un exemplaire

[1] Les originaux de cette lettre et de celle de lord Liverpool se trouvent reliés dans le tome VI de mes Consultations manuscrites, pages 503 et 509. — Dans la note adressée par Berryer père, et par moi, à l'ambassadeur d'Angleterre, se trouvait le passage suivant : — « L'article 12 de la Convention de Paris eût été sans objet s'il n'avait renfermé *de la part des hautes Puissances*, qu'une *renonciation pour leur compte seulement* à un droit de recherche individuelle qui *n'est pas autorisé par le droit des gens;* — tandis qu'au contraire il est certain que ceux qui stipulaient pour l'armée française et la ville de Paris ne contractaient qu'en vue du retour de Sa Majesté Louis XVIII, et *pour se mettre à l'abri des poursuites annoncées dans la proclamation de Cambray.* » — C'est aussi pour cela que nous appelions lord Wellington et le gouvernement anglais *en garantie*, dans la personne du premier ministre et de l'ambassadeur.

d'un imprimé, touchant les effets de la *Convention* du 8 juillet 1815 et du *Traité* du 20 novembre 1815 relativement à l'accusation de M. le maréchal Ney.

» En attendant les ordres que ces pièces pourraient motiver de la part de son gouvernement, l'ambassadeur doit se rapporter à la réponse qu'il a déjà eu l'honneur de donner à madame la maréchale Ney ainsi qu'à M. BERRYER.

» Il saisit cette occasion d'offrir à MM. BERRYER et DUPIN l'assurance de sa considération très-distinguée. »

(Page 59.)

Discours de M. Dupin à la séance du 12 *novembre* 1831 [1] *sur la pétition des habitants de la Moselle, demandant qu'un monument fût élevé à la mémoire du maréchal Ney.*

« Messieurs, dit l'orateur au milieu d'un profond silence, j'adhère avec empressement à toute *réparation* qui serait accordée aux mânes illustres du maréchal Ney; mais la meilleure réparation, c'est la révision et la cassation de l'arrêt qui l'a condamné. (Acclamations soudaines et générales d'approbation.) — Les moyens ne manqueront pas! (Une foule de voix : Non! non! — Ecoutez!)

» Et d'abord, je me rappelle encore ces terribles paroles qui furent prononcées par le premier ministre d'alors, en se présentant à la Chambre des Pairs constituée en cour de justice : « C'est au nom de l'*Europe* que je viens vous conjurer et vous *requérir* à la fois de juger le maréchal Ney. » (Mouvement général d'indignation.)

» Ainsi, continue M. Dupin, l'acte d'accusation était porté au nom de l'étranger, de l'étranger en armes, occupant Paris à la suite, non d'une conquête, mais d'une convention militaire.

» Il est un second point qui de tout temps a entaché et vicié les jugements : la défense n'a pas été libre. — Ce n'est pas là une de ces interruptions qui empêchent seulement de poursuivre une phrase qui sonne mal à l'oreille du juge : c'est l'interdiction formelle de plaider un moyen que les défenseurs regardaient comme légitime et comme décisif.

» Cette interdiction fut faite par un arrêt, si l'on peut appeler ainsi une résolution prise au moment du repos de l'audience en

1 *Constitutionnel* du 13 novembre. — Ce discours de 1831 est rapporté ici pour montrer sa conformité avec celui du 5 décembre 1853, sur les moyens de nullité constamment invoqués.

la chambre du conseil, sans entendre les défenseurs sur l'incident : arrêt lors duquel (je le tiens d'un des juges qui y fit attention, parce qu'il avait été ancien magistrat) les voix furent prises, mais ne furent pas comptées, — quoique cela soit de rigueur en matière criminelle. (Vive sensation.)

» La Cour reprit séance et défendit aux avocats de plaider le moyen résultant de la convention militaire de Paris ; et pourtant ce moyen était décisif : car la convention portait interdiction de rechercher qui que ce soit pour ses opinions, ses actes et ses fonctions.

» Qu'on vînt dire que, la convention ayant été passée entre militaires, cela ne suffisait pas pour lier le gouvernement : il fallait laisser plaider le moyen pour le pouvoir ensuite apprécier. Mais ce subterfuge même était inutile : la convention avait été faite au nom de l'alliance, qui avait pouvoir de la dynastie légitime pour attaquer Paris.

» La convention avait d'ailleurs été ratifiée par ceux qui avaient profité de ses effets, puisque cette convention avait procuré aux Bourbons leur retour en France, où ils ne rentrèrent que parce que l'étranger s'y était logé. La convention protégeait à la fois les personnes, les propriétés et les monuments. En effet, par qui avait-elle été conclue ? Par une commission militaire, et par M. le préfet de la Seine au nom des habitants de Paris et de la sûreté des monuments de la capitale.

» On traitait non-seulement dans l'intérêt de la ville de Paris, mais, comme je l'ai dit, au nom de cette brave armée qui s'était ralliée sous les murs de Paris. Je me rappelle encore que, lorsque les commissaires furent interrogés devant la Chambre des Pairs, M. le comte de Bondy déclara qu'il leur avait été adjoint pour stipuler pour les intérêts civils, pour les personnes et pour les propriétés.

» M. le maréchal Davoust vint ensuite, avec la noble simplicité qui convenait à son courage, déclarer qu'il avait 60,000 hommes d'infanterie, 25,000 hommes de superbe cavalerie, 500 pièces de canon attelées, et toutes les espérances d'un général français qui se bat sous les murs de la capitale pour le salut de la patrie. (Vive approbation.)

» Cest en présence de ces formidables moyens de défense (je devrais dire de victoire, car tous les généraux furent d'avis que la première victoire était infaillible pour l'armée française) que l'on traita ; et dans ce traité furent mis à couvert les personnes et les intérêts militaires. Lorsque ensuite on est venu prendre en détail les chefs qui avaient aussi traité à la tête de cent mille hommes, chacun d'eux a donc pu dire comme l'amiral de Coligny :

« Je n'ai pas prétendu céder par un traité
« Le droit de m'égorger avec impunité. (Bravo ! bravo !)

» Voilà le moyen que nous voulions faire valoir devant la Chambre des Pairs : je crois qu'il aurait été victorieux. Mais nous ne fûmes pas entendus ; il y a eu violation du droit sacré de la défense : la condamnation est illégale et nulle. Il n'y a pas seulement mal jugé : on peut dire en réalité qu'il n'y a pas eu arrêt. (Nouvelles marques d'une éclatante approbation.)

» Si on nous avait entendus, et qu'on eût condamné, il aurait pu y avoir mal jugé : mais, je le répète, les droits de la défense furent violés, il n'y a pas eu de véritable arrêt.

» Quant au moyen tiré du traité du mois de novembre, qu'on ne s'y méprenne pas, qu'on se dispense de jeter à ce sujet un doute désobligeant dans les esprits : c'est précisément pour montrer le vice d'un arrêt qu'il n'était pas en notre pouvoir d'empêcher de rendre, que nous avons constaté jusqu'au dernier moment l'impossibilité dans laquelle les défenseurs du maréchal avaient été de le défendre contre une accusation portée au nom de l'étranger.

» C'est de concert avec le maréchal, et pour mieux mettre en évidence le refus obstiné des juges d'entendre la défense, que j'ai rédigé moi-même cette protestation, qui fut écrite de ma main, et copiée par le maréchal Ney. Je l'ai conservée : il appartient à ses fils de la relever, comme ils m'en ont exprimé le désir. (Mouvement.)

» J'aurai l'honneur, puisque c'est leur dessein, de m'en constituer encore le défenseur. (Bien ! très-bien ! — Bravos universels.) — J'appuie le renvoi. »

Le renvoi de la pétition au conseil des ministres fut prononcé sans opposition.

(Page 65.)

Lettres du MARÉCHAL MONCEY.

Parmi les lettres que m'a écrites le maréchal Moncey, j'en donnerai seulement deux, parce qu'il y parle de mon père.

Paris, le 30 décembre 1839.

Mon cher et digne ami, si l'état toujours languissant de ma santé ne m'eût pas contraint à mener une vie absolument retirée qui m'ôte jusqu'à la faculté de m'acquitter de mes devoirs envers le Roi, je me serais donné le plaisir d'aller vous réitérer moi-même l'expression de mes sentiments d'affection pour vous et votre famille. Je n'existe plus, pour ainsi dire, que par mes souvenirs, et quand ils se reportent sur d'anciens amis, sur des hommes qui, comme vous, m'ont donné des marques d'un véritable attachement, j'y trouve une consolation qui m'aide à supporter le poids de mes infirmités; c'est un privilége accordé à ma vieillesse. Agréez donc pour vous et votre vénérable père mes vœux sincères pour votre bonheur; au rang où vous placent vos éminentes qualités, les plus nobles satisfactions ne vous manqueront jamais; celles-là, je dois donc moins les souhaiter pour vous, que le parfait contentement que vous donneraient une santé florissante et la continuation des jours heureux pour tout ce qui vous est cher.

Agréez, mon cher et digne ami, la nouvelle assurance de ma haute considération.

Le maréchal duc de Conégliano, gouverneur des Invalides.

Signé, MONCEY.

J'apprends à l'instant par le journal du soir votre départ pour Clamecy. J'en regrette bien vivement la cause, tout en espérant que vous n'aurez point à déplorer ce que j'appellerais un malheur commun. Embrassez pour moi votre bon père.

Paris, le 7 janvier 1841.

Mon cher monsieur Dupin, je m'empresse de vous exprimer toute ma gratitude, pour les bons souhaits que vous avez pris la peine de m'adresser à l'occasion de la nouvelle année. Vous connaissez depuis longtemps mes sentiments d'attachement pour vous et votre respectable famille : en les traduisant, vous y trouverez mes vœux sincères pour tout ce qui peut contribuer à votre bonheur à tous, et j'éprouve une grande satisfaction, je vous assure, à vous en renouveler l'expression.

Je serai charmé de vous voir et de vous embrasser, lorsque vos occupations vous permettront de venir à l'hôtel des Invalides; cela me dédommagera de ne pouvoir aller chez vous.

Parlez de moi à votre respectable père; dites-lui combien je conserve précieusement le souvenir de nos anciennes relations, et veuillez, je vous prie, lui faire toutes mes amitiés.

Agréez, mon cher monsieur Dupin et digne ami, la nouvelle assurance de ma vieille et constante affection.

Le maréchal duc de Conégliano, gouverneur des Invalides.

Signé, MONCEY.

(Mon père à qui j'avais communiqué cette lettre me la renvoya avec le billet suivant :)

Clamecy, 11 janvier 1841.

Je te remercie, mon ami, de m'avoir communiqué la lettre du vénérable maréchal Moncey, lettre aussi honorable que flatteuse pour notre famille. A tes remerciments personnels, joins mes actions de grâce pour le souvenir qu'il a encore la bonté de me conserver. Tu les lui exprimeras bien plus facilement que ne me le permet le dépérissement de mes forces, qui me relègue au nombre des invalides sans avoir pourtant l'honneur d'être placé sous son heureux gouvernement.

Je t'embrasse de tout mon cœur. Signé, DUPIN.

(Page 66.)

MARÉCHAL BRUNE.

Exposé pour madame la maréchale Brune, sur la plainte en calomnie portée contre le sieur Martainville, rédacteur du Drapeau blanc, *à l'audience du* 18 *août* 1819, par M. Dupin, avocat.

Messieurs les jurés,

La liberté de la presse cesserait d'être un bienfait, ce serait un fléau, une calamité publique, si chacun pouvait en abuser impunément au gré de ses passions.

Le principal but de la liberté de la presse est la défense des droits et des intérêts nationaux : c'est là que l'entraînement est excusable, si les torts de l'écrivain ne peuvent être attribués qu'à son ardent amour pour la patrie ou à sa haine contre l'arbitraire.

Mais si l'exercice de ce droit est sacré quand il a pour base l'utilité publique : il devient pernicieux, il est criminel, quand on s'en sert pour calomnier les particuliers et jeter la désolation dans les familles.

On reconnaîtra toujours les vrais amis de la liberté de la presse à l'usage discret qu'ils en feront : tandis qu'on verra constamment ses détracteurs se livrer à des excès propres à la décrier. — C'est ainsi que de tout temps, les ennemis de la liberté publique ont obstinément cherché le retour à la servitude, dans les écarts de la licence et les crimes de l'anarchie.

Si le maréchal Brune vivait encore, il aurait pu se croire au-dessus des calomnies et les mépriser : ou plutôt, il est à penser qu'on n'eût pas osé l'insulter.

Mais il avait succombé sous les coups d'un parti!... il ne laissait qu'une veuve!.... L'occasion a paru favorable pour calomnier, on s'est flatté de l'impunité.

Madame la maréchale remplira tous ses devoirs avec constance et fermeté. Elle obtiendra justice, elle en a pour garants la haute sagesse et l'équité du prince qui nous gouverne.

Non, la postérité ne dira pas que sous le règne de Louis XVIII, un maréchal de France fut assassiné et calomnié, sans que, ni la mort de la victime, ni sa mémoire aient été vengées.

Ce dernier objet seul doit nous occuper aujourd'hui, vous n'êtes saisis que du procès en calomnie.

L'auteur du *Drapeau blanc* a donné à madame la maréchale Brune de justes et douloureux sujets de *plainte*.

Le libelle a peu d'étendue : mais on peut affirmer que jamais on ne trouva l'art détestable d'accumuler, en moins de mots, plus d'injures et de diffamations.

Je n'en répéterai point la lecture; vous venez de l'entendre : les termes en sont encore présents à vos esprits.

De courtes observations suffiront pour faire ressortir la calomnie, et vous faire sentir la nécessité de réprimer enfin la licence d'un écrivain qui ne respecte ni les vivants ni les morts.

La mémoire de M. le maréchal Brune est diffamée dans la conduite qu'il a tenue, soit à l'intérieur de la France, soit au dehors comme ambassadeur et comme général en chef.

Si le bien qui sort quelquefois du mal même n'était pas trop chèrement acheté, les amis de M. le maréchal Brune devraient se féliciter des calomnies dont il est devenu l'objet. On ne peut en effet le défendre sans le louer; sa justification n'est qu'une continuelle apologie, il n'est pas un des faits qui lui sont reprochés comme un crime qui n'offre l'occasion de rappeler un trait honorable dans sa vie.

Tous ceux qui ont connu M. le maréchal Brune savent quelle était la douceur et l'aménité de ses mœurs; quoique voué de bonne heure à la carrière des armes, il n'avait pas négligé la culture des lettres; et il avait puisé dans leur étude cette urbanité que les plus grands capitaines n'ont pas toujours su allier au courage.

Son avancement, disent les auteurs, ne fut l'ouvrage ni de l'intrigue ni de la faveur; il n'a dû sa fortune qu'à lui-même, et ce fut toujours sur le champ de bataille que ses chefs l'avancèrent en grade jusqu'à celui de général de division. Confondu dans les rangs des grenadiers, il leur donna l'exemple de la discipline et de la bravoure, et il mérita d'être surnommé par eux, comme un autre Latour-d'Auvergne, *le premier grenadier français.*

A l'attaque de Vérone, Brune, alors général de brigade, se jeta à la tête des grenadiers de la 75e sur les pièces des Autrichiens qu'il enleva à la baïonnette. Bonaparte en faisant au Directoire l'éloge de son intrépidité, écrivait : « Le général Brune a reçu sept balles » dans ses habits, aucune ne l'a blessé : c'est jouer de bonheur. » Le *Drapeau blanc* appelle cela *vaincre sans péril!*

Le trait le plus prononcé de son caractère était l'amour de la patrie. Toujours prêt à verser son sang pour elle en combattant l'étranger, comment aurait-il, au sein de la France même, mérité ces titres odieux de *révolutionnaire sans foi, d'imposteur* TEINT DU SANG DE SES COMPATRIOTES!

Oh! qu'on ne s'abuse point sur les funestes effets de la calomnie! c'est à l'aide de pareilles imputations semées sur la route de M. le maréchal, qu'on est parvenu à exciter l'assassinat contre lui. On l'accusait d'avoir, au milieu des massacres de septembre, pris part à un forfait horrible (le meurtre de la princesse de Lamballe) : — et il est de fait, que dès le 18 août 1792, le général Brune avait été envoyé en Belgique, en qualité de commissaire du Directoire exécutif. Ce sont des écrivains belges eux-mêmes qui nous attestent qu'à cette époque Brune était dans leur pays. Dans la *Galerie historique des Contemporains*, ouvrage imprimé à Bruxelles, depuis la mort du maréchal, chez Auguste Wahlen, on lit ce qui suit :

« On a prétendu que Brune avait été l'un des assassins de l'in- » fortunée princesse de Lamballe, massacrée le 2 septembre 1792, » à la prison de la Force : cette accusation tombe d'elle-même ; » BRUNE N'ÉTAIT POINT ALORS A PARIS, il était, ainsi que nous l'avons » dit au commencement de cet article, *dans la Belgique*, où il » avait été envoyé par le Conseil exécutif. »

En effet, il existe dans nos archives des dépêches *officielles* qui attestent qu'à *cette fatale époque de nos troubles*, le général Brune *n'était point sur le territoire français.*

Plus tard on lui dut la pacification des départements de l'Ouest[1] : et lorsqu'il quitta ces contrées, on déplora son départ, on faisait des vœux pour que son successeur lui ressemblât[2] ; et voilà l'homme qu'on ose appeler imposteur *teint du sang de ses compatriotes!*

[1] Madame la maréchale Brune m'avait remis l'original de la Convention signée entre Brune et Georges pour arrêter l'effusion du sang dans la Vendée, et pacifier cette malheureuse contrée qui, au dire même de Georges, n'était agitée que par les chefs du parti. (Voyez cette pièce ci-après.)

[2] Voyez les lettres de *Georges*, commandant en chef des Chouans (ci-après, page 468).

Comme ambassadeur, que lui reprochez-vous? D'avoir décrié sa nation chez les peuples voisins? D'avoir appesanti le *sceptre diplomatique* sur ceux de ses compatriotes que des événements malheureux conduisaient en pays étranger? — Nullement.

Il a porté au loin l'honneur du nom français, il a fait estimer dans les négociations le guerrier qui ne savait se faire craindre que sur les champs de bataille; il a protégé notre commerce du Levant; chaque Français, près de lui, a constamment trouvé protection, aide, secours; et il n'a été rappelé de Constantinople qu'à l'époque où l'influence anglaise ayant pris le dessus, il fallut porter nos armes jusqu'aux bouches du Cattaro.

A une époque antérieure, Brune avait été chargé par le Directoire d'une mission dans la Cisalpine : ouvrons la *Galerie historique*, et lisons : « Brune honora sa mission, en demandant à la » cour de Turin de mettre un terme aux exécutions militaires que » ce gouvernement multipliait à un point effrayant contre ceux » des sujets piémontais qui s'étaient déclarés en faveur de la » France. »

Cessez donc de le ranger parmi *les missionnaires de division, de tromperie et de corruption.*

Général sans talent, dit le *Drapeau blanc.* —Ah! nos ennemis lui ont rendu plus de justice. Après que la capitulation du Helder eut renouvelé pour l'armée anglo-russe l'humiliation des Fourches Caudines, le duc d'York, bien loin de méconnaître la supériorité de son vainqueur, publia un *ordre du jour* dans lequel il rendait un noble hommage à l'humanité, à la générosité même avec laquelle Brune avait usé de la victoire. En effet, il n'eût tenu qu'à lui de jeter toute cette armée à la mer.

En Suisse, la conduite de Brune fut digne en tout d'un général français.

« Fribourg fut emporté d'assaut, et cependant n'eut qu'à se » louer de la modération du vainqueur. Les personnes et les pro» priétés furent aussi religieusement respectées que si la ville se » fût rendue par capitulation. On pourrait dire *mieux,* si l'on en » juge par des exemples plus modernes. Les prisonniers furent » renvoyés, et des larmes de joie attestèrent leur reconnaissance. » Voilà ce que racontent nos fastes militaires [1].

Les relations imprimées à l'étranger lui rendent le même témoignage. « La guerre ayant été déclarée à la Suisse (disent les au-

[1] *Galerie militaire,* par F. Babié et L. Beaumont, Paris, an XIII, tome II, page 184.

» teurs belges que j'ai déjà cités [1]), Brune eut le commandement » de l'armée française destinée à soumettre ce pays, marcha sur » Fribourg, prit cette place, et montra de la sagesse et de la mo- » dération dans l'usage de la victoire, lors même que ses instruc- » tions lui prescrivaient le plus souvent des mesures injustes et » violentes. »

Il s'est emparé du Trésor de Berne sans récépissé, ni inventaire, ni procès-verbal, dit *le Drapeau blanc*.—Vous avez lu, messieurs, le précis imprimé pour madame la maréchale Brune et toutes les *pièces justificatives*. Ces pièces parlent assez haut par elles-mêmes; elles n'ont pas besoin d'être commentées. Il en résulte la preuve la plus évidente, la plus complète, de la fidélité scrupuleuse avec laquelle les finances de la Suisse ont été administrées sous le commandement du général Brune.

Quant aux principes qui dirigèrent sa conduite dans l'administration intérieure du pays, on ne peut en prendre une plus juste idée que dans la lettre qu'il écrivait le 8 germinal an VI, en quittant la Suisse, à M. Le Carlier, alors commissaire du Directoire exécutif près l'armée d'Helvétie. Il lui disait :

« Le peuple suisse est bon et confiant; vous l'amènerez aisé- » ment aux principes de la liberté qui doivent assurer son bon- » heur. Je crois qu'un des grands moyens de convertir les Suisses » à la liberté, c'est de s'en faire *aimer et estimer*, et de *respecter » la parole donnée*. Les Montagnards sont les plus braves et les » plus francs : ils nous aiment beaucoup, il faut les ménager, car » ils ont un grand ascendant sur tout le pays. *Avec de la fran- » chise* et quelques égards, *vous ferez la conquête des cœurs, » elle vaut bien celle d'un territoire* [2].

Voilà, messieurs, la conduite et le langage de ce Brune, de ce *brigand, engraissé du sang et de la ruine de l'Helvétie*.

Il est mort laissant pour toute fortune, constatée dans un inventaire authentique, environ *quinze mille livres de rente :* voilà le riche patrimoine de cet homme qui *engloutit toutes les caisses publiques et particulières des familles patriciennes*.

Quinze mille francs de rente! et il fut pendant plus de vingt ans général en chef! Il a conquis la Suisse, vaincu les armées de l'Autriche, aux bords à jamais célèbres de l'Adige et du Mincio! Il a forcé l'armée anglo-russe à chercher son salut sur ses vaisseaux! A son aspect, les Suédois ont repassé la Baltique!....

Jamais calomnie ne fut mieux démontrée; jamais écrivain ne fut plus répréhensible que l'auteur du *Drapeau blanc*.

[1] *Galerie historique des contemporains*, article *Brune*, page 12.

[2] *Pièces justificatives* du procès, n° XXIII.

Qu'alléguera-t-il pour sa justification?

Dans l'impuissance avouée où il se trouve de soutenir ses diffamations par pièces ou par témoins, il ne pourra s'excuser ni par la noblesse des motifs, ni par la faveur des circonstances.

Quel moment a-t-il pris?

Lorsque la veuve du maréchal, après un deuil de quatre ans qu'elle a porté avec toute la France, avait profité d'un moment de *calme constitutionnel* pour demander vengeance du meurtre de son époux; lorsque touché de sa plainte, le monarque venait de donner des ordres pour que les assassins fussent poursuivis; lorsque le ministre de la justice, convaincu que l'honneur de son roi est en effet intéressé à ce qu'un crime atroce ne reste pas impuni sous son règne, avait déjà pris des mesures pour assurer l'action de la loi.

Voilà le moment qu'a saisi *le Drapeau blanc* pour diffamer le maréchal: il s'indigne qu'on ait osé reproduire les traits de ce personnage: il s'irrite surtout de ce que, par l'application des vers où la poésie déplore la mort de Coligny, on établit un rapprochement, hélas! trop sensible, entre ces deux victimes de nos dissensions civiles: il va chercher dans un livre imprimé à l'étranger des calomnies qu'il exhume et qu'il reproduit; il s'attache à les faire ressortir; et, par la tournure ironique qu'il donne à sa rédaction, au lieu de l'inscription qui l'importune, au bas du portrait du maréchal, il s'efforce d'y substituer cette idée: *Voilà l'homme qu'on a bien fait de tuer; voilà l'homme dont on aurait tort de venger le trépas.*

Et si celui que le sieur Martainville a calomnié avec tant de virulence était un homme auquel il dût de la reconnaissance!... S'il en avait reçu quelques services!... Si à la calomnie se joignait l'ingratitude!... Si à Toulon, vous l'aviez trouvé bienfaisant!.. S'il était vrai qu'à Gênes son nom seul invoqué par vous eût suffi pour protéger la liberté de votre personne!... Je m'arrête ici; je ne veux point humilier le sieur Martainville; je veux seulement le faire punir....

(Suivent les pièces annoncées dans la note au bas de la page 463.)

Pacification de la Vendée par le maréchal Brune.

Brune, chargé par le Premier Consul d'un commandement supérieur en Vendée, après avoir triomphé par les armes, employa tous ses efforts et réussit à amener la pacification de ces malheureuses contrées. — Madame la maréchale m'avait armé des pièces propres à prouver cette assertion.

Voici le texte de la capitulation signée par Georges. Elle porte la date du 23 pluviôse an VIII, mais une petite note de la main de Brune annonce qu'il y a erreur de date, et qu'elle est du 25. Elle est écrite sur une feuille à tête de lettre.

« Au quartier général de Vannes, le 23 pluviôse an VIII de la République française, une et indivisible.

» Brune, conseiller d'État, général en chef.

Article 1er.

» Les armes seront rendues dans vingt-quatre heures à la date de la connaissance que chaque chef de légion en recevra du commandant en chef. Ce délai ne peut excéder quarante-huit heures pour toutes les légions.

Art. 2.

» Les armes seront rendues aux postes d'Auray, Hennebon, Vannes, Lominé, Questenberg, Guer, Josselin, ou la Trinité et Guémené. Les canons et munitions seront rendus à Vannes.

Art. 3.

» Il en sera donné reçu général et détaillé par chaque chef de poste républicain ou chef chouan qui les remettra.

Art. 5.

» Les chefs donneront une déclaration du lieu où ils voudront se retirer, et il leur sera donné une sauvegarde signée du général en chef pour qu'ils soient assurés de l'appui du gouvernement.

Art. 6.

» Le commandant en chef des chouans, Georges, après la reddition des armes, se rendra à Paris près le gouvernement. Il lui sera donné, à cet effet, les passe-ports nécessaires.

Art. 7.

» Les demandes particulières pour le dégrèvement du pays appartenant au gouvernement, qui a à cœur de soulager les malheureux Bretons du fléau de la guerre civile, Georges fera connaître à Paris les vues qu'il a à cet égard.

Art. 8.

» Les prêtres catholiques seront sous la protection du gouvernement.

Art. 9.

» A ces conditions, le pays sera déclaré pacifié à son de trompe, et le général en chef Brune y fera régner le bon ordre, la sûreté des propriétés et la tranquillité des personnes.

Art. 10.

» Les dispositions énoncées ci-dessus sont applicables au département des Côtes-du-Nord et à la partie insurgée du Finistère.

« Brune. Georges. »

(Tout ce qui précède est en entier de la main de Brune.)

Articles additionnels.

Art. 1er.

« Tous les individus qui ont pris part à la guerre actuelle rentreront dans l'état où ils étaient avant la reprise des hostilités ; l'administration du lieu où ils se trouveront ne pourra leur refuser des passe-ports purs et simples comme aux autres citoyens.

» Outre les passe-ports purs et simples des administrations, il sera délivré par le général en chef Brune aux principaux officiers une sauvegarde au nom du gouvernement.

Art. 2.

» Le général Brune suspend pendant deux décades tout payement à faire pour les fermes et rentes des biens nationaux vendus et invendus. Georges. »

(Les articles additionnels sont de la main de Georges avec sa signature seule. — Cette pièce avait été précédée d'une lettre de Georges en date du 12 février 1800, 4 heures du matin. (C'est le 23 pluviôse an VIII.)

Georges y presse la conclusion du traité, et sa lettre se termine par le post-scriptum suivant : « Encore une fois, soyez convaincu, » général, *que les chefs seuls constituent notre parti*, et que quel- » ques fusils de plus ou de moins ne signifient rien. »

Brune s'était tellement concilié l'estime et la confiance des chefs vendéens, que peu de temps après le traité de pacification du 25 pluviôse, et lorsque ayant ainsi terminé sa mission, il se disposait à partir, Georges lui écrivait le 23 février (4 ventôse an VIII) :

« .... J'ai tant de peur de voir une mauvaise tête nous comman- » der après votre départ, qu'à chaque lettre je ne cesserai de vous » répéter de faire choix d'un homme sage et sensé que vous char- » gerez de consommer dans ce pays *l'œuvre de la paix si heureu-* » *sement commencée par vous*. Alors il vous aura la double obli- » gation de l'avoir *préservé d'une dévastation*, et, à votre départ, » de l'avoir mis entre les mains d'un homme propre à cicatriser, » et non à renouveler ses plaies.

» J'ai l'honneur d'être avec la plus haute considération et la » plus parfaite estime, général, votre très-humble et très-obéis- » sant serviteur. — Georges. »

(Page 81.)

Funérailles du maréchal Brune.

Dans la notice sur le procès des assassins du maréchal Brune, j'ai rappelé comment madame la maréchale, après avoir fait recueillir les restes de son époux, les avait placés dans un cercueil conservé dans une des salles de son château, — en attendant une inhumation solennelle.

La maréchale est décédée dans son château de Saint-Just le 1er janvier 1829. — Ses obsèques ont eu lieu le 3. — Je n'avais pas sous la main la notice contenant les détails de cette pieuse cérémonie. — Je priai l'un de mes amis, M. Marbeau, qui était en relations avec les parents de la Maréchale, de me procurer ces renseignements. — Quelques jours après, je reçus la lettre suivante de M. le capitaine Legros :

« *A Monsieur Dupin, ancien Président du Corps Législatif.*

» Monsieur ; — J'ai appris, il y a quelques jours, par M. Marbeau, que vous étiez à la recherche d'une petite Notice qui a été rédigée par moi à l'époque des obsèques de M. et de madame la Maréchale Brune à Saint-Just ; j'aurais été bien heureux de pouvoir vous être agréable, mais après bien des recherches je n'ai pu retrouver la pièce que vous désirez. Cependant comme je possède la date précise de cette triste cérémonie, on peut facilement se procurer tous les détails que vous demandez. Ainsi, madame la Maréchale est décédée le 1er janvier 1829, les obsèques ont eu lieu le 3 du même mois, et la Notice a été insérée dans quelques journaux du 5 ou du 6.

» Mais pour abréger vos recherches, je m'offre de grand cœur à y suppléer; car, parent par alliance de M. le maréchal, j'ai bien entendu parler de vous par sa digne épouse ; elle avait apprécié, avec son excellent cœur et son bon jugement, le talent et le courage que vous avez déployés dans le triste procès qu'elle soutenait pour conserver intacte la mémoire de l'illustre maréchal Brune.

» Je pourrais ajouter encore, avec connaissance de cause, tout le désintéressement que vous avez montré dans cette affaire, car pour vous prouver combien elle était reconnaissante envers vous, elle aimait à nous conter la petite histoire du portefeuille ; peut-être l'avez-vous oubliée : permettez-moi de vous la rappeler[1]...

[1] Je supprime cette partie de la lettre qu'il ne m'appartient pas de publier. D'ailleurs il est assez connu, parce que de son vivant madame la maréchale s'est plu à le divulguer ; il a même été recueilli dans la *Biographie des contemporains*, publiée par Jay, Jouy, Arnaud, etc., en 1822, t. VI, p. 199.

» Permettez-moi, monsieur, d'ajouter quelques mots à ma lettre déjà si longue.

» Le terrain dans lequel reposaient les restes mortels de M. et de madame la maréchale Brune était resté vingt-trois ans sans être marqué par une croix ou par une inscription qui pût rappeler la mémoire des deux nobles époux. Ma femme et moi, nous avons fait élever un modeste monument qui a été inauguré le 15 mai 1851. Permettez-moi de vous adresser le plan et les quelques paroles que j'ai prononcées, à cette occasion, sur leur tombe. Nous avons voulu éviter, à cause de la terrible époque où nous étions, le retentissement. Voilà la raison pour laquelle nous avons préféré être entourés des seuls habitants de Saint-Just, qui se sont présentés en masse avec leurs souvenirs d'autrefois, c'est-à-dire remplis de reconnaissance pour leurs bienfaiteurs. Sans cette pénible circonstance, vous auriez été, monsieur, la première personne que nous aurions priée pour présider cette touchante cérémonie.

» Par votre talent et votre courage, votre nom est encore inséparable de celui de l'immortel maréchal Ney. Comme j'ai prononcé ce grand nom dans un article sur *la Russie*, qui a paru dans le *Moniteur de l'armée*, je prends la liberté de vous adresser un numéro de ce journal, en réclamant votre bonne indulgence pour le seul et unique écrit d'un vieux soldat dont l'éducation a été faite au milieu des camps.

» Il ne me reste plus, monsieur, qu'à vous prier de recevoir avec bienveillance l'expression des sentiments respectueux et reconnaissants de votre très-humble et très-obéissant serviteur. — Signé : Legros. »

A l'aide de ces indications, j'ai retrouvé dans le *Constitutionnel* le récit de ce qui s'était passé aux obsèques du maréchal Brune et de cette digne femme, pour le dévouement de laquelle j'avais conservé tant de respect, et je veux le consigner ici :

« Après une maladie douloureuse de trois mois et demi, madame la maréchale Brune vient de mourir en son château de Saint-Just le 1er de ce mois.

» A peine la nouvelle de sa mort a-t-elle été annoncée aux habitants qui attendaient avec anxiété dans les cours du château, et qui redoutaient avec raison d'apprendre la fin de celle qui les avait sauvés de la famine en 1816, qu'ils ont sollicité d'être admis près de son lit de mort.

» Les personnes chargées de faire rendre à madame la maréchale les honneurs dus à son rang, leur ont annoncé que le lendemain il serait dressé dans l'intérieur de la maison une chapelle ardente où serait déposé le corps de leur bienfaitrice, et qu'alors chacun serait admis à lui payer son dernier tribut.

» Un ami ayant recueilli, après l'horrible assassinat de M. le maréchal, les débris de sa dépouille mortelle, en prévint aussitôt madame la maréchale, qui s'empressa de les faire transporter secrètement dans son château, où depuis ils ont été religieusement conservés.

» Depuis longtemps madame la maréchale s'occupait de faire rendre à son époux les honneurs de la sépulture, et, à cet effet, elle avait demandé et obtenu qu'il serait déposé dans l'église de Saint-Just.

» La maladie est venue retarder l'exécution de ce projet.

» Les parents et amis qui connaissaient l'intention de madame la maréchale d'être réunie, après sa mort, aux dépouilles mortelles de son époux, ont rempli fidèlement ses dernières volontés.

» Le lendemain de la mort de madame la maréchale, son corps et celui de son illustre époux ont été déposés dans la chapelle ardente, où les habitants de Saint-Just et ceux des communes environnantes se sont empressés de se rendre. La chapelle était disposée ainsi : les cercueils étaient placés à côté l'un de l'autre ; celui du maréchal avait pour drap mortuaire le manteau de son grade couvert de ses nombreuses décorations, parmi lesquelles on distinguait un sabre d'honneur français et une épée donnée par la Hollande. Le modeste cercueil de madame la maréchale était simplement orné d'une couronne blanche. Un beau buste de Comoli, représentant le maréchal, dominait tout cet appareil de mort, qui n'était animé que par la présence de deux vieux sapeurs appuyés sur leurs haches.

» Le commandant des sapeurs-pompiers de Saint-Just avait offert un détachement de sa compagnie pour garder ces restes précieux. Ce détachement a exécuté de quart d'heure en quart d'heure des feux de peloton.

» Le 3, jour fixé pour l'inhumation, les autorités civiles et judiciaires du canton ont été invitées à cette cérémonie et y ont assisté.

» Des maires, adjoints, officiers supérieurs et autres des communes environnantes s'y sont spontanément rendus. Les deux corps ont été placés sur un char funèbre.

» Les compagnies de pompiers des communes de Marcilly et de Conflans, en tenue militaire, se sont d'elles-mêmes réunies à celle de Saint-Just, et ont été rangées en bataille.

» Avant l'enlèvement des corps, il a été fait une distribution de trois cents aunes de drap aux pauvres.

» A onze heures, le curé doyen, à la tête d'un clergé nombreux, composé de tous les curés des environs, s'est transporté au château, et aussitôt le cortége s'est mis en route pour se rendre à l'église.

» En tête marchait un peloton de sapeurs-pompiers. Venaient ensuite les pauvres, au nombre de deux cents, tous revêtus de manteaux. Après le clergé, venait le char funéraire, traîné par des pauvres. Les coins du drap mortuaire étaient portés, du côté de M. le maréchal, par des officiers supérieurs en retraite, et du côté de madame la maréchale, par des dames de l'association du bureau de bienfaisance de Saint-Just. Derrière le char marchait un ancien serviteur de confiance de M. le maréchal, portant ses insignes. Le char était entouré de torches funèbres portées également par des pauvres. Venaient ensuite les parents présents, les autorités et les assistants, au nombre de plus de trois mille. Le cortége était fermé par un autre peloton de pompiers; le reste de la troupe formait la haie.

» L'église était entièrement tendue de noir. Au milieu avait été élevé un catafalque sur lequel les corps ont été déposés pendant l'office divin. Après la cérémonie, le cortége est reparti dans le même ordre pour se rendre au cimetière de Saint-Just, où un caveau attendait les dépouilles mortelles de ces deux époux, et *où il leur sera élevé un Monument.* Aussitôt que les corps y ont été déposés, le doyen-curé de Saint-Just a voulu exprimer les regrets de ses paroissiens, mais son émotion a été si forte qu'il lui a été impossible de continuer. Les pleurs des assistants attestaient la perte douloureuse qu'ils venaient de faire. M. Legros, capitaine, parent de M. le maréchal, a prononcé sur les tombes le discours suivant, qui a vivement ému les assistants :

» Avant de couvrir de terre les tombes de l'illustre maréchal Brune et de son excellente et bonne épouse; avant de voir consommer cette union à laquelle préside maintenant la mort, je le sens, il faut que je leur adresse un éternel adieu.

» Illustre maréchal Brune! comme soldat, écho de l'armée, je ne parlerai pas de ta vie militaire, mais l'histoire burinera un jour pour toi des pages de gloire; elle dira tes vertus et les qualités éminentes qui te distinguaient; enfin, si elle pouvait interroger nos cœurs, nos larmes et nos regrets, elle dirait combien tu fus aimé et chéri!

» Il était réservé à la meilleure comme à la plus charitable des femmes de partager plus intimement les affections d'une âme aussi supérieure que la tienne. Nous avons vu tout le bien qu'elle a fait. Habitants de Saint-Just, vous le connaissez ; mais dois-je ajouter encore que, dans cette cruelle maladie qui vient de l'enlever à notre amour, quand la douleur lui laissait quelque repos, elle en profitait pour exercer son inépuisable charité ?

» Pour tant de vertus nous n'avons trouvé qu'une seule récompense : c'était *de réunir pour toujours deux époux aussi dignes l'un de l'autre.* C'est donc à vos soins que nous confions ce dépôt sacré. Vos larmes, vos sanglots, vos soupirs, sont pour nous un gage certain qu'il sera gardé avec un religieux respect.

» Adieu, bonne et excellente maréchale Brune ! Que ton âme rejoigne maintenant, au céleste séjour, celle de ton illustre époux ! Quant à nous, nous promettons sur cette tombe, sur cette croix, symbole du chrétien, que nous viendrons arroser de nos larmes la terre qui vous recouvre. Adieu !.... »

Après la cérémonie, il a été fait une distribution de 3,000 francs aux indigents des communes de Saint-Just et autres.

Le maire de la commune de Saint-Just, ayant assemblé le conseil municipal pour fixer le prix de l'achat d'un terrain à perpétuité dans le cimetière, il a été décidé, au moment même et à l'unanimité, que le terrain serait concédé sans aucun payement.

C'est sur ce terrain ainsi concédé, que vingt-trois ans après fut élevé sur la tombe des deux époux réunis le monument dont parle M. Legros dans sa lettre. Il consiste dans une pyramide quadrangulaire tronquée, surmontée d'une croix et entourée d'une grille avec l'inscription suivante :

ICI REPOSE
GUILLAUME-ANNE
BRUNE,
MARÉCHAL DE FRANCE,
MORT[1] A AVIGNON
LE 2 AOUT 1815.
SES RESTES MORTELS
FURENT RECUEILLIS ET
RELIGIEUSEMENT CONSERVÉS
PAR SON ÉPOUSE.

Voici encore les paroles simples et touchantes prononcées par M. le capitaine Legros dans cette dernière solennité :

« Habitants de Saint-Just ! Il y aura bientôt vingt-trois ans qu'à cette place nous étions réunis par une même pensée de dou-

[1] En 1829, on n'eût pas permis de dire *assassiné*.

leur ; nous venions adresser à madame la maréchale Brune notre dernier adieu, et placer près d'elle, sous cette terre, les restes mortels de son noble époux. Je vous avais promis de revenir : me voilà au rendez-vous. Si j'ai tardé à exécuter cette promesse, c'est que j'attendais que de plus dignes que moi vinssent marquer d'un souvenir cette terre qui recouvre l'illustre maréchal et sa digne et généreuse épouse ; mais lorsque j'ai vu que sur cette tombe le silence se faisait plus profond que jamais, je n'ai plus hésité ; et, encouragé par votre premier magistrat, par votre digne pasteur, je suis venu placer au milieu de vous le modeste souvenir du vieux soldat. Mais, je le vois, ce nombreux concours, tous nos cœurs qui, dans ce moment, sont dominés par la même pensée, me disent assez que cette œuvre n'est plus la mienne, que ce monument est le vôtre.

» Habitants de Saint-Just, gardez-le, conservez-le religieusement, car il rappelle deux grands souvenirs : celui de *la gloire* et celui de *la charité !* »

(Page 112.)

AFFAIRE MARINET.

Legs à Cantillon par l'empereur Napoléon.

Codicille daté de Longwood, le 24 avril 1821.

«... 5° item. (10,000 fr.) Dix mille francs au sous-officier Cantillon, qui a essuyé un procès comme prévenu d'avoir voulu assassiner lord Wellington, ce dont il a été déclaré innocent. — Cantillon avait autant le droit d'assassiner cet oligarque, que celui-ci de m'envoyer, pour y périr, sur le rocher de Sainte-Hélène. Wellington, qui a proposé cet attentat, cherchait à le justifier sur l'intérêt de la Grande-Bretagne. Cantillon, si vraiment il eût assassiné le duc de Wellington, se serait couvert et aurait été justifié par les mêmes motifs : l'intérêt de la France de se défaire d'un général qui, d'ailleurs, avait VIOLÉ LA CAPITULATION DE PARIS, et par là s'était rendu *responsable du sang* des martyrs Ney, Labédoyère, etc., et du crime d'avoir dépouillé les musées CONTRE LE TEXTE DES TRAITÉS. »

(Page 118.)

LE GÉNÉRAL GILLY.

Capitulation du Pont-Saint-Esprit. — 8 avril 1815.

Son Altesse Royale Monseigneur duc d'Angoulême, commandant en chef l'armée royale du Midi, et monsieur le général de division baron Gilly, commandant en chef du 1er corps de l'armée impériale, pénétrés de la nécessité et du désir d'arrêter l'effusion du sang français, ont chargé de leurs pleins pouvoirs, pour régler les articles d'une convention qui puisse assurer la tranquillité du midi de la France, savoir : S. A. R., monsieur le maréchal de camp baron de Damas, et monsieur le général de division baron Gilly, monsieur l'adjudant commandant Lefebvre, chevalier de la Légion d'honneur, chef d'état-major du 1er corps d'armée; lesquels, après avoir échangé leurs pouvoirs respectifs, sont convenus des articles suivants :

Article 1er. *L'armée royale* est licenciée, les gardes nationales qui en font partie, sous quelques dénominations qu'elles aient été levées, rentreront chez elles, après avoir *déposé les armes;* il leur sera délivré des feuilles de route pour rentrer dans leurs foyers, et monsieur le général de division commandant en chef *leur garantit, qu'il ne sera jamais question de tout ce qui aura pu être dit ou fait relativement aux événements qui ont eu lieu avant la présente convention.*

Les officiers conserveront leurs épées.

Les troupes de ligne qui font partie de cette armée se rendront dans les garnisons qui leurs sont assignées.

2. MM. les officiers généraux, officiers supérieurs d'état-major et autres de toutes armes, les chefs et employés de toutes administrations, dont il sera fourni un état nominatif à monsieur le général en chef, se rendront dans leurs foyers, en attendant les ordres de Sa Majesté l'Empereur.

3. Les officiers de tous grades qui voudraient donner leur démission sont libres de le faire, il leur sera accordé de suite des passe-ports pour rentrer dans leurs foyers.

4. Les caisses de l'armée et les registres du payeur général seront remis de suite aux commissaires nommés à cet effet par monsieur le général commandant en chef.

5. Les articles ci-dessus sont applicables aux corps commandés par Monseigneur duc d'Angoulême en personne et à tous ceux qui agissent séparément sous ses ordres et qui font partie de l'armée royale du Midi.

6. Son Altesse Royale *se rendra en poste* au port de *Cette*, où les bâtiments nécessaires pour elle et sa suite seront disposés pour la transporter partout où elle voudra se rendre; des postes de l'armée impériale seront placés à tous les relais pour *protéger le voyage de Son Altesse*, et il lui sera rendu partout *les honneurs* dus à son rang, si elle le désire.

7. Tous les officiers et autres personnes de la suite de Son Altesse qui désirent la suivre auront la faculté de s'embarquer avec elle, soit qu'ils veuillent partir de suite, soit qu'ils demandent le temps nécessaire pour arranger leurs affaires particulières.

8. Le présent traité restera secret jusqu'à ce que Son Altesse ait quitté le territoire de l'Empire.

Fait en double expédition et convenu entre les chargés de pouvoirs ci-dessus désignés, le huitième jour d'avril de l'an mil huit cent quinze, sous l'approbation de monsieur le général commandant en chef, et ont signé

Au quartier général du Pont-Saint-Esprit, les jour et an ci-dessus. Le maréchal de camp sous-chef d'état-major général, signé baron de Damas; l'adjudant commandant chef d'état-major du 1er corps de l'armée impériale du Midi, signé S. Lefebvre.

Approuvé la présente convention par le général de division commandant en chef le premier corps de l'armée impériale du Midi, signé baron Gilly.

Pour copie conforme; — Le général de division, Signé Gilly.

(Page 166.)

DAUMESNIL.

Discours prononcé par M. Dupin à la Chambre des Députés, séance du 2 mars 1833.

« Ma proposition a pour objet d'accomplir un engagement pris » sur la tombe du brave général Daumesnil; une promesse faite » à sa famille, à la vue des remparts qu'il avait déjà préservés, » en présence de ses frères d'armes et sur leurs pressantes sollicitations.

» Je sais toute l'immensité des charges qui pèsent sur l'État. » Le Trésor public gémit sous l'énorme poids de 112 millions de » pensions de toute nature, qui menacent encore de s'accroître » par des exigences de toute espèce : il y aurait à réduire plutôt » qu'à augmenter! mais on n'aura pas à redouter l'abus, pour » l'avenir du moins, *si l'on n'accorde des pensions qu'à des familles pauvres comme celle du général Daumesnil, et pour des* » *services aussi éclatants que ceux qu'il a rendus!*

» Je n'ai point à raconter sa vie militaire; elle est connue de » tous. Il semblait avoir assez fait pour la gloire, lorsqu'à Wagram il eut la jambe emportée par un boulet.

» Mais une autre gloire l'attendait comme gouverneur du château de Vincennes. La défense des places de guerre n'exige pas

» moins de courage que les autres genres de combats; mais elle » exige plus de sang-froid, elle suppose à un plus haut degré cette » fermeté d'âme qui tient du courage civil; il ne s'agit pas seulement de résister à la force, il faut savoir aussi résister à la » séduction.

» Daumesnil a offert tous ces nobles exemples.

» En 1814, à la sommation de rendre Vincennes, il fit répondre aux étrangers : « Je leur rendrai Vincennes quand ils m'auront rendu ma jambe ! » — Et ils n'osèrent même pas l'attaquer !

» Pour récompense, la Restauration le priva de son commandement; on lui donna le poste, fort inférieur, de la petite ville » de Condé.

» En 1815, il fut réintégré par Napoléon.

» Après Waterloo, *jour funeste et à jamais déplorable* (sensation), les étrangers se présentèrent encore aux portes de » Paris; à la suite d'un tel désastre, Vincennes renfermait, pour » ainsi dire, le seul matériel qui restât à la France, et l'on sait » que ce matériel était estimé 86 millions.

» L'ennemi, car je dois l'appeler ainsi, essaya de corrompre » celui qu'il n'espérait pas de vaincre : un million fut offert à » Daumesnil s'il voulait ouvrir les portes de Vincennes aux alliés » de son Roi!

» La France connaît son refus.

» Cette fois, la disgrâce de Daumesnil fut plus complète que » la première : il fut destitué, et il est resté quinze ans dans » l'oubli.

» Après notre glorieuse Révolution de 1830, Daumesnil fut » rétabli dans son commandement par Louis-Philippe, à la satisfaction de tout le pays. Le peuple le nommait LA JAMBE DE » BOIS; et ce surnom populaire, inséparable de l'idée de sa bravoure et de ses belles actions, lui valut cet ascendant dont il » usa sur une autre espèce d'assaillants, quand il lui fallut protéger la personne des prisonniers confiés à sa foi [1].

» Daumesnil, après avoir refusé l'or de l'étranger, est mort » laissant sa famille dans la pauvreté. La dot de sa femme a servi » à l'alimenter pendant sa longue disgrâce. La liquidation atteste » qu'il ne laisse rien, et sa femme n'a plus pour ressource qu'une » modique somme de 1,500 francs pour elle et ses trois enfants.

» C'est dans ces circonstances, messieurs, que j'ai cru devoir » faire ma proposition.

» Ainsi expliqué, j'ai la confiance que ce précédent n'aura

[1] Lors du procès des ministres de Charles X, en décembre 1830.

» rien de dangereux; car, je ne puis trop le redire, dans l'in-
» tention qui me dirige, ce n'est point un encouragement *à de-*
» *mander,* mais un encouragement *à bien faire.* »

(Page 167.)

Souscription en faveur de la veuve et des enfants du général DAUMESNIL.

« Extrait du Registre des délibérations du conseil municipal de la commune de Vincennes.

» Séance extraordinaire du 3 juin 1833, au soir.

» Présents : MM. Lejemptel, maire; Lelièvre et Savard, adjoints; Hurteau, Leduc, Girard, Janets, Thomas, Thevenard, Freret, Guillemain, Chevreau, Vienot, Petit-Jean, Bérault, Bonnefoy, Plisson et Dudoit.

» Le conseil municipal, assemblé en vertu de l'autorisation contenue en la lettre de M. le sous-préfet, en date de ce jour;

» M. le maire fait l'exposé suivant :

» Le lieutenant général Daumesnil, décédé commandant supérieur de la place de Vincennes, après une carrière illustrée par les plus brillants faits d'armes, en défendant deux fois cette place et en conservant deux fois à la France les immenses munitions et le riche matériel qu'elle renfermait, a donné l'exemple de ce que peuvent, réunis, la valeur du guerrier, le courage et l'incorruptibilité du citoyen. Bien faible devant les armées de l'Europe, si l'on considère les murs qui le couvraient, toute sa force fut dans son âme, dans son dévouement, son amour pour la patrie. Décidé à mourir et à faire périr avec lui ce que la rapacité du vainqueur considérait déjà comme sa proie, par cette fermeté que ni la crainte, ni la séduction ne purent ébranler un seul instant, il imposa à l'ennemi ou gagna du temps, et tout fut sauvé !... Ce guerrier, distingué par ses éminents services, par vingt-deux blessures et la perte d'une jambe emportée à *Wagram,* est mort pauvre, et laisse une veuve et trois enfants sans fortune.

» La commune de Vincennes, témoin de sa belle conduite, attendait, avec toute la France, une heureuse issue à la proposition faite à la Chambre des Députés par M. Dupin aîné, son président, et par M. le maréchal ministre de la guerre, d'accorder une pension de 6,000 francs à sa veuve à titre de récompense nationale; une circonstance sans exemple dans les fastes de la représentation nationale est venue renverser son espoir : dans la séance du 1er de ce mois, cette proposition, après avoir été adoptée à l'épreuve par assis et levé, a été rejetée au scrutin secret.

» Le conseil municipal de Vincennes ne pouvait rester insensible à tant d'infortunes.

» Qui de nous, en effet, n'a pas encore présent à la mémoire le souvenir de cette héroïque défense qui deux fois a préservé nos familles, nos foyers du plus horrible fléau : l'occupation étrangère ?

» Vous avez désiré vous réunir, Messieurs, pour exprimer la vive part que vous avez prise à l'affliction qu'a dû causer à la famille du général la décision de la Chambre des Députés ; animé des mêmes sentiments, je n'ai pas perdu un seul instant pour solliciter l'autorisation exigée par la loi. Cette autorisation m'a été accordée ; je vous invite à vouloir bien délibérer.

» M. le maire termine en donnant lecture d'une lettre en date de ce jour, après-midi, par laquelle M. Dupin aîné, Président de la Chambre des Députés, lui annonce qu'heureux de répondre au généreux appel du conseil municipal de Vincennes, et de le seconder, par son exemple, comme Président de la Chambre des Députés, il souscrit pour une somme de 500 francs.

» Le conseil municipal,

» Considérant que la position financière de la commune ne lui permet pas d'acquitter comme elle désirerait la dette sacrée que lui impose la reconnaissance envers la mémoire d'un guerrier auquel, dans des circonstances critiques, la commune a dû deux fois son salut et *l'honneur insigne de voir flotter la dernière sur ses murailles le drapeau national;* mais voulant néanmoins, par une offrande proportionnée à ses ressources, faire un appel à la sympathie de ses concitoyens ;

» Pénétré de la conviction intime qu'il se rend l'organe des vœux de tous les habitants de la commune,

» Délibère à l'unanimité :

» Qu'il y a lieu d'ouvrir une *souscription* dans la commune en faveur des enfants du lieutenant général Daumesnil, et de voter, à titre de participation à cette souscription, une somme de cinq cents francs, laquelle sera prise sur les fonds communaux disponibles ;

» Charge M. le maire d'exprimer à M. le Président de la Chambre des Députés les sentiments de gratitude que lui a fait éprouver sa généreuse offrande.

» Ce fait, et attendu que la loi interdit au conseil de s'occuper de tout autre objet, le présent procès-verbal a été signé par tous les membres présents, après lecture, et la séance a été levée. Pour extrait conforme, le maire : LEJEMPTEL. »

LES NAUFRAGÉS DE CALAIS.

Histoire de leur Procès[1].

L'histoire des naufragés de Calais est digne d'exciter un vif intérêt, même chez les lecteurs frivoles qui ne chercheraient qu'un vain amusement dans le récit d'aventures extraordinaires et de situations désespérées.

Un Français, d'une haute naissance et d'une valeur éprouvée, fidèle à son roi, resté à ses côtés tant qu'il put espérer de le défendre, séparé de lui, par décret, la nuit qui précéda l'entrée de la famille royale au Temple; bientôt après mis hors la loi et contraint, pour se soustraire à une mort certaine, de quitter le sol de la France à l'époque des massacres de septembre; ayant perdu presque tous ses parents sur l'échafaud révolutionnaire, et voyant sa patrie en proie aux déchirements de l'anarchie, prend la noble résolution d'aller chercher une meilleure fortune dans un autre hémisphère. — L'Angleterre méditait alors une guerre dans l'Inde: le duc de Choiseul offre de la servir, lui et ses compagnons d'armes, dans cette expédition lointaine; ils mettent seulement pour condition qu'on ne pourra jamais les employer contre la France. Ces offres sont acceptées; ils s'embarquent sur les rivages de la Baltique. Mais bientôt ils sont assaillis par une tempête furieuse; l'horreur d'une profonde nuit rend leur situation plus terrible encore: enfin le jour paraît. Mais, ô douleur! on reconnaît la côte de la France! de cette terre si souvent hospitalière, et qui, cette fois, n'offre à de malheureux citoyens que la chance de l'échafaud, substituée à celle du naufrage!

A cette seule idée, quatre gentilshommes du régiment de *Choiseul-hussards*, unis d'une étroite amitié, prennent la résolution de

[1] M. le duc de Choiseul a été mon client en matière *civile*, et même en matière de *presse*, dans un démêlé qu'il eut avec la censure. (N° 3,480 de mes *Consultations manuscrites.*)

Lorsqu'en 1823, il publia par extrait la partie de ses *Mémoires inédits* destinée à entrer dans la IVe livraison de la Collection alors publiée par Bossange, sous le titre de *Mémoires des Contemporains*, le duc me pria de faire un article sur cette publication, afin de l'insérer dans un journal périodique et de la faire connaître. — Je me rendis à son désir, et je rédigeai cette *Analyse du Procès*, qui fut d'abord insérée dans la *Revue encyclopédique* de janvier 1824, tome XXI, cahier 59. Elle plut assez à l'auteur des *Mémoires* pour qu'il désirât la voir reproduire comme une sorte d'*Introduction* en tête de la nouvelle édition, qui parut sous le titre de *Mémoires de Choiseul*. Ces Mémoires ont ensuite pris place définitivement dans le recueil général des *Mémoires de la Révolution*. J'ai voulu l'insérer ici comme offrant un double intérêt et un double drame: — celui du Naufrage; — et celui du Procès.

terminer leur vie dans une noble indépendance ; ils s'embrassent, font le signe de la croix, enlacent leurs bras, et se jettent ensemble à la mer.... ils sont engloutis.

Au même instant, un des vaisseaux se brise sur le prolongement de l'écueil.

Celui que montait M. de Choiseul avec M. de Montmorency et M. de Vibraye est menacé du même sort ; ils se jettent à la mer, et après avoir lutté longtemps contre les vagues, ils abordent enfin sur la plage de Calais.

Chez tous les peuples civilisés, le malheur est une chose sacrée. Les Romains, qui ne restèrent les maîtres du monde que parce qu'ils furent d'équitables législateurs, avaient dans leur Code une loi expresse [1] qui interdisait aux agents du fisc toute espèce d'avanie et de molestation contre la personne ou les biens des naufragés.

Le chancelier d'un roi goth, Cassiodore, faisant l'éloge de cette loi, a remarqué qu'en effet c'eût été le comble de la cruauté de sévir au delà même du naufrage : *Crudelitatis genus est ultra naufragium velle desævire* [2].

Ce n'est que dans les siècles de la plus épaisse barbarie, à l'époque où la féodalité avait tout souillé par sa violence et sa fisca-

[1] La loi première au Code, lib. XI, tit. 5, de Naufragiis...... « Quid enim » jus habet fiscus in alienâ calamitate, ut de re tam luctuosâ compendium » sectetur? »

[2] In notis Jac. Gothofredi ad Dict. leg.

Croirait-on que dans le même temps le Directoire exécutif prenait un arrêté remarquable par sa philanthropie pour assurer le *sauvetage des bâtiments naufragés ?* Le préambule de cet arrêté, en date du 27 thermidor an VII, est ainsi conçu :

« Le Directoire exécutif, sur le compte qui lui a été rendu, que les bâtiments qui échouent ou se perdent sur les côtes, sont souvent exposés à des violences et au pillage de la part de ceux mêmes qui devraient leur prêter assistance et les garantir des suites d'un tel malheur ; reconnaissant la nécessité d'assurer aux bâtiments naufragés les secours que leur position réclame, et de réprimer un genre de délit qui blesse toutes les lois de la société et de l'humanité, arrête, etc.

» L'article premier porte que tout individu qui sera témoin du naufrage ou de l'échouement d'un bâtiment sur les côtes, en informera sur-le-champ le commissaire du Directoire ou l'agent municipal le plus voisin des lieux ; et que celui qui par zèle, en cas d'éloignement, en portera la première nouvelle sera inscrit honorablement sur les registres de l'administration municipale, et son nom sera proclamé dans la première fête publique du canton. Ceux qui auront négligé ou refusé de remplir ce devoir seront, en cas de pillage des objets naufragés, examinés par l'officier de police judiciaire compétent, afin de s'assurer s'ils ne sont pas complices du délit, suivant l'article 560 du Code des délits et des peines ? »

Quid leges sine moribus?.....

lité, que l'on vit s'introduire une coutume qui n'avait de précédent que dans les lois de la Tauride. Sous le nom de *droit de naufrage* s'était établie une odieuse exaction, qui consistait à attribuer au suzerain sur les terres duquel un navire échouait, la propriété de tous les objets rejetés sur le sable ou qu'il était possible de sauver. L'immortel auteur de l'*Esprit des lois* avait dénoncé au monde civilisé ce prétendu droit, en le traitant d'*insensé.* De fait, il avait depuis longtemps cessé d'être en usage, et la terre de France avait l'heureux privilége de procurer le bienfait de la liberté même aux esclaves qui avaient le bonheur d'aborder ses rivages.

Un sort bien différent était réservé aux naufragés de Calais. Ce n'est pas que la population accourue sur le rivage ne se montrât animée en leur faveur des sentiments les plus généreux. Constitués en une sorte de jury sur le fait du naufrage, tous les habitants s'écriaient : « Ne craignez rien et attendez nos secours; *vous êtes naufragés,* rien ne peut vous arriver[1]. » Mais l'autorité n'était pas dans leurs mains; un général parcourait la plage à cheval. A mesure que les malheureux prenaient terre, il les interrogeait, et de suite les envoyait sous escorte à Calais, où ils furent constitués prisonniers.

Aux périls du *naufrage* vont succéder les périls du *procès.*

La voix du peuple, cette voix qui, bien entendue, librement exprimée, est réputée celle de la divinité même, cette voix les avait proclamés innocents : *Vous êtes naufragés,* leur avait-elle dit. — Un gouvernement de fer y substitua cette réponse : *Vous êtes des émigrés, des émigrés rentrés*[2] ; *vous serez jugés comme tels.*

Effectivement, un ordre supérieur porte qu'ils seront traduits, comme émigrés rentrés, devant une commission militaire.

A cette nouvelle, l'Angleterre s'émeut en leur faveur. Son gouvernement les réclame comme prisonniers de guerre; il propose un cartel d'échange; il offre même de relâcher jusqu'à cinq mille hommes pour la rançon des naufragés ! Son intervention est rejetée, mais elle n'en est pas moins honorable pour ce gouvernement, d'ailleurs peu prodigue de ces sortes d'intercessions.

[1] Mémoires de Choiseul, p. 16.

[2] Un magistrat vraiment digne de ce nom, M. Gosse, alors accusateur public au tribunal criminel de Saint-Omer, avait écrit au gouvernement pour démontrer l'impossibilité légale de mettre les *naufragés* en jugement. Le 12 frimaire an IV, le *ministre* dit *de la justice* lui répondit (il faut le lire pour le croire) : « Que les émigrés dont il s'agissait devaient être considérés comme des *émigrés rentrés*, quoiqu'on pût également les considérer comme *pris les armes à la main.* » (Mémoires de Choiseul, page 28.)

Pendant que ces négociations ont lieu, les prisonniers sont tenus *au secret le plus sévère.* Ils demandent la permission de communiquer *avec leurs conseils* et quelques amis (éternel sujet de difficulté dans les procès politiques). L'autorité locale, tremblante sous l'influence du pouvoir ministériel, répond qu'elle n'ose prendre cela sur elle, *le cas étant délicat.* — Un premier jugement de la commission militaire était déjà rendu lorsque cette permission leur fut octroyée ; heureusement ce n'était qu'un jugement d'*incompétence.*

Les accusés sont traduits devant une nouvelle commission militaire. La presse n'était pas encore tout à fait esclave ; elle répète les soupirs et les souffrances des prisonniers ; quelques écrivains courageux élèvent la voix en leur faveur ; les juges, qu'on avait crus *dévoués* dans le sens quelquefois abject de ce mot, reprennent quelque énergie ; ils prononcent, par le moyen tiré *du fait,* que les *naufragés* ne sont point dans le cas de l'application de l'art. 7 de la loi du 25 brumaire an III, concernant les émigrés.

Si la commission les eût condamnés à mort, son arrêt eût été réputé souverain ; on l'eût exécuté dans les vingt-quatre heures ! C'était un jugement d'absolution : le gouvernement entreprit de le faire casser.

Mais le tribunal de cassation, qui était alors dans toute la force de son institution primitive, sut mépriser les sophismes du ministre et braver l'influence du Directoire ; et, restant fidèle à sa devise, *la loi,* il rejeta le pourvoi du gouvernement, et le jugement fut maintenu.

Il y a donc *chose jugée* en faveur des naufragés : mais le ministre de la justice du Directoire ne veut point sitôt lâcher sa proie. Il fait traduire les prisonniers devant le tribunal criminel de sa ville natale, la ville de Douai.

Ce tribunal (à la manière des gens faibles qui, n'osant ni le bien ni le mal, se réfugient dans les moyens dilatoires) se déclare incompétent, et ordonne *un référé au Corps Législatif.* Le Directoire s'empare de ce référé, et demande par un message aux conseils *la révision* de toute l'affaire. Le tribunal de cassation s'honore une seconde fois en cassant l'œuvre pusillanime des juges de Douai. Le Directoire n'en poursuit pas moins l'effet de son message. Mais des voix généreuses s'élèvent dans le Conseil des Cinq-Cents, et ce conseil prend *à l'unanimité* une résolution qui ordonne le renvoi des naufragés et leur rembarquement. Le 15 thermidor an V, cette résolution devient loi, par la sanction que lui donne le Conseil des Anciens, aussi *à l'unanimité.* Le Directoire exécutif ne peut s'empêcher de sceller et promulguer cette loi, le lendemain, 16. Mais, par un de ces décrets occultes dont l'emploi était déjà connu, il en suspend l'exécution.... Il méditait dès lors la journée du 18 fructidor, et si la représentation nationale elle-même fut victime d'un coup d'État, on pense bien que les naufragés de Calais durent s'en ressentir.

Le 25 fructidor, le Directoire envoie aux deux Conseils, *épurés* par la mesure du 18, un nouveau message pour se plaindre de la loi du 16 thermidor, et inviter les conseils à *assimiler* les naufragés de Calais aux conspirateurs frappés par la loi du 19 fructidor.

Cette proposition devient le sujet des discours les plus féroces et les plus passionnés; ils resteront dans l'histoire comme un monument de honte pour ceux qui ne craignirent pas de les proférer! Ils seront un utile avertissement pour les orateurs faibles ou corrompus, qui, par ambition ou par lâcheté, se précipitent en aveugles dans les voies d'un gouvernement insensé, et appuient indistinctement ses propositions les plus révoltantes, sans songer que le jour des grâces ainsi méritées a toujours pour lendemain le jour des remords et de l'infamie.

Croirait-on que dans le rapport fait sur le message du Directoire, on ait osé contester à des malheureux le titre même de leur malheur? On les appelle les *soi-disant naufragés,* tant il était évident, pour ceux-là mêmes qui niaient l'évidence, que le malheur du *naufrage* détournait toute application de loi pénale!

Pendant que ces discussions s'agitent au sein des Conseils, les prisonniers éprouvent les plus odieux traitements sous l'influence administrative et militaire qui préside à leur prison. On les transfère d'un lieu à un autre, à pied, enchaînés deux à deux, avec tant de brutalité, qu'il faut ensuite limer leurs fers pour les en délivrer; ils marchent au milieu de miliciens féroces qui les accablent d'injures, les menacent de coups et les stimulent de la baïonnette, comme on presse le bœuf sous l'aiguillon. On les plonge dans les *casemates* de Lille, *servant de bagne aux anciens forçats;* ils sont rongés de vermine; ils manquent d'habits, de nourriture, d'air, de consolations; le général qui leur sert de geôlier les traite comme *gens* qui, suivant son langage, *ne sont bons qu'à être fusillés;* et ces indignes traitements ont duré près de quatre années!

Infâme gouvernement qui autorisais de pareilles atrocités, tu ne devais pas durer plus longtemps! Jusque-là proscripteur, tu allais à ton tour être proscrit! Ton heure avait sonné, le 18 brumaire était venu, et si à propos, que la nation, fatiguée d'anarchie, n'y vit que son affranchissement du moment, sans s'arrêter à la cause, ni sans prévoir les suites ultérieures d'une révolution militaire !

On aime à voir ces premières journées du Consulat, succédant aux époques sanguinaires du gouvernement directorial. On respire un autre air, les cœurs s'épanouissent et prennent confiance dans un meilleur avenir.... Une jeune fille, à peine âgée de quatorze ans, conçoit l'espérance de voir enfin cesser les malheurs de son père. En pension loin de Paris, elle ne prend conseil que de ses inspirations ; son âme dicte, sa plume écrit une lettre,.... touchant modèle de ce que peuvent exprimer la tendresse filiale, la candeur et la vertu ! Il faut la lire ; c'est un des plus touchants épisodes du récit. — Cette lettre, de mademoiselle *Stéphanie Choiseul*, est remise au Premier Consul. Près de lui se trouvait une femme qui, dès lors, s'était vouée à exercer cette influence de grâce et de bonté qui l'a si éminemment distinguée. Sa voix est écoutée, et le 18 frimaire an VIII un arrêté ordonne que les naufragés de Calais seront déportés hors du territoire de la République.

Les ordres du Directoire avaient trouvé des exécuteurs endurcis ; ceux du Premier Consul ne rencontrèrent que des hommes empressés d'ajouter par leurs égards personnels aux douceurs de la mesure[1].

Cependant M. de Choiseul n'accepta le bienfait de la réexportation, qu'en protestant de son droit comme de son désir de rentrer en France. Il attache du prix à prouver qu'il n'en est jamais sorti que par contrainte.

Il y est rentré en l'an X avec l'agrément du Roi et des princes, et après avoir renoncé au traitement que lui faisait l'Angleterre. Cependant tous ses biens avaient été confisqués !... La joie de son retour fut bientôt mêlée de deuil par la perte qu'il fit de madame la duchesse de Choiseul, sa tante, veuve d'un ministre dont l'administration a laissé de glorieux souvenirs. M. de Choiseul parle de cette illustre personne avec le plus touchant respect, et ce qu'il en raconte justifie bien l'éloge qu'il en fait.

Telle est l'analyse du volume publié par M. le duc de Choiseul : mais on sent tout ce qu'ont dû perdre de leur intérêt, sous ma plume, une suite d'événements où les détails sont souvent ce qui peint le mieux une situation.

Ici ma tâche semble finie : elle le serait effectivement, si je n'avais voulu que donner une idée générale des faits exposés par

[1] M. le duc de Choiseul cite particulièrement M. Maret (depuis duc de Bassano), M. Regnault de Saint-Jean-d'Angély et M. le capitaine Laborde.

l'historien. Mais je ne puis me défendre de communiquer à mes lecteurs les réflexions qu'a fait naître en moi l'ouvrage entier de M. de Choiseul.

En lisant le récit du naufrage, la pitié est vivement excitée. Quel spectacle, en effet, que de se transporter par la pensée sur ce rivage où nos malheureux compatriotes périssaient à la vue de la terre natale, sans qu'il fût possible de leur prêter secours! Les scènes de ce premier drame sont si déchirantes, qu'on ne croit pas qu'il soit possible de porter plus loin les effets de ces ressorts tragiques : la terreur et la pitié.

Cependant tout espoir n'est pas perdu; si les uns périssent, d'autres parviennent à atteindre le rivage; une population bienveillante les accueille avec des cris de joie! Mais cette joie est de courte durée : au naufrage succède la prison; à la prison, un jugement, et peut-être un arrêt de mort!...

Dans la première partie, on n'accuse que les éléments : un naufrage est un événement terrible, mais naturel; il étonne l'âme, il ne la flétrit pas. Mais un peuple généreux comprimé par un gouvernement féroce, régi par des lois de sang! mais le malheur traduit en jugement, le naufrage lui-même mis en accusation! ici le cœur est brisé; l'injustice des hommes excite plus d'effroi que la tempête.

On déteste tout ce qui concourt à l'accomplissement de cette cruauté : les lois, le gouvernement, ses ministres, ses derniers agents : tout homme qui se montre dur, impitoyable, inhumain, soulève l'indignation du lecteur!

Mais à quoi servira cette indignation? Est-ce donc à l'exciter que l'auteur a prétendu mettre ses soins? — Non; il ne s'anime, son style ne prend feu que lorsqu'il trouve l'occasion d'exprimer sa reconnaissance; le moindre bienfait l'émeut au plus haut degré; il est inépuisable dans les manières délicates d'exprimer ce sentiment; les hommes mêmes qui, dans d'autres circonstances, ont pu mériter le blâme de leurs contemporains, n'échappent pas au tribut personnel qu'il veut à tout prix leur accorder; il ne les voit qu'au moment où ils ont fait quelque bien, ou évité quelque mal à lui ou à ses compagnons d'infortune. Sa sollicitude pour ceux-ci est extrême : il est encore leur chef dans le naufrage, dans la prison et devant leurs juges, comme au jour de l'embarquement. Il écrit pour eux, il plaide pour eux devant la commission[1]; il s'offre

[1] Le discours que prononça M. de Choiseul pour sa défense et celle de ses compagnons devant la commission militaire de Calais, est remarquable par la simplicité, la mesure et la noble fierté qui le distinguent. C'est un modèle

en expiation au Directoire. Il n'est pas un mot sorti de la bouche de l'un d'eux, pas un trait honorable pour leur caractère, qu'il ne s'empresse de consigner dans son récit.

Si la vérité l'oblige à rappeler des faits peu honorables pour quelques hommes,..... il n'évite ni ne recherche l'occasion de les retracer. Il les nomme; ensuite il les laisse parler, agir, se montrer eux-mêmes : le lecteur les juge par leurs actes. Ils ont mal fait, tant pis pour eux; mais leur devait-on ce ménagement de les soustraire à la honte qui accompagne de plein droit les mauvaises actions? — Assurément non.

Te plaindras-tu, geôlier des casemates de Lille, si tes duretés sont transmises à la postérité par une de ces mains généreuses que tu chargeas d'indignes fers?

Orateurs imprudents, complaisants salariés du Directoire, qui avez provoqué ou soutenu des mesures réprouvées par la morale et par le droit des gens, proscrit la vertu dans le parti contraire, et insulté à la religion du malheur, repentez-vous, l'on vous pardonne : mais profitez de l'expérience; ne recommencez pas, en passant à d'autres extrêmes, lorsque les temps auront changé; et ne croyez pas avoir conquis l'oubli de vos premières persécutions, parce que vous vous serez rendus les instruments ou les apologistes de persécutions plus récentes !...

Décembre 1823. DUPIN, *avocat.*

(Page 218.)

VISITE A SAINT-ACHEUL.

I. *Plaidoirie devant la Cour royale d'Amiens.*

L'affaire qui m'avait appelé à Amiens, quoique très-importante au point de vue des intérêts qui s'y trouvaient engagés, et par la qualité des parties, ne semblait pas devoir exciter beaucoup la curiosité publique. Voici cependant de quelle manière l'*Indicateur du département de la Somme*, article *Amiens*, *Cour royale*, en parlait à ses lecteurs dans son numéro du 11 août 1826. — « Une question de procédure, de simples fins de non-recevoir sont devenues la semaine dernière une affaire célèbre en cette ville. M. Dupin aîné nous a prouvé qu'il n'est point de cause aride pour un grand talent; il a répandu sur celle dont il était chargé, un intérêt vraiment dramatique..... » (Je supprime une demi-colonne consacrée à l'éloge exagéré de ma plaidoirie, pour arriver à ce que

dans son genre. Je ne connais que l'allocution du général Moreau qui puisse lui être comparée.

le rédacteur du journal dit de M. Vivien, dont nous avons déploré la perte récente.) — « Un de nos plus jeunes orateurs, M. VIVIEN, lui était opposé : la lutte était difficile; il a mérité qu'on ait dit de lui qu'il n'avait pas faibli devant ce redoutable adversaire. — M. GIRARDIN a joué aussi un petit rôle dans cette cause; il a fait valoir des considérations d'un ordre général qui n'ont offert aucun intérêt particulier. » — M. N***.

M. Vivien, qui débutait alors, avait une élocution facile; sa discussion était claire, nette et rapide.

M. Girardin, homme docte assurément, avait au contraire un débit lent et lourd, et pouvait représenter un de ces soldats que les Anciens appelaient les *pesamment armés*.

Aussi il y eut, sur les siéges de la Cour et dans tout l'auditoire, un vif mouvement d'hilarité, lorsque, au commencement de ma réplique, je dis : « que je me trouvais placé entre les *dactyles* de » mon jeune confrère, et les *spondées* de son savant doyen. »

C'est dans l'intervalle des plaidoiries et des répliques, qu'eut lieu la *visite à Saint-Acheul*.

II. *Antagonisme des journaux sur la visite à Saint-Acheul.*

Les journaux qui se disaient *libéraux* par excellence se montraient les plus animés contre moi. Le *Constitutionnel* du 26 juin me défendit assez timidement. Emmanuel Dupaty, dans l'*Opinion* du 3 juillet, le prit sur un ton plus vif : il assignait à la visite à Saint-Acheul son véritable caractère, réfutait mes détracteurs, et concluait ainsi : « L'indépendance de M. Dupin l'élève au-dessus » de toute fausse ou maligne interprétation, malgré les attaques » inconsidérées de ceux *dont il aurait dû attendre un jugement* » *plus réfléchi et plus de reconnaissance.* »

Mais ce qu'il y eut de plus piquant, ce fut de voir les journaux du parti contraire, ceux qui d'ordinaire m'attaquaient plus volontiers, prendre ma défense, avec un empressement dont je ne fus pas la dupe, et saisir cette occasion de reprocher à leurs adversaires, à *ces écrivains prétendus libéraux,* leur *ingratitude* et leur *intolérance!* — J'en citerai trois pour exemples :

Le *Journal de Paris,* numéro du 26 juin 1826. « Voilà, certes, *un des abus les plus déplorables de la presse, que cet exemple donné par les feuilles libérales de discuter publiquement les actes religieux d'un citoyen.* Du même droit qu'ils s'arrogent d'accuser un catholique d'avoir rempli ses devoirs, d'autres feuilles se permettront d'accuser les chrétiens qui ne s'y seraient pas exactement conformés. On voit où cela mène. *Et voilà comme nos adversaires entendent la tolérance religieuse,* la franchise des consciences, le respect de la vie privée, la liberté des cultes et de la presse! Leur défenseur, leur avocat, n'est pas lui-même à l'abri de cette inquisition d'impiété, aussi persécutrice que celle du fanatisme. Espérons que M. Dupin vengera noblement la foi catholique et la liberté privée, outragées dans sa personne par les provocations de ses *clients, aussi ingrats qu'intolérants!* »

La Quotidienne du 3 juillet 1826. « Tout l'esprit de ceux qui naguère s'étaient épuisés en madrigaux et en éloges en l'honneur de M. Dupin, a été mis en réquisition cette semaine pour l'accabler de sarcasmes et d'épigrammes; M. Dupin a fait la faute de suivre respectueusement, comme catholique, la procession du saint sacrement à Saint-Acheul, et le voilà *aujourd'hui aussi maltraité qu'un prêtre et plus insulté qu'un royaliste!* Il eût sans doute conquis de nouveaux dithyrambes de la muse libérale, si, au lieu d'aller à l'église, il eût été au prêche ou à la mosquée; hommes de parti, ne prêtez-vous pas à rire? et n'est-elle pas bien folle et bien plaisante votre passion pour la tolérance? Vous demandez avant tout *la liberté des cultes, et vous refusez même à un de vos anciens amis celle de suivre sa religion!* un de vos plus implacables adversaires deviendrait tout à coup à vos yeux un sage et une idole, *s'il se faisait seulement protestant;* et voilà qu'un homme de talent, qui a droit plus qu'à votre respect, à votre reconnaissance, reçoit de votre politique aveugle, *pour le seul délit de n'avoir pas été irréligieux*, une de ces qualifications stupides et commodes, au moyen desquelles dans tous les temps vous avez flétri les talents, accusé la vertu, et persécuté, au nom des maximes les plus pompeuses, tous ceux dont la véritable indépendance se refusait à marcher à la suite de vos haineux coryphées! Souhaitons que tant d'expériences renouvelées rendent impuissants tous vos efforts pour faire des dupes; qu'on se rappelle seulement toutes les fureurs de votre tolérance *et toutes les tyrannies de votre liberté.* »

Enfin, le *Drapeau blanc* du 1er juillet 1826.

Ce journal, en résumant quelques faits d'intolérance religieuse de certains journaux prétendus libéraux, parle aussi de la visite à Saint-Acheul. Il le fait en ces termes :

« Me Dupin s'est déjà trouvé deux fois au sein d'un célèbre séminaire dirigé par des jésuites; Me Dupin *est loin de partager les opinions de ceux qui défendent cet ordre fameux;* mais le talent a rendu hommage au talent; l'avocat distingué a dû sentir quelque sympathie pour des hommes qui, abstraction faite, à ses yeux, de l'esprit de corps, sont dignes d'estime par leurs lumières, leurs vertus et les soins laborieux qu'ils donnent à l'éducation de la jeunesse. Il a fait plus : on célébrait dans la maison, non la Fête-Dieu, comme l'ont annoncé quelques feuilles, mais celle du Sacré Cœur de Jésus, particulière à l'Ordre. Un des cordons du dais lui a été offert; catholique, Me Dupin a fait un acte de catholicisme, et n'a pas cru en faire un de jésuitisme. Il a honoré dans les autres ce que les autres honoraient en lui; il a rendu égards pour égards, considération pour considération, *sous toutes réserves de droit.* — Que n'avons-nous l'éloquence de cet ornement du barreau, que ne possédons-nous surtout, comme lui, le talent de l'ironie et du sarcasme! nous ferions rougir certains hommes de leur brutale intolérance; nous couvririons d'un ridicule ineffaçable des doctrines qui ne tendent à rien moins qu'à avilir tout ce qu'il y a de noble et d'élevé, qu'à constituer un despotisme absurde ou une guerre intestine au sein de la société. »

Injuriâ lacessitus, il me fallut enfin répondre, et je le fis de la manière suivante :

III. Réponse de Me Dupin aîné, *avocat, aux calomnies répandues contre lui par quelques journaux, à l'occasion de sa visite à Saint-Acheul, en juin* 1826.

Libre de toute association, secte, ligue ou parti.
(*Plaidoyer de M.* Dupin *pour le* Constitutionnel.)

Je me vois, depuis quelque temps, en butte aux calomnies les plus outrées. Un fait, indifférent en lui-même, a été travesti et qualifié de la manière la plus indécente. On m'a poursuivi dans les actes de ma vie privée; on m'en a demandé compte; on m'a interpellé de m'expliquer... Aux articles les plus virulents, imprimés dans plusieurs journaux, sont venus se joindre des lettres anonymes écrites dans le style le plus grossier; et les agents de cette persécution ont cherché à répandre jusqu'au sein du Palais et parmi mes confrères les plus odieuses imputations.

Les mêmes hommes qui m'exaltaient naguère outre mesure, et bien au delà de mes mérites, m'ont tout à coup attaqué avec ingratitude ou délaissé avec indifférence.

J'ai dû en être affligé, mais je n'en ai point été surpris. Après vingt-quatre années d'exercice de ma profession, sans cesse aux prises avec les passions publiques ou privées, j'ai dû connaître les hommes, leur égoïsme, leur ambition, leur jalousie! Et voilà pourquoi je me suis promis de n'être jamais homme de parti.

C'est le moyen, sans doute, d'être froissé, méconnu ou négligé par tous; j'ai lu dès longtemps cette triste vérité dans l'histoire, et je m'y suis résigné.

J'aime la liberté; mes opinions sont constitutionnelles; mais je veux la liberté avec l'ordre légal, la tolérance avec la religion, et la constitution avec la dynastie.

J'ai réclamé, et je réclamerai sans cesse, pour mes clients, l'exécution des lois; jamais homme persécuté ne me trouvera sourd à sa voix; il n'est point de droit dont je ne veuille à l'instant me constituer l'interprète ou le défenseur, et que je n'essaye de faire triompher; ma disposition, à cet égard, est celle qui anime autant qu'elle honore le barreau français.

Mais je ne veux pas me laisser précipiter ni dominer par une impulsion étrangère à mes propres sentiments. Je m'arrête là où je crois apercevoir la limite du juste et du vrai; et, respectant la liberté de tous, je désire aussi que la mienne soit respectée.

On a manqué envers moi à tous les égards que se doivent les hommes entre eux; on n'a gardé aucune mesure; on a perdu toute retenue. J'ai révéré la liberté de la presse jusque dans cet abus, le plus intolérable de tous; je ne me suis pas plaint; j'ai souffert en silence, attendant mon soulagement du bon sens du public; et mon absolution, du suffrage des gens de bien.

On a blessé ma liberté de conscience en m'interpellant sur un acte de ma religion, et en me plaçant dans l'alternative : ou d'en parler avec légèreté, ce que les uns auraient qualifié d'impiété; ou d'en parler avec un sérieux que d'autres n'eussent pas manqué d'appeler fanatisme.

Je ne suis impie ni bigot. Je suis né catholique, et ne ferai point abjuration, même avec la perspective d'être applaudi par ceux qui me blâment d'avoir assisté à une procession.

On ne me verra point non plus intolérant ni inquisiteur. Je suis antagoniste des ultramontains. L'éditeur par deux fois des libertés de l'Église gallicane, le défenseur du *Constitutionnel,* l'avocat sur la plaidoirie duquel a été rendu le célèbre arrêt de Paris du 5 décembre 1825, ne devrait pas être réduit à le proclamer.

Du reste, je n'imiterai pas celui qui signait, *capucin indigne.* Voltaire seul avait assez d'esprit pour faire trouver cela charmant.

Si quelqu'un a voulu se jouer de moi, je ne me suis joué de personne.

Je ne suis point Jésuite; les Jésuites en sont plus convaincus que qui que ce soit. Mais, avec une opinion faite sur leur institut, je n'ai point d'aversion pour les individus, et ne suis l'ennemi d'aucun d'eux en particulier.

J'ai visité Saint-Acheul en 1825, et j'y ai été bien accueilli. Là du moins on n'a pas fait querelle à mes opinions; on n'a point essayé de me séduire : en tout cas, on y aurait bien mal réussi; quatre mois après j'ai plaidé pour le *Constitutionnel !*

On me plaçait alors sur le pinacle; on m'accablait d'éloges outrés; on était injuste pour moi envers le reste du barreau; on oubliait que dix autres avocats auraient plaidé la même cause aussi bien que moi, mieux peut-être ! Le lendemain de ma plaidoirie, j'aurais dû jeter mon anneau dans la Seine !....

Une nouvelle cause m'appelle à Amiens au mois de juin dernier. Je dîne, en 1826, dans la même maison où j'avais déjeuné en 1825; et voilà qu'on me représente comme ayant abdiqué toute idée libérale, et fait apostasie de mes sentiments constitutionnels!

Amis faux ou maladroits de la liberté, attendez la première occasion où, naturellement et sans affectation, sans sortir des limites de mes devoirs et de ma profession, en traitant des sujets qui n'excèdent point mon ressort, j'aurai à me prononcer de nouveau; attendez, et vous verrez si je ne suis pas en tout le même cœur et le même homme qui sut défendre pendant douze ans et vos gloires militaires, et vos fonctionnaires civils, et vos libertés religieuses, et vos hommes de lettres, et vos ingrats journaux!

Non, non, s'il est vrai que j'ai visité des Jésuites, je puis le dire avec mon généreux ami Emmanuel Dupaty, le seul qui n'ait pas craint de me défendre à découvert, *ils ne m'ont pas plus rendu jésuite que je ne les ai rendus constitutionnels;* et, comme l'a dit encore le *Drapeau blanc,* ma visite a eu lieu *sous toutes réserves de droit.*

Je ne m'attendais pas, en allant à Saint-Acheul, à y voir une procession du saint sacrement : mais, quelles que soient les injures que m'a valu cette circonstance assurément fort imprévue, je me reprocherais comme une faute grave d'avoir fui de la Maison à l'aspect de cette cérémonie; et des éloges, aussi nombreux que les satires dont je suis l'objet, ne me consoleraient pas d'une telle irrévérence. Je me disposais à marcher confondu avec le commun des fidèles, lorsque des instances, que je n'avais point méritées et auxquelles je n'aurais pu résister plus longtemps sans scandale, m'ont forcé d'accepter un des cordons du dais. Faut-il donc que je m'en excuse comme d'une faiblesse ou d'un attentat ?

Ce n'est ni l'un ni l'autre : c'est seulement une preuve de mon respect pour les choses saintes. En 1808, j'ai porté le cordon du dais de Saint-Severin avec le bâtonnier actuel de l'Ordre des avocats et MM. Homery et Dehaussy; personne ne nous a blâmés. Est-on donc moins tolérant aujourd'hui que l'on est devenu plus libre?

Mais il y avait des Jésuites à Saint-Acheul! — Je n'hésite point à le croire, quoique M. le procureur général d'Amiens, que j'avais vu la veille, ne me l'ait pas dit..... Mais Dieu est-il donc janséniste ou jésuite? et le saint sacrement n'est-il pas également saint partout?

Au surplus, mon opinion sur la question des Jésuites est fixée depuis longtemps. Les arrêts des Cours souveraines les ont condamnés; les édits de nos Rois ont supprimé leur société; aucune loi ne les a rétablis en France; la bulle de Pie VII est sans force parmi nous. On ne peut *tolérer* ce que la loi *défend :* et s'il existe en France des Maisons tenues d'une manière *telle quelle,* mais non autorisées par la loi, c'est aux Magistrats, bien avertis, d'y pourvoir avec sagesse, après mûre délibération.

Mais après avoir émis cette opinion comme jurisconsulte et comme citoyen, mon devoir est rempli, celui des procureurs généraux commence, et j'attends....

Il y a plus : si, tôt ou tard, l'autorité, une fois mise en mouvement, agissait avec trop de rigueur; si, non contente d'appliquer le remède légal établi contre les associations non autorisées, elle exerçait contre les personnes des sévérités qui prissent à leur égard le caractère de persécution individuelle; l'Ordre des avocats leur offrirait mille défenseurs, et je plaiderais pour un jésuite aussi fortement que pour un constitutionnel.

Rien au monde ne me fera sortir de cette ligne de tolérance, de justice et de modération.

Paris, ce 10 juillet 1826. DUPIN, *avocat.*

IV. *Lettres sur la Réponse qui précède.*

A peine cette réponse eut paru, que je reçus une foule de lettres de félicitation, parmi lesquelles j'ai dû distinguer celles de MM. Etienne, Delacroix-Frainville, M. Lebesgue (prêtre jadis déporté), le baron Thibon, Dumon (alors avocat, et depuis ministre), et M. de Broë, avocat général (mon adversaire dans le procès de *tendance*). — Enfin, j'en joins une de Béranger, qui s'est croisée avec ma réponse imprimée.

Lettre de M. Étienne. Ce 12 juillet 1826.

Mon cher monsieur Dupin, Je laisse une partie du journal de demain pour faire paraître votre réponse qui est très-convenable et très-noble. Je n'ai éprouvé en la lisant qu'un seul regret, c'est que vous vous ne soyez point décidé à la faire paraître le jour où je vous ai engagé à la publier. Nous aurions eu de moins *quinze jours de personalités* qui m'ont fait beaucoup de mal et qui ont réjoui trop longtemps les ennemis de nos institutions et les envieux de votre talent.

Je vous renouvelle l'assurance de mon bien sincère attachement. — Signé, Étienne.

M. Delacroix-Frainville. 14 juillet 1826.

Mon ami, J'ai lu votre réponse; — bonne; — excellente; — digne de vous.

Tout à vous. — Signé, Delacroix-Frainville.

Lettre de M. Le Besgue. Jeudi, 13 juillet 1826.

Monsieur, Je viens de lire à l'instant même votre admirable lettre, avec un sentiment d'estime et de respect que je ne saurais vous rendre.

Si le suffrage d'un prêtre déporté, qui a pendant vingt-huit ans honoré le caractère français chez nos fiers et généreux voisins, peut vous offrir quelque dédommagement de l'horrible injustice qui vous poursuit, jouissez, Monsieur, du mien. Il est vif, sincère et sans réserve. Cet acte de dignité, Monsieur, vous place trop haut au-dessus de vos ennemis, pour qu'ils puissent, quoi qu'ils fassent, vous en faire descendre.

Urit fulgore suo, qui prægravat artes
Infra se positas.....

La postérité finira le vers, et je fais des vœux pour que ce soit le plus tard possible. Oui, Monsieur, une trempe si pure et si noble, à notre déplorable époque, doublera l'amour et l'admiration de nos neveux. — Signé, C.-J. Le Besgue.

Le cachet de cette lettre portait un pieu enfoncé en terre et surmonté d'une étoile avec cette légende : *Palus ut hic fixus, constans firmusque manebo.*

Lettre de M. le baron Thibon. 15 juillet 1826.

Monsieur, Je venais de lire dans le *Journal de Paris* les observations que vous avez faites sur certains propos tenus à l'occasion de votre visite à Saint-Acheul, lorsqu'on m'a remis un imprimé contenant les mêmes observations. Comme c'est à votre obligeance et à votre aimable souvenir que je dois cet imprimé, je m'empresse de vous en adresser mes remercîments.

M. Le Poitevin[1], notre ami commun, m'avait instruit de cette visite et des conséquences qu'on en tirait. Lui et moi fûmes très-contrariés de la ridicule interprétation. Mais comme votre réputation est faite, et que la trempe de votre logique résistera toujours à la dent des serpents politiques, je vous engage, dans l'intérêt public, de ne pas cesser de vous montrer tel que la nature, vos études et votre expérience vous ont fait.

Tel est mon vœu, auquel je joins le nouvel hommage de la considération très-distinguée et de l'attachement bien soutenu avec lesquels j'ai l'honneur d'être, Monsieur, votre très-dévoué et affectionné serviteur. — Signé, le baron L.-C. Thibon.

M. Dumon. Castets, 26 juillet 1826.

Mon cher confrère, Je vous remercie de l'envoi de votre réponse : c'est un témoignage de bon souvenir et d'amitié. Je suis cependant de ceux avec qui toute apologie était inutile, et qui, jugeant votre avenir par votre passé, se reposent sur ce que vous avez été, de ce que vous serez toujours. Je n'ai pas lu les calomnies auxquelles vous répondez avec tant de noblesse; mais je me figure aisément ce qu'ont pu dire des journaux à jeun d'idées, se jetant à la curée d'une grande réputation. Les torts de la liberté de la presse ont envers vous un caractère plus grave; car elle était votre cliente, et son injustice est aussi de l'ingratitude. Elle vous reviendra, cependant, trop tôt peut-être : ses périls et votre talent vous assurent de son retour.

J'ai fort approuvé votre réponse : à mon avis, l'article de Dupaty la rendait nécessaire. Vos amis de l'école de Voltaire ne vous ont pas toujours compris : les espiègleries du grand homme sont au-dessous de vous. Cette perpétuelle contradiction entre les actions et les paroles, ce mélange d'écrits irréligieux et de dévotions hypocrites, ces capucinades et ces bouffonneries sont moins dignes d'imitation qu'elles n'ont besoin d'excuse. Vous avez noblement protesté de votre sincérité, et au milieu de vos remercîments, perçait le désaveu poli d'un injurieux parallèle.

Voudrez-vous savoir ce que devient votre biographe pendant que vous lui taillez une si belle besogne? Je vis au milieu des

[1] Le président Le Poitevin, rédacteur des deux arrêts dans les *procès de tendance.*

juridictions du moyen âge. J'étudie dans Montesquieu, dans Mably, dans Hallam, dans Meyer, cette organisation si savante et si compliquée. Je me prépare ainsi à la lecture des originaux et à l'étude des sources. Il se mêle cependant à mon travail une sorte de découragement. Plus j'examine ce que furent les parlements et d'où ils vinrent, plus il me semble que leur retour est impossible. L'attitude parlementaire de votre Cour royale n'est pas une objection. C'est un souvenir passager de l'ancien régime, que la résurrection de l'ancien régime a provoqué; ce sont des ombres qui s'appellent l'une l'autre, et que le grand jour de la liberté fera également disparaître. Les corps judiciaires suivront les corps enseignants : le jury est la magistrature de la liberté.

Il me tarde bien d'aller vous revoir à Paris pour vous demander conseil sur ce travail. J'espère y être conduit bientôt par une affaire dont je vous ai entretenu. J'ai écrit, sous votre couvert, à votre frère l'académicien, sur un projet de forges auquel je suis intéressé. Voudrez-vous lui rappeler ma lettre, et le prier de résoudre les questions que je lui adressais? Je sens qu'il y a de l'importunité à lui prendre un peu de ce temps dont il fait un si bel usage; mais je le consulte pour un objet d'utilité publique, et à ce titre, ma consultation doit l'intéresser.

Adieu, mon cher confrère, rappelez-moi à l'amitié de Philippe, et recevez toutes mes amitiés. — Signé, S. Dumon.

M. de Broé. Paris, 3 août 1826.

Monsieur, Je possédais déjà votre utile et savante dissertation sur Pothier; mais celle que vous avez eu la bonté de m'envoyer n'en a pas moins, à mes yeux, un prix tout nouveau, d'abord parce qu'elle me vient de vous, et ensuite à cause des annexes qui la suivent. Veuillez donc recevoir mes remercîments les plus sincères. Tous vos ouvrages, monsieur, présentent assez d'intérêt par la vigueur du style, la profondeur des observations et l'étendue des recherches, pour les lire tout entiers dès qu'on les a. J'avais lu cette dissertation, dans laquelle vous rendez un si légitime hommage au jurisconsulte homme de bien dont nous sommes tous accoutumés à respecter si unanimement les opinions.

L'observation que vous me signalez et dont nous causions l'autre jour, n'est pas la seule dont l'importance m'ait frappé. Je l'ai relue, monsieur, avec un nouvel intérêt à la suite de cette conversation dans laquelle je me félicite d'avoir eu l'occasion de vous exprimer des sentiments que vous avez toujours mérités, et que j'avais déjà plus d'une fois manifestés hautement en votre absence, dans ces derniers temps où l'injustice des hommes vous a si indignement poursuivi.

Recevez, monsieur, la nouvelle assurance de la haute considération avec laquelle j'ai l'honneur d'être votre très-humble et très-obéissant serviteur. — Signé : J. DE BROÉ.

BÉRANGER. Champrosai, ce 10 juillet 1826.

Mon cher défenseur, Je ne suis pas de ceux qui vous croient ou feignent de vous croire devenu jésuite. Certes, vous ne commettrez jamais ce vilain péché. Aussi, depuis que vous êtes en butte à de sottes attaques, me suis-je escrimé à ce sujet presque avec autant de chaleur que vous en avez mis à me défendre contre les robes courtes et longues de la Congrégation. Cependant si j'avais été à Paris, j'aurais été vous presser de repousser, par une courte profession de foi, ces attaques aussi ridicules qu'inconvenantes, et qui même peuvent être nuisibles aux principes libéraux que vous avez défendus tant de fois. On m'écrit de Paris que plusieurs personnes estimables vous donnent aussi ce conseil. Je pense donc que vous pouvez le suivre sans compromettre la dignité de votre caractère. Que vous le fassiez ou non, vous n'en resterez pas moins pour moi un sincère ami de nos libertés, même de nos libertés gallicanes, dont je vous avoue que je me soucie fort peu. Il n'en serait pas de même si c'était les libertés défendues par saint Louis et consacrées par Charles VII, quoique à bien prendre tout cela soit bien en arrière de l'époque où nous vivons. Mais, qu'à cheval sur ces vieilles maximes, vous combattrez de pied ferme les ultramontains, voilà ce dont je suis bien sûr, et voilà ce qui vous vaudra toujours la haine jésuitique, *quelque politesse que ces Messieurs vous fassent d'ailleurs*. Ne croyez pas, au reste, que tout le monde ait déraisonné à votre égard. J'ai trouvé des gens aussi disposés que moi à blâmer vos agresseurs. C'est même pour vous assurer que c'est le plus grand nombre que j'ai cru nécessaire de vous écrire, et non pour vous parler de mon opinion à ce sujet. Si vous aviezeu occasion de penser à moi dans cette circonstance, je ne doute point que vous ne vous fussiez dit : Béranger est sans doute fâché que je sois tombé dans le guet-apens de Saint-Acheul; mais s'il est jamais en procès avec ces bons pères, je suis bien sûr que c'est moi qu'il viendra encore chercher pour le défendre contre eux et leur puissante clientèle. Et vous auriez ajouté : Qu'il vienne, et je parlerai pour lui comme je l'ai déjà fait.

Oui, mon cher Dupin, voilà ce que je pense, et pourquoi je suis si stupéfait qu'on n'ait pas eu plus d'égard pour un orateur dont

32

les grands talents ont toujours été au service de ceux qui, comme moi et cent fois plus que moi, ont été en butte aux persécutions judiciaires.

Recevez la nouvelle assurance de toute ma reconnaissance, et croyez à ma sincère amitié. Tout à vous. — Signé : Béranger.

IV. *Opinion des journaux sur le même sujet.*

Les journaux voulurent aussi donner leur avis sur cette réponse. Le *Courrier* et autres de sa couleur l'acceptèrent en faisant de la palinodie. Mais leurs adversaires n'avaient garde de les tenir quittes à si bon marché : on en va juger par les extraits qui suivent :

Le *Drapeau blanc* du 14 juillet 1826 : « Nous insérons, quoiqu'après le *Constitutionnel* et le *Courrier*, la lettre de M. Dupin. Elle est pleine de dignité, de franchise et de sentiments élevés. Voilà comment on rend honorables à la fois et sa profession et ses opinions. Elle fera rougir, s'ils en sont capables, certains hommes de leur bassesse et de leur grossièreté, et quelques autres du mensonge qu'ils ont voulu sciemment accréditer.

» Nous n'avons jamais cru un moment, ni feint de croire, que M. Dupin fût devenu ultramontain pour avoir accepté à dîner chez des jésuites; mais nous l'avons considéré comme un homme d'un grand talent, d'un noble caractère, d'un esprit élevé, et nous l'avons traité en conséquence. Celui qui prend pour devise : tolérance, justice et modération, a droit aux égards de tous les gens de bien, quelles que soient ses opinions religieuses et politiques. »

Le même numéro contient un article de fond sur les réputations, les jalousies et l'esprit de dénigrement de l'époque....... « L'envie et la haine prennent parfois un caractère de méchanceté sans égal. Ce qu'exigent de vous ces hommes qui crient si haut et vantent si fort leur indépendance, c'est que vous vous rapetissiez comme eux, que *vous soyez des leurs,* que vous vous abreuviez à la même coupe; c'est à ces titres seuls qu'ils vous ménagent et vous respectent. La fureur d'égalité qui les agite, a pour but l'*abaissement de ce qui s'élève.* »

Enfin, dans son numéro du 16 juillet, la *Gazette universelle* de Lyon, qui avait la première appelé l'attention sur la *visite à Saint-Acheul,* en glissant la nouvelle pour donner à ses correspondants l'occasion de la reproduire, chante aussi la dernière antienne, et en affectant de prendre mon parti, elle s'exprime en ces termes :

« Voilà la *tolérance* du parti qui a inscrit ce mot sur ses bannières. Il a longtemps déclamé contre l'esprit exclusif des *dévots ;* cet esprit peut-il être comparé à celui des dévots du libéralisme? Il est vrai qu'on conçoit parfaitement le dépit qu'inspire au parti révolutionnaire la conduite de M. Dupin. Il est très-probable, et ils le savent bien, que la visite de cet avocat à Saint-Acheul ne l'a pas guéri de ses préventions contre les Jésuites, puisqu'il les a encore manifestées dans le procès du *Constitutionnel*, après une première visite à l'établissement de ces Pères. Mais au moins si M. Dupin *croit devoir encore s'opposer aux Jésuites*, *dans des vues politiques*, et d'après l'opinion erronée qu'il s'en est formée, il ne peut pas partager, aujourd'hui qu'il les connaît personnellement, la haine inique et furibonde du libéralisme contre eux; il doit avoir en dégoût les déclamations grossières par lesquelles on cherche à les flétrir et à en faire aux yeux de la populace un objet de haine ou de terreur. M. Dupin ne peut plus avoir de discussion sur les Jésuites *qu'avec les politiques et les honnêtes gens*, et cette discussion par conséquent se trouve renfermée dans des limites inaccessibles à l'intelligence et aux passions de la multitude. C'est là ce qui désespère le parti. »

Il y a du vrai dans ces réflexions; et l'auteur de l'article connaissait certainement mes lettres au Père Loriquet au sujet de sa société. Après la mort de ce dernier, l'auteur de sa vie en a publié quelques *fragments ;* c'est un motif pour moi de les donner *en entier.*

V. *Correspondance avec le Père Loriquet.*

Saint-Acheul, le 30 mars 1826.

Monsieur, En vous remerciant de l'honorable marque de souvenir que vous venez d'ajouter à celles que nous avons reçues de votre part peu après votre voyage d'Amiens, je ne puis me dispenser de vous dire combien vivement nous avons senti ce qu'a eu d'obligeant pour nous l'éloquent silence auquel vous vous êtes condamné dans un procès trop célèbre[1], où tout autre que vous, monsieur, eût peut-être cédé à la tentation, si délicate en cette circonstance, de tout sacrifier aux convenances du jour, aux passions de l'auditoire, et surtout aux intérêts de sa partie.

[1] Procès en calomnie de la famille *La Chalotais* contre le journal l'*Étoile*. J'assistais comme conseil M. Bernard, plaidant pour la famille de l'illustre et courageux procureur général du Parlement de Rennes; Hennequin était l'avocat du journal l'*Étoile*.

Veuillez agréer de nouveau l'expression de ma gratitude et de mon respectueux dévouement. Signé, LORIQUET.

Saint-Acheul, le 24 avril 1826.

Monsieur, Les réflexions que vous voulez bien m'adresser dans votre lettre du 5 de ce mois sont pour moi une nouvelle preuve de l'intérêt que vous conservez à Saint-Acheul, c'est-à-dire aux personnes qui le composent. Que ne puis-je obtenir que cet intérêt passe des personnes aux choses!

Quand vous m'avez écrit, vous veniez d'entendre M. Bernard; il a frappé fort, je le crois, mais a-t-il frappé juste? Vous avez depuis entendu M. Hennequin. Comparez les faits, les autorités de part et d'autre, et jugez. Je ne parle ici que de la question de justice et d'innocence.

Pour ce qui est de la question légale, c'est autre chose; elle n'est et ne peut être en faveur des condamnés. Mais vous le savez, et mieux que moi, plus d'un procès a déjà dû être revisé, et plus d'une condamnation réformée. Si, par hasard, ou plutôt par malheur, la magistrature du dix-huitième siècle avait erré en un point quelconque, pourquoi celle du dix-neuvième se refuserait-elle à réparer l'erreur? Ici, je ne puis m'imaginer que la forme doive l'emporter sur le fond, ni même qu'il y ait *loi* dans une affaire qui n'est qu'un *arrêt*, intervenu sans que les condamnés aient été même entendus dans leurs défenses.

Quoi qu'il en soit, je crois que c'est une bonne pensée que celle qui m'est venue de vous prier d'accepter un petit ouvrage qui pourra servir de suite ou d'appui au plaidoyer de M. Hennequin, et gagner à l'ancienne Compagnie de Jésus un suffrage auquel je suis bien sûr que la nouvelle attacherait un grand prix.

Pour ce qui nous regarde personnellement, voilà les feuilles libérales qui continuent à s'escrimer tout à leur aise sur notre compte, et à verser calomnies sur calomnies. Il faut qu'elles comptent bien sur notre patience. Il serait si aisé de les attaquer en diffamation! Vous avez vu le bel article des *Débats* du 8 de ce mois. La vérité est, 1° que nous n'avons jamais eu aucun rapport avec le testateur; 2° que son legs était, non un bien de famille ou un produit de son industrie, mais un dépôt bien réel; 3° que c'est contre notre volonté expresse et souvent manifestée, que le légataire s'est déterminé à soutenir un procès; 4° enfin, que c'est non-seulement sans notre aveu, mais encore à notre insu, qu'il a interjeté les appels qui ont abouti à l'arrêt définitif. Tout cela peut vous paraître singulier, paraîtra même incroyable à ceux qui ont rédigé l'article dont je parle; tout cela néanmoins est l'exacte vérité. Mais cette vérité restera probablement inconnue, à moins que le légataire ne la dévoile au public; et un historien abusé s'emparera un jour de ce procès comme d'une pièce de conviction à laquelle il n'y aura rien à répliquer.

J'ai laissé couler ma plume; il est temps de l'arrêter, malgré l'envie qu'elle aurait de courir encore, au risque de vous fatiguer. Je me borne donc à vous offrir les hommages de tous mes collaborateurs; j'y joins la nouvelle assurance du respectueux dévouement avec lequel j'ai l'honneur d'être, Monsieur,

Votre très-humble et très-obéissant serviteur,

Signé, LORIQUET.

Paris, ce 29 avril 1826.

Monsieur, J'ai entendu M. Hennequin, et j'aime à lui rendre le même témoignage qu'à M. Bernard [1]. J'avais même envie de vous en écrire avant d'avoir reçu votre lettre. M. Hennequin a montré un très-grand talent; il a traité la question légale avec supériorité, et la question de fait avec beaucoup d'art et de dextérité. Cependant, dans mon opinion, il n'a pas réussi à faire croire que les juges avaient été coupables et les condamnés innocents; il n'était point partie capable pour *reviser le procès* de son autorité privée.

Du reste, je conviendrai que les Jésuites ont été l'objet de beaucoup de *calomnies* mêlées à des *reproches fondés;* que des faits particuliers ont été trop généralisés; que les idées et les crimes d'une époque ont quelquefois été transportés à des temps différents; mais si l'attaque n'a pas toujours été mesurée ni de bonne foi de la part des agresseurs, peut-on dire que les *apologies* aient toujours réuni la sincérité, la modération et la bonne foi?

Je lirai le livre que vous m'envoyez, et je le lirai sans prévention, car je n'épouse les haines d'aucun parti et ne veux dépendre en tout que de ma conviction; mais, dès à présent, voici où je vois la difficulté : on l'élude de part et d'autre.

1° On oppose aux Jésuites d'anciens crimes, d'anciens livres, une morale *telle quelle*.

2° Ils répondent par les grands services qu'ils ont rendus à l'éducation.

La question reste entière au milieu de l'accusation et de l'excuse :

[1] Plaidoiries pour la famille *La Chalotais* contre le journal l'*Étoile*.

D'anciens crimes peuvent être rejetés sur ceux qui les ont commis, de mauvais livres sur ceux qui les ont faits, une mauvaise morale sur ceux qui l'ont enseignée ou pratiquée : et le tout sur des temps barbares ou malheureux.

Les services rendus à l'éducation sont un fait particulier, digne d'éloge et de reconnaissance. Je l'ai dit et m'en souviens bien : « quand on fait de bons élèves, on peut les présenter avec confiance et avec orgueil à ses amis et à ses ennemis. »

Mais, dans l'état actuel des choses, la question est de savoir si les jésuites, bien que rétablis par une bulle du pape, peuvent exister en France comme corps, collége et société, sans une loi qui admette *pour l'État* [1] ce que la bulle a admis pour la chrétienté ? Sur cette question *toute légale*, je dis *non*, ils ne peuvent exister légalement, s'avouer hautement tels, ni être tenus pour tels, jusqu'à ce qu'il y ait *loi.*

Autre question : Si cette loi était présentée, devrait-elle être admise ? Même question qu'en 1561 et 1603 : question *toute politique*, où le passé ne serait pas sans influence. Et j'avoue que si tout ce qu'on dit des constitutions élastiques des jésuites est vrai, s'ils n'en voulaient rien rabattre, et que l'on dît encore pour eux : *Sint ut sunt, aut non sint*, je dirais : Eh bien ! qu'ils ne soient pas.

S'il était vrai surtout qu'à leur institut se rattachât de nos jours une *Congrégation* vaste qui comprît toutes les classes de citoyens, avec des intentions d'influer sur la marche de l'administration et du gouvernement ; catholique, Français, sujet fidèle, citoyen incorruptible, je dirais avec le pieux Billecocq : *Non, il ne faut pas les rétablir.*

Mais, avec des modifications propres à rassurer la fidélité et le patriotisme contre l'influence étrangère et des agitations locales, alors la question n'étant plus que d'utilité, beaucoup d'hommes sages pourraient déposer leurs craintes, et n'espérer que de bons résultats, en prenant de bonnes précautions.

Jusque-là, les Jésuites ne sont que de contrebande.

Je ne sais, monsieur, si quelqu'un vous a encore parlé sur cette question avec plus d'abandon, de confiance et de sincérité ; mais voilà ma pensée. Je reviendrai encore sur ce sujet après avoir lu votre volume.

Vous m'étonnez par ce que vous me dites du procès dont les journaux viennent de rendre compte. Vous y opposez des déné-

[1] La France.

gations si positives qu'on ne peut qu'attendre et désirer des explications.

Je suis bien reconnaissant, Monsieur, du souvenir aimable de vos savants collaborateurs : veuillez être auprès d'eux l'interprète de mes sentiments affectueux, et recevoir pour vous-même l'hommage du respect avec lequel j'ai l'honneur d'être, Monsieur, votre très-obéissant serviteur. — Signé, DUPIN.

Saint-Acheul, le 3 juin 1826.

Monsieur, Je vous ai parlé hier d'une apologie de la compagnie de Jésus publiée lors de sa dissolution. Permettez-moi de vous faire hommage d'un exemplaire de cet ouvrage. Si, contre mon attente, il laissait encore quelques doutes dans votre esprit, vous me feriez un véritable plaisir de m'en faire part; je m'efforcerais de les éclaircir. Plein de droiture et ami de la vérité, rien ne vous empêchera de l'adopter dès que vous l'aurez reconnue, et de vous en établir le défenseur.

Veuillez agréer l'assurance bien sincère du respectueux dévouement avec lequel j'ai l'honneur d'être, Monsieur,

Votre très-humble et très-obéissant serviteur. — Signé, LORIQUET.

Paris, ce 24 juin 1826.

Monsieur, J'ai terminé la lecture du volume in-12[1] dont vous m'avez gratifié : les apologies me plaisent en ce sens qu'elles sont des *défenses*, et que l'éloge, si insupportable quand il n'est pas motivé, s'excuse quand il est employé pour répondre à des accusations.

En pareille matière, il faut entendre les deux parties : j'ai déjà lu sur la présente question beaucoup de choses pour et contre, et le résultat de mon opinion est que toutes les accusations n'étaient pas vraies, et que toutes les réponses ne sont pas également heureuses; il y a eu passion des deux côtés : *Iliacos intra muros peccatur et extra.*

Relativement aux jésuites, il y a deux questions : l'une actuelle, l'autre éloignée, et je ne crains pas plus d'en dire mon avis par écrit que verbalement.

La première est de savoir si d'après les lois existantes, ils peuvent se reproduire en France sans se mettre en opposition avec les règles établies?

La seconde, s'il serait, en effet, bon et utile de les rétablir par une loi nouvelle?

[1] *Apologie des Jésuites*, par le P. Cérutti.

La première est une question de droit. Il n'y a pas à balancer pour un jurisconsulte, un magistrat, un publiciste : la législation actuelle ne permet à aucun Ordre religieux de s'établir en France de soi-même, sans autorisation de la puissance publique; je m'en suis expliqué nettement dans les conférences sur le mémoire à consulter de M. de Montlosier.

La seconde question est de politique et de législation. Là reviennent tous les anciens griefs, toutes les anciennes préventions ; et je conçois dès lors l'utilité des apologies pour réconcilier les esprits avec un Institut qui depuis si longtemps leur est présenté sous un jour odieux.

Je crois qu'un homme d'État serait fort embarrassé sur cette question entre les deux opinions qui se déclarent. Le nom de *jésuitisme* a reçu dans la langue une acception si malheureuse et devenue si populaire, que je trouve déjà dans le mot seul la plus énorme difficulté.

Qu'à cela ne tienne, dira-t-on, on prendra une autre dénomination : mais là encore, c'est-à-dire sur le fond, on fera pressentir aux gouvernements les plus grands dangers, en tant que la Société aurait pour but secret des empiétements politiques. On rassurerait quelques souverains, que les peuples ne le seraient pas!

La congrégation alarme vivement des hommes sincèrement religieux et monarchiques, tels, par exemple, que le vertueux M. Billecocq. Une opposition vive se déclare, elle se compose d'éléments divers; elle s'accroîtra encore; et certainement, même avec une majorité disposée, un rétablissement *pur et simple* de la Société ne passerait pas. On voudrait dans la loi des articles pour définir et régler l'Institut; et reste à savoir quels ils seraient : on se rappelle le fameux *Sint ut sunt*.

Quant à présent, la question première est donc résolue contre les jésuites; et la seconde, annoncée par quelques-uns, excitera certainement de vifs débats.

Pour mon compte, je suis loin d'être complétement rassuré sur cette dernière question : et si j'étais appelé à la résoudre, je ne me prononcerais ni d'après les apologies, ni d'après les censures; mais par une appréciation sérieuse des faits.

Voilà, Monsieur, mes aperçus sur les difficultés que j'entrevois et que vous pressentez mieux que moi.

J'ai l'honneur d'être avec respect, Monsieur, votre très-obéissant serviteur. — Signé, DUPIN.

P. S. J'achevais cette lettre, lorsque la *Gazette universelle de*

Lyon d'abord et puis la *Quotidienne* ont raconté que j'avais assisté à la procession du saint sacrement à Saint-Acheul!!!!

Et les autres journaux, notamment le *Courrier*, de regarder cet acte comme une *contradiction*, et de gloser sur un fait de cette nature!

Absurdité des deux parts : 1° On ne devait pas me remarquer à la procession; ce n'était pour personne une affaire d'ostentation, mais bien un acte religieux. 2° En le remarquant, personne n'avait le droit de me louer ni de me blâmer. C'est un acte de ma vie privée; et à défaut de *charité chrétienne*, la *tolérance philosophique* devait me pardonner d'avoir agi selon mon gré dans une affaire où j'ai bien le droit à mon tour de réclamer pour moi la *liberté de conscience*.

Je ne me suis engagé avec personne à être païen, idolâtre ou schismatique : si j'eusse été au prêche, on l'eût trouvé bon; si je faisais abjuration, comme le prince de Salm, certaines gens me porteraient aux nues. Et parce que, né catholique, je fais un acte de la religion catholique, me voilà interpellé de répondre par le *Courrier?* J'ai été voir aussi les Trappistes : demande-t-on pourquoi?

Mais c'est à Saint-Acheul! eh! qu'importe? Le saint sacrement de Saint-Acheul est-il jésuite? Dieu n'est-il pas Dieu partout?

Ceci est affligeant. Ami sincère de la liberté, je vois que ceux qui en prennent la défense avec le plus d'ostentation sont souvent ceux qui l'entendent et la respectent le moins. Qu'y faire? Rester le même : affectueux pour tous les gens de bien, de quelque parti qu'ils soient, et n'être soi-même d'aucun parti, sauf à être méconnu et froissé par tous : en peu de mots, *bien faire et laisser dire*.

Page 228.

CONSULTATION MONTLOSIER.

Procès fait à la Congrégation des Bacchanales.

Cette publication est en réalité une annexe de la *Consultation Montlosier :* — Elle fut faite à son occasion, et parut dans le même temps (1826).

Quoique ce ne soit qu'une traduction presque littérale de l'historien latin, les analogies parurent frappantes. Deux éditions en petit format, tirées à un grand nombre d'exemplaires, se succédèrent et furent épuisées rapidement.

On reproduit ici cet épisode de l'histoire Romaine, avec la courte préface mise en tête des éditions de 1826.

Procès fait à la Congrégation dite des Bacchanales, l'an de Rome 566, *environ* 186 *ans avant Jésus-Christ.* Traduit de Tite-Live, par M. Dupin, avocat, avec cette épigraphe : *Qui qualesque sint.* (Tite-Live.)

« Si l'on pouvait douter de la vigilance avec laquelle tout État policé doit veiller aux associations qui se forment sous le manteau religieux, il suffirait de rappeler le procès fait à Rome à la Congrégation des Bacchanales.

» Au premier avis qu'en eut le Sénat, on le voit prononcer le *Caveant consules*, formule presque équivalente à la déclaration moderne, que *La patrie est en danger*, ou à la *mise en état de siége.* Les consuls comprennent toute l'étendue de leur mission ; ils joignent la prudence à l'énergie ; et la république est délivrée d'un péril plus grand qu'aucun de ceux qui l'avaient auparavant menacée : *Nunquàm tantum malum in republicâ fuit, nec ad plures nec ad plura pertinens*, dit l'historien à qui nous allons emprunter toutes les circonstances de ce grand évènement. »

Procès de la Congrégation dite des Bacchanales.

L'épitomé que Daniel Heinsius a placé en tête du livre xxxix de *Tite-Live*, donnerait envie de le lire à ceux mêmes qui n'auraient pas eu la pensée de le rechercher. *Bacchanalia, sacrum græcum, et quidem nocturnum, scelerum omnium seminarium, quùm ad ingentis turbæ conjurationem pervenisset, à Consule investigatum, et multorum pœnâ sublatum est.* « La confrérie des Bacchanales, sorte de dévotion grecque, dont les mystères se célébraient la nuit, séminaire de toutes sortes de crimes et de débauches, ayant déjà engagé dans sa Congrégation un grand nombre de citoyens, fut recherchée par le consul et réprimée par la punition de plusieurs coupables. »

L'an de Rome 566, environ 186 ans avant Jésus-Christ, sous le consulat de Spurius Posthumius Albinus et de Marcius Philippus ; ces magistrats, après avoir pourvu aux soins de la guerre et au gouvernement des provinces, s'occupèrent de la question des conjurations clandestines, *quæstio de clandestinis conjurationibus decreta est.*

Un Grec ignoble (*Græcus ignobilis*), ignare, et dépourvu des avantages que cette nation vive et spirituelle avait souvent déployés pour l'éducation de la jeunesse et la culture des sciences, mais homme superstitieux et faisant l'inspiré (*sacrificulus et vates*), vint d'abord en Étrurie ; et là, au lieu de professer ouvertement la morale religieuse et l'horreur des crimes, se mit à prêcher en secret des mystères cachés, et à enseigner des pratiques superstitieuses (*occultorum antistes sacrorum*).

Il ne s'était d'abord ouvert qu'à un petit nombre d'initiés; mais bientôt sa doctrine se répandit peu à peu parmi les hommes et parmi les femmes[1] : doctrine relâchée, qui s'alliait avec la tolérance de la bonne chère et des plaisirs, pour caresser les imaginations et leur offrir quelque attrait, *additœ voluptates.... quo plurium animi illicerentur.*

L'historien décrit les désordres commis par les *affiliés ;* ce n'étaient pas seulement des actes de débauche; mais de là aussi, de cette boutique (*ex eâdem officinâ*), partaient de faux témoins, des lettres supposées, des attestations infidèles et des jugements corrompus. *Falsi testes, falsa signa, testimoniaque, et judicia ex eâdem officinâ exibant.*

Multa dolo, le dol et la ruse y venaient au secours de la violence.

Ces affiliations gagnèrent de l'Étrurie jusqu'à Rome, où elles se propagèrent à la manière d'un mal contagieux. L'étendue de la ville, où certains désordres étant plus habituels étaient aussi moins remarqués, les déroba quelque temps à la surveillance des magistrats ; enfin le consul Posthumius en eut avis.

Un jeune homme, nommé Æbutius, resté orphelin et ayant perdu ses tuteurs, avait été confié aux soins de sa mère, remariée en secondes noces à T. Sempronius. Ce beau-père avait mal géré les affaires du pupille; il était hors d'état d'en rendre compte, et il fallait ou perdre Æbutius, ou le placer, de quelque manière que ce fût, dans une position dépendante : *Aut tolli pupillum, aut obnoxium sibi vinculo aliquo fieri cupiebat.* Le tuteur ne trouva rien de mieux que de faire entrer son pupille dans la société corrompue des Bacchanales : *Via una corruptelœ Bacchanalium erant.*

La mère d'Æbutius le fait appeler: elle lui dit « que pendant qu'il était malade elle avait fait *vœu,* s'il recouvrait la santé, de le faire initier aux mystères de Bacchus; que, le voyant guéri, elle voulait en conscience acquitter sa promesse, et que son fils eût à s'y disposer. »

Æbutius se fût peut-être rendu aux désirs de sa mère ; mais il en fut détourné par sa maîtresse (*Hispala Fecenia*), qui, craignant de perdre son amant, lui fit une horrible peinture de ce qu'elle avait appris au sujet de l'association.

1 Initia erant, quæ primo paucis tradita sunt : deindè vulgari cœpta per viros, mulieresque.

Effrayé par ce tableau, le jeune homme déclara à sa mère qu'il ne serait point profès dans l'ordre des Bacchanales : *Negat initiari sibi in animo esse.*

Le beau-père était présent; il s'irrite, il s'enflamme, et fait jeter le fils à la porte par quatre esclaves.

Le malheureux jeune homme, ainsi chassé de la maison paternelle, se retire chez sa tante Æbutia, lui expose la cause de sa disgrâce; et par son conseil il va révéler le fait au consul Posthumius.

Ce magistrat lui dit de revenir dans trois jours; et il emploie ce temps à s'assurer de la moralité du révélateur et de sa tante Æbutia : il interroge celle-ci; il lance aussi un mandat d'amener contre Hispala, qui d'abord nie, puis montre des craintes sur le mauvais sort que peuvent lui faire éprouver les affiliés; elle demande même qu'on lui procure un asile hors de l'Italie, où elle puisse terminer ses jours à l'abri de leurs coups : le consul la rassure; elle parle enfin, et révèle les statuts de l'association : *Originem sacrorum expromit.*

Ce n'avait d'abord été qu'un oratoire de femmes, *primo sacrarium id feminarum fuisse.* Les hommes n'y étaient point admis. Mais ensuite les statuts reçurent différents changements, dictés, disait-on, par l'ordre des dieux, *tanquam deûm monitis.* Hispala expose les désordres dont elle se dit informée : la fantasmagorie déployée dans les mystères, pour effrayer les néophytes et dominer les imaginations : elle ajoute que cette Congrégation, au point où elle est arrivée, comprend un grand nombre de personnes; qu'elle forme, pour ainsi dire, un autre peuple au sein de la nation : *multitudinem ingentem, alterum jàm propè populum esse.* Elle compte quelques nobles, en hommes et en femmes, *in his nobiles quosdam viros, feminasque;* on capte, on séduit la jeunesse, *captari ætates*, etc.

Ces révélations terminées, Hispala renouvelle ses prières pour que l'on veille à sa sûreté. Le consul y pourvoit, ainsi qu'à celle du jeune Æbutius. Il fait ensuite son rapport au Sénat.

Les sénateurs sont frappés de terreur, *Patres pavor ingens cepit :* ils craignent, dans l'intérêt public, que ces Congrégations et ces assemblées nocturnes ne couvrent quelque dessein caché, quelque danger secret; ils tremblent qu'à leur insu, dans leurs propres familles, ne se trouvent des affiliés de ce qu'ils regardent comme un complot[1].

[1] Quùm publico nomine, ne quid eæ conjurationes cœtusque nocturni fraudis occultæ aut periculi importarent; tùm privatim suorum quisque vicem, ne quis affinis ei noxæ esset.

Toutefois ils commencent par rendre grâce à Posthumius de ce qu'il avait exploré cet événement avec autant de sagacité que de prudence et de discrétion : passant ensuite à la délibération, le Sénat ordonne aux consuls d'instruire *extraordinairement* sur tout ce qui avait rapport à l'association des Bacchanales et à leurs mystères : on promet des récompenses aux *révélateurs ;* on prescrit de rechercher soit dans Rome, soit au dehors, les chefs, hommes et femmes, de la Congrégation : *Sacerdotes eorum sacrorum, seu viri seu feminæ essent, non Romæ modo, sed per omnia fora et conciliabula conquiri.* On publiera dans Rome et dans toute l'Italie (*in urbe Româ et per totam Italiam*) une proclamation : « pour défendre à tous et chacun des membres de la Congrégation de se réunir et de s'assembler : *ne quis qui Bacchis initiatus esset coïsse aut convenisse caussâ sacrorum velit.* »

L'autorité municipale (*Ædiles plebis*) fut spécialement chargée de veiller à ce que rien de ce qui aurait trait au culte ne se fît en secret. La juridiction des Triumvirs auxquels on adjoignit quelques constables [1], fut chargée de disposer des gardes dans les divers quartiers, pour prévenir les attroupements et les incendies.

Ces précautions prises et chacun étant à son poste, les consuls convoquèrent l'assemblée du peuple ; et après avoir adressé aux dieux du Capitole la prière accoutumée, Posthumius s'exprima en ces termes :

« Romains, dans aucune occasion il ne fut plus convenable et plus nécessaire d'adresser aux dieux de la patrie cette prière solennelle qui vous avertit que ce sont là les divinités qui doivent être réellement l'objet de votre culte, que vous devez honorer et prier à la manière de vos aïeux ; et non ces dieux dont le culte superstitieux et dépravé n'offre à ceux qui l'exploitent qu'une occasion et un prétexte d'agir au gré de leurs passions, et d'oser toutes sortes d'attentats. Je ne sais, au reste, ni ce que je dois taire, ni ce qu'il conviendrait de vous révéler ; je crains également, et d'être accusé de négligence si je vous laisse ignorer une partie des faits, et de jeter au milieu de vous un trop grand effroi, si je mets tout à nu. Quoi que je dise, songez toutefois que je resterai encore au-dessous de l'énormité du sujet... » — Après avoir rappelé les bruits répandus sur l'existence de cette association et sur son objet, le consul reprend : « Quant au nombre des affiliés, si je vous dis qu'ils sont plusieurs milliers, il faudra vous en effrayer, à moins que je ne vous dise en même temps qui et quels ils sont : *Qui qualesque sint.*

[1] Adjutores Triumviris quinque viri dati.

» En premier lieu, il y a un grand nombre de femmes, et c'est là l'origine du mal, *mulierum magna pars est;* ensuite les hommes les plus semblables aux femmes par leur mollesse, leur fanatisme, leur relâchement. Cette Congrégation n'est pas encore redoutable à l'État; cependant elle acquiert et prend chaque jour de nouvelles forces: *Nullas adhùc vires conjuratio, cæterùm incrementum ingens virium habet, quod in dies plures fiunt.*

» Ce n'est que dans les occasions solennelles où l'étendard de l'État est arboré au Capitole pour protéger la liberté des suffrages, ou sur la convocation des tribuns ou de quelque autre magistrat, que vos aïeux ont voulu que le peuple pût s'assembler; et partout où il y a un rassemblement de citoyens, ils ont voulu que ce fût sous la présidence d'un magistrat compétent: *Et ubicumquè multitudo esset, ibi et legitimum rectorem multitudinis censebant debere esse.* » (Le consul en conclut que les assemblées nocturnes et autres dont il a parlé sont illicites et ne peuvent être tolérées. Il insiste surtout sur le danger particulier qui menace la république par l'enrôlement des jeunes gens dans ces sortes d'affiliations.) « C'est de là, dit-il, c'est du sein de cette Congrégation que sortiront ensuite les conscrits auxquels vous confiez des armes pour la défense de vos propriétés, de vos lois et de vos familles! et ce ne serait rien encore s'ils n'en sortaient qu'efféminés, et que du moins leurs jeunes cœurs n'eussent pas été corrompus par une fausse morale et livrés à la fraude, *si mentem à fraude abstinuissent.* Jamais un si grand mal n'a travaillé la République; jamais un mal qui tînt à tant de gens et à tant de choses : *Nunquàm tantum malum in republicâ fuit, nec ad plures nec ad plura pertinens.* Tout ce que, dans ces derniers temps, nous avons pu remarquer de corruption, de fraude, de vénalité, tous les péchés qui nous affligent, sont sortis de cette Congrégation, soi-disant religieuse : *Quidquid in his annis libidine, quidquid fraude, quidquid scelere peccatum est, ex illo uno sacrario scitote ortum esse.* Et comme tout ce qu'ils ont médité contre l'ordre public n'est pas encore prêt, et qu'ils ne sont point encore en mesure d'opprimer la République, ils s'exercent dans des intrigues domestiques, au sein des familles. Cette Congrégation impie se tient dans l'obscurité; mais en attendant le serpent rampe, le mal croît chaque jour: il est déjà si grand, qu'il dépasse la limite des intérêts particuliers; il menace la République elle-même et la constitution de l'État [1].

1 Adhùc privatis noxiis, quia nondùm ad rempublicam opprimendam satis virium est, conjuratio sese impia tenet: crescit et serpit quotidie malum. Jam

» S'il n'y est pourvu, déjà leurs conciliabules égalent en nombre les membres de cette Assemblée nationale. Ils vous craignent à présent que vous délibérez en qualité de peuple romain ; mais rentrés dans vos maisons, sur vos terres, ils s'assembleront à leur tour, et délibéreront à la fois et de votre perte et du salut de leur société. Alors chacun de vous devra trembler isolément. Vous devez donc désirer que chacun reprenne ou conserve de bons sentiments. Que les hommes égarés qui auraient pu se laisser entraîner à faire partie de cette association s'en détachent, et laissent le crime à ceux-là seulement qui l'ont conçu. Car je ne puis être assuré qu'aucun des membres mêmes de cette assemblée ne se soit laissé surprendre par de faux semblants. Rien en effet n'est plus propre à faire illusion que ce qui se pratique en fraude mais sous le nom de la religion : *Nihil enim in speciem fallacius est quàm prava religio.* Du moment que certains hommes invoquent Dieu à l'appui de leurs criminels complots, une terreur subite se glisse dans les âmes, et l'on craint, en vengeant les intérêts humains, de blesser les intérêts divins qu'on a eu soin de mêler aux choses profanes. » (Le consul rappelle les décrets et les sénatus-consultes qui, de tout temps, ont proscrit et réprimé les abus pratiqués dans l'exercice du culte, et il fait l'éloge de cette prudence des anciens Romains, qui n'avaient rien jugé de si dangereux pour la religion et pour l'État que d'autoriser des pratiques religieuses contraires au rit national et venues de l'étranger. *Nihil æquè dissolvendæ religionis esse, quàm ubi non patrio, sed externo ritu sacrificaretur.*

« J'ai dû prévenir ainsi vos esprits, reprend Posthumius, de crainte que quelque superstition ne vînt agiter vos âmes, lorsque vous nous verrez démolir et dissoudre les repaires de la Congrégation, soi-disant religieuse, des Bacchanales. Avec l'aide et la volonté des dieux nous en viendrons à bout : c'est sans doute parce qu'ils étaient indignés de tant de profanations secrètes qu'ils ont enfin permis que la révélation s'en fît au grand jour ; ils n'ont pas voulu de cette publicité pour offrir l'affligeant scandale de l'impunité, mais pour que les lois en prissent plus aisément vengeance. Le Sénat m'a chargé de ce soin, ainsi que mon collègue. Nous nous en acquitterons sans relâche. Nous avons pris toutes les mesures convenables pour assurer le maintien de l'ordre ; prenez confiance, obéissez à vos magistrats, et veillez avec nous au salut de la République. »

majus est, quàm ut capere id fortuna privata possit : *ad summam reipublicæ spectat.*

Je passe sous silence les mesures qui furent ensuite prises par les consuls. Tite-Live dit qu'après la séparation de l'Assemblée, une grande inquiétude se manifesta, et dans Rome et dans toute l'Italie. On fit des arrestations; on rechercha les chefs. Plusieurs furent punis de la peine capitale; ceux des initiés qui furent reconnus coupables de délits particuliers, furent traités selon la rigueur des lois; les hommes simples qui n'avaient été qu'entraînés, et qui, liés par le serment d'association, n'avaient du reste rien commis qu'on pût leur reprocher, en furent quittes pour la peur ou pour un léger emprisonnement; quelques-uns furent admonestés en public; les femmes furent remises à leurs maris et à leurs proches, pour être jugées en conseil de famille au tribunal domestique.

Le Sénat chargea ensuite les consuls de veiller à la pleine et entière dissolution de cette Congrégation, à Rome d'abord et successivement dans toute l'Italie; de ramener l'ancien culte à sa simplicité, et de le purger de toutes les superstitions dont les congréganistes l'avaient surchargé. On porta enfin un sénatus-consulte conçu en ces termes :

« Qu'il n'y ait plus d'associations ni congrégations de ce genre, ni à Rome, ni dans toute l'Italie. Si quelqu'un croit nécessaire à sa piété d'établir un oratoire particulier, qu'il en fasse la demande au préteur : le préteur en référera au Sénat, assemblé au moins au nombre de cent de ses membres; et le Sénat le permettra, s'il y a lieu, à la condition toutefois que ces sacrifices particuliers ne pourront pas se célébrer en présence de plus de cinq personnes; et qu'elles n'auront ni caisse commune, ni directeur, ni prêtre à leur tête. »

(Pages 235 et 242.)

AFFAIRE ISAMBERT.

Article sur les plaidoiries, par M. Paul Dubois (depuis directeur de l'École normale) dans le numéro du Globe *du* 17 *mars* 1827.

« A quelque chose malheur est bon, » disait M. Dupin dans sa première plaidoirie. On conteste les principes, la discussion les mettra au jour; ils étaient oubliés, étouffés, ils vont revivre, et la société tout entière sera partie dans une cause dont, sans le courage d'un de ses membres, elle ignorerait encore le bon droit. Tel est, en effet, le résultat de ce procès intenté à M. Isambert. Seul, par un instinct de courage et de liberté, il a donné un conseil de résistance prudente. La police s'est irritée; elle a fait un éclat. Deux avocats célèbres ont pris la défense de leur confrère. Ils ont plaidé; et ce que Isambert avait écrit comme d'inspiration, a été confirmé par des arguments solides et par l'histoire de notre législation. Ils ont plaidé, et à leur voix tout le Barreau français s'est ému : trois cent soixante-cinq avocats ont apporté le tribut de leurs études; la législation de la police tout entière a été mise à nu, et nous savons maintenant à qui nous devons obéir et à qui nous devons résister.

. . . .

» Honneur donc à Isambert! comme l'a plusieurs fois répété Me Dupin; honneur à Isambert, et pour sa première et généreuse inspiration, et pour sa persévérance plus généreuse encore! honneur à tout le Barreau qui s'est associé à sa cause! Voilà une affaire comme il y en eut tant sous les vieux parlements : l'Ordre entier des avocats, avec la jurisprudence des tribunaux, en lutte contre l'arbitraire soutenu des traditions de la police.

» Certes, s'il est une cause qui convînt à Me Dupin, c'est bien celle-là : on sait quelle affection il porte à tous les souvenirs parlementaires, avec quelle vivacité d'amour-propre il ambitionne de voir se rétablir l'espèce de ligue sainte qui unissait les juges et les avocats contre l'arbitraire ministériel. Défenseur d'un de ses collègues, défenseur des arrêts des Cours royales, organe de tout le Barreau français, il ne représente pas mal un des anciens du vieil *Ordre;* et vraiment il en a toutes les manières : énergie française, saillies libres, pointe d'érudition, vieux textes, vieilles anecdotes, rancunes de Palais, et avec cela un peu de faste religieux, et par moments une certaine emphase de soi-même, qui est encore un trait de physionomie antique. Et qu'on ne prenne pas ceci pour un reproche; toutes ces qualités s'allient singulièrement dans Me Dupin avec l'esprit de notre temps : il pense, il écrit en légiste du dix-neuvième siècle, et il plaide comme je me figure que plaidait Pasquier. Aussi, voulez-vous le comprendre, ne lisez pas ses discours, allez les entendre; car rien ne lui ressemble moins que ses phrases jetées sur le papier. Je l'ai bien observé pendant qu'il parlait et pendant qu'il lisait; car il y a çà et là des parties écrites dans ses plaidoyers : eh bien! il lui est impossible de lire comme il a écrit; il corrige d'inspiration; il brusque des saillies; il lui part des textes de droit romain auxquels il n'avait pas songé. Si par malheur il lit, comme, par exemple, l'exorde du plaidoyer de mardi, sans doute cela est bien encore;

mais il n'y a plus d'originalité; il n'y a plus ce mélange si piquant de verve logique, de passions comprimées et d'amères épigrammes. Dans la phrase écrite, c'est la pensée ébauchée dans le cabinet; on y voit bien qu'en l'écrivant l'auteur compte sur l'audience pour la développer; et c'est là seulement en effet qu'elle sort tout armée.

» Lorsque nous avons rendu compte de sa plaidoirie devant les premiers juges, nous nous sommes surtout attaché à marquer le caractère logique de l'éloquence de Me Dupin. Il y en a un autre non moins saillant : c'est le comique, et un comique tout à fait singulier; jamais développé, jaillissant par traits, et se mêlant avec un rare bonheur aux émotions même les plus pathétiques, aux réflexions les plus graves, espèces de parenthèses que l'esprit toujours présent de l'orateur jette de sang-froid à son auditoire, mais en courant. Il n'a pas le temps de s'arrêter; son raisonnement lui dit sans cesse : *Marche, marche*, comme cette fatalité dont parle Bossuet; mais son âme s'échappe, et s'échappe en ironie, comme toute affection profonde qui ne peut s'épancher librement. De là des mouvements singuliers dans l'auditoire; des rires mêlés d'émotions passionnées; quelque chose de semblable aux impressions du parterre quand on représente *Nicomède*. Et qu'on n'accuse pas ma comparaison; c'est une pure analogie, mais parfaite, et tout à fait propre à rendre ma pensée. Quiconque a entendu la plaidoirie de mardi dernier sera de mon avis; il y a une foule de traits de ce genre. Ma mémoire ne m'en fournit qu'un seul, mais frappant. L'orateur, énumérant les divers costumes qui ont successivement été imposés aux agents de police par nos divers gouvernements, était évidemment dominé par l'idée que chacun de ces costumes était comme un symbole de l'esprit de chaque gouvernement; il avait indiqué cette idée en parlant de ce *bâton blanc* du constable qui, selon les pensées généreuses des constituants, devait partout commander la paix. Puis il avait comme oublié ce rapprochement ingénieux. Bientôt il vient à lire la législation de l'an VIII, qui prescrit un uniforme bleu à parements écarlates, *boutons blancs* avec le mot de *paix*, et un *sabre* pendu à une bandoulière de peau blanche. Tout à coup il s'arrête : La *paix! un sabre!* s'écrie-t-il, *c'est bien là le gouvernement d'alors!*

» J'essayerais vainement d'exprimer ce qu'il y avait de colère et d'ironie, de vibrant et d'étouffé dans son accent. Un effet de voix ne se rend jamais : et c'est là ce qui donne un souvenir si vif d'un grand orateur et d'un grand comédien; c'est là ce qui fait que celui qui raconte a toujours l'air d'exagérer aux yeux de celui qui n'a point vu et entendu. »

Le numéro du même journal *le Globe*, du mardi 19 décembre 1826, contient un autre article sur M. Dupin, et une appréciation de sa réplique dans la même affaire.

« ..... Cette réplique, si brillante et si forte, n'a pas duré plus d'une demi-heure. Le temps lui était mesuré, et il semble que cette nécessité, comprimant sa force, en eût doublé le ressort : les raisons, les mouvements, les images, tout se condensait et éclatait par éruption, si j'ose ainsi parler. C'était une véritable fièvre; l'auditoire en était agité comme l'orateur. Il allait de crise en crise, palpitant, frémissant d'applaudir; et le moindre applaudissement eût fait mal. — C'est une chose bien étrange que cette puissance de la parole humaine, que cette fascination de la pensée! Là, deux cents hommes d'élite appartenaient à un seul : leur âme vivait de la sienne; ils auraient souffert d'une idée qui ne serait pas venue de lui. S'arrêter une minute eût été une douleur; il fallait aller jusqu'au bout. Certes, pourtant, ce n'était ni la nouveauté ni la grandeur des idées qui produisait ce singulier état; on a pu en bien juger dans la copie des sténographes; — qu'était-ce donc? — Un homme tout entier, âme, voix, gestes, regards, dévoué à un raisonnement, et le produisant naïvement par tous ses sens à la fois. Peut-être aucune plaidoirie n'a mieux marqué le *genre de M. Dupin* : on peut dire que son éloquence est toute de tête, il subjugue, il entraîne, mais il émeut rarement de ces grandes et majestueuses émotions qui ravissent en agitant; l'âme, avec lui, n'a guère de jeu ou de repos; c'est un enivrement de logique. »

(Page 247.)

CLIENTÈLE CIVILE.

Toutes les clientèles ne fournissent pas de grandes Causes; de ces Causes dont la défense frappe l'attention du public, et contribue à étendre la renommée du Patron. — Mais, dans le nombre des Clients, il en est dont le nom seul suffit pour occuper une place dans les *Souvenirs de l'Avocat*, qui s'honore, à bon droit, d'avoir obtenu leur confiance et mérité leur estime. Pour ceux-là, ce n'est pas trop d'une courte mention.

J'ai été le conseil de plusieurs *Corporations* :

Conseil de la *Compagnie des Notaires de Paris* (après le décès de Me Billecocq, auquel je succédai). — Depuis 1830, bien que devenu fonctionnaire public, les clients n'ont point oublié leur ancien avocat, et j'ai toujours été convié à la *réunion annuelle* de la Compagnie dans son hôtel du Châtelet. En 1838, la Compagnie ayant fait frapper une médaille avec l'exergue : *Lex est quodcumque notamus*, elle me fit hommage d'un double module, l'un en argent, l'autre en or, renfermé dans un écrin portant sur la couverture : *A M. Dupin, Avocat de la Compagnie des Notaires.*

Conseil de la *Compagnie des Agents de change de Paris.* Cependant j'étais l'adversaire constant et déclaré de la pratique aléatoire et abusive des *marchés à terme*, non accompagnés de livraison ou de payement effectif. (Mémoire et Plaidoyer pour le comte de Forbin-Janson contre l'agent de change Perdonnet.)

Conseil de la *Compagnie des Marchands de bois et charbons* pour l'approvisionnement de Paris. — Pendant plus de vingt ans, j'ai rédigé leurs Mémoires lorsqu'ils ont eu à réclamer près de l'administration; plaidé leurs causes, compilé pour leur usage et pour faciliter la défense de leurs droits, le *Recueil des Lois, Règlements et Arrêts concernant la Marchandise des bois et charbons*, en deux volumes in-8°, avec les cartes des rivières et cours d'eau consacrés au flottage et à la conduite des flots, trains ou bateaux. En 1825, la Compagnie des Marchands de la haute Yonne, dont le siége est à Château-Chinon, dans la Nièvre, fit frapper deux exemplaires en or de la médaille de *Jean* Rouvet, inventeur des flottages, l'un pour moi, comme député de la Nièvre, l'autre pour le général Foy, dont elle admirait le patriotisme et le talent oratoire. — En 1828, on fit l'inauguration du *Buste de Jean Rouvet*, élevé sur une des piles du pont de Bethléem à Clamecy, avec le produit d'une souscription provoquée par moi. Ce fut une grande fête pour le pays, les marchands de bois et les flotteurs. Le récit s'en trouve consigné dans le petit volume intitulé *Morvan*, p. 199 et suivantes.

C'est aussi dans l'intérêt du *Flottage des bois du Nivernais* que j'ai été nommé membre de la Commission réunie à Clamecy en 1836, pour veiller à ce que la conservation des priviléges du flottage ne subît aucune atteinte des prises d'eau exigées pour le canal du Nivernais. (Voyez même ouvrage, page 302.)

En 1833 et 1836, j'ai signalé l'utilité et provoqué autant qu'il a dépendu de moi la confection d'une vaste retenue d'eau dans la plaine des Sétons près Montsauche, pour assurer et faciliter le flottage des bois de la Cure, et le service du canal de Nivernais, à partir de Cravant, et de la rivière d'Yonne en aval d'Auxerre : travail qui s'exécute seulement aujourd'hui (1854). — (Voir même ouvrage, page 304.)

En 1835, j'ai renouvelé sous plusieurs formes les plaintes des propriétaires de bois du Nivernais et de nombreux ouvriers employés à leur exploitation, contre l'excès de la taxe de l'octroi de Paris sur le bois à brûler, et la faveur accordée à la consommation du charbon de terre belge. (MÉMOIRE, — NOTE, — RAPPORT à la Société centrale d'agriculture.)

Conseil de la *Compagnie des Bouchers de Paris,* lorsqu'on voulait supprimer la caisse de Poissy (question qui intéressait aussi les éleveurs et embocheurs de la Nièvre):

Conseil des *Boulangers de Paris.*

Conseil des *Salpêtriers.* On voulait supprimer leurs ateliers sans indemnité, sous prétexte que le *salpêtre de l'Inde* pouvait être fourni en France à meilleur compte que par le résultat des manipulations nationales. Mais ce projet, émané des *économistes* et soutenu par les députés de quelques ports de mer, échoua devant la considération toute-puissante, qu'en cas de guerre maritime la défense de l'État pourrait se trouver compromise.

Enfin, j'ai été le *Conseil de la Compagnie royale d'Assurance* et *de la Compagnie générale d'Assurance* contre l'incendie.

Clientèle des Magistrats.

J'ai compté avec orgueil parmi mes clients plusieurs magistrats de l'ordre supérieur.

M. BOCHARD DE SARON, ancien premier président du Parlement de Paris.

L'ancien procureur général JOLY DE FLEURY [1].

Le comte de BELBEUF, ancien procureur général au Parlement de Normandie.

Le président BRISSON (qui avait été *camarade* de classe de mon père à l'ancien collége de Sainte-Barbe; il l'appelait toujours ainsi en conversation et dans sa correspondance).

Le premier président SÉGUIER.

Entré un jour dans mon premier cabinet, rue Coq-Héron, il y trouva plusieurs clients venus avant lui. Et malgré leurs instances qui se joignaient aux miennes, il ne voulut jamais passer *qu'à son tour.* Chez un avocat, dit-il, tout le monde est *égal :* je ne veux point de *passe-droit.*

Le comte MOLÉ.

J'ai reçu de lui comme souvenir une fort belle gravure, avant la

[1] Lorsque je publiai ma Notice sur Omer Talon, qui était de sa famille, il m'en remercia par une lettre qu'il signa, *Joly de Fleury, ancien procureur général, bien vieux.*

lettre, du portrait du premier président, Mathieu Molé, qui est dans mon cabinet, à côté des portraits du chancelier de Lhôpital et du chancelier Séguier.

La famille LAMOIGNON.

Autres Clients notables.

Le prince de TALLEYRAND.

J'ai été consulté et j'ai plaidé plusieurs fois en matière civile pour M. le prince de Talleyrand.

En 1829, il maria son neveu, le jeune *duc de Valençai*, avec mademoiselle de *Montmorency*. Grande alliance des deux parts!

Le contrat de mariage fut reçu par Me Chodron, notaire à Paris, le 25 février 1829. Le prince de Talleyrand léguait sa belle et riche terre de Valençai à son neveu, mais avec la clause de *substitution* au profit des enfants à naître du mariage. Ce même contrat me désigna comme *tuteur à la substitution :* charge que j'ai acceptée dans le contrat de mariage même, auquel j'assistais et que j'ai signé comme Conseil.

La comtesse DE BOURKE, restée veuve d'un membre distingué du Corps diplomatique, avait conservé à Paris toutes ses relations. Née en Italie, elle portait un vif intérêt à ses compatriotes réfugiés. Par son testament, elle a fait des legs considérables à sa ville natale. Elle m'a choisi pour être un de ses exécuteurs testamentaires.

Le *maréchal* JOURDAN, en 1825, m'a consulté plusieurs fois dans ses affaires de famille. Il m'en a remercié en termes honorables qui sont devenus le principe des relations amicales que j'ai conservées avec lui. — (Lettre du 30 juillet 1825.)

Maréchal prince D'ECKMUHL.

Consultation sur diverses questions relatives aux biens dépendant de sa principauté d'Eckmühl.

Après sa mort, madame la PRINCESSE D'ECKMUHL, et son fils m'ont pris pour arbitre d'une difficulté sur l'exécution du jugement du 27 janvier 1837, qui avait nommé un conseil judiciaire au jeune prince. — Il avait demandé la mainlevée de cette nomination : — je prononçai un sursis de deux ans par un avis arbitral du 11 juillet 1845. — Après s'y être d'abord soumis, le prince d'Eckmühl voulut appeler de cette sentence, mais son appel fut rejeté par la Cour d'appel de Paris. (Voyez la *Gazette des Tribunaux.*)

La maréchale BRUNE, pour ses affaires civiles, — sa terre de Saint-Just, — ses dispositions en faveur de la ville de Brives.

Le maréchal DUC DE TRÉVISE. — Questions de servitude relatives à son hôtel, rue du Faubourg-Saint-Honoré. —Propriété de chemins autour de son parc du Plessis-Lalande.

Le DUC DE CHOISEUL. Consultation, question de presse. Autre pour ses forges.

Enfants du GÉNÉRAL FOY. — Casimir Périer avait été le *tuteur honoraire* des enfants mineurs du général Foy, pour aider sa veuve de ses conseils et donner une direction à l'éducation de ses fils. — Après la mort de Casimir Périer, je fus choisi par la famille, en son lieu et place, comme tuteur honoraire, pour remplir le même office.

Le DUC DE CAMBACÉRÈS. Après la mort du duc de Cambacérès, ex-archichancelier de l'Empire, M. de Peyronnet, garde des sceaux, ayant fait saisir ses papiers, et notamment la correspondance de l'archichancelier avec l'Empereur, le neveu et principal héritier du duc s'y opposa et revendiqua cette correspondance comme titre d'honneur de sa famille, et propriété de la succession. Il y eut plaidoirie, et mémoire imprimé. Voyez au tome X *bis* des *Annales du Barreau français*.

BENJAMIN CONSTANT. — Plaidoirie contre Pinard, imprimeur de ses Discours parlementaires.

Clients légitimistes.

Mes défenses en matière politique m'avaient rangé *dans l'opposition :* non certes dans cette opposition hostile au Roi et à la Charte, qui, sous la Restauration, rêvait la République ou l'Empire ! — Mais, par mes opinions et mes principes connus, j'étais *de l'opposition constitutionnelle* qui, comme le général Foy, voulait « la Charte, toute la Charte, rien que la Charte ; ». — à la différence de ceux qui auraient voulu y substituer je ne sais quel retour impossible à l'ancien régime.

Malgré cela, j'eus dans ma clientèle civile un grand nombre de légitimistes. Les avocats qui se disaient *Royalistes* par excellence, ne s'expliquaient pas cette prédilection qu'ils regardaient comme un préjudice porté à leurs droits.....

C'est ainsi que j'ai plaidé ou consulté pour la Rochejaquelein (le Balafré), pour les Chabanne de la Palisse, le duc et la duchesse de Montmorency, le duc et le comte Alexandre de la Rochefoucauld, la maison de Castellane, la comtesse de Matignon, dont Roux-Laborie et l'évêque de Pamiers rédigeaient les mémoires à consulter ; les Chabrillan revendiquant la caserne du quai d'Orsay; les Caraman, héritiers de Paul Riquet, pour le canal du Midi; la baronne d'Aurillac, née Dreux-Brézé; la comtesse d'Harville, la marquise de Vérac, le général comte de Chastellus, etc.

Autres Clients illustres.

Le *prince de* MONACO, duc de VALENTINOIS, pair de France, voulait établir à Paris une sorte de tribunal de cassation pour les jugements rendus dans sa Principauté.

Il m'en déférait la *Présidence.* Parquin et Delacroix-Frainville devaient compléter la juridiction.

Mais, après qu'il nous eut exposé son plan, nous reconnûmes que nous ne pouvions, comme jurisconsultes français, accepter aucune délégation officielle d'un souverain étranger; — et que, d'un autre côté, si nous n'émettions qu'un simple avis comme jurisconsultes, nos Décisions seraient sans autorité.

Ce Tribunal resta donc dans les termes d'un simple projet : — et le prince se borna à nous consulter sur ses affaires privées.

Le ROI DE SARDAIGNE.

Domaine de Lucédio. Apanage. Traités de 1814.

Consultation délibérée le 7 août 1816, chez M. Delacroix-Frainville, avec MM. Chauvau-Lagarde et Tripier, en présence de l'ambassadeur de Sardaigne. — La question était de savoir si le Roi de Sardaigne pouvait revenir sur la disposition que Napoléon avait faite du domaine de Lucédio au profit du prince Borghèse, à qui Sa Majesté Impériale l'avait donné en échange d'objets d'art? — Malgré notre Consultation, le prince Borghèse fut maintenu en possession.

La COURONNE D'ANGLETERRE.

Le Roi d'Angleterre était créancier d'un sieur Broughton, Anglais, créancier du duc de Bouillon, qui était créancier lui-même du prince Charles de Rohan, Français. L'Ambassadeur anglais, au nom de son gouvernement, me consulta sur la question de savoir : si le Roi d'Angleterre pouvait exercer en France le droit qui lui appartient en Angleterre, de se faire payer *par privilége* sur ses débiteurs, et, par suite, sur les débiteurs de celui-ci? — La consultation fut pour la négative.

BERNADOTTE, ROI DE SUÈDE. Vivement attaqué dans sa personne et dans son origine par un journaliste français, on vit là une offense à la personne d'un souverain étranger. L'Ambassadeur de Suède, Comte de Lœvenhielm, me consulta : — je conseillai de mépriser l'injure, et de ne pas faire un éclat dont tout le profit serait pour le journaliste. La sagesse et la modération de Sa Majesté firent adhérer à ce conseil.

La princesse ÉLISA BACCIOCCHI. — Le 30 mai 1827, sous la Restauration, Consultation pour la princesse Élisa Bacciocchi, réclamant du gouvernement français une rente sur l'État, achetée avec les revenus de son majorat accumulés pendant sa minorité. — Cette Consultation a été imprimée. — Un conflit administratif a enlevé la connaissance de cette affaire aux Tribunaux. — Ç'a toujours été, dans mon opinion, un déni de justice en la forme; et, au fond, un acte fort injuste envers la princesse mineure.

La princesse ALDOBRANDINI BORGHÈSE (en 1822). — Consultation avec Delacroix-Frainville au sujet de biens rendus par le gouvernement.

JOSEPH BONAPARTE (en 1839) vivait retiré aux États-Unis. Lâchement attaqué par un journaliste, il se disposait à le poursuivre en calomnie, et m'avait choisi pour le défendre. (Voyez *Courrier des États-Unis* du 10 février 1830, vol. II, n° 65.) — Mais l'affaire ne fut pas suivie, et avec raison (*spreta exolescunt*).

La DUCHESSE DE BRAGANCE, née Beauharnais, veuve de l'empereur du Brésil don Pedro [1]. — Pendant son séjour en France, cette princesse me fit demander une conférence. Je me rendis chez elle, et je lui donnai mon avis sur diverses questions intéressant sa belle-fille devenue Reine de Portugal sous le nom de Maria da Gloria.

J'avais vu l'empereur don Pedro à Paris en 1831. — J'avais même eu l'honneur de le recevoir au palais Bourbon (j'étais alors Président de la Chambre des Députés).

Depuis son retour en Portugal, ce prince m'annonça le succès de ses affaires dans une lettre où l'on trouve l'empreinte de son noble caractère et de ses sentiments patriotiques.

« Queluz, 19 juillet 1834.

» Mon cher Président, J'ai reçu avec un bien sensible plaisir votre lettre datée de Londres du 23 juin, dans laquelle vous me félicitez sur le succès de la noble cause portugaise. J'ai toujours

[1] Marie-Auguste-Eugénie, — née le 31 juillet 1812, — mariée le 2 août 1829 à Pierre Ier, ex-empereur du Brésil (il avait abdiqué en 1826, le 2 mai). — Maria da Gloria était issue d'un premier mariage de don Pedro avec l'archiduchesse Léopoldine-Caroline. — Don Pedro a pris le titre de *duc de Bragance*, par une Proclamation à son arrivée à Cherbourg, sur la corvette *la Volage*, le 15 juin 1831. Il avait quitté le Brésil le 13 avril 1831.

apprécié les vœux sincères que vous formiez pour elle, et ce nouveau témoignage de votre intérêt m'offre une occasion de vous en réitérer l'assurance, que je saisis avec empressement.

» Je reconnais, comme vous, l'appui moral qu'a dû nous prêter, lors de la crise qu'amenait le dénoûment du drame de mon frère, le traité d'alliance qui existe entre les quatre nations; mais je vous avouerai que j'y joins un léger sentiment de fierté: celui d'avoir terminé la lutte en faveur de la Reine ma fille et des libertés que j'avais concédées au Portugal, avec les seuls moyens que j'aie pu me procurer moi-même ou qui m'ont été fournis par la fidélité portugaise; car, comme vous me l'avez souvent dit vous-même, c'était faire preuve de nationalité : et agir *avec et par* la nation elle-même, est le plus sûr garant de stabilité et la plus belle manière d'acquérir de la gloire.

» Recevez, mon cher Président, l'assurance des sentiments d'estime et d'amitié avec lesquels je suis,

» Votre affectionné, D. PEDRO. »

*Enfants mineurs d'*EUGÈNE BEAUHARNAIS.

M. le baron d'Arnay vint, par ordre du roi de Bavière, me consulter plusieurs fois pour les enfants mineurs du feu prince Eugène de Beauharnais : — sur différents actes de la tutelle en France; — sur la vente du Domaine de Navarre, de la Malmaison, etc.

Je fus aussi consulté directement par le DUC DE LEUCHTENBERG. (Lettre du 30 janvier 1834.)

Le *prince* LOUIS-NAPOLÉON.

Pendant sa détention à Ham, le Prince désirait obtenir un *exeat* temporaire pour aller voir son père malade. M. Vieillard s'adressa à moi de la part du Prince pour me prier d'appuyer cette demande auprès du ministre de l'intérieur et du Roi. Je m'en chargeai très-volontiers, et je fis ce qui dépendait de moi pour réussir. Mais on exigeait une lettre.... que le Prince ne voulut point écrire. — Il aima mieux se passer d'autorisation,.... et cela lui réussit parfaitement.

Les *Exécuteurs testamentaires de* NAPOLÉON. Voyez ci-dessus, pages 292 et suivantes, le compte rendu de cette affaire; et ci-après, pages 523 et suivantes.

(Page 295.)

EXÉCUTEURS TESTAMENTAIRES DE NAPOLÉON.

I. *Consultation en forme d'instruction sur la marche à suivre par les Exécuteurs testamentaires de Napoléon, pour arriver à l'accomplissement de leur mandat.*

« M. le comte de Montholon n'ayant pu obtenir la délivrance des sommes déposées chez M. Laffitte, sur la seule représentation du titre originaire et du mandat signé de Napoléon, se trouve forcé d'agir dans la qualité de légataire qui lui appartient par le testament.

» Napoléon a eu son domicile à Paris jusqu'au jour où il a dû quitter la France.

» Il s'en est remis à la foi britannique! il a été constitué prisonnier à Sainte-Hélène.

» Prisonnnier de guerre ou d'État, aucune condamnation n'a été portée contre lui.

» Dépouillé de tout pouvoir politique, il n'en est pas moins resté investi de toute sa capacité civile.

» Il en a usé pour faire son testament.

» Il est né, il a vécu, il est mort Français; il demeurait toujours soumis aux lois françaises pour tout ce qui concernait sa capacité. Le Code Napoléon devenait plus que jamais le sien. (Voyez ce Code, art. 3, § 3.)

» Ce Code autorise les testaments olographes (art. 969). Napoléon a préféré cette forme : il l'a employée.

» Il a remis son testament à ceux qui demeurèrent jusqu'au bout ses serviteurs fidèles et dévoués.

» L'original de ce testament est actuellement en Angleterre. Mais, pour l'invoquer en France, il faut qu'il y apparaisse sous une forme légale.

» S'il s'agissait d'un testament ordinaire, il pourrait sans difficulté être enregistré, déposé chez un notaire, et expédié en France.

» Mais les circonstances sont telles, qu'*il n'y aurait probablement pas de possibilité de suivre, à cet égard, la marche ordinaire.*

» D'ailleurs le testament est à Londres; c'est là naturellement qu'il doit être déposé, avec d'autant plus de raison que Napoléon, étant mort prisonnier de l'Angleterre, a eu réellement le sol anglais pour dernier domicile, non pas de droit, mais de fait.

» On ne prévoit donc pas que rien s'oppose au dépôt qui serait fait de ce testament chez un notaire de Londres, en la forme usitée et sous la protection des lois de ce pays.

» D'ailleurs, et pour rendre cette protection encore plus efficace, M. le comte de Montholon pourra (si cela devenait nécessaire) s'adresser à un Anglais et lui transporter une partie de sa créance, par exemple 300,000 francs, avec l'énonciation que cette somme sera à prendre et prélever par préférence sur celle de 2 millions léguée à M. le comte de Montholon par le testament de Napoléon : avec tous pouvoirs d'en poursuivre le recouvrement.

» A ce moyen, un *sujet anglais* se trouvant cocréancier de la somme, aura intérêt, droit et action pour concourir avec M. de Montholon au recouvrement d'une somme sur laquelle ils auront des droits l'un et l'autre.

» Ce dépôt ainsi effectué avec une solennité propre à en assurer l'existence et la conservation, M. de Montholon s'en fera délivrer deux extraits : l'un contenant les divers legs pécuniaires, l'autre contenant la partie relative à l'exécution testamentaire. Nous disons simplement des *extraits*, indépendants de l'*expédition entière*, qui sera délivrée à part, afin de ne pas mériter le reproche de mêler ce que ce testament peut renfermer de recommandations *politiques*, à une question purement *pécuniaire.*

» Ces extraits devront être : 1° légalisés par les autorités anglaises, comme si on devait en faire usage en Angleterre; 2° légalisés par le ministère des relations extérieures d'Angleterre.

» Si, dans toutes ces démarches, M. de Montholon éprouvait quelque embarras, il se fera utilement appuyer par son cessionnaire anglais.

» On conseille d'ailleurs à M. de Montholon de s'aider pour toutes ces opérations, depuis le commencement jusqu'à la fin, des avis de jurisconsultes anglais de grande réputation, tels que MM. Brougham et Mackintosh, et d'agir sous leur direction.

» Lorsque ces Extraits en bonne et due forme seront en France, on fera encore une démarche amiable auprès du dépositaire des fonds pour prévenir autant que possible tout éclat judiciaire.

» Mais si ce dépositaire persiste encore à croire sa sûreté intéressée à refuser le payement, alors il faudra soumettre les expéditions au *pareatis* du juge, et l'on assignera le dépositaire pour se voir condamner à payer.

» Si, l'instance une fois engagée devant les tribunaux, l'Autriche croit de sa dignité d'intervenir, on discutera le mérite de cette intervention; alors comme alors :

» Il ne faut pas prévoir les malheurs de si loin.

» Délibéré à Paris, ce 25 novembre 1821, — Dupin. »

Nota L'Autriche, en effet, n'est pas intervenue.

(Page 296.)

II. *Note demandée par M. de Montholon pour la remettre à M. de Villèle.*

La question dont il s'agit n'est qu'une question *pécuniaire* et d'intérêt *privé.*

Veut-on en faire une *question de parti?.....* Et qui donc pourrait avoir cette funeste pensée? — Les exécuteurs testamentaires et les légataires ont un intérêt tout contraire. — Ce qu'ils veulent, c'est d'être payés sans bruit et le plus tôt possible. Ainsi, de leur part, on n'a rien à redouter, ni sous le rapport de leur intérêt, ni encore moins sous le rapport de leurs dispositions personnelles.

On veut leur opposer des résistances! il faut les apprécier.

Une consultation objecte :

1° L'incapacité du testateur;

2° La forme sous laquelle se présente le testament;

3° La nécessité de se faire saisir par l'héritier ou par le fisc, ou par un curateur à succession vacante!

Autant de chimères.

1° Le testateur a pu tester. Sa capacité à cet égard résulte non-seulement de ce qu'aucune loi ne l'a déclaré incapable, mais encore de ce que les traités lui ont garanti cette faculté.

2° La forme sous laquelle le testament se présente est *authentique.* Il faudrait une inscription de faux pour en arrêter l'exécution. (Ainsi jugé par arrêt souverain cité dans la Consultation produite pour les exécuteurs testamentaires.)

3° La nécessité de se faire saisir et de demander délivrance a lieu en termes ordinaires de droit; mais ici les circonstances font exception à ce droit : en effet, à qui demander cette délivrance?

A l'héritier, dit-on. (Et c'est ici que l'on commence à voir quelque arrière-pensée!.....) Mais la loi oppose une réponse sans réplique à cette insidieuse objection. — L'héritier du testateur en

France? Il n'en a pas, il ne peut pas en avoir; ascendants, descendants, collatéraux, tous sont frappés d'exclusion et d'exil par l'article 4 de la loi du 12 janvier 1816.

Au fisc, à défaut d'héritier?.... Le fisc a répondu de la manière la plus solennelle qu'il ne s'en mêlerait pas; il l'a dû sous plusieurs rapports.

En premier lieu, il y aurait inconvenance de la part du *fisc royal*, à disputer ces dernières dépouilles! (On ne développe pas cette idée : on l'indique.)

En deuxième lieu, le fisc n'a rien à prétendre comme successeur appelé à défaut de parents; car tout le patrimoine est absorbé, et au delà, par des legs dont le fisc n'a pas droit de demander la réduction.

D'ailleurs, le fisc n'est pas saisi de plein droit; il faut qu'il demande lui-même l'envoi en possession : on ne peut donc pas demander au fisc une saisine qu'il n'a pas : *Nemo dat quod non habet.*

En troisième lieu, alléguera-t-on l'origine présumée des deniers? Une présomption serait insuffisante pour confisquer sur des tiers : or, il n'existe nulle preuve de l'origine et de la trace des deniers en question. Ils ont été versés de la main à la main.

Un curateur à succession vacante? Ce serait une ignominie! Vitellius lui-même fit rougir le Romain qui l'insultait après son abdication, en lui disant : *J'ai été pourtant ton empereur!* Il faut laisser dans la tombe ce qui n'en serait pas exhumé sans risque! Toute insulte à la mémoire de ce testateur agirait défavorablement sur l'opinion et exciterait justement l'indignation publique. Il y a des choses qui ne sont jamais plus fortes que lorsqu'on les attaque.....

Mais voici le moyen décisif : quel est donc le caractère de celui qui, d'*office*, s'ingère de créer toutes ces difficultés?—C'est un débiteur, qui, comme l'âne de la fable, ne doit pas porter deux bâts; mais qui doit nécessairement en *porter un :* — Il faut qu'il paye, à Pierre, Paul ou Jacques, il ne peut pas s'en dispenser.

De quel droit, en l'absence de réclamants ou d'opposants légitimes, vient-il donc lui-même opposer des difficultés du chef d'autrui? — Il est *non recevable :* il ne doit pas être écouté, il doit rester avec la défaveur d'une tentative inconsidérée. Qu'il ne veuille pas payer sans qu'un jugement l'ait ordonné, soit : mais qu'il laisse donc prononcer la justice; qu'il n'apporte pas d'entraves pour essayer de retarder un payement déjà trop différé.

Un tel jugement ne compromettra ni le gouvernement ni le tribunal; il conservera le droit des parties, en même temps qu'il pourvoira à la sûreté du débiteur.

Toute intervention de l'autorité supérieure pour empêcher ce résultat serait illégale et arbitraire; elle rendrait le gouvernement odieux; elle punirait les légataires d'une résistance ou d'un éclat qui ne serait pas venu de leur fait.

Ils ont tout fait pour concilier l'affaire. Les offres les plus avantageuses, les plus rassurantes ont été faites; ils n'ont pu rien obtenir. Ils sont dignes de la protection du gouvernement.

Au surplus, on s'exagère les dangers de l'audience. Il n'y en a aucun à redouter. L'avocat des exécuteurs testamentaires plaidera la cause sans proférer même le nom du testateur : les parties seront pour lui des *quantités algébriques,* comme x et y. Quant au défendeur, l'exemple de son confrère, l'autorité du président, et le devoir de sa profession, sont autant de garanties que l'éclat qu'on redoute n'aura pas lieu. Enfin, on peut même, d'office, mettre la cause en délibéré, sans plaidoirie préalable, s'il n'y a pas de sérieuse contradiction.

Qu'on fasse comme on voudra; mais, au milieu de tout cela, il faut *que la propriété soit respectée et que justice se fasse.*

(Page 299.)

III. *Extrait du Testament de Napoléon.*

Napoléon, — ce jourd'hui 15 avril 1821, à Longwood, île de Sainte-Hélène : — Ceci est mon testament ou acte de dernière volonté.

I.

1° Je meurs dans la religion apostolique et romaine, dans le sein de laquelle je suis né il y a plus de cinquante ans.

2° Je désire que mes cendres reposent sur les bords de la Seine, au milieu de ce Peuple français que j'ai tant aimé!

3° (Le Testateur recommande à l'Impératrice Marie-Louise, de « veiller pour garantir son fils des embûches qui environnent son » enfance. »)

4° Je recommande à mon fils de ne jamais oublier qu'il est né prince français, et de ne jamais se prêter à être un instrument entre les mains des triumvirs qui oppriment les peuples de l'Europe : il ne doit jamais combattre ni nuire en aucune manière à la France; il doit adopter ma devise : *Tout pour le Peuple français.*

5° Je meurs prématurément, assassiné par l'oligarchie anglaise et son sicaire : — Le peuple anglais ne tardera pas à me venger!.....

8° Je désavoue le Manuscrit de Sainte-Hélène, et autres ouvrages sous le titre de *Maximes*, *Sentences*, que l'on s'est plu à publier depuis six ans : là ne sont pas les règles qui ont dirigé ma vie.....

II.

1° Je lègue à mon fils les boîtes, ordres et autres objets tels que argenterie, lit de camp, armes, selles, éperons, vases de ma chapelle, livres, linges qui ont servi à mon corps et à mon usage, conformément à l'état annexé, coté A. Je désire que ce faible legs lui soit cher, comme lui rappelant le souvenir d'un père dont l'Univers l'entretiendra.

2° Je lègue à lady Holland le camée antique que le pape Pie VI m'a donné à Tolentino [1].

3° (Suivent des legs aux comtes Montholon et Bertrand, et à quelques serviteurs restés fidèles.)

(Parmi les légataires particuliers, depuis le n° 14 jusqu'au n° 34, on remarque les noms qui suivent :)

— Au chirurgien en chef Larrey, cent mille francs. C'est l'homme le plus vertueux que j'aie connu.

— Au général Drouot, cent mille francs.

— Au général Cambronne, cent mille francs.

— Aux enfants du brave Labédoyère, cent mille francs.

— Aux enfants du vertueux général Travot, cent mille francs.

— A Arnault, auteur de *Marius*, cent mille francs.

— *Item* au colonel Marbot, cent mille francs. Je l'engage à continuer à écrire pour la défense de la gloire des armées françaises, et à confondre les calomniateurs et les apostats.

— *Item* au baron Bignon, cent mille francs. Je l'engage à écrire l'histoire de la diplomatie française, de 1792 à 1815 [2].

35. Ces sommes seront prises sur les six millions que j'ai placés en partant de Paris en 1815, et sur les intérêts, à raison de 5 pour cent, depuis juillet 1815. Les comptes en seront arrêtés *avec le banquier* par les comtes Montholon et Bertrand, et Marchand.

36. Tout ce que ce placement produira au delà de la somme de

[1] Lady Holland était justement fière de ce legs et s'en parait avec orgueil.

[2] Marbot et Bignon ont accepté et noblement rempli ce mandat.

5,600,000 francs, dont il a été disposé ci-dessus, sera distribué en gratifications aux blessés de Waterloo, et aux officiers et soldats du bataillon de l'île d'Elbe, sur un état arrêté par Montholon, Bertrand, Drouot, Cambronne et le chirurgien Larrey.

37. Ces legs, en cas de mort, seront payés aux veuves et enfants, et au défaut de ceux-ci, rentreront à la masse.

III.

(Sous cette section, Napoléon rappelle la consistance de son domaine privé tant en France qu'en Italie. — Il en dispose : — moitié au profit des officiers et soldats qui restent des armées françaises qui ont combattu depuis 1792 à 1815 pour la gloire et l'indépendance de la Nation ; — moitié pour les villes et campagnes des provinces de France qui ont le plus souffert par l'une ou l'autre invasion. — Il lègue particulièrement un million à la ville de Brienne, et un million à celle de Méry.)

Dans cette même section il est dit : « J'institue le comte Mon-» tholon, Bertrand et Marchand mes EXÉCUTEURS TESTAMENTAIRES. »

(Suivent des états des objets mobiliers et effets personnels ayant appartenu à l'Empereur dont il règle la disposition. — L'inventaire des effets compris sous l'état A, et qui devront être remis à son fils, leur donne une existence historique. C'est :)

Mon réveil-matin. C'est le réveil-matin de Frédéric II que j'ai pris à Potsdam.

Mes deux montres avec la chaîne de cheveux de l'Impératrice, et une chaîne de mes cheveux pour l'autre montre : Marchand la fera faire à Paris.

Mes deux sceaux : un de France.

Mes deux lits de fer.

Mes trois flacons d'argent, où l'on mettait mon eau-de-vie que portaient mes chasseurs en campagne.

Ma lunette de France.

Mes éperons : deux paires.

(Dans un codicille du 15 avril 1821, l'Empereur ajoute, pour être encore remis à son fils :)

Les vases sacrés qui ont servi à ma chapelle de Longwood.

Mes armes, savoir : mon épée, celle que je portais à Austerlitz; le sabre de Sobieski; mon poignard, mon glaive, mon couteau de chasse, mes deux paires de pistolets de Versailles.

Mon nécessaire d'or; celui qui m'a servi le matin d'Ulm, d'Austerlitz, d'Iéna, d'Eylau, de Friedland, de l'île de Lobau, de la

Moskowa et de Montmirail. Sous ce point de vue, je désire qu'il soit précieux à mon fils. Le comte Bertrand en est dépositaire.

Je charge le comte Bertrand de soigner et conserver ces objets, et de les remettre à mon fils quand il aura seize ans.

(Enfin, il ajoute :)

Mes lits de camp, dont j'ai fait usage dans toutes mes campagnes.

Ma lunette de guerre.

Mon médaillier.

Le collier de la Légion d'honneur.

Le collier de la Toison d'or.

Quatre cents volumes de ma bibliothèque.

(Le testament renferme le détail du *linge de toilette;* on est étonné du peu de consistance de ces objets : les plus essentiels n'y sont que par demi-douzaine.)

De même pour le détail de ses *habillements :* — un uniforme de chasseur, — un de grenadier, — un de garde national, — deux chapeaux, — deux paires de bottes, — une capote grise et une verte, — un manteau bleu (celui que j'avais à Marengo), — une zibeline, pelisse verte.

(Suivent des legs de quelques objets comme souvenir à divers membres de sa famille.)

Un codicille du lendemain 16 avril 1821 renferme cette disposition solennelle :

JE DÉSIRE QUE MES CENDRES REPOSENT SUR LES BORDS DE LA SEINE, AU MILIEU DE CE PEUPLE FRANÇAIS QUE J'AI TANT AIMÉ [1].

Le troisième codicille, du 24 avril 1821, contient la distribution, entre divers légataires, d'une somme de deux millions à prendre sur le prince Eugène Napoléon. « J'espère, dit le testateur, que, sans s'autoriser d'aucune raison, mon fils Eugène Napoléon les acquittera fidèlement; il ne peut oublier les quarante millions que je lui ai donnés soit en Italie, soit par le partage de la succession de sa mère. »

Parmi ces légataires figurent :

Percy, chirurgien en chef à Waterloo, cinquante mille francs.

Le fils de Bessières, duc d'Istrie, cinquante mille francs.

La fille de Duroc, cinquante mille francs.

1 Ce vœu de l'auguste testateur a été accompli sous le règne de Louis-Philippe : et les cendres de Napoléon, ramenées de Sainte-Hélène à Paris par l'amiral prince de Joinville, ont été placées sous le dôme des Invalides, où elles reposent dans le magnifique mausolée érigé avec les fonds votés par les chambres législatives.

Aux enfants du *brave et vertueux* Travot, cinquante mille francs.

« Pour être répartis entre les proscrits qui errent en pays étranger, Français ou Italiens, ou Belges, ou Hollandais, ou Espagnols, ou des départements du Rhin, sur ordonnance de mes exécuteurs testamentaires, cent mille francs.

» Pour être répartis entre les amputés ou blessés grièvement de Ligny et Waterloo encore vivants, sur des états dressés par mes exécuteurs testamentaires, auxquels seront adjoints Cambronne, Larrey, Percy et Emmery, deux cent mille francs. »

(Deux autres codicilles, en date du 24 avril 1821, renferment encore divers legs particuliers. Dans le nombre, il y en a qui ont un caractère historique; l'Empereur se reporte au commencement de sa carrière :)

1° Nous léguons au fils ou petit-fils du baron du Theil, lieutenant général d'artillerie, ancien seigneur de Saint-André, qui a commandé l'école d'Auxonne avant la Révolution, la somme de cent mille francs, comme souvenir de reconnaissance pour les soins que ce brave général a pris de nous lorsque nous étions comme lieutenant et capitaine sous ses ordres.

2° Au fils ou petit-fils du général Dugommier, qui a commandé en chef l'armée de Toulon, la somme de cent mille francs. Nous avons, sous ses ordres, dirigé ce siége, commandé l'artillerie. C'est un témoignage de souvenir pour les marques d'estime, d'affection et d'amitié que nous a données ce brave et intrépide général.

3° Nous léguons cent mille francs aux fils ou petits-fils du député à la Convention Gasparin, représentant du peuple à l'armée de Toulon, pour avoir protégé et sanctionné de son autorité le plan que nous avons donné, qui a valu la prise de cette ville, et qui était contraire à celui envoyé par le Comité de salut public. Gasparin nous a mis par sa protection à l'abri des persécutions de l'ignorance des états-majors qui commandaient l'armée avant l'arrivée de mon ami Dugommier.

4° Nous léguons cent mille francs à la veuve, fils ou petit-fils de notre aide de camp Muiron, tué à nos côtés à Arcole, nous couvrant de son corps.

5° Suit un legs de dix mille francs au sous-officier Cantillon...

(A la fin de ce codicille, l'Empereur pourvoit aux frais présumables que pourra entraîner la liquidation de sa succession.)

(Par un dernier codicille, toujours à la date du 24 avril 1821, l'Empereur s'exprime ainsi :)

« Sur les fonds remis en or à l'impératrice Marie-Louise à Orléans en 1814, *elle reste me devoir deux millions,* dont je dispose par le présent codicille, afin de récompenser mes plus fidèles serviteurs... »

(Suivent les noms des légataires, au nombre de quinze articles, entre lesquels ces deux millions sont répartis.)

(Enfin, à la suite du testament et de tous les codicilles se trouve la pièce ci-après :)

« Monsieur Laffitte, Je vous ai remis en 1815, au moment de mon départ de Paris, une somme de près de six millions, dont vous m'avez donné un double reçu; j'ai annulé un de ces reçus, et je charge le comte Montholon de vous présenter l'autre reçu pour que vous ayez à lui remettre après ma mort ladite somme avec les intérêts à raison de 5 pour 100 à dater du 1er juillet 1815, en défalquant les payements dont vous avez été chargé en vertu d'ordres de moi.

» Je désire que la liquidation de votre compte soit arrêtée d'accord entre vous, le comte Montholon, le comte Bertrand et le sieur Marchand; et, cette liquidation réglée, je vous donne, par la présente, décharge entière et absolue de ladite somme.

» Je vous ai également remis une boîte contenant mon médaillier; je vous prie de la remettre au comte Montholon.

» Cette lettre n'étant à autre fin, je prie Dieu, monsieur Laffitte, qu'il vous ait en sa sainte et digne garde.

» Longwood, île de Sainte-Hélène, le 25 avril 1821.

» Signé, NAPOLÉON. »

« Monsieur le baron de la Bouillerie, trésorier de mon domaine privé, je vous prie d'en remettre le compte et le montant au comte Montholon, que j'ai chargé de l'exécution de mon testament.

» Cette lettre n'étant à autre fin, je prie Dieu, monsieur le baron de la Bouillerie, qu'il vous ait en sa sainte et digne garde.

» Longwood, île de Sainte-Hélène, ce 25 avril 1821.

» Signé, NAPOLÉON. »

IV. DÉCRETS *du* 5 *août* 1854 *pour l'exécution du testament de Napoléon. — Rapport à l'Empereur.*

Sire, — L'année dernière, à pareille époque, j'ai eu l'honneur de présenter à Votre Majesté le rapport de la commission chargée d'examiner les questions relatives à l'exécution du testament de l'empereur Napoléon Ier.

Dans ce rapport, dont Votre Majesté a bien voulu approuver

les bases, la commission proposait d'affecter à l'exécution du testament une somme de huit millions, ainsi répartie :

1° Trois cent mille francs aux officiers et soldats du bataillon de l'île d'Elbe ou à leurs veuves et à leurs enfants.	300,000 fr.
2° Deux cent mille francs aux blessés de Ligny et de Waterloo.	200,000
3° Quinze cent mille francs aux officiers et soldats qui ont combattu depuis 1792 jusqu'en 1815 pour la gloire et l'indépendance de la nation. . .	1,500,000
4° Quatre cent mille francs à la ville de Brienne.	400,000
5° Trois cent mille francs à la ville de Méry. .	300,000
6° Treize cent mille francs aux provinces qui ont le plus souffert des deux invasions.	1,300,000
7° Quatre millions aux légataires particuliers ou à leurs veuves et à leurs héritiers directs. . .	4,000,000
Total.	8,000,000 fr.

Au mois de janvier dernier, le conseil d'État a été appelé à élaborer un projet de loi sur les bases proposées par la commission; l'examen préparatoire de ce projet a été confié aux deux sections réunies de législation et de finances.

Une commission désignée dans ces deux sections par M. le président du conseil d'État avait été chargée de recueillir et de coordonner les renseignements indispensables pour la préparation du projet de loi. Les travaux de la commission n'ayant pu être achevés avant la clôture de la session du Corps législatif, il devient nécessaire de pourvoir, par l'ouverture d'un crédit extraordinaire, à l'exécution du testament de l'Empereur. Un plus long ajournement d'une mesure réparatrice, annoncée dans le *Moniteur* dès le 14 août 1853, ne servirait qu'à prolonger des souffrances dignes de toutes les sympathies de la France et de Votre Majesté, et cet ajournement serait fatal pour un grand nombre de légataires.

La mort éclaircit chaque jour les rangs des anciens défenseurs du pays. Parmi ces soldats de la République et de l'Empire, ces blessés de Ligny et de Waterloo, ces serviteurs dévoués, ces hommes héroïques qui composaient le bataillon de l'île d'Elbe, ceux qui survivent sont âgés, la plupart pauvres et infirmes; ils attendent avec une légitime impatience l'accomplissement des espérances qu'ils ont été autorisés à concevoir. Il est donc urgent de leur donner satisfaction en acquittant à leur égard une dette nationale doublement sacrée.

Ces considérations ont frappé le Conseil d'État; il y a reconnu toutes les conditions exigées par l'ordonnance du 31 mai 1838 pour l'ouverture d'un crédit extraordinaire.

D'après les renseignements recueillis sur le nombre et la position des légataires, la somme de 8 millions, proposée par la première commission, a paru suffisante pour réaliser la pieuse pensée de Votre Majesté et les intentions de l'auguste testateur.

Assurément cette somme n'est qu'un faible dédommagement des 117 millions qui appartenaient en propre à l'Empereur, et que l'ordonnance du 5 août 1818 a fait entrer dans le trésor public; elle est loin de compenser aussi les 200 millions dont Napoléon Ier avait disposé sur son domaine privé en faveur des victimes de la guerre; mais les désastres que l'Empereur avait alors en vue se sont atténués par le temps, et le pays les a déjà en partie réparés. Il ne pouvait donc plus être aujourd'hui question d'assurer l'exécution littérale des dernières volontés de Napoléon Ier; mais il importait d'en consacrer le souvenir par une mesure nationale et définitive.

Sur le crédit ouvert, 4 millions serviront à l'acquittement des legs individuels; 4 millions seront consacrés tant à solder intégralement les legs en faveur du bataillon de l'île d'Elbe et des blessés de Ligny et de Waterloo, qu'à réparer les désastres de Brienne et de Méry, à augmenter la somme des secours que, grâce à la généreuse initiative de Votre Majesté, la France accorde aujourd'hui aux anciens militaires de la République et de l'Empire; enfin à laisser aux provinces désignées dans le testament un témoignage du glorieux souvenir dont l'Empereur, sur son lit de mort, a honoré leur patriotisme.

La répartition de cette somme ne saurait être abandonnée aux règles communes. Votre Majesté a le droit incontestable d'imposer à la distribution des fonds spontanément affectés à l'accomplissement des dernières volontés de son immortel prédécesseur la juridiction qui peut le mieux en assurer l'exécution. Il n'est d'ailleurs pas possible de laisser aux tribunaux ordinaires la solution des questions que cette répartition peut soulever, et d'exposer l'État à des contestations judiciaires avec les légataires. Tout ce qui touche à l'exécution du testament de l'Empereur est évidemment du domaine d'une haute administration. Un pareil travail ne peut donc être confié qu'à une Commission spéciale.

Pour accomplir le plus exactement possible les volontés de l'Empereur, cette commission devra s'inspirer des règles posées dans le rapport du 12 août 1853. Ses décisions ne seront valables que par l'approbation de Votre Majesté; mais elles recevront de cette consécration une autorité souveraine et absolue, contre laquelle aucun recours administratif ou judiciaire ne pourra être ouvert.

En conséquence, j'ai l'honneur de proposer à Votre Majesté les deux décrets suivants : l'un qui ouvre un crédit extraordinaire pour l'exécution du testament de l'empereur Napoléon Ier; l'autre, qui nomme la commission chargée de la répartition de ce crédit.

Je suis avec respect, Sire, de Votre Majesté, le très-humble et très-obéissant serviteur,

Le ministre d'État, ACHILLE FOULD.

NAPOLÉON, etc.,

Vu le rapport qui nous a été présenté le 12 août 1853 au nom de la commission chargée d'examiner les questions relatives à l'exécution du testament de l'empereur Napoléon Ier;

Vu la loi du 10 juin 1853, portant fixation du budget des recettes et dépenses de l'exercice 1854;

Vu l'ordonnance du 31 mai 1838;

Notre conseil d'État entendu,

Avons décrété et décrétons ce qui suit :

Article 1er. Un crédit extraordinaire de 8 millions de francs est ouvert à notre ministre d'État, sur l'exercice 1854, pour être affecté à l'*exécution des dispositions testamentaires* de notre auguste prédécesseur l'empereur Napoléon Ier.

Ce crédit formera un chapitre spécial au budget du ministère d'État de l'exercice 1854.

Art. 2. Il sera pourvu à la dépense mentionnée à l'article 1er au moyen des ressources du budget de l'exercice 1854.

Art. 3. La régularisation de ce crédit sera proposée au Corps législatif.

Art. 4. Une commission, dont les membres seront désignés par nous, est chargée de procéder à la répartition de cette somme de 8 millions, en se conformant aux dispositions du testament et des codicilles de l'empereur Napoléon Ier et aux bases du rapport à nous présenté par notre ministre d'État le 12 août 1853.

Les attributions et répartitions faites par cette commission ne seront valables qu'après avoir été revêtues de notre approbation.

Toute attribution ou répartition par nous approuvée sera souveraine et définitive, et ne pourra être l'objet d'aucun recours.

Fait à Biarritz, le 5 août 1854. NAPOLÉON.

NAPOLÉON, etc.

Sont nommés membres de la Commission chargée de procéder à la répartition de la somme de 8 millions affectée à l'exécution des dispositions testamentaires de l'empereur Napoléon Ier :

MM. le général comte d'Ornano, sénateur, gouverneur des Invalides, président;
Rouher, vice-président du conseil d'État, vice-président;
De Parieu, président de la section des finances au conseil d'État;
J. Boulay (de la Meurthe), conseiller d'État;
De Royer, procureur général près la Cour de cassation, conseiller d'État.

Seront attachés à la Commission :

MM. Perron, chef de section au ministère d'État;
Lebon, maître des requêtes au conseil d'État;
Mesnard, auditeur au conseil d'État.

Fait à Biarritz, le 5 août 1854. NAPOLÉON.

(Page 316.)

AFFAIRE DU THÉATRE-FRANÇAIS.

Dans le procès du Théâtre-Français (que l'esprit de parti s'efforçait de présenter au public comme une tentative *de retour sur les ventes nationales de biens d'émigrés*), le duc d'Orléans attachait une grande importance « à n'être point rangé personnellement dans la catégorie des émigrés. » Il n'était sorti de France que sur la *notification* qu'il reçut à l'armée, du décret de la Convention qui ordonnait son *arrestation*. Jusque-là il s'était battu pour la France de la Révolution contre l'étranger et les émigrés mêlés à ses rangs. Pour me mettre en mesure de le prouver, il m'avait envoyé le décret avec la lettre suivante (quatre jours avant la plaidoirie) :

« Ce mercredi, 14 janvier 1818.

» Je remets à monsieur Dupin le *décret d'arrestation en original*, que je lui recommande de la manière la plus instánte, ayant toujours mis le plus grand prix à la conservation de ce papier, qui ne m'a pas quitté dans tout le cours de la vie errante que j'ai menée si longtemps. — Vous verrés même par l'autre pièce ci-jointe que j'ai eu le soin de le faire enrégistrer en arrivant en Amérique, ainsi que d'autres pièces concernant mes frères et moi, dont l'énumération est assez curieuse, quoique évidemment étrangère au procès pour lequel il doit être indifférent que j'aye émigré ou non. »

En effet, je n'eus pas besoin de lire à l'audience le décret ni la lettre; mais cependant pour montrer suffisamment quelle avait été l'attitude du duc d'Orléans pendant son exil, j'indiquai qu'au milieu de sa détresse, il n'avait accepté aucune subvention de l'étranger, et qu'il avait mieux aimé mettre à profit l'excellente éducation qu'il avait reçue, et donner des leçons de géographie pour se procurer des moyens d'existence. C'est à cela que je faisais allusion dans mon plaidoyer du 18 janvier, en disant : « ..... Il quitta la France,..... et au milieu de son exil, il trouva » dans ses connaissances acquises et dans son travail des res- » sources personnelles qui mirent à couvert son patriotisme et sa » fierté. »

Plus tard, le duc d'Orléans fit exécuter par Couder un tableau qui le représente au milieu des enfants à qui il donnait des leçons en Suisse. Il est debout, les yeux levés vers le ciel, la main posée sur un globe terrestre, avec l'index sur le mot *France*. J'ai mis au bas de mon exemplaire la phrase que je viens de transcrire.

Ce tableau a donné lieu à une pièce de vers qui ne vaut pas la peinture, mais qui en explique le sujet; elle commence ainsi :

Ce Maître que tu vois entouré de bambins,
Est un prince exilé. Au sein de la misère,
Il sut avec honneur relever ses destins, etc.

(Page 318.)

Sociétaires du Théâtre-Français. — Origine.

Parmi les nombreux documents fournis par le duc d'Orléans, dans son affaire contre Julien, se trouve sous la date du 10 février 1818 une note entièrement écrite de sa main, dans laquelle il trace, avec l'exactitude de détails que lui fournissait son excellente mémoire, l'*historique de la Société du Théâtre-Français*, dont Dorfeuille avait l'entreprise, et pour laquelle il céda son droit à mademoiselle Candeille, madame Vestris, MM. Grandménil, Dugazon, Talma, Baptiste Cadet, Michot, Devigny, Desrozières, qui furent les premiers membres de la société Grandménil. Ils s'adjoignirent ensuite Monvel, Baptiste aîné, Vanhove et madame Talma. — La même note contient des détails précis sur les prix de vente du mobilier et autres objets cédés à MM. Provost et Julien, qui en devinrent propriétaires en assignats et à vil prix, ce qui donna lieu à un procès entre eux et les sociétaires...

Cela servait d'autant mieux à prouver combien le prix transactionnel payé par le duc d'Orléans à Julien était supérieur aux déboursés de celui-ci.

(Page 344.)

CONSEIL D'APANAGE.

Le Barreau a toujours eu de la peine à comprendre pourquoi les Conseils de la Liste civile et des Princes apanagistes n'étaient pas composés exclusivement d'*Avocats*, et comment il se faisait qu'on y admît des *Magistrats*. En un mot, les Avocats regardaient cela comme un *passe-droit* fait à leur Profession.

Cependant, il en avait été ainsi même sous l'ancien régime, où la Magistrature des Parlements, justement jalouse de ses prérogatives et de sa considération, n'aurait certainement pas permis à ses membres d'accepter, en dehors de leurs fonctions publiques, un titre et des services qui auraient compromis l'indépendance et la dignité de leur caractère.

Dans une de mes conversations avec M. Henrion de Pansey, qui roulaient le plus ordinairement sur nos anciennes lois, et sur la partie historique du droit français, dans laquelle il était fort versé, comme autrefois Étienne Pasquier; je lui avais fait part des objections du Barreau, sans lui dissimuler qu'elles s'appliquaient aussi à sa personne, puisqu'il était tout à la fois Président de la Cour de cassation et Chef du Conseil d'Apanage de la maison d'Orléans. Je lui posai donc nettement la question pour lui et quelques-uns de ses collègues : « Comment se fait-il, disait-on au » Palais, que le Président Amy, le Conseiller Borel de Brétizel, et » surtout M. Henrion de Pansey, Président de la Cour de Cassation, au lieu de se réserver pour juger leurs justiciables, » soient comme engagés au service d'une partie? »

Voici le sommaire très-exact de la réponse de ce grand Magistrat, que je pris soin de rédiger par écrit en rentrant chez moi, et dont j'ai souvent depuis reproduit la substance dans mes conversations avec mes confrères.

« Dans les services que l'on peut rendre aux Rois et aux » Princes, me dit M. Henrion, il y en a de plusieurs sortes et de » divers degrés.

» Il y a les services de ceux *qui dépendent*, et *à qui l'on ordonne*; par exemple, le gentilhomme de la Chambre, le chambellan, les maîtres et aides des cérémonies, les secrétaires des » commandements, les intendants. Ces officiers ont chacun leur

» mérite propre, leurs devoirs spéciaux, leur fidélité à garder, la » reconnaissance à avoir : — ce sont à proprement parler des » *serviteurs* vis-à-vis de leurs *maîtres*.

» L'aide de camp a aussi des devoirs de subordination, de » loyauté, de dévouement, à remplir : mais dans un ordre dif- » férent et plus relevé; il reçoit des ordres, des missions, mais » c'est le service militaire avec sa *dépendance hiérarchique* et sa » *discipline*.

» Quant aux membres d'un Conseil, Magistrats ou Juriscon- » sultes, dont l'office est de donner leur avis au Prince qui les » consulte sur ses affaires, il ne leur donne pas d'ordre : vis-à-vis » de lui, ils conservent toute leur liberté; sans cela leurs avis » n'auraient ni vérité ni valeur.

» Il ne prend pas non plus avec eux le ton d'un maître, ni l'au- » torité du commandement. Il ne leur enjoint pas d'avoir à lui » donner conseil, ni surtout de le lui donner dans tel ou tel sens. » Il fait appel à leur expérience, il s'en remet à eux du soin » d'examiner, de délibérer, de prononcer. En un mot, ils lui *ren-* » *dent des services*, mais ils ne sont pas *ses serviteurs*. Ils restent » ce qu'ils sont, magistrats, jurisconsultes, faisant l'office de » *conseillers*, envers un véritable *client*; — éclairant la marche » de ses affaires, défendant ses intérêts, mais avec cette *attitude* » *qui convient à l'homme dont on invoque les lumières*, *en lui* » *demandant celles qu'on n'a pas*. (M. Henrion appuyait sur ces » derniers mots.)

» Le rôle de conseiller privé d'un Roi ou d'un Prince est donc » entièrement distinct des autres genres de service.

» Si le Roi est bienveillant, si le Prince est affable, s'il se » montre appréciateur élevé des conseils qu'on lui donne, les con- » seillers seront profondément touchés de l'honneur qu'il leur a » fait en les appelant à lui, en leur accordant son estime et sa » confiance, en rehaussant leur position dans le monde, par la place » qu'il leur accorde dans ses Conseils intimes et près de sa Personne. » Ils devront le respecter, l'aimer, lui être dévoués en échange » des procédés honorables dont il use à leur égard : — mais tou- » jours est-il que, par la nature même et la force des choses, » celui à qui on demande conseil est dans une position tout autre » que celle de l'officier et du serviteur à qui l'on dit : *Allez là*, — » *Faites cela*. — Celui-ci abdique sa volonté, pour revêtir et exé- » cuter la volonté d'autrui. Le conseiller, au contraire, voit souvent » sa volonté, ou, si l'on veut, son sentiment prévaloir. Alors » même que le conseil donné en toute âme et conscience n'est pas

» suivi, il n'en résulte aucune diminution dans la situation du » conseiller ; et il reste vrai de dire, que celui qui donne conseil, » n'est pas l'obligé de celui qui le reçoit.

» Voilà pourquoi les Magistrats des Cours souveraines, sous » l'ancienne Monarchie, et depuis, n'ont pas hésité à faire partie » des Conseils soit du Roi, soit des Princes, pour leurs apanages » et leurs domaines privés. » — Et M. Henrion concluait en ajoutant : « Voilà, Monsieur, pourquoi et à quel titre j'ai consenti à » être membre et Chef du Conseil de l'Apanage d'Orléans, sans » croire déroger à mon titre public : vous pourrez le redire à vos » confrères. »

(Page 348.)

Madame la duchesse douairière d'Orléans.

Je retrouve dans mes papiers une Note que m'avait suggérée la lecture du testament de madame la duchesse douairière. Cette Note fut envoyée au *Moniteur,* qui l'inséra dans son numéro du 26 juin 1821. Je la reproduis ici, parce qu'elle donne une idée vraie du caractère bienveillant et juste de cette excellente Princesse :

« ..... Peu de temps avant sa mort, madame la Duchesse douairière d'Orléans a dicté un testament qui offre le plus touchant accord des sentiments de la religion, de la nature, et de l'amitié.

» Ses premières affections se portent d'abord sur celui qu'elle appelle à plusieurs reprises son cher fils, et sur sa chère fille.

» Elle lègue à M. le duc d'Orléans le tiers de ses biens par préciput; mais elle prend soin d'expliquer à sa fille la cause de cette libéralité. Cela ne tient point à une préférence injuste : la testatrice chérit également ses enfants. Mais M. le duc d'Orléans est père d'une nombreuse famille, dit la testatrice, et la tendresse de mademoiselle d'Orléans pour son frère est telle, qu'elle aurait elle-même conseillé cette disposition.

» De même, lorsque madame la duchesse d'Orléans fait un legs au jeune duc de Penthièvre, elle s'en excuse en quelque sorte vis-à-vis de ses autres petits-enfants. Elle attache du prix à les convaincre que ce legs n'est qu'un hommage qu'elle rend à la mémoire de son respectable père, dont ce jeune Prince porte le nom. Elle termine en donnant à tous ses enfants sa bénédiction.

» Dans ses autres dispositions, les personnages les plus augustes trouvent l'expression délicate des sentiments les plus noblement rendus. — Soit que madame la duchesse d'Orléans satisfasse à ses devoirs de religion par des recommandations pieuses, soit qu'elle s'abandonne aux souvenirs de la reconnaissance, aux épanchements d'une touchante amitié, ou aux sentiments de la générosité et de la bienfaisance qui lui étaient si naturelles, partout on trouve même simplicité, même candeur, même bonté.

» Ce testament couronne dignement la vie d'une vertueuse princesse qui a mérité tant d'éloges, et dont la perte inspire de si touchants regrets. »

(Page 382.)

Une lettre au duc d'Orléans — et sa réponse, pour montrer combien, si jeune encore, il avait de sérieux dans l'esprit et d'aptitude aux affaires.

Lettre au DUC D'ORLÉANS. « Paris, le 1er novembre 1835.

» Monseigneur, j'ai vivement regretté de n'être arrivé à Paris que le *lendemain de votre départ.* J'aurais pu, du moins, vous adresser de vive voix les vœux que j'exprime ici pour que ce voyage, entrepris dans des vues si élevées, vous soit heureux en tous points, et ajoute à votre réputation de brave et loyal prince, celle de prince *observateur*, sachant *voir par lui-même*, et non par finesse d'autrui; voyant *les choses telles qu'elles sont*, et non telles qu'on les *fait apparoir* quelquefois aux yeux qu'on veut fasciner.

» Je n'ai rien à dire sur l'état militaire et la guerre, cela vous regarde plus spécialement.

» Mais je vous recommande de vous servir de vos connaissances en droit pour apprécier surtout à Alger :

» 1° L'*état des personnes*, sous le rapport de libres ou d'esclaves; — de la jouissance des droits naturels, civils, politiques.

» — La situation des colons européens vis-à-vis des indigènes.

» 2° L'*état des biens*, mobiliers ou immobiliers : — *La propriété,* base des sociétés, est-elle bien garantie à tous les possesseurs? — Le mode de transmission est-il bien assuré?

» 3° *Pour l'administration de la justice* :—N'oubliez pas qu'elle se rend *au nom du Roi.* — C'est la première dette de la souveraineté; — c'est par l'équité de nos tribunaux que les gens du pays apprendront à révérer la personne du Roi qui leur envoie des juges.

» Je me borne à ces points, Monseigneur. Votre sagacité naturelle sera assez éveillée sur les détails, par l'aspect des lieux et les conversations avec les hommes. Causez surtout tant que vous pourrez avec les *chefs du pays;* sachez leurs griefs; eux seuls sauront vous les dire.

» Je termine en vous suppliant de ne pas vous exposer témérairement; — de ne pas trop vous confier à l'ardeur de votre courage, et de songer à la France qui vous aime et compte aussi sur vous.

» J'ai l'honneur d'être, avec le plus profond respect, Monseigneur, de Votre Altesse Royale, le très-dévoué et très-affectionné serviteur.

DUPIN. »

Réponse de M. le DUC D'ORLÉANS. « Alger, 18 novembre 1835.

» J'ai retrouvé, mon cher Président, dans la lettre que vous m'avez écrite le 1er novembre, et que j'ai reçue ici à mon arrivée, une nouvelle preuve de l'attachement que vous m'avez témoigné en toute occasion; et les bons conseils que vous m'y donnez m'ont fait regretter plus vivement encore de n'avoir pu causer avec vous avant mon départ pour la Corse et l'Afrique. J'ai du moins cherché à profiter des indications que vous me donnez, et j'ai tâché de diriger mes observations vers les points sur lesquels vous avez bien voulu attirer mon attention. En Corse, ma tâche a été facile; le remède au mal social qui travaille ce pays est apparent au premier coup d'œil; en agissant avec persévérance et fermeté, l'on parviendra à modifier les mœurs corses qui sont le seul obstacle à toute amélioration. Que le Corse ne sorte plus armé; que les fonctionnaires d'un ordre inférieur, étant choisis parmi les hommes du continent, n'encouragent plus la guerre civile et l'impuissance des lois; que cette population fainéante, mais non paresseuse, éprouve quelques besoins qui la forcent de travailler plus qu'elle ne le fait aujourd'hui, où elle n'a besoin pour vivre que de quelques châtaignes ramassées dans les bois, et pour coucher d'autre abri que de l'ombre des arbres; que tout cela se fasse petit à petit, et l'état de la Corse changera.

» Ici le mal est aussi apparent, et le remède est moins facile à indiquer. Ici il n'y a pas seulement *à faire :* il faut auparavant beaucoup *faire oublier;* il faut effacer la trace de bien des iniquités qui ont été aggravées encore par la corruption et la rapacité générales. Le maréchal Clausel comprend ce que sa tâche a de difficile, et il s'est mis à l'œuvre avec un courage et une fermeté qui lui ont déjà valu d'importants succès. Il a éteint ici l'esprit de parti : il a résisté aux prétentions déraisonnables de quelques colons; il a abaissé l'arrogance de nos ennemis; il a commencé quelques actes de réparation pour les indigènes. et surtout il a commencé à donner à tous, Européens et indigènes, quelques garanties de sécurité qui sont la base de toute société, et dont ce beau et malheureux pays avait été constamment privé jusqu'à présent. L'armée le seconde efficacement, elle sert ici avec dévouement; et l'uniforme du soldat est le seul habit qui ait échappé au juste mépris des indigènes. Tout ce qu'il y a de beau et de bon ici a été fait par l'armée, et fait *gratis;* et, en outre, son attitude morale et digne a été jusqu'à présent le seul frein apporté à l'immoralité et à la corruption. Mais aujourd'hui on voit le but vers lequel le maréchal veut marcher; ce but est compris et apprécié par tout ce qu'il y a d'honnête ici; il ne faut seulement pas se laisser effrayer par l'énormité de la tâche.

» A mon retour à Paris, je compte, mon cher Président, causer de tout cela avec vous, et vous donner des détails et des explications qui ne peuvent trouver leur place dans une lettre écrite au milieu des préparatifs de mon prochain départ pour Oran. Là, comme à Alger, je me rappellerai vos sages conseils; et j'espère que de votre côté, vous croirez toujours aux sentiments d'attachement de votre affectionné, — *Ferdinand-Philippe* D'ORLÉANS. »

(Page 385.)

Funérailles de madame la princesse Adélaïde.

(Journal *la Presse*, du 7 janvier 1848.)

« Dreux, 5 janvier au soir.

» Aujourd'hui ont eu lieu dans cette résidence les obsèques de S. A. R. madame Adélaïde. Sa Majesté a voulu rendre elle-même à la tombe celle dont la mort va laisser un vide si profond dans la maison royale.

» Déjà, depuis dix-sept ans, les caveaux funèbres de Dreux se sont ouverts à diverses reprises devant le deuil de notre monarchie : l'auguste dépouille du Prince royal, si tristement et sitôt enlevé à la France; celle de sa sœur, l'illustre et respectable princesse Marie de Wurtemberg, ont douloureusement *inauguré cet asile de mort,* dont le roi Louis-Philippe a voulu faire le *Saint-Denis de la dynastie nouvelle.*

» Là d'ailleurs étaient les tombeaux des princes ses ancêtres; là, son auguste mère a d'avance marqué la place des descendants de sa race.

» Ce fut madame la duchesse douairière d'Orléans, fille du vertueux duc de Penthièvre et mère du roi Louis-Philippe, qui, dès les premières années de la Restauration, ordonna la construction de la royale chapelle. Mais elle ne put voir terminer l'édifice que ses sentiments de piété lui avaient fait entreprendre.

» A la mort de cette illustre princesse, en 1821, Sa Majesté, alors duc d'Orléans, ordonna de continuer les travaux de la chapelle et y fit transporter la dépouille de celle qu'il venait de perdre. Déjà, dans ces caveaux encore inachevés, reposaient les cendres du duc de Penthièvre, celles du comte de Toulouse et de plusieurs princes et princesses de la famille.

» Élevé sur le trône, S. M. le roi Louis-Philippe comprit que la sépulture de Dreux était insuffisante, que les caveaux sombres, tortueux et sans air ne pouvaient renfermer d'une manière convenable les dépouilles mortelles de la famille royale. Il résolut alors d'agrandir les constructions que madame la duchesse d'Orléans avait laissées incomplètes. Aussitôt, le dôme circulaire a été terminé et entouré de portiques; on a élevé de vastes galeries disposées avec art, de manière à se rattacher, sans disparate, aux ouvrages et aux constructions premières. Cet arrangement, qui est dans le style gothique et dont l'élégance est des plus remarquables, a procuré les moyens d'ajouter aux anciens caveaux, sans les détruire entièrement, deux étages de grandes salles au-dessous du dôme et de vastes galeries basses parfaitement éclairées, pouvant contenir près de cent tombes.

» Les tombeaux disposés dans la chapelle de la Vierge sont spécialement destinés au roi, à la reine, aux princes et princesses.

» Celui de Leurs Majestés, plus spacieux et plus élevé que les autres, se trouve placé au centre de la nef, faisant face à l'autel. Tous les tombeaux sont disposés de manière à recevoir la statue couchée du personnage qu'elles doivent renfermer. Déjà la mort a fermé trois de ces tombes royales depuis dix-sept ans. Ce sont celles de M. le prince royal, de regrettable mémoire; de madame la princesse Marie de Wurtemberg, enlevée si jeune et si belle à la vie; et du jeune duc de Guise, fils de S. A. R. M. le duc d'Aumale.

» Une quatrième tombe vient encore de s'ouvrir et de se refermer, c'est celle de l'auguste princesse dont les funérailles ont eu lieu aujourd'hui. Madame la princesse Adélaïde reposera à côté de sa vertueuse mère, dans cette même chapelle de la Vierge où, depuis dix-sept ans, Leurs Majestés sont venues déjà tant de fois conduire le deuil de leur famille.

» Une grande et touchante simplicité a présidé à ces funérailles. La religion seule y a déployé ses pompes consolantes.

» Dès trois heures du matin, on commençait à célébrer des messes aux différents autels de la chapelle. Leurs Majestés, ainsi que les princesses, sont venues de bonne heure assister à l'une de ces messes. Madame la duchesse d'Orléans s'est rendue également à la chapelle à diverses reprises. L'auguste veuve n'allait pas seulement prier pour l'âme de celle que la mort vient de nous ravir : son inconsolable douleur la ramenait sans cesse au tombeau du prince royal, où les rares assistants n'ont pu sans être émus contempler son recueillement et sa noble résignation.

» Vers onze heures, et peu de temps avant l'arrivée du char funèbre, on a annoncé l'arrivée de S. M. la Reine des Belges. Une scène des plus attendrissantes a eu lieu en ce moment. Le Roi a quitté ses appartements pour recevoir lui-même, sur le perron de la résidence, son auguste fille, qui s'est, en sanglotant, jetée dans les bras de Sa Majesté. L'un et l'autre ont mêlé quelques instants leurs larmes, et cette entrevue est bientôt devenue plus touchante encore par l'arrivée de la reine mère et des princesses ses filles. Tous les cœurs étaient attendris en présence de cette famille auguste, brisée et confondue dans une même douleur.

» Leurs Majestés et les princesses sont ensuite rentrées dans leurs appartements.

» A onze heures et demie, les cloches de la chapelle ont annoncé l'approche du char et du cortége funèbres.

» Le cercueil de madame la princesse Adélaïde, accompagné des princes ses neveux, à qui le Roi avait confié cette douloureuse mission, venait de s'arrêter à deux kilomètres environ de la ville de Dreux. C'est là qu'on devait aller recueillir les augustes dépouilles.

» Dès l'arrivée du char à cette dernière station, M. le duc de Nemours, M. le prince de Joinville et M. le duc de Montpensier ont immédiatement mis pied à terre. Les trois princes, en uniforme d'officiers généraux et couverts de longs manteaux de deuil, ont été reçus par une assistance nombreuse, parmi laquelle se trouvaient les préfets de l'Orne, de l'Eure et d'Eure-et-Loir; les sous-préfets de Dreux, de Mortagne, de Nogent-le-Rotrou, de Châteaudun, avec des membres du conseil de préfecture, du conseil général; le lieutenant général commandant le département, le colonel de la 2e légion de gendarmerie et les députations de plusieurs tribunaux et du barreau en robe, et un grand nombre d'officiers de la garde nationale et de l'armée.

» Dans une voiture, en avant du char, se trouvait l'archevêque de Chalcédoine, accompagné de plusieurs prêtres.

» Un immense concours de population était accouru hors de la ville, et, malgré l'inclémence de la température, assistait dans un recueillement profond à l'arrivée du cortége.

» A midi, un nombreux clergé, venu des différentes paroisses des environs, a quitté processionnellement la chapelle royale et est allé recevoir le corps.

» Quand l'archevêque de Chalcédoine a eu jeté l'eau sainte sur le cercueil, le cortége s'est dirigé directement vers la résidence royale.

» Un détachement de gendarmerie et un escadron de cuirassiers ouvraient la marche. Ils étaient suivis d'un autre escadron de dragons, d'un détachement d'infanterie et de la musique de la garde nationale exécutant des symphonies funèbres.

» Venaient ensuite le clergé, ayant la croix en tête, l'archevêque de Chalcédoine (officiant), les évêques de Versailles, d'Évreux et d'Amatta, revêtus de leurs vêtements et insignes épiscopaux.

» Le char funèbre, recouvert d'ornements blancs et noirs, et traîné par huit chevaux, était précédé d'un piqueur à cheval de la princesse défunte.

» Derrière le char, entouré d'officiers et d'attachés à la maison royale, s'avançaient les trois princes à pied et découverts. Leurs Altesses Royales étaient accompagnées de trois aides de camp du roi : les lieutenants généraux comte de Rumigny, Gourgaud et de Chabannes; du lieutenant général Boyer, aide de camp du duc de Nemours; du général Thierry, aide de camp du duc de Montpensier, et du capitaine de vaisseau Touchard, aide de camp de M. le prince de Joinville, du comte de Grave et de Chezelles, officiers d'ordonnance du roi; Vatout, député; des généraux de Lavœstine et de Sainte-Aldegonde, baron Fain, Lami, secrétaire des commandements de la princesse défunte; du lieutenant général Jacqueminot; Desmousseaux de Givré, député; Dentend, notaire de la maison du roi; de Gérente, administrateur du domaine privé; du duc de Montmorency et d'autres officiers et serviteurs de la maison royale, etc.

» Derrière ces divers personnages étaient les divers employés de la maison de la Princesse, suivis de MM. les préfets, sous-préfets, maires, adjoints et membres de la magistrature et du barreau, tous en robes.

» La marche était fermée par une compagnie de voltigeurs de la garde nationale et par la compagnie des vétérans en garnison à Dreux.

» C'est dans cet ordre que le cortége a traversé la ville, au milieu des démonstrations de la douleur publique. Toutes les maisons étaient pavoisées et recouvertes de tentures en signe de deuil.

» Arrivé à la première grille d'entrée de la résidence royale, le char funèbre s'est un instant arrêté.—C'est là que le Roi est venu recevoir les restes de son auguste sœur, et s'est placé à la tête du cortége, suivi de M. le comte de Montalivet et de M. Dupin aîné. Malgré la fermeté et l'énergique puissance de Sa Majesté, son visage trahissait les émotions douloureuses qui lui brisaient le cœur. Tous les yeux se portaient sur lui avec un douloureux attendrissement.

» Bientôt le cercueil est arrivé à la porte de la chapelle, où se trouvaient réunis les pauvres de la ville, tenant un cierge à la main, et habillés aux frais de la liste civile. C'était la dernière aumône de celle qui fut pendant sa vie la consolatrice de tant d'affligés, la providence de tant de malheureux.

» Le cercueil a été retiré du char et déposé sur le catafalque. La Reine, les Princesses étaient déjà prosternées au pied de l'autel, attendant l'arrivée du Corps. Le Roi, visiblement ému, est allé se placer au centre de la nef, ayant la Reine des Français à sa droite et la Reine des Belges à sa gauche. Les autres places, à droite et à gauche de Sa Majesté, ont été occupées par les princes et les princesses.

» La suite du cortége a pris place derrière la famille royale, tandis que le cercueil était déposé au milieu de la nef sur un catafalque recouvert du manteau royal et d'une riche couronne.

» Pendant toute la cérémonie, où l'archevêque de Chalcédoine a officié, le Roi, la Reine et la famille royale sont restés constamment recueillis et absorbés dans leur douleur muette.

» A l'issue de la messe, chacun des évêques présents a donné l'absoute.

» Après le *Libera*, le clergé officiant, cierges en main, et les quatre évêques, mitres en tête, descendent dans la chapelle sépulcrale. Le cercueil est porté par des hommes vêtus en grand deuil. M. le général comte de Rumigny vient immédiatement.

» Le Roi, avec une émotion qui gagne toute l'assistance, suit le cercueil. M. le duc de Nemours est à la gauche de Sa Majesté. Les autres princes descendent successivement; puis MM. les lieutenants généraux Gourgaud, Aymard, de Chabannes, aides de camp du roi, les aides de camp des princes; MM. le lieutenant général Jacqueminot, Vatout, le baron Desmousseaux de Givré, les généraux Lawœstine et de Sainte-Aldegonde, le duc de Montmorency, M. Lami, M. le docteur baron Pasquier, M. le docteur Blache, M. de Chastellux, M. Dupin, et divers autres personnages.

» La Reine et les Princesses sont restées à leurs places.

» Après le *De profundis* on a placé le cercueil dans le caveau funèbre.

» A cette heure suprême, au moment de ce dernier adieu, jeté par le frère à sa sœur qui n'est plus, la douleur de Sa Majesté a tout à coup éclaté. On venait de placer les restes de la Princesse dans le caveau mortuaire, l'eau sainte venait d'être jetée sur le cercueil muet, et la pierre du tombeau allait se fermer sur ces cendres aimées, quand le visage de Sa Majesté se voile d'une sombre et soudaine pâleur. Appuyé sur ses fils qui se pressent autour de lui, il se sent chanceler, et les sanglots étouffent sa poitrine. Ce n'est qu'après un instant de lutte sur lui-même, que le Roi parvient enfin à retrouver toute sa fermeté. Il jette encore une fois un regard douloureux vers la tombe où va reposer celle qui fut l'objet de son affection la plus vive, et gravit lentement les marches de la chapelle sépulcrale pour rejoindre la Reine et les Princesses.

» Après s'être arrêtée quelques instants au pied du principal autel, Sa Majesté, suivie de la Reine, des Princes et des Princesses, s'incline tristement devant la foule des assistants. Bientôt après la famille royale était rentrée dans ses appartements.

» Le Roi a reçu les évêques et les autorités. Plus de quatre cents personnes ont eu l'honneur d'être admises à la table royale, où les couverts ont été renouvelés deux fois.

» A cinq heures, les voitures royales se sont avancées : LL. MM. la Reine des Belges, madame la duchesse d'Orléans et les deux princesses occupaient la première voiture. Avant le départ, le Roi a remercié de nouveau avec effusion les prélats et les personnes qui étaient venus témoigner de leur sympathie pour cette haute douleur.

» A minuit, Leurs Majestés étaient de retour aux Tuileries. »

(Page 386.)

C'est pour un tel acte, consommé en une seule vacation, et consistant en vingt lignes d'écriture tracées sur une enveloppe, que l'on réclamait plus tard de la succession bénéficiaire un honoraire de 50,000 francs, que nous eûmes quelque peine à faire réduire à moitié !

On ne se fait pas une idée des sommes énormes qu'il en a

coûté à la famille d'Orléans — depuis 1814, en frais, faux frais, honoraires, droits d'enregistrement et de mutation pour des actes souvent improductifs; par exemple, les droits payés pour la donation du 7 août; ceux payés pour l'usufruit des biens de madame Adélaïde, éteint presque aussitôt après son ouverture. Cela monte à 5 ou 6 millions!

(Page 388.)

Ouvrage de M. de Montalivet sur la liste civile. 2e édition, 1851.

M. de Montalivet, qui avait géré cette même liste civile que M. Vavin avait été chargé de liquider, fit imprimer d'abord une brochure, en 1850; puis en 1851 un volume in-8°, qui contient les détails les plus intéressants et les plus honorables sur la manière dont le Roi avait disposé des revenus de la liste civile, et compromis sa propre fortune et celle de ses enfants au service de la Royauté.

Je ne veux point affaiblir par une analyse des choses si bien dites et si clairement démontrées avec pièces justificatives: — mais je veux au moins donner la *Table des matières,* pour qu'on puisse y recourir en sachant d'avance ce qu'on doit y rencontrer.

Pièces annexes et justificatives.

(Page 392.)

Quelques faits administratifs.

Après les premières violences qui suivirent la bourrasque de février, les faits les plus simples en apparence venaient attester le respect que chacun portait aux propriétés de la maison d'Orléans.

Le 29 novembre 1848, le maire de la ville d'Eu m'écrivait pour demander, pour deux de ses amis, un permis de chasse dans la forêt, conformément à ce qui se pratiquait auparavant.

Dans le même temps, je recevais du Ministre des affaires étrangères de la République la lettre suivante : « Monsieur et très-honorable collègue, vous avez bien voulu me promettre une permission de chasse dans la forêt d'Armainvilliers, pour mes deux fils et pour moi. Si vous aviez l'obligeance de me l'envoyer afin que nous puissions en profiter pendant les fêtes de Noël, vous obligeriez beaucoup votre tout dévoué, JULES BASTIDE. » — Je m'empressai d'expédier le permis.

Avec plus de plaisir encore, j'autorisai madame de Vatry à courre un cerf dans la forêt d'Amboise.

Le 24 juillet 1850, MM. de Flavigny, Gouin et Taschereau, représentants d'Indre-et-Loire, me remettaient, en me la recommandant, une lettre de M. le maire d'Amboise, pour obtenir « que les étrangers pussent, comme par le passé, être admis à visiter le château d'Amboise que tant de circonstances ont rendu célèbre. Cette affluence, à certaines époques de l'année, disait le Maire, donnait à notre petite ville une vie et une activité qu'elle a perdue depuis le séjour des Arabes dans cet antique monument qui fut le berceau de l'un de nos Rois et qui est encore aujourd'hui la propriété du dernier de nos gouvernants. » — L'autorisation fut accordée, à condition cependant que le Ministre de la guerre, notre locataire, n'y verrait pas d'inconvénient pour la sûreté des prisonniers confiés à sa garde.

Le colonel (polonais) Zeltner, préposé par la République au gouvernement des ruines de Neuilly, m'écrivait le 18 février 1849 : « — Monsieur le Mandataire, le Président de la République est » venu visiter le parc de Neuilly vendredi dernier, il m'a demandé » l'autorisation de s'y promener quelquefois à cheval : j'ai cru » entrer dans vos intentions en l'y autorisant. — Veuillez » agréer, etc. Le colonel ZELTNER. » — Je répondis au colonel qu'il avait parfaitement bien fait.

Personnellement je voulus aussi donner l'exemple de cette subordination de conduite aux conditions de la propriété. De tout temps, le Roi avait accédé aux demandes qui lui étaient faites, d'arbres, d'arbustes et de fleurs, dans ses jardins et pépinières : et plusieurs fois j'avais profité de cette munificence pour peupler mon parc de Raffigny.

En 1850, je désirai planter à Raffigny une corbeille d'arbustes et de fleurs vivaces dont tous les sujets fussent de la provenance des jardins royaux de Neuilly et de Monceaux, pour lui donner ensuite le nom qu'elle porte aujourd'hui, de *Corbeille de la Reine*. Il s'agissait d'une trentaine de sujets : et c'était au fond bien peu de chose. Mais avant de rien demander aux jardiniers dont le dévouement eût été au-devant de mes désirs, je voulus en écrire au Roi, qui s'empressa de m'accorder ce que je demandais. Je regrette de n'avoir pas cette lettre sous la main, mais elle me frappa, parce que j'y lus ces mots que j'ai toujours retenus depuis : «.... Vous me faites *souvenir* que je suis propriétaire ! »

Visite au château d'Eu et à Tréport, en septembre 1848.

Inspection du château et de ses dépendances, alors confiés à l'administration de Carrel (frère de l'ancien rédacteur du *National*).

Justice rendue à la probité, à l'intelligence et aux bons sentiments de cet administrateur.

En raison même de son nom et de ce qu'il avait été proposé par la République, il aurait eu plus de force, s'il en eût été besoin, pour préserver ce domaine de toute espèce d'avanie et de dégâts. J'en rendis bon témoignage.

Le château d'Eu, sa situation pittoresque (en vue de la mer, avec le Tréport sous ses fenêtres, et comme à ses ordres comme lieu d'embarquement), — la belle forêt qui dépend de cette Terre, en ont fait un Domaine du premier ordre.

Aussi il existe bien peu de Seigneuries anciennes qui puissent offrir dans la généalogie de leurs possesseurs une série plus variée de noms illustres et puissants.

Je la reproduis ici d'autant plus volontiers, que parmi les Comtes d'Eu, je retrouve aussi la Maison de nos Ducs de Nevers.

Tableau des possesseurs successifs du comté d'Eu.

De 912 à 927. Rollon Raoul, chef des Hommes du Nord, mort en 933.
927-942. Rollon surnommé Guillaume Longue-Épée, mort en 942.
942-996. Richard Ier dit Sans-peur, mort à Fécamp en 996.
996-1002. Richard II dit le Bon, mort en 1027.
1002-1020. Guillaume, comte d'Exmes, mort en 1020.
1020-1090. Robert, comte d'Eu, mort en 1090.
1090-1096. Guillaume II, comte d'Eu, mort à Windsor en 1096.
1096-1140. Henri Ier, comte d'Eu, mort à Foucarmont en 1140.
1140-1170. Jean, comte d'Eu, mort à Foucarmont en 1170.
1170-1191. Henri II, comte d'Eu, mort à Saint-Jean-d'Acre en 1191.
1191-1193. Raoul Ier de Lusignan, mort à Saint-Jean-d'Acre en 1218.
1193-1195. Philippe-Auguste, roi de France.

20 août. 5 décembre.
1195-1195. Guillaume III, comte de Ponthieu.
1195-1214. Raoul Ier de Lusignan, mort à Saint-Jean-d'Acre en 1218.
1214-1219. Philippe-Auguste, roi de France, mort à Mantes, le 25 juillet 1223.
1219- Alix, fille de Henri II, comte d'Eu.
1249. Raoul II, de Lusignan.
1249-1271. Alphonse de Brienne, mort à Tunis en 1271.
1271-1279. Jean Ier de Brienne.
1279-1302. Jean II de Brienne, mort à Courtray en 1302.
1302-1344. Raoul Ier de Brienne, mort à Paris en 1345.
1344-1350. Raoul II de Brienne, mort à Paris, 19 novembre 1350.
1350-1387. Jean d'Artois, petit-fils de Louis VIII roi de France, mort à Eu, 6 avril 1387.
1387-1397. Philippe d'Artois, mort en Anatolie, le 16 juin 1397.
1397-1471. Charles d'Artois, mort à Blangy en juillet 1471.
1471-1473. Louis de Luxembourg, connétable de Saint-Pol, mort à Paris, 19 décembre 1475.
1475-1497. Jean de Bourgogne, comte de Nevers, mort à Nevers 25 septembre 1491.
1491-1504. Charles VIII et Louis XII, rois de France.
1504-1506. Engilbert de Clèves, mort le 21 novembre 1506.
1506-1521. Charles de Clèves, mort à Paris, le 27 août 1521.
1521-1560. François Ier de Clèves, mort en 1560.
1560-1562. François II de Clèves, mort en 1562.
1562-1564. Jacques de Clèves, mort le 6 septembre 1564.
1564-1565. Antoine de Croï, prince de Porcien.
1565-1570. Catherine de Clèves, veuve d'Antoine de Croï.
1570-1588. Henri de Lorraine, duc de Guise, mort à Blois, 23 décembre 1588.
1588-1633. Catherine de Clèves, morte à Paris le 11 mai 1633.
1633-1640. Charles de Lorraine, duc de Guise, mort à Cuna, le 30 septembre 1640.
1640-1646. Catherine de Joyeuse, veuve de Charles de Lorraine, duc de Guise.
1646-1654. Henri II de Lorraine, duc de Guise.
27 juillet. 27 septembre.
1654-1654. Louis de Lorraine, duc de Joyeuse, mort à Paris, le 27 septembre 1654.

1654-1662. Louis-Joseph de Lorraine, mort à Paris le 30 juillet 1671.

1662-1693. Anne-Marie-Louise d'Orléans, mademoiselle de Montpensier, dite la Grande Mademoiselle, morte le 5 avril 1693.

1693-1736. Louis-Auguste de Bourbon, duc du Maine, mort à Sceaux en 1736.

1736-1755. Henri-Auguste de Bourbon, prince de Dombes, mort à Fontainebleau, 1er septembre 1755.

1755-1775. Louis-Charles de Bourbon, duc du Maine et d'Aumale, mort à Sceaux le 18 juillet 1775.

1775-1793. Louis-Jean-Marie de Bourbon, duc de Penthièvre, grand amiral de France, mort à Bizy le 4 mars 1793.

4 mars 4 octobre.
1793-1793. Louise-Adélaïde de Penthièvre, duchesse d'Orléans.

1793-1814. L'État.

1814-1821. Louise-Adélaïde de Penthièvre, duchesse d'Orléans, morte à Ivry, 25 juin 1821.

1821-1850. Louis-Philippe d'Orléans, duc d'Orléans, proclamé roi des Français en 1830.

1850. Louis-Charles-Philippe-Raphaël d'Orléans, duc de Nemours, en vertu du testament du Roi son père.

Visite à la manufacture de Sèvres. — Portrait du Prince Albert. — Mars 1850.

Au mois de mars 1850, étant président de l'Assemblée législative, j'allai visiter la manufacture de Sèvres, avec M. Valette, secrétaire de la présidence.

Après avoir parcouru dans le plus grand détail tous les ateliers, examiné les divers procédés de fabrication, et que l'on m'eut fait remarquer tous les perfectionnements introduits dans la manufacture, je visitai les salles contenant l'exposition des produits. J'y rencontrai avec plaisir, parmi les anciennes faïences, un assez grand nombre de pièces fabriquées à Nevers, qui, au temps des Gonzague, avait eu aussi sa célébrité en ce genre d'industrie.

Mon attention se porta particulièrement sur un magnifique portrait du Prince Albert, qui avait été exécuté par ordre du Roi Louis-Philippe, ainsi que celui de la Reine Victoria, pour en faire hommage à S. M. Britannique. Le portrait de la Reine lui avait été envoyé. Je demandai pourquoi celui du Prince Albert était encore là ? On me répondit qu'en le mettant au fourneau, il s'était produit une fente, et qu'on avait résolu de le recommencer ; mais que la révolution de 1848 survenue en avait empêché. Je demandai où était cette lésion, car elle n'apparaissait ni sur la figure ni sur les mains, qui étaient d'une parfaite beauté. Je dus y regarder de très-près pour l'apercevoir dans l'habit noir dont le Prince était vêtu. Et, en vérité, il fallait pousser bien loin l'amour de l'art, pour que ce léger accident, si peu visible, même de très-près, eût empêché d'envoyer à sa destination une œuvre d'ailleurs si admirablement exécutée.

On ne pouvait toutefois blâmer cette susceptibilité qui, dans l'intérêt de la Manufacture, avait fait désirer que rien ne manquât à la perfection de l'ouvrage. — Mais, comme il n'était plus possible d'espérer qu'on recommençât, j'en écrivis au Roi, et je lui demandai s'il ne serait pas d'avis, en supposant que j'en obtinsse la délivrance, de lui faire envoyer ce portrait pour qu'il pût compléter son cadeau.

La réponse ne se fit pas attendre ; et le Roi m'exprima le plaisir que lui ferait l'envoi de ce portrait. « Je pense bien, comme vous, m'écrivait-il le 12 mars 1850, que le petit défaut de cuisson sur le portrait du Prince Albert ne méritait pas qu'on s'y arrêtât : — Mais le bon Brongniart tenait tant à le faire recommencer, afin de ne pas envoyer en Angleterre une pièce défectueuse, que j'ai cédé, et que j'y ai consenti. Je l'ai bien regretté depuis. Si cependant il était possible de me le faire restituer (ce qui au fond est juste, car il m'appartient), ce me serait une véritable satisfaction, et j'aurais un grand plaisir à en faire hommage à la Reine d'Angleterre, qui, je crois, le désire beaucoup. »

J'en fis alors la demande au Président de la République qui, de la façon la plus gracieuse, s'empressa de me l'accorder. Le Roi, par sa lettre du 27 mars, en exprimant tout le plaisir que lui faisait cette remise, « m'autorisa à en remercier de sa part le Président. » — Ce que je fis.

La même lettre contient les recommandations les plus minutieuses sur les précautions à prendre pour l'emballage et l'envoi. — Tout fut exécuté comme le Roi l'avait indiqué ; et le portrait, arrivé à bon port, a fait partie de l'*Exposition de Londres*, où je le vis au mois de juin 1851. Et comme, dans cette visite, j'eus l'honneur d'être présenté à la Reine et au Prince Albert, je leur racontai l'*histoire du portrait.*

(Page 397.)

Sur le titre de Président.

Dans sa correspondance, le Roi m'appelle toujours *son cher Président.* — Même après que j'eus cessé d'être Président de la Chambre des Députés, S. M. continuait de m'appeler ainsi, par réminiscence, et peut-être aussi parce que j'étais resté *Président de son Conseil privé.* — Après 1848, je me retrouvai encore Président, mais au même titre que précédemment, et le Roi m'écrivait le 26 novembre 1849 : « MON CHER PRÉSIDENT, assurément, nul n'a jamais acquis » de meilleurs droits à ce titre que vous ; car je ne crois pas qu'il » y ait eu jamais une Présidence semblable à celle que vous sou- » tenez avec tant de courage et de succès. Vos fatigues doivent » être énormes ! »

Parfois, en effet, elles étaient accablantes ; et j'ai au moins le droit de m'en souvenir, et même de m'en prévaloir, ne fût-ce qu'auprès des hommes équitables qui (suivant une appréciation fort judicieuse de M. le duc de Broglie), « tiennent compte du » passé, même après que les esprits ont cessé de s'en préoccuper. » (*Lettre à l'Académie française*, du 7 février 1855.)

(Page 409.)

Compte de la liquidation de la liste civile et du domaine privé du Roi Louis-Philippe, rendu à M. le ministre des finances par M. Vavin, liquidateur général, le 30 *décembre* 1851.

Le 30 décembre 1851, M. Vavin rendit à M. le ministre des finances le compte des opérations de sa liquidation. — C'est bien aussi, par le fait, un compte rendu à la famille d'Orléans, puisqu'il s'agit de ses affaires, de son actif, de son passif ; et d'une notable partie de ce qui a été fait, pour ou contre elle, depuis le mois de février 1848, jusqu'à la levée du séquestre (31 juillet 1850.)

Ce compte a été imprimé et forme un vol. in-4° de 200 pages, non compris les tableaux y annexés. — Il contient toute la suite des opérations de la liquidation, avec un ensemble que cette liquidation seule pouvait donner, puisqu'elle avait été d'abord seule à l'œuvre, et que, même après la petite part faite au domaine privé par le décret du 25 octobre 1848, le liquidateur avait conservé la haute main sur les actes les plus importants ; que lui seul avait payé, etc.

Ce travail est fait avec le plus grand soin. On y trouve de la méthode et de la clarté. La 4e partie, intitulée *Comptes avec l'État*, contient sous 26 articles le détail des *Réclamations* que la famille d'Orléans paraît au liquidateur être en droit d'exercer; il sera essentiel d'y recourir toutes les fois qu'il s'agira de reprendre ces réclamations et de les faire valoir.

Enfin ce rapport, lors même qu'on voudrait en contester quelques parties, est écrit dans un excellent esprit, et plein de respect pour les personnes si douloureusement atteintes par un malheur immérité. C'est un travail qui fait honneur à M. Vavin.

(Page 413.)

Archives de la maison d'Orléans.

Les archives de la maison d'Orléans étaient considérables. Enlevées du Palais-Royal en 1793, elles y furent rétablies en 1814, mais avec quelques lacunes et dans un assez grand désordre, dont on a travaillé à les faire sortir. Ce travail n'était pas terminé quand la révolution de 1848 a amené de nouvelles dislocations. Je fis transporter les liasses, les cartons à Monceaux, dans un petit édifice isolé qui leur fut exclusivement consacré, et où elles reçurent un premier classement par les soins de M. Serizier. Après les décrets du 22 janvier, il fallut céder la place, et on transféra la plus forte partie dans un local prêté à cet effet par le duc de Montmorency dans les vastes dépendances de son hôtel. Par ordre des Princes, on a travaillé à réduire la masse des pièces en supprimant celles qu'on pouvait regarder comme inutiles : ce qui est toujours à regretter, car l'histoire du passé nous prouve combien, avec le temps et à de longs intervalles, les papiers en apparence les plus indifférents, et même de simples pièces de comptabilité, acquièrent d'importance pour l'éclaircissement de certains faits. J'ai opiné du moins pour que l'on conservât les registres, les terriers, les principaux des anciens titres, et tout ce qui tient à l'histoire des grands Domaines de la maison d'Orléans; — les Princes ont partagé sur ce point mon sentiment.

Dans la section des archives se trouvait une collection des *Registres et Comités secrets* de l'ancien Parlement de Paris, depuis son origine aussi loin qu'on avait pu remonter, jusqu'à la suppression de cette illustre Compagnie en 1790.

Cette collection provenait de la bibliothèque du Duc de Penthièvre. Plusieurs Ducs et Pairs et Premiers Présidents en avaient de semblables; mais fort peu d'entre elles étaient complètes. L'une d'elles, celle qu'on doit regarder comme originale, est dans la section des *Archives judiciaires* établie au *Palais de justice*. Une autre était à la Bibliothèque nationale; il en existe une troisième dans la bibliothèque de la Cour de cassation, dont le fonds, comme on sait, provient de la bibliothèque de l'Ordre des Avocats. M. B. Delessert en possédait aussi une qu'il m'avait plusieurs fois offert de mettre à ma disposition.

Il est assez douteux que ces dernières collections soient aussi complètes que celle du Palais-Royal. Le Duc d'Orléans a eu grand soin de compléter celle du Duc de Penthièvre, en faisant copier tout ce qui lui manquait. A cette collection sont joints treize volumes de tables qui aident à la recherche des matières quand on n'est pas guidé par les dates.

Les Princes d'Orléans ne voulaient ni transporter à Londres cette volumineuse et pesante collection[1], ni la mettre en vente. Ils ont bien voulu m'en gratifier, et je lui ai consacré au-dessus de ma bibliothèque une pièce entière que j'appelle par allusion à ce qu'elle contient : la *Grand' Chambre* du parlement, quoique en réalité elle n'ait guère que 15 pieds carrés.

Quelques années plus tôt, j'aurais pu explorer cette belle collection, et en tirer d'excellents matériaux pour l'histoire. A présent, je suis trop vieux, et je ne pourrai plus qu'y recourir quelquefois pour des recherches particulières.—Mais mon intention est de la laisser à l'Ordre des Avocats de Paris pour remplacer celle qu'il possédait autrefois. Ce legs sera d'autant plus juste que c'est dans notre Ordre que la Maison d'Orléans a trouvé de doctes et éloquents défenseurs de ses droits.

(Page 420.)

Emprunt de vingt millions au comptoir d'escompte.

Voici quelles étaient les conditions de cet emprunt. — Il était stipulé que, pour réaliser un emprunt de 20 millions, une souscription serait ouverte; que le Comptoir national en serait l'intermédiaire; que cet emprunt serait divisé en coupons de 1,000 fr. chaque; qu'il produirait un intérêt de 5 pour 0/0 par an, payable le 1er mai et le 1er novembre de chaque année; qu'il serait remboursable *en dix ans*, le tout au moyen d'une annuité affectée au payement des intérêts, de l'amortissement et de la prime dont il va être parlé, annuité qui serait de 2,786,600 francs pour les neuf premières années, et de 2,786,200 francs pour la dixième; que chaque coupon de 1,000 francs serait remboursé avec une

[1] Il y a tels volumes comprenant plus de 800 pages, ayant vingt centimètres d'épaisseur, et pesant plus de dix kilogrammes.

prime de 100 francs, et que chaque année les coupons à rembourser seraient indiqués le 1er avril par voie de tirage au sort; que, du reste, le Comptoir national, moyennant une commission de 1 pour 0/0 du capital emprunté, et de 1/4 pour 0/0 des sommes qui seraient payées par les emprunteurs, demeurerait chargé de tous les frais de bureau et d'administration relatifs à l'émission de l'emprunt et à son remboursement; qu'il représenterait seul tous les souscripteurs et se chargerait de leur délivrer les titres de coupons, et plus tard, les sommes qui seraient fournies par la maison d'Orléans pour le remboursement en capitaux, intérêts et primes. Suivant cet acte, le mandataire de la famille d'Orléans a hypothéqué à la sûreté dudit emprunt les biens dépendant du domaine privé, hypothèque qui a été consentie jusqu'à concurrence, par évaluation, d'une somme de 22,500,000 francs, indépendamment des intérêts à 5 pour 0/0, laquelle évaluation a été basée sur la réalisation éventuelle de l'emprunt, comme il suit :

Le capital à souscrire.	20,000,000 fr.
La prime.	2,000,000
Les frais et mise à exécution, sauf compte.	500,000
Somme égale.	22,500,000 fr.

(Page 427.)

Correspondance du Roi.

..... Dans une de ses lettres (celle du 1er janvier 1849), le Roi par réminiscence des occasions dans lesquelles, durant son règne, je n'avais pas toujours été de son avis, me donna ce brevet qui constate à la fois mon dévouement et mon indépendance : « Il » n'y a pas de meilleur soldat que vous, dit-il, *pour défendre ce* » *que vous croyez pouvoir soutenir.* »

Dès le commencement, j'avais donné ma mesure à cet égard dans ma réponse du 7 octobre 1832 au maréchal Soult, qui m'avait fait l'honneur de m'envoyer à Raffigny un de ses aides de camp avec une lettre pour me proposer d'entrer dans le ministère. Dans cette réponse j'expliquais à M. le Maréchal mes motifs de refus, en le priant de les mettre sous les yeux du Roi, et je terminais en disant : « .... Je m'abstiens donc; aimant mieux réserver ce » que je puis avoir d'influence parlementaire pure du reproche » banal d'ambition, et l'employer, je ne dis pas à défendre ou à » justifier tout ce qui a été fait, ni surtout la manière dont on a » fait certaines choses; mais à défendre le *pouvoir en lui-même*,

» la prérogative *en tout ce qui lui appartient de droit;* et pour » combattre, comme je l'ai fait jusqu'ici, et comme je le ferai » toujours, *toutes les tentatives qu'on voudrait faire pour intro-* » *duire le désordre et l'anarchie dans notre gouvernement.* — » J'ai déjà vu le Roi deux ou trois fois fort mécontent de mon » refus d'entrer au ministère, reconnaître plus tard que j'avais eu » raison. J'espère, Monsieur le Maréchal, que Sa Majesté en » jugera cette fois avec la même indulgence. Dans tous les cas, » comme je suis doué de patience et fort de mes bonnes intentions, » j'attendrai l'ouverture des Chambres pour lui prouver qu'il n'a » pas de serviteur plus fidèle, et j'ose le dire, d'ami plus sincère » et plus dévoué que moi; mais, DÉVOUÉ DANS L'ORDRE DE MES CON- » VICTIONS; *je ne vaux quelque chose que par là.*

» Recevez, etc. Signé, DUPIN. »

.. .. Plus tard, il m'est arrivé de dire, à la tribune, *comme député :* « Je défends la Couronne, et non pas la Cassette. » — Et, par contre, lorsque, après la chute du trône, j'ai eu à défendre, non plus la Couronne, mais uniquement le patrimoine, je n'y ai point mêlé la politique, ni l'esprit de parti. — A aucune époque, soit avant, soit depuis 1830, je n'ai voulu que la qualité de *conseiller privé* exerçât une influence quelconque sur ma conduite et mes opinions, comme citoyen et comme *homme public.*

Lettre de démission de M. Dupin, procureur général.

« Paris, le 23 janvier 1852.

» Prince-Président de la République,

» Je regrette vivement qu'avant de rendre le décret que je viens » de lire, ce matin, dans le *Moniteur*, vous n'ayez pas eu la pensée » de m'entendre à ce sujet, avec cette bienveillance que vous avez » quelquefois mise à m'écouter.

» J'aurais essayé de vous démontrer, non pas seulement dans » l'intérêt privé des enfants, la plupart mineurs, du feu roi, dont » je suis l'un des exécuteurs testamentaires; mais aussi dans l'in- » térêt de votre propre gouvernement, que ceux qui vous ont sug- » géré cette mesure ne connaissaient pas les faits, et qu'ils ont » méconnu toutes les règles du droit et de l'équité. »

(Suivent les arguments que je faisais valoir contre les décrets et qui motivaient ma démission.....)

» Je crois donc devoir vous donner ma démission; mais ici, » Prince, je vous prie instamment de ne pas vous méprendre sur » le caractère de mes motifs.

» Ma résolution n'*emprunte rien à la politique.*

» Comme Président de la dernière Assemblée, je me suis tenu » sévèrement en dehors de l'action des partis et de leurs funestes » divisions; me bornant à maintenir, autant qu'il dépendait de » mes forces individuelles, les doctrines légales et morales sur » lesquelles repose l'ordre essentiel des sociétés civilisées.

» Après le coup d'État du 2 décembre, contre lequel il a été *de* » *mon devoir* de protester, *ainsi que je l'ai fait* [1], j'ai attendu le » jugement du peuple, interrogé par vous. — Après ce jugement

[1] M. Véron, dans ses *Mémoires*, tome VI, page 185, saute à pieds joints sur cette protestation, dont il ne dit pas un mot, pour s'attacher à un incident qui n'en a été que le *prélude*, et qu'il raconte mal parce qu'il n'en a pas été le témoin. Ce sont là *mes Mémoires*, et j'y étais : *Quæque ipse miserrima vidi, et quorum pars quoque fui.* Voici le fait : — Les Députés expulsés de la *Salle des séances* par la force armée, avaient été refoulés dans la *Salle de Casimir Périer.* Ils étaient acculés au pied de sa Statue, lorsque le Président, averti par plusieurs de ses collègues, et n'écoutant que son devoir, accourut en toute hâte, revêtu de ses insignes, et se plaça entre eux et les soldats. Dans ce moment, le général Laidet, député de la gauche, se disputait vivement avec l'officier qui conduisait le détachement. Le Président, pour établir un peu d'ordre et obtenir le silence, lui dit : « Général, vous devez savoir mieux que tout autre, » qu'on ne dispute pas d'une consigne avec l'*inférieur qui l'a reçue :* il con- » vient d'attendre que le *chef qui l'a donnée* soit présent. » — Cela procura un temps d'arrêt, jusqu'à ce que le Colonel ***, qu'on fit aussitôt avertir, se fût présenté.

C'est alors que le Président, à la tête de ses collègues et en face de la force armée, comme entre deux camps, adressa solennellement au Chef de la troupe, son allocution contenant une protestation formelle, au nom de l'Assemblée, contre les ordres qu'il alléguait, et dont le Président refusa d'entendre la lecture. — C'est seulement après cette protestation que le fait matériel de l'expulsion a été consommé par un *En avant* commandé à la troupe.

Le Président, rentré dans son hôtel, a dressé procès-verbal de ces faits, qui ont eu pour témoins deux cents militaires et une soixantaine de Députés, dont quelques-uns, notamment MM. Favreau et Desmousseaux de Givré, le reconduisirent jusque dans son hôtel, où il resta consigné jusqu'au lendemain.

On peut voir à ce sujet ce qui en est dit très-sommairement (je ne pouvais dire plus), mais avec exactitude, dans le petit volume de la *Présidence*, imprimé en mars 1853, aux pages 325 à 437.

C'est parce que les choses s'étaient passées ainsi, que, dans ma lettre au Prince-Président, je lui disais : — « Après le coup d'État du 2 décembre, » *contre lequel il a été de mon devoir de protester, ainsi que je l'ai fait*, j'ai » attendu le jugement du peuple, interrogé par vous. Après ce jugement solen- » nel, j'ai adhéré franchement au pouvoir immense qui en était sorti, le consi- » dérant comme la plus forte garantie qui pût s'offrir pour conserver ou réta- » blir les principes qu'un socialisme effréné avait compromis ou menacés, etc. »

Le Prince lui-même n'en jugeait pas autrement, lorsque, dans son allocution solennelle au Président du conseil d'Etat, il disait : « Je ne suis *sorti* de la léga- » lité que pour *rentrer* dans le droit. Sept millions de suffrages viennent de » m'*absoudre.* »

Les décrets du 22 janvier ne sont venus qu'après.

» solennel, j'ai adhéré franchement au pouvoir immense qui en » était sorti, le considérant comme la plus forte garantie qui pût » s'offrir pour conserver ou rétablir les principes qu'un socialisme » effréné avait compromis ou menacés; et, comme fonctionnaire, » mon concours vous était légalement acquis.

» Mais, en ce moment, et *au point de vue du droit civil* et *du droit* » *privé*, de l'*équité naturelle* et de toutes les notions chrétiennes du » juste et de l'injuste que je nourris dans mon âme depuis plus » de cinquante ans, comme jurisconsulte et comme magistrat, » j'éprouve le besoin de me démettre de mes fonctions de pro- » cureur général.

» Veuillez, Prince, agréer l'expression de mes sentiments de » très-respectueuse considération. — DUPIN. »

Lettre à M. le Premier Président PORTALIS.

Sub lege libertas. Paris, ce 24 janvier 1852.

Monsieur le Premier Président, et je dis encore aujourd'hui mon cher Collègue; — Je vous adresse une copie de la lettre que j'ai écrite hier à M. le Président de la République, pour lui donner ma démission des fonctions de Procureur général. Elle contient les motifs personnels de conscience et de position, qui, *seuls et sans aucune préoccupation politique*, ont influé sur ma détermination. Je désire que nos honorables collègues en soient informés, et qu'il en reste trace dans les souvenirs de la Cour.

J'y joins, mon cher Premier Président, pour vous et pour tous nos collègues, l'expression bien sentie du regret profond que j'éprouve de quitter des fonctions qui, par leur nature entièrement légale, conviennent le mieux au caractère de mes études et de mes pensées; mon regret aussi de me séparer de collègues avec lesquels des relations qui remontent à près de vingt-deux années, après avoir eu pour moi tant de charmes, me laisseront de si chers souvenirs. Je n'exprime ici tous ces sentiments, mon cher Premier Président, que pour mieux faire comprendre à tous combien, dans ce sacrifice douloureux et vrai, j'ai été uniquement dominé par le sentiment du devoir.

J'espère que, dans ma retraite et dans la vie de bibliothèque à laquelle je vais me vouer désormais, ceux dont je me sépare ainsi me conserveront leur estime et leur amitié.

Veuillez, je vous prie, mon cher Premier Président, recevoir pour vous, et faire agréer par nos collègues, l'assurance invariable des sentiments de respect et d'attachement de leur ancien Procureur général et collègue. — Signé, DUPIN.

Réponse de M. le premier président Portalis. A Paris, ce 26 janvier 1852.

Monsieur, cher et honorable Collègue, Je vous remercie de la communication que vous avez bien voulu me donner de la lettre que vous avez écrite à M. le Président de la République en lui adressant votre démission des fonctions de Procureur général.

Je me conforme religieusement à vos intentions, et je fais connaître successivement à tous nos collègues *les motifs de conscience et de position* qui ont déterminé votre résolution. Quelle que puisse être la gravité de ces motifs, ils ne rendront pas cette résolution moins douloureuse pour nous et moins dommageable pour la Cour. Vous êtes bien sûr de laisser dans le souvenir de tous ses membres des traces ineffaçables.

Tous nos honorables collègues, mon cher Procureur général, car je ne saurais sitôt vous dépouiller de ce titre que vous portiez avec tant d'éclat, et moi en particulier, nous ressentons amèrement une séparation qui interrompt si brusquement des relations dont nous nous étions fait une si douce et si longue habitude. La Compagnie décroît en vous perdant : ses regrets vous suivront au milieu de vos livres et au sein de vos études, que vous saurez encore rendre utiles aux autres et glorieuses pour vous.

Je suis en ce moment l'organe de tous, et je vous transmets l'expression d'un sentiment unanime. Quant à moi, je me réserve de cultiver un attachement dont je sens mieux que jamais le prix.

Recevez, je vous prie, monsieur et honorable Collègue, l'assurance invariable de mon sincère attachement et de ma haute considération. — Signé, le P. P. Portalis.

Nota. J'aurais regardé comme un malheur public que mon exemple entraînât d'autres démissions dans la Magistrature : c'eût été priver l'État de services précieux, dont l'Ordre social avait le plus grand besoin. Voilà pourquoi j'allais au-devant, en écrivant au Premier Président, que je n'avais cédé « qu'à des motifs » *personnels* de conscience et de *position*, sans aucune préoccu- » pation politique. »

Cela répondait d'avance à ceux qui, depuis, ont prétendu que M. Laplagne-Barris aurait dû se démettre aussi de ses fonctions de Président. Sa position n'était pas la même que la mienne. Comme Président, on ne pouvait pas lui *dicter un arrêt;* tandis que comme Procureur général, je pouvais fort bien recevoir du

Garde des sceaux l'*ordre formel* de déférer, par exemple, à la Cour de cassation, le jugement de M. de Belleyme sur la compétence, jugement dont j'avais moi-même poursuivi l'obtention. Dans quelle perplexité me serais-je alors trouvé?... M. Laplagne ne risquait rien de semblable; aussi il est resté Président, et il a bien fait pour lui et pour les siens. Cela ne l'a pas empêché de bien et fidèlement remplir avec nous les fonctions privées d'exécuteur testamentaire, et celles d'administrateur particulier des biens de M. le Duc d'Aumale à la très-grande satisfaction de son illustre commettant.

— C'est ainsi que moi-même, alors que je me démettais de la plus haute place de la Magistrature, je suis resté lié à la chose publique en conservant les humbles fonctions que j'exerce encore, de membre du Conseil municipal de ma commune rurale de Gacogne; ainsi que celles de membre et Président de la Commission des Invalides de la marine, dont je faisais partie depuis 1832, date de sa création; parce que, dans ces deux fonctions, je n'avais à redouter aucun conflit de devoirs et d'attributions.

Réclamation des Exécuteurs testamentaires.

Cette réclamation adressée au Prince Président fut imprimée et largement distribuée lorsque l'affaire devint contentieuse.

Il importait qu'elle fût connue :

1° Pour éclairer l'opinion;

2° Pour mettre les Conseillers du pouvoir et les Magistrats à même de se prononcer sur la question;

3° Enfin, pour montrer que les Exécuteurs testamentaires avaient fait leur devoir.

On avait cru bien faire en faisant imprimer *à la suite de cette Réclamation* ma *Lettre de démission.* — En recevant l'épreuve pour la corriger, je me récriai!

Ce n'est pas que je voulusse faire de ma Démission un mystère! loin de là, je fis ce qui était en moi pour la faire connaître avec ses motifs aux principaux magistrats des Cours et Tribunaux : mais je ne trouvais pas convenable qu'on en fît une *pièce du procès.* Je gardai l'épreuve, et la lettre ne fut pas distribuée *avec* la réclamation : — C'est trop d'orgueil peut-être; mais dans ma pensée intime, et par respect pour ma Cour, l'acte du Magistrat devait rester entièrement isolé, avec son caractère propre, et ses effets distincts.

Lettre de Proudhon. — 16 février 1852.

Qui l'eût pu prévoir? l'auteur de cette proposition : *La propriété c'est le vol*, M. Proudhon, alors détenu à Sainte-Pélagie pour délit de presse, m'écrivit une longue lettre, dans laquelle il examine le principe de *dévolution* de l'ancienne dynastie, qu'il soutient, avec sa manière pressante d'argumenter, avoir été un principe *exclusivement féodal*, inapplicable à la dynastie de juillet. Il discute ensuite le décret (et je n'ai garde de reproduire le tour trop vif de ses expressions); mais je puis dire au moins comment il posait la question : — « Si je n'avais vu, dit-il, dans les » décrets du 22 janvier, qu'une dynastie menacée de ruine, je me » serais sans nul doute renfermé dans le silence. Ce n'est pas à » moi qu'il appartient de prendre en main la défense des Princes » ou de leurs fortunes. Mais il y a ici tout à la fois le droit public » fondé en 1789; il y a le DROIT ÉTERNEL, d'*acquisition*, de *possession* et de *transmission* attaqués!..... »

Il m'a semblé curieux que M. Proudhon fût ainsi revenu à la *défense de la propriété.*

(Page 450.)

Ces belles paroles de la Reine sont tirées de sa lettre du 6 mai 1852.

(Page 535.)

En lisant ces actes réparateurs qui pourvoient si libéralement à l'exécution du testament de l'Empereur Napoléon, j'ai fait un retour douloureux sur l'autre testament... et j'ai dit en soupirant avec le poëte des Géorgiques :

Fortunate miles, ergo tua dona manebunt!
At nos....... !

FIN DU TOME PREMIER.

CATALOGUE

DES

OUVRAGES DE M. DUPIN[1].

Profession d'avocat. — Défense des accusés. — Législation criminelle; Procès célèbres. — Mémoires, Plaidoyers et Consultations.

1. **DISCOURS D'INSTALLATION** comme bâtonnier des avocats, prononcé à l'ouverture des conférences de la Bibliothèque, à la rentrée de 1829. In-8. Trois éditions.
2. **LETTRES SUR LA PROFESSION D'AVOCAT**, et Bibliothèque choisie des livres de Droit, avec un Supplément contenant des NOTICES historiques et bibliographiques sur plusieurs ouvrages de droit et de pratique remarquables par leur antiquité ou leur originalité. Paris, 1818, 2 vol. in-8. — 1832, nouvelle édition, très-augmentée.
   — Les Notices ont été imprimées séparément in-8.
3. **SOUVENIRS DU BARREAU**, par M. Dupin, avocat, ancien bâtonnier; — formant la première partie de ses Mémoires. Paris, chez Plon, 1855, 1 vol. in-8.
4. **PASQUIER**, ou Dialogue des avocats du Parlement de Paris, par Loisel, avec la suite chronologique et anecdotique des plus célèbres avocats, depuis l'an 1600 jusqu'à ce jour, et des notices biographiques sur Pasquier, Loisel, les frères Pithou, etc. Paris, Videcoq, in-18.
5. **DE L'IMPROVISATION**, à l'usage des Princes, dans le livre des Cent-Un, et dans le Manuel des Etudiants, p. 598.
6. **DE LA LIBRE DÉFENSE DES ACCUSÉS**. Paris, octobre 1815, un mois avant le jugement du maréchal Ney. Brochure in-8, — nouvelle édition, revue et augmentée, 1818, — *id.* 1824, 1 v. in-18.
7. **OBSERVATIONS** sur plusieurs points importants de notre législation criminelle. 1821, in-8.
8. **MÉMOIRES ET PLAIDOYERS**, imprimés depuis 1806 jusqu'au 1er janvier 1830. 20 vol. in-4. (Collections privées.)

— **CONSULTATIONS MANUSCRITES**; 21 vol. in-folio.

9. **CONSULTATION ET PLAIDOYER** pour l'exécution du testament de NAPOLÉON, 1821.
10. **PLAIDOYERS ET RÉPLIQUES** dans l'affaire du chevalier Desgraviers, créancier de Louis XVIII, avec un recueil de pièces historiques et l'arrêt de la Cour royale de Paris. Paris, 1821, 1 vol. in-8.

[1] La plupart de ces ouvrages se trouvent chez M. Plon, libraire, rue Garancière, 8.

11. **CHOIX DE PLAIDOYERS** en matière politique, contenant les plaidoyers pour Ney, Brune, Rovigo, les trois Anglais, Marinet, Troubles de Lyon, Bavoux, Souscription nationale, Jay, Jouy, de Pradt, Béranger, les rédacteurs du *Miroir* (Arnault, Tissot, Cauchois-Lemaire, Em. Dupaty, Lacretelle aîné, etc.) Paris, 1 vol. in-8. Tome X des *Annales du Barreau*, 1823, première partie.

12. **CHOIX DE PLAIDOYERS** en matière civile. 1 vol. in-8. Tome X *bis* des *Annales du Barreau*, deuxième partie. — Une troisième partie devait contenir la réplique dans l'affaire Stacpoole, le procès de M. Bertin aîné, la consultation et le plaidoyer pour l'exécution du testament de l'empereur Napoléon en 1821, et quelques autres défenses.

13. **EXAMEN ET DISCUSSION** des actes de la commission militaire instituée en l'an XII pour juger le duc d'Enghien. In-8. Trois éditions en 1823. — La quatrième fait partie de la *Collection des Mémoires sur la Révolution*, publiée par Baudouin. — On y trouve aussi la *Réponse* pour le comte Hullin, — et l'*Examen* impartial sur M. de Caulaincourt, duc de Vicence, rédigés par M. Dupin. — Voyez dans l'Appendice des *Réquisitoires*, t. IX, p. 184.

14. **PROCÈS DES NAUFRAGÉS DE CALAIS**, in-8. Discussion historique et légale insérée dans la *Revue encyclopédique* de janvier 1824, dans la seconde édition des *Mémoires du duc de Choiseul*, dans l'Appendice du tome XI des *Réquisitoires*, et *suprà*, p. 480.

Liberté individuelle.

15. **PLAIDOYER ET RÉPLIQUE** pour Isambert devant le tribunal de première instance, en décembre 1826. In-8.

— Plaidoyer et Réplique pour le même, devant la Cour royale; mars 1827. In-8.

Liberté de la presse.

16. **PLAIDOYER POUR LE CONSTITUTIONNEL**, accusé de tendance. Paris, 1825, in-8. — Troisième édition, chez Baudouin, in-18.

17. **PLAIDOYER** en première instance et en Cour royale, pour le *Journal des Débats*, accusé pour l'article intitulé : *Malheureux roi! malheureuse France!* en août et décembre 1829. In-8.

Libertés religieuses.

18. **CONSULTATION** pour M. le comte de Montlosier, contre l'illégalité des Jésuites. Août 1826, in-8.

— **LETTRE** sur la visite à Saint-Acheul. 1825.

— **PROCÈS** fait à la congrégation des Bacchanales, traduit de Tite-Live. 1826, in-32; deux éditions, la première sans nom d'auteur.

— **OPINION** dans la Commission ecclésiastique, pour la fermeture des petits séminaires non autorisés. Mai 1828.

— **DISCOURS** sur le même sujet à la Chambre des Députés, dans la séance du 21 juin 1828.

— Le tout réimprimé sous ce titre : *Les Jésuites devant le Roi et les Chambres.* 1828, in-32.

19. **PROCÈS DU CHRIST**, ou Réfutation du chapitre de M. Salvador, inti-

tulé : *Jugement et Condamnation de Jésus;* Dissertation historico-légale. 1828, in-18. — 4 éditions.

20. **LES LIBERTÉS DE L'ÉGLISE GALLICANE.** Paris, 1824, 1 vol. in-12; deuxième édition; 1826, in-18.

21. **MANUEL** du Droit public ecclésiastique français. Première édition, mars 1844. Paris, Videcoq, 1 vol. in-12.

— **RÉPONSE** aux assertions de M. le comte de Montalembert. Chez le même.

— Seconde édition du Manuel, en juin 1844, comprenant la réponse aux assertions.

— Troisième édition, en avril 1845, avec une nouvelle préface et le rapport de M. Vivien, suivi de l'ordonnance du roi du 9 mars 1845, qui supprime le mandement de l'archevêque de Lyon, comme attentatoire aux libertés de l'Eglise gallicane, contraire aux lois de l'Etat et aux droits de la puissance royale.

— Quatrième édition, en mai 1845, avec une dernière Préface relative aux décrets de la congrégation inquisitoriale de l'index, et plusieurs autres additions.

Ouvrages élémentaires sur le Droit français.

22. **RÉFLEXIONS** sur l'enseignement et l'étude du Droit, suivies de règles logiques sur la manière d'argumenter et de soutenir thèse dans les actes publics. Paris, 1807. Première édition, brochure in-8. — Nouvelle édition, 1821, in-18.

23. **BIBLIOTHÈQUE CHOISIE**, à l'usage des Étudiants en Droit, ou Notice des livres qui leur sont le plus nécessaires. 1 vol. in-18. Deuxième édition, 1821.

24. **MANUEL** des Étudiants en Droit et des jeunes Avocats, contenant un plan d'études et des instructions. 1824.

25. **PRÉCIS** historique du Droit français, dédié à S. A. R. Mgr le duc de Chartres. 1826, in-18.

— **LETTRE** du 5 mars 1853 à M. de Kœnigswarter, servant de Préface à sa *Bibliothèque des sources et monuments du droit français* antérieurs au quinzième siècle. Paris, Durand, 1853.

26. **NOTIONS** élémentaires sur la justice, le droit et les lois professées à S. A. R. Mgr le duc de Chartres. Janvier 1827, 1 vol. in-18. — Deuxième édition, mars 1827, avec quelques additions.

27. **BIOGRAPHIE** abrégée des principaux auteurs de Droit, jurisconsultes, magistrats et publicistes, avec la chronologie historique des chanceliers de France, gardes des sceaux, ministres de la justice, premiers présidents et procureurs généraux au Parlement de Paris, depuis 1302. In-18.

28. **VOCABULAIRE** des termes de Droit. In-18.

29. — Ces deux opuscules, avec ceux qui précèdent, sous les numéros 22, 23, 24, 25, 26, 27 et 28, et ceux indiqués sous les numéros 30, 31 et 32 ont été réimprimés en un seul volume, sous le titre général de *Manuel des Etudiants en droit et des jeunes Avocats.* 1835, in-18, contenant 900 pages.

— Ils ont aussi paru, en 1851, sous le titre de : *Opuscules de Ju-*

risprudence, dans le même format, chez Durand, libraire, rue Saint-Etienne-des-Grés.

Ouvrages élémentaires sur le Droit romain.

30. **PRÉCIS HISTORIQUE** du Droit romain, 1 vol. in-18, a eu huit éditions; la première est de 1809 (elle a été supprimée par la police); la dernière est de 1824.
31. **LEGUM LEGES**, sive Baconii Tractatus de fontibus universi Juris, per aphorismos, etc., cum annotationibus. 1 vol. in-18, Paris, 1822; deuxième édition, 1824.
32. **PROLEGOMENA** Juris ad usum scholæ et fori. 1820, in-18.
33. **EXAMEN** sur les éléments du Droit romain, selon l'ordre des Institutes de Justinien, traduit du latin de Perreau. Paris, 1820, 1 vol. in-12.
34. **SYNOPSIS** elementorum Juris Romani. Parisiis, 1811, in-18.
35. **PRINCIPIA JURIS CIVILIS** cum romani tum gallici, seu Selecta legum romanarum cum civili Gallorum Codice apte concordantium, etc. Parisiis, 1806, et années suivantes, 5 vol. in-12.
36. **JO. GOTLIEB. HEINECCII RECITATIONES** in elementa Juris civilis secundum ordinem Institutionum. Accesserunt opera et cura A. M. J.-J. Dupin, notæ et observationes quibus textus vel explanatur, vel emendatur, vel illustratur, quibusque sedula ac perpetua romanarum et gallicarum legum collatio continetur. Parisiis, 1810, 2 vol. in-8.
37. **ÉTAT ACTUEL** de la science du Droit romain, dans l'*Observateur des Tribunaux*, t. X, n° 4. Tiré à part. in-8, avril 1838.

Traités particuliers sur plusieurs matières de droit public et de droit privé.

38. **TRAITÉ DES SUCCESSIONS** ab intestat. Paris, 1804, in-12.
— **DISSERTATION** sur les rapports entre cohéritiers, avec une dédicace latine à M. Poirier. 1810, in-12.
39. **DU DROIT D'AINESSE**. Discussion du projet de loi présenté par M. de Peyronnet en 1826, dédié à mes frères. In-8.
40. **DISSERTATION** sur le domaine des mers et la contrebande. Paris, 1811, brochure in-12.
— **ANALYSE** de l'ouvrage de M. Hautefeuille sur le droit des neutres. 4 vol. in-8. — Compte rendu à l'Académie des sciences morales et politiques, séance du 22 février 1853. Inséré dans les Mémoires de cette Académie, t. 23, p. 339.
41. **DES APANAGES** en général, et de l'apanage d'Orléans en particulier. Mars 1817, 1 vol. in-18. — Nouvelles éditions, plus complètes, contenant les discussions relatives à la constitution de la liste civile, 1827 et 1835. 1 vol. in-18.

Jurisprudence des arrêts.

42. **DISSERTATION** sur la Jurisprudence des Arrêts, à l'usage de ceux qui les font et de ceux qui les citent. 1822, in-18.
— Deuxième édition, 1824.
43. **DICTIONNAIRE** des Arrêts modernes. Paris, 1812, 2 vol. in-4.

— Articles dans la continuation du *Nouveau Denizart*. Paris, 1805.
— Articles dans le *Journal du Palais*, depuis 1808 jusqu'en 1812.

De la magistrature.

44. **DES MAGISTRATS D'AUTREFOIS**, des Magistrats de la Révolution, des Magistrats à venir. Paris, 1814, in-8. — Nouvelle édition, 1824, in-18.
— **DISCOURS** en faveur de l'inamovibilité des juges. Première édition, 1816. Réimprimé dans le Recueil des lois sur l'organisation judiciaire. 1819.
— Autres Discours sur le même sujet et dans le même sens, en 1830 et 1831, et sous la république, en 1848, 49 et 50. (Voyez *Réquisitoires*, Appendices des tomes IX et XI.)
— **MERCURIALES** ou Discours de rentrée de 1830 à 1846, en tête des tomes I, IV, VII et IX des *Réquisitoires*. (Voyez ci-après n° 69.)
— **DISCOURS** dans la séance solennelle du palais de justice, pour l'installation de la Magistrature, le 3 novembre 1849, en présence du Président de la République et de tous les Premiers Présidents et Procureurs généraux réunis.

Éditions de Burlamaqui, Pothier, Loisel, etc.

45. **ÉDITION NOUVELLE** des Principes du droit de la nature et des gens, de Burlamaqui, augmentée d'une *introduction* historique sur les divers systèmes de philosophie ancienne et moderne, et d'une *table* analytique et raisonnée, par M. Dupin. Paris, 1820, 5 vol. in-8.
46. **ÉDITION DE POTHIER**, avec une Dissertation préliminaire sur la vie et les ouvrages de Pothier, par M. Dupin. 1825, 11 vol. in-8.
— La dissertation séparément, 1 vol. in-8, avec un portrait de Pothier et un *fac-simile* de son écriture.
— La même, réimprimée en 1827, format in-12.
47. **PRÉFACE** de l'édition de l'Administration des revenus des communes, par M. Dupin, conseiller maître des comptes.
48. **PRÉFACE** des Études commerciales d'Ambroise Gauthier, avocat, avec une notice biographique sur l'auteur.
49. **INSTITUTES COUTUMIÈRES** de Loisel, édition donnée en commun par MM. Dupin et Laboulaye, augmentée d'un grand nombre de notes, avec une introduction, une liste bibliographique de plus de huit cents auteurs cités dans le cours de l'ouvrage, une table des matières revue avec soin, et un glossaire des mots vieillis et hors d'usage qu'on rencontre le plus ordinairement dans les monuments de notre ancienne jurisprudence. Paris, Videcoq, 1846, 2 vol., caractère compacte, format Charpentier.
50. **HISTOIRE** de la rédaction solennelle de la coutume de Nivernais en 1534, broch. in-12. Nevers, 1850. Imprimée dans l'Annuaire de la Nièvre de 1851.

Compilations. — Révision des Lois : Collection par ordre de matières, publiée en vertu de la commission du gouvernement.

51. **DE LA NÉCESSITÉ** de reviser et de classer toutes les lois promulguées depuis 1789. 1814, brochure in-8.

52. **LOIS DES LOIS**, ou Recueil de toutes les dispositions législatives concernant les lois, etc. Paris, 1817, in-12.

53. **LOIS** sur l'organisation judiciaire; Recueil extrait de la collection in-4 et du Bulletin des Lois, en exécution de l'avis du conseil d'État du 7 janvier 1813, sur la commission spéciale du garde des sceaux. 1819, 2 vol. in-8.

54. **LOIS CIVILES**, servant de supplément au Code civil, suivies d'un Recueil particulier des lois concernant spécialement le droit des tiers, avec cette épigraphe : *Sauf en autres choses notre droit, et l'autrui en toutes.* 1819, 2 vol. in-8.

55. **LOIS COMMERCIALES**, servant de supplément au Code de commerce. 1820, 1 vol. in-8.

56. **LOIS ET ACTES** sur les majorats, 1820, in-8.

57. **LOIS DE PROCÉDURE**. 1821, in-8.

58. **LOIS CRIMINELLES**. 1821, in-8.

59. **LOIS FORESTIÈRES**. 1822, in-8.

60. **CODE FORESTIER**, avec des notes et la jurisprudence. 1828, in-18. — Deuxième édition, avec la nouvelle jurisprudence; 1834, in-18.

61. **CODE DE COMMERCE** de bois et de charbon. Paris, 1817, 2 vol. in-8, avec cartes.

62. **LOIS DES COMMUNES**, avec une *Introduction historique* de 300 pages in-8. 1823, 2 vol. in-8. — Cette introduction a eu une édition séparée. 1 vol. in-8.

63. **LOIS DE COMPÉTENCE** des fonctionnaires publics de toutes les hiérarchies. 4 vol. in-8.

Discussions parlementaires.

64. **DISCOURS POLITIQUES** prononcés à la Chambre des Représentants, sur le *Serment*, le projet de *Constitution*, et la seconde *Abdication* de Napoléon. Imprimés au tome X des *Annales du Barreau*, première partie.

65. **DISCOURS** prononcés à la Chambre des Députés pendant toutes les sessions législatives depuis 1827-1852.

Ces discours, ayant tous été improvisés, n'ont été recueillis que dans les journaux et par les soins des sténographes. Plusieurs ont été réimprimés in-8. La collection formerait au moins 10 vol. in-8.

— **DISCOURS AU ROI**, par M. Dupin, président de la Chambre des Députés, pendant les huit sessions de 1832 à 1839, et Discours aux électeurs de la Nièvre, réimprimés dans le volume indiqué sous le n° 68.

66. **RÉVOLUTION** de Juillet 1830. Caractère légal et politique de cette révolution, avec cette épigraphe : *Quoique Bourbon.* Paris, novembre 1832, brochure in-8. — Deuxième édition en 1833, avec les pièces. — Troisième édition, plus ample en 1835, in-18.

67. **LA CONSTITUTION DE LA RÉPUBLIQUE FRANÇAISE** annotée, janvier 1849, in-12. — Deuxième édition augmentée.

68. **PRÉSIDENCE** de l'Assemblée législative, dans les séances où l'action modératrice ou disciplinaire du président a dû intervenir. — Analyse de ces séances. — *Petites Annales* contenant la date et le sommaire des faits contemporains, etc. — *Discours* de M. Dupin à ses électeurs, — à la Chambre, — au roi. — Mars 1853, 1 vol. in-18.

Réquisitoires et plaidoyers comme procureur général.

69. **RÉQUISITOIRES** du procureur général à la Cour de cassation, de 1830 à 1852, avec les arrêts de la Cour. Paris, Videcoq et Plon, 11 vol. in-8.

Les *Mercuriales et Discours de rentrée* se trouvent en tête des tomes I, IV, VII et X. — A la suite des tomes III, VI, IX et XI se trouvent ajoutés quelques Discours parlementaires et Opuscules relatifs au droit civil et criminel et à la législation.

Opuscules divers. — Éloges.

70. **NOTICES BIOGRAPHIQUES** sur l'Hospital, Omer Talon, Pothier, Lanjuinais, Billecocq, Loyseau. 1827, 1 vol. in-12.

— **GALERIE** des douze magistrats et jurisconsultes qui précède la chambre des requêtes de la Cour de cassation, avec les portraits. Paris, 1835, in-4.

— **BUDGET DE L'HOSPITAL**, harangue prononcée dans l'assemblée des états généraux.

Sous ce titre se trouvent encadrés divers centons extraits des œuvres du chancelier de l'Hospital, et qui contiennent ses pensées sur la situation de la France à cette époque, et sur les principales branches de l'administration publique. Première édition, 1828. — Firmin Didot en a donné une seconde et fort belle édition in-8, avec gravures, en 1829, etc.

— **INAUGURATION** du tombeau du chancelier de l'Hospital, et visite au Vignay. Discours de 1836.

— **ÉLOGES FUNÈBRES** prononcés aux obsèques de C. Périer, Daumesnil, Baillot, Bassano, Moncey, Brune, Laffitte, et à l'inauguration de la statue de Gutenberg, à Strasbourg, en 1840.

— **ÉLOGES BIOGRAPHIQUES** de divers jurisconsultes et magistrats dont l'énumération se trouve dans l'Appendice du tome XI des *Réquisitoires*, pages 255, 256 et 257.

— **ARTICLES BIOGRAPHIQUES**, dans l'Encyclopédie des gens du monde et dans l'Encyclopédie du dix-neuvième siècle.

— **NOTICE BIOGRAPHIQUE** sur François-Marie-Reine Gautherin, écrite à Raffigny le 26 décembre 1851. Broch. in-12, chez Plon frères, imprimeurs libraires. Réimprimée dans l'*Annuaire* de la Nièvre de 1852.

— **ANALYSES** et comptes rendus des ouvrages de divers jurisconsultes, notamment de MM. Berriat-Saint-Prix, Carnot, Favard de Langlade, Merlin, Dalloz, Persil, Fournel, Pigeau, Toullier, Carré, Boulay-Paty, Gaschon, Duranton, Henrion de Pansey, Aignan, Legraverend, Duvergier de Hauranne père, Isambert et Jourdan, Renouard, Latruffe, Carrète et Villeneuve, etc., etc., insérés dans divers journaux et recueils périodiques.

Travaux académiques.

71. *Académie française.*

— **DISCOURS DE RÉCEPTION** de M. Dupin, Éloge de G. Cuvier (séance du 13 août 1832. — Voyez au tome III des *Réquisitoires*, p. 465).

— **DISCOURS** de M. Dupin pour la réception de M. le comte Molé, successeur de M. de Quélen (séance du 30 décembre 1840. — Voyez au tome VI, page 495).

— **ÉLOGE DU DUC DE NIVERNAIS**, lu à la séance du 21 janvier 1840. — Édition in-8 de Crapelet, avec des notes historiques (voyez aussi dans les Mémoires de l'Académie).

— **ÉLOGE DE MALESHERBES**, lu à la séance de l'Académie française du 5 novembre 1841, prononcé devant la Cour de cassation à la rentrée de la même année.

— **DISCOURS AU ROI** au nom de l'Institut, par M. Dupin, directeur de l'Académie, le 1er janvier 1837.

— **DISCOURS** sur le prix Monthyon (séance publique du 11 décembre 1845).

— **TOAST** porté au nom de l'Académie à la fête de Gutenberg à Strasbourg, le 25 juin 1840. — (Voyez tome IX des *Réquisitoires*, page 432.)

— **COMPTE RENDU** de l'ouvrage de Tissot sur *la Manie du suicide et de la révolte* (séance du 12 novembre 1840, t. IX, p. 432):

— **RAPPORT** sur l'Encyclopédie synoptique de M. Pinson (séance du... juillet 1841), au *Moniteur*, p. 1902.

72. *Académie des sciences morales et politiques.*

— **DISCOURS D'OUVERTURE** de la séance publique annuelle du 30 juin 1838.

— **DISCOURS D'OUVERTURE** de la séance publique annuelle du 11 mai 1839.

— **DISCOURS AUX OBSÈQUES** du duc de Bassano, le 15 mai 1839.

— **COMPTE RENDU** à l'Académie de l'ouvrage de M. Fœlix, *sur le Droit international privé*, le 25 février 1843.

— **COMPTE RENDU** de l'ouvrage de M. Théodore Ortolan, *sur les Règles internationales de la diplomatie de la mer* (séances des 11 janvier et 29 novembre 1845).

— **RAPPORT** sur l'ouvrage de M. Gustave de Beaumont sur l'Irlande (séance du 16 janvier 1840).

— **RAPPORT** sur le voyage de M. Évariste Bavoux dans le nord de l'Algérie (séance du 27 novembre 1841).

— **RAPPORT** sur la collection des lois civiles et criminelles de M. Victor Foucher (séance du 14 avril 1838).

— **RAPPORT** sur les travaux inédits de Portalis l'ancien, entrepris pour la défense des lois organiques du Concordat (séance du 22 mars 1845, inséré dans la 4e édition du *Manuel du droit public ecclésiastique*, page 128 et suivantes).

— **COMPTE RENDU** de deux ouvrages de M. Roselly de Lorgues: — 1° *Livre des Communes* (à la séance du 22 février 1838); — 2° *La Mort avant l'homme* (séance du 22 février 1841).

— Ces deux rapports ont été réimprimés en tête de la seconde édition de ces deux ouvrages.

— 10 novembre 1842. Séance sur Pascal et Domat, V. Cousin, *Les Jésuites*.

— 31 décembre 1844. Autre séance, Pascal et le docteur Lélut.

— Voyez appendice du tome XI des *Réquisitoires*, pag. 288.

— Séance du 9 décembre 1843. (Voyez au *Moniteur* du 31 janvier 1844, et dans les Mémoires de l'Académie, une discussion sur le sujet suivant :) Reboisement des montagnes dans les départements de l'Isère, des Hautes et Basses-Alpes et du Var; à l'occasion du rapport de M. Blanqui.

— **RAPPORT** fait par M. Dupin sur les progrès de la législation criminelle en France et en Europe depuis 1789 jusqu'à la fin de l'année 1832, en exécution de la commission à lui conférée par la section de législation de l'Académie des sciences morales et politiques dans la séance du 9 mai 1840. 1 vol. in-4 de 421 pages manuscrites; — déposé sur le bureau de l'Académie le 10 juin 1848.

— **RAPPORT** à l'Académie sur les *Coutumes locales d'Amiens* publiées par M. Bouthors. (Mémoires de l'Académie, avril 1854. — Il y a eu un tirage à part.)

— **RAPPORT** à l'Académie sur la *Vie publique de Michel Montaigne*, par Alphonse Grün. (Mémoires de l'Académie, décembre 1854.)

— **DISCUSSION** à l'Académie sur un mémoire de M. Renouard ;—opinion pour maintenir l'ancienne *distinction entre les professions libérales et les professions mercantiles*. (Mémoires de 1854, p. 143.)

— **LE CONSEIL DE PIERRE DESFONTAINES.** Analyse présentée à l'Académie. — (Imprimée au *Journal des Débats* du 8 juillet 1850; — et dans l'Appendice au tome XI des *Réquisitoires*, page 277.)

— **COMPTE RENDU** à l'Académie de l'ouvrage de M. Eugène Ortolan ; intitulé *Des Moyens d'acquérir le Domaine international ou propriété d'État à État*, suivi de l'Examen des principes sur l'équilibre européen. (Séance du 8 avril 1851, imprimé dans l'Appendice du tome XI, page 280.)

— **LECTURE** d'une notice sur *le Morvan*, à la séance de l'Académie du 4 décembre 1852. Voyez ci-après, n° 76.

— Autre lecture, *vide supra* n° 40, § 2.

Agriculture.

73. **DE L'AGRICULTURE.** — Réflexions adressées aux fermiers, laboureurs et aux petits propriétaires, pour les prémunir contre les prédications du socialisme. — Brochure in-12. Paris, 1849. Publiée par l'association pour la propagande antisocialiste et pour l'amélioration du sort des populations laborieuses.

74. **DE L'AGRICULTURE MORVANDELLE.** — Voyez *Notice sur le Morvan*.

75. **DES COMICES AGRICOLES** et en général des institutions d'agriculture. 1 vol. in-12. Paris, Plon et Videcoq. Juin 1849.

Il conviendrait d'y ajouter encore les Discours prononcés en Seine-et-Marne et dans la Nièvre aux Comices de 1853 et 1854, avec la Polémique élevée sur le disc. de Corbigny par M. le comte de Montalembert.

— La suite des Discours prononcés par M. Dupin dans les comices de 1849 à 1852 se trouve dans l'Appendice du tome XI des *Réquisitoires*, pages 311-390.

— **ÉPISODE SUR L'INVIOLABILITÉ DE LA PROPRIÉTÉ**, *ibid.*, page 391 et suiv.

76. **NOTICE SUR LE MORVAN**, son agriculture et les mœurs de ses habitants. Paris, 1 vol. in-12, chez Plon, janvier 1853.

TABLE DES MATIÈRES.

TABLE DES ANNEXES.

ERRATA.

Page 55, ligne première; *au lieu de :* solution favorable, *lisez :* solution défavorable.

Page 249, demandant toujours justice, *lisez :* demandant toujours justice, *à tous*, *et pour tous*.

www.ingramcontent.com/pod-product-compliance
Lightning Source LLC
Chambersburg PA
CBHW031735210326
41599CB00018B/2589
* 9 7 8 2 0 1 2 7 5 0 4 2 5 *